Clínica analítico-
-comportamental

C641   Clínica analítico-comportamental : aspectos teóricos e práticos / Nicodemos Batista Borges ... [et al.]. – Porto Alegre : Artmed, 2012.
312 p. ; 25 cm.

ISBN 978-85-363-2648-1

1. Psicologia. 2. Psicologia cognitiva. I. Borges, Nicodemos Batista.

CDU 159.9.019.4

Catalogação na publicação: Ana Paula M. Magnus – CRB 10/2052

Nicodemos Batista Borges
Fernando Albregard Cassas
e colaboradores

Clínica analítico--comportamental

aspectos teóricos e práticos

Reimpressão 2014

2012

© Artmed Editora S.A., 2012

Capa
Paola Manica

Preparação do original
Simone Dias Marques

Editora Sênior – Ciências Humanas
Mônica Ballejo Canto

Projeto e editoração
Armazém Digital® Editoração Eletrônica – Roberto Carlos Moreira Vieira

Reservados todos os direitos de publicação, em língua portuguesa, à
ARTMED® EDITORA S.A.
Av. Jerônimo de Ornelas, 670 – Santana
90040-340 Porto Alegre RS
Fone: (51) 3027-7000 Fax: (51) 3027-7070

É proibida a duplicação ou reprodução deste volume, no todo ou em parte, sob quaisquer formas ou por quaisquer meios (eletrônico, mecânico, gravação, fotocópia, distribuição na Web e outros), sem permissão expressa da Editora.

SÃO PAULO
Av. Embaixador Macedo Soares, 10.735 – Pavilhão 5
Cond. Espace Center – Vila Anastácio
05095-035 – São Paulo – SP
Fone: (11) 3665-1100 Fax: (11) 3667-1333

SAC 0800 703-3444 – www.grupoa.com.br

IMPRESSO NO BRASIL
PRINTED IN BRAZIL

Autores

Nicodemos Batista Borges (org.). Psicólogo Clínico. Doutorando e Mestre em Psicologia Experimental: Análise do Comportamento pela Pontifícia Universidade Católica de São Paulo (PUC-SP). Especialista em Terapia Comportamental e Cognitiva pela Universidade de São Paulo (USP). Professor, Supervisor, Pesquisador e Orientador no curso de Psicologia da Universidade São Judas Tadeu (USJT). Sócio fundador de CONTEXTO em análise do comportamento. Editor Associado da Revista Perspectivas em Análise do Comportamento. Consultor Ad-hoc da Revista Brasileira de Terapia Comportamental e Cognitiva. Membro da Associação Brasileira de Psicologia e Medicina Comportamental (ABPMC).

Fernando Albregard Cassas (org.). Psicólogo Clínico e Acompanhante Terapêutico. Doutorando em Psicologia Experimental: Análise do Comportamento na Pontifícia Universidade de Católica de São Paulo (PUC-SP). Mestre em Psicologia: Psicologia Social pela Pontifícia Universidade de Católica de São Paulo (PUC-SP). Coordenador e Professor do Curso de Formação Avançada em Acompanhamento Terapêutico e Atendimento Extraconsultório do Paradigma – Núcleo de Análise do Comportamento, onde também é Professor do Curso de Especialização em Clínica Analítico-Comportamental. Membro da Associação Brasileira de Psicologia e Medicina Comportamental (ABPMC).

Alda Marmo. Mestre em Análise Experimental do Comportamento. Master Coach pelo Behavioral Coaching Institute. Terapeuta e docente do Núcleo Paradigma.

Alexandre Dittrich. Psicólogo. Doutor em Filosofia. Professor do Departamento de Psicologia da Universidade Federal do Paraná.

Ana Beatriz D. Chamati. Psicóloga pela Universidade Presbiteriana Mackenzie (UPM). Especialista em Clínica Analítico-Comportamental e em Clínica Analítico-Comportamental Infantil pelo Núcleo Paradigma Análise do Comportamento. Mestranda em Psicologia Experimental: Análise do Comportamento na Pontifícia Universidade Católica de São Paulo (PUC-SP). Atua no Núcleo Paradigma Análise do Comportamento.

Ana Cristina Kuhn Pletsch Roncati. Mestre em Psicologia Experimental: Análise do Comportamento pela Pontifícia Universidade Católica de São Paulo (PUC-SP). Especialista em Psicoterapia Cognitivo Comportamental pela Universidade de São Paulo (USP). Psicóloga Clínica e Professora Universitária. Sócia-Diretora do Episteme Psicologia.

Angelo A. S. Sampaio. Professor e Coordenador do Colegiado de Psicologia da Universidade Federal do Vale do São Francisco (UNIVASF). Mestre em Psicologia Experimental: Análise do Comportamento pela Pontifícia Universidade Católica de São Paulo (PUC-SP).

Antonio Bento A. Moraes. Professor e Doutor pela Universidade Estadual de Campinas.

Candido V. B. B. Pessôa. Doutor em Psicologia. Instituições de trabalho: Núcleo Paradigma de Análise do Comportamento. Fundação Escola de Sociologia e Política de São Paulo.

Cassia Roberta da Cunha Thomaz. Doutora em Psicologia Experimental pela Universidade de São Paulo. Professora na Universidade Presbiteriana Mackenzie.

Daniel Del Rey. Psicólogo e Mestre em Análise do Comportamento. Núcleo Paradigma.

Dante Marino Malavazzi. Psicólogo pela Pontifícia Universidade Católica de São Paulo (PUC-SP). Núcleo Paradigma de Análise do Comportamento.

Denise de Lima Oliveira Vilas Boas. Psicóloga pela Universidade Metodista de São Bernardo do Campo. Especialista em Terapia Comportamental e Cognitiva pela Universidade de São Paulo (USP-SP). Mestre e Doutoranda em Psicologia Experimental: Análise do Comportamento pela Pontifícia Universidade Católica de São Paulo (PUC-SP). Professora da Universidade de Fortaleza. Membro da Equipe de Supervisores Clínicos do Hospital de Saúde Mental do Messejana em Fortaleza.

Dhayana Inthamoussu Veiga. Mestre em Psicologia Experimental: Análise do Comportamento pela Pontifícia Universidade Católica de São Paulo (PUC-SP). Doutoranda do Programa de Pós-Graduação em Psicologia pela Universidade Federal de São Carlos (UFSCar) no Laboratório de Estudos do Comportamento Humano (LECH). Conduz projeto vinculado ao Instituto Nacional de Ciência e Tecnologia sobre Comportamento, Cognição e Ensino (INCT/ECCE).

Fatima Cristina de Souza Conte. Doutora em Psicologia Clínica pela Universidade de São Paulo (USP-SP). Psicóloga no Instituto de Psicoterapia e Análise do Comportamento, Londrina, PR.

Felipe Corchs. Médico Psiquiatra e Analista do Comportamento. Doutor em Ciências com concentração em Psiquiatria. Assistente no Instituto de Psiquiatria do Hospital das Clínicas da Faculdade de Medicina da Universidade de São Paulo e no Núcleo Paradigma de Análise do Comportamento.

Filipe Colombini. Psicólogo pela Universidade Presbiteriana Mackenzie (UPM). Especialização em Clínica Analítico-Comportamental pelo Núcleo Paradigma Análise do Comportamento. Formação em Acompanhamento Terapêutico pelo Instituto de Psiquiatria do Hospital das Clínicas da Faculdade de Medicina da Universidade de São Paulo (Ipq-HCFMUSP). Formação em Terapia Analítico-Comportamental Infantil e em Desenvolvimento Atípico pelo Núcleo Paradigma Análise do Comportamento. Membro da Associação Brasileira de Medicina e Psicoterapia Comportamental. Psicólogo Clínico, Acompanhante Terapêutico, Orientador Clínico e Supervisor no Atendimento Pró-Estudo.

Ghoeber Morales dos Santos. Mestre em Psicologia Experimental: Análise do Comportamento pela Pontifícia Universidade Católica de São Paulo (PUC-SP). Professor no curso de Psicologia do Centro Universitário Newton Paiva, Belo Horizonte.

Giovana Del Prette. Doutora e Mestre em Psicologia Clínica pela Universidade de São Paulo (USP). Especialista em Terapia Analítico-Comportamental pelo Núcleo Paradigma. Terapeuta, Professora, Supervisora e Pesquisadora Clínica na mesma instituição. Professora e supervisora no curso de Análise do Comportamento do Instituto de Psiquiatria da Universidade de São Paulo (USP).

Gustavo Sattolo Rolim. Professor e colaborador em pesquisa na área de Psicologia da Saúde e Análise do Comportamento.

Jaíde A. G. Regra. Doutora e Mestre em Psicologia Experimental pela Universidade de São Paulo. Psicóloga de crianças e adolescentes em consultório particular.

Jan Luiz Leonardi. Especialista em Clínica Analítico-Comportamental pelo Núcleo Paradigma. Mestrando em Psicologia Experimental:

Análise do Comportamento pela Pontifícia Universidade Católica de São Paulo (PUC-SP).

Joana Singer Vermes. Psicóloga e Supervisora Clínica no Núcleo Paradigma de Análise do Comportamento.

João Ilo Coelho Barbosa. Doutor em Teoria e Pesquisa do Comportamento pela Universidade Federal do Pará. Professor Adjunto do Departamento de Psicologia da Universidade Federal do Ceará.

Jocelaine Martins da Silveira. Doutora em Psicologia Clínica pela Universidade de São Paulo (USP). Professora no Departamento de Psicologia da Universidade Federal do Paraná. Coordenadora de Mestrado em Psicologia da Universidade Federal do Paraná.

Lívia F. Godinho Aureliano. Mestre em Psicologia Experimental: Análise do Comportamento pela Pontifícia Universidade Católica de São Paulo (PUC-SP). Professora na Universidade São Judas Tadeu. Terapeuta do Núcleo Paradigma.

Maly Delitti. Doutora pela Universidade de São Paulo (USP). Professora na Pontifícia Universidade Católica de São Paulo (PUC-SP). Analista do Comportamento, Centro de Análise do Comportamento.

Maria Amalia Pie Abib Andery. Doutora em Psicologia. Professora Titular na Faculdade de Ciências Humanas e da Saúde e Professora do Programa de Psicologia Experimental: Análise do Comportamento da Pontifícia Universidade Católica de São Paulo (PUC-SP).

Maria Carolina Correa Martone. Terapeuta Ocupacional e Mestre em Psicologia Experimental: Análise do Comportamento pela Pontifícia Universidade Católica de São Paulo (PUC-SP). Coordenadora do serviço para crianças com desenvolvimento atípico no Núcleo Paradigma de Análise do Comportamento e Coordenadora do curso de especialização em Análise Aplicada do Comportamento e Transtornos invasivos do desenvolvimento.

Maria das Graças de Oliveira. Professora Adjunta na Faculdade de Medicina da Universidade de Brasília (UnB).

Maria Helena Leite Hunziker. Professora Livre-Docente da Universidade de São Paulo (USP).

Maria Isabel Pires de Camargo. Psicóloga pela Pontifícia Universidade Católica de São Paulo (PUC-SP). Especialista em Clínica Analítico-Comportamental. Psicóloga Clínica e Acompanhante Terapêutica no Pró-Estudo.

Maria Zilah da Silva Brandão. Psicóloga pela Fundação Educacional de Bauru. Especialista em Psicologia pela Universidade Federal de São Carlos. Mestre em Psicologia pela Pontifícia Universidade Católica de Campinas.

Mariana Januário Samelo. Doutoranda do Instituto de Psicologia, Departamento de Psicologia Experimental da Universidade de São Paulo (USP). Bolsista CNPq.

Maxleila Reis Martins Santos. Psicóloga Clínica. Mestre em Psicologia Experimental: Análise do Comportamento pela Pontifícia Universidade Católica de São Paulo (PUC-SP). Professora de graduação e Coordenadora do Curso de Pós-Graduação em Análise do Comportamento Aplicada no Centro Newton Paiva.

Miriam Marinotti. Doutora e Mestre em Psicologia da Educação pela Pontifícia Universidade Católica de São Paulo (PUC-SP). Professora e Supervisora no Núcleo Paradigma.

Natália Santos Marques. Mestranda do Programa de Pós-Graduação em Teoria e Pesquisa do Comportamento pela Universidade Federal do Pará (UFPA).

Nicolau Kuckartz Pergher. Doutor em Psicologia Experimental pela Universidade de São Paulo (USP). Professor e Supervisor na Universidade Presbiteriana Mackenzie e no Paradigma – Núcleo de Análise do Comportamento.

Priscila Derdyk. Mestre pela Western Michigan University. Analista do Comportamento no Centro de Análise do Comportamento.

Regina C. Wielenska. Doutora em Psicologia Experimental pelo Instituto de Psicologia da Universidade de São Paulo (IPUSP). Supervisora de Terapia Comportamental no Hospital Universitário da Universidade de São Paulo (HU-USP) e no Ambulatório de Ansiedade do Instituto de Psiquiatria do Hospital das Clínicas da Faculdade de Medicina da Universidade de São Paulo (AMBAN-IPqHCFMUSP).

Roberta Kovac. Psicóloga Clínica. Professora e supervisora do Curso de Especialização em Clínica Analítico-Comportamental do Núcleo Paradigma onde também coordena a equipe de Acompanhantes Terapêuticos. É mestre em Psicologia Experimental: Análise do Comportamento pela Pontifícia Universidade Católica de São Paulo.

Roberto Alves Banaco. Professor Titular na Faculdade de Ciências Humanas e da Saúde da Pontifícia Universidade Católica de São Paulo (PUC-SP). Coordenador Acadêmico do Núcleo Paradigma de Análise do Comportamento.

Saulo de Andrade Figueiredo. Psicólogo pela Universidade Presbiteriana Mackenzie (UPM).

Saulo M. Velasco. Doutor em Psicologia Experimental pela Universidade de São Paulo (USP). Pesquisador Associado e aluno de Pós-doutorado no Departamento de Psicologia Experimental do Instituto de Psicologia da Universidade de São Paulo.

Sergio Vasconcelos de Luna. Doutor em Psicologia, área de concentração em Psicologia Experimental pela Universidade de São Paulo (USP). Professor Titular do Departamento de Métodos e Técnicas do curso de Psicologia da Faculdade de Ciências Humanas e da Saúde na Pontifícia Universidade Católica de São Paulo (PUC-SP).

Sonia Beatriz Meyer. Livre-Docente pelo Departamento de Psicologia Clínica da Universidade de São Paulo (USP).

Tatiana Araujo Carvalho de Almeida. Psicóloga pela Pontifícia Universidade Católica de Minas Gerais (PUC-MG). Mestre em Psicologia Comportamental: Análise do Comportamento pela Pontifícia Universidade Católica de São Paulo (PUC-SP). Especialista em Clínica Analítico-Comportamental pelo Paradigma – Núcleo de Análise de Comportamento, onde atua como terapeuta analítico-comportamental.

Thiago P. de A. Sampaio. Mestre em Ciências pela Universidade de São Paulo (USP). Professor supervisor de estágio clínico do Núcleo de Terapia Comportamental da Faculdade de Psicologia da Universidade São Judas Tadeu (USJT), supervisor clínico de terapia comportamental do AMBAN-IPq-HC-FMUSP e coordenador do Instituto Episteme de Psicologia.

Vera Regina Lignelli Otero. Terapeuta Analítico-Comportamental na Clínica ORTEC.

Vívian Marchezini-Cunha. Mestre em Teoria e Pesquisa pela Universidade Federal do Pará (UFPA). Professora na Faculdade Pitágoras. Coordenadora, professora, terapeuta e supervisora clínica no TRÍPLICE - Núcleo Mineiro de Análise do Comportamento.

Yara Nico. Mestre em Psicologia Experimental: Análise do Comportamento pela Pontifícia Universidade Católica de São Paulo (PUC-SP). Coordenadora pedagógica do Curso de Especialização em Clínica Analítico-Comportamental do Núcleo Paradigma – SP.

Prefácio

Roberto Alves Banaco

A psicoterapia é uma área de aplicação da psicologia que sofreu muitas mudanças durante a sua história. Agora com mais de um centenário de existência, apesar de manter muitos elementos de sua característica original, já é uma prática bastante diferenciada de sua origem. Esse é um aspecto louvável, já que aponta algumas particularidades: a prática psicoterapêutica permanece útil enquanto serviço a ser prestado para a população e tem procurado se aperfeiçoar com base em avaliação constante de seus resultados e profunda reflexão sobre as suas técnicas e características em busca da promoção do bem-estar humano. Por essas razões, é esperado que, de quando em quando, seja necessária uma atualização literária que reflita seu desenvolvimento e organização.

A terapia analítico-comportamental é um dos vários tipos de psicoterapia oferecidos para o enfrentamento dos problemas humanos. Com forte base experimental, e com a direção filosófica e conceitual do Behaviorismo Radical, essa prática tem se firmado como continuidade de uma tradição de trabalho pautada em princípios da aprendizagem. As análises e técnicas utilizadas por terapeutas desta abordagem baseiam-se no modelo explicativo da seleção pelas consequências e com a análise de contingências enquanto ferramenta interpretativa.

Deste ponto de vista, a terapia analítico-comportamental é um movimento bastante peculiar desenvolvido por brasileiros, que optaram por relatar suas experiências, reflexões e recomendações com base em achados já consolidados e outros inovadores da análise do comportamento. A incorporação gradativa de novos conceitos a práticas já consagradas levou a um desenvolvimento maduro que merece divulgação.

Este livro é um reflexo desse movimento. Depois de muitas obras esparsas focalizando aspectos relevantes do desenvolvimento da análise do comportamento e da terapia analítico-comportamental, o livro *Clínica analítico-comportamental: aspectos teóricos e práticos* vem cumprir o papel de sistematizar e organizar o conhecimento produzido nas últimas décadas a respeito de nossa prática clínica dentro da abordagem, aqui no Brasil.

Os organizadores conseguiram reunir textos que não se preocupam apenas em *informar* o leitor sobre os avanços e ganhos da teoria e da prática: eles têm a nítida vocação para *formar* um bom terapeuta analítico-comportamental técnica, teórica e filosoficamente. Os capítulos preocupam-se em acolher o terapeuta novato, fortalecendo sua atuação com respaldo em uma organicidade lógica, coerente e segura, dando-lhe a certeza de que a sua atuação, seguindo estes passos, valerá a pena. Também têm o cuidado de desanuviar para o terapeuta já experiente o que ele próprio está fazendo e ainda não tinha consciência do que fazia.

Para executar tal tarefa hercúlea, os organizadores reuniram um elenco de autores absolutamente envolvidos com a análise do comportamento e com a formação dentro da filosofia do Behaviorismo Radical. Podem ser encontrados entre eles autores já consagrados na abordagem, bem como as mais expressivas promessas de jovens pesquisadores e pensadores que inovam e renovam teoria e prática.

A organização do livro, conforme os próprios responsáveis descrevem, permite uma leitura independente entre os capítulos, embora a sequência tenha sido especialmente pensada para ir construindo a formação sólida, acrescentando informações gradativamente mais complexas e aprofundadas.

Uma análise detalhada do sumário atesta o cuidado de uma sequência artesanalmente (e, por que não dizer, artisticamente) urdida, tecendo a rede de proteção sobre a qual um terapeuta possa executar os movimentos arriscados e responsáveis a ele atribuídos.

Obviamente não é uma obra completa. E nem poderia ser. Dada a enormidade de conhecimentos produzidos por uma legião de cientistas do comportamento, seria virtualmente impossível fazer uma varredura completa por todos os assuntos, possibilidades e discussões disponíveis. Essa aparente falha é contornada com bastante maestria pelos autores, dadas as referências bibliográficas listadas, e pelos organizadores, dadas a seleção dos capítulos e a ordem em que são apresentados. Nesse sentido, também, o glossário oferecido ao final da obra será de grande auxílio nos momentos em que (e para quem) um entendimento maior seja necessário.

Por todas essas razões, *Clínica analítico-comportamental: aspectos teóricos e práticos* cumpre com sua função: atualizar e sistematizar, de maneira bastante cuidadosa, criteriosa e competente, a prática da terapia analítico-comportamental que se observa hoje no Brasil.

Sumário

Prefácio ix
Roberto Alves Banaco

Introdução 15
Nicodemos Batista Borges e Fernando Albregard Cassas

PARTE I
As bases da clínica analítico-comportamental

Seção I
**As contribuições da análise do comportamento
para a prática do clínico analítico-comportamental**

1 Comportamento respondente 18
Jan Luiz Leonardi e Yara Nico

2 Comportamento operante 24
Candido V. B. B. Pessôa e Saulo M. Velasco

3 Operações motivadoras 32
Lívia F. Godinho Aureliano e Nicodemos Batista Borges

4 Episódios emocionais como interações entre operantes e respondentes 40
Cassia Roberta da Cunha Thomaz

5 Controle aversivo 49
Maria Helena Leite Hunziker e Mariana Januário Samelo

6 Operantes verbais 64
Ghoeber Morales dos Santos, Maxleila Reis Martins Santos e Vívian Marchezini-Cunha

Seção II
**As contribuições da filosofia behaviorista radical
para a prática do clínico analítico-comportamental**

7 Seleção por consequências como modelo de
causalidade e a clínica analítico-comportamental 77
Angelo A. S. Sampaio e Maria Amalia Pie Abib Andery

8 O conceito de liberdade e suas implicações para a clínica 87
Alexandre Dittrich

9 Discussões da análise do comportamento
acerca dos transtornos psiquiátricos 95
Denise de Lima Oliveira Vilas Boas, Roberto Alves Banaco e Nicodemos Batista Borges

PARTE II
Clínica analítico-comportamental

Seção I
Encontros iniciais, contrato e avaliações do caso

10 Avaliação funcional como ferramenta norteadora da prática clínica 105
Jan Luiz Leonardi, Nicodemos Batista Borges e Fernando Albregard Cassas

11 A apresentação do clínico, o contrato e a estrutura
dos encontros iniciais na clínica analítico-comportamental 110
Jocelaine Martins da Silveira

12 A que eventos o clínico analítico-comportamental
deve estar atento nos encontros iniciais? 119
Alda Marmo

13 Eventos a que o clínico analítico-comportamental deve
atentar nos primeiros encontros: das vestimentas
aos relatos e comportamentos clinicamente relevantes 128
Fatima Cristina de Souza Conte e Maria Zilah da Silva Brandão

14 A escuta cautelosa nos encontros iniciais:
a importância do clínico analítico-comportamental
ficar sob controle das nuances do comportamento verbal 138
Ghoeber Morales dos Santos, Maxleila Reis Martins Santos e Vívian Marchezini-Cunha

Seção II
Intervenções em clínica analítico-comportamental

15 O uso de técnicas na clínica analítico-comportamental 147
Giovana Del Prette e Tatiana Araujo Carvalho de Almeida

16 O papel da relação terapeuta-cliente para a
adesão ao tratamento e à mudança comportamental..160
Regina C. Wielenska

17 A modelagem como ferramenta de intervenção 166
Jan Luiz Leonardi e Nicodemos Batista Borges

18 Considerações conceituais sobre o controle
por regras na clínica analítico-comportamental 171
Dhayana Inthamoussu Veiga e Jan Luiz Leonardi

19 O trabalho com relatos de emoções e
sentimentos na clínica analítico-comportamental 178
João Ilo Coelho Barbosa e Natália Santos Marques

Seção III
Psiquiatria, psicofarmacologia e clínica analítico-comportamental

20 A clínica analítico-comportamental em parceria com o tratamento psiquiátrico.. 186
Maria das Graças de Oliveira

21 Considerações da psicofarmacologia para a avaliação funcional 192
Felipe Corchs

Seção IV
Subsídios para o clínico analítico-comportamental

22 Considerações sobre valores pessoais e a prática do psicólogo clínico................. 200
Vera Regina Lignelli Otero

23 Subsídios da prática da pesquisa para a prática clínica analítico-comportamental.. 206
Sergio Vasconcelos de Luna

PARTE III
Especificidades da clínica analítico-comportamental

Seção I
A clínica analítico-comportamental infantil

24 Clínica analítico-comportamental infantil: a estrutura 214
Joana Singer Vermes

25 As entrevistas iniciais na clínica analítico-comportamental infantil 223
Jaíde A. G. Regra

26 O uso dos recursos lúdicos na avaliação funcional em clínica analítico-comportamental infantil.. 233
Daniel Del Rey

27 O brincar como ferramenta de avaliação e intervenção na clínica analítico-comportamental infantil.. 239
Giovana Del Prette e Sonia Beatriz Meyer

28 A importância da participação da família na clínica analítico-comportamental infantil 251
Miriam Marinotti

Seção II
A clínica analítico-comportamental e os grupos

29 O trabalho da análise do comportamento com grupos: possibilidades de aplicação a casais e famílias.. 259
Maly Delitti e Priscila Derdyk

Seção III
A atuação clínica analítico-comportamental em situações específicas

30 O atendimento em ambiente extraconsultório:
a prática do acompanhamento terapêutico 270
Fernando Albregard Cassas, Roberta Kovac e Dante Marino Malavazzi

31 Desenvolvimento de hábitos de estudo 277
*Nicolau Kuckartz Pergher, Filipe Colombini, Ana Beatriz D. Chamati,
Saulo de Andrade Figueiredo e Maria Isabel Pires de Camargo*

32 Algumas reflexões analítico-comportamentais
na área da psicologia da saúde 287
Antonio Bento A. Moraes e Gustavo Sattolo Rolim

Glossário 294
Índice 311

Capítulos adicionais disponíveis em www.grupoa.com.br

Algumas técnicas tradicionalmente utilizadas na clínica comportamental
Thiago P. de A. Sampaio e Ana Cristina Kuhn Pletsch Roncati

A prática clínica analítico-comportamental
e o trabalho com crianças com desenvolvimento atípico
Maria Carolina Correa Martone

Introdução

Nicodemos Batista Borges
Fernando Albregard Cassas

A prática clínica analítico-comportamental surgiu no Brasil por volta da década de 1980. Essa abordagem ganhou impulso no País, juntamente com outras práticas clínicas, sob o rótulo de terapias cognitivo-comportamentais. Essa "nova" classe de profissionais emergiu como uma alternativa ao modelo psicodinâmico de terapia, até então fortemente predominante por aqui.

A vantagem dessas novas práticas é sua ênfase em trabalhos que buscam resultados rápidos – quando comparados aos tratamentos psicodinâmicos. Assim, de seu aparecimento para cá, elas cresceram com grande velocidade, possivelmente sob forte influência das práticas culturais contemporâneas que buscam transformações aceleradas.

A primeira[1] associação que se estabeleceu no cenário brasileiro, exclusivamente dedicada a essas práticas emergentes, foi a Associação Brasileira de Psicoterapia e Medicina Comportamental (ABPMC) – que, em 2011, comemora 20 anos de existência. Essa associação começou unificando o trabalho de todas essas práticas clínicas influenciadas por teorias comportamentais e cognitivas sobre o comportamento humano.

Todavia, com o passar dos anos, seus precursores e sucessores foram amadurecendo e avançando com seus estudos e, como decorrência, diferenciações entre essas práticas foram se tornando evidentes, até que elas começaram a se ramificar. Hoje, é possível encontrar mais de uma dezena de práticas clínicas que derivaram desse mesmo rótulo, bem como novas associações ou sociedades científicas. Se essa ramificação é saudável ou desejável não temos certeza, e sua discussão não é nosso objetivo; cabe afirmar apenas que é esta prática que tem sido selecionada.

Dentro desse novo universo de práticas, uma das que têm crescido e ganhado força é a clínica analítico-comportamental. O termo é relativamente novo, e se firmou a partir de um encontro entre analistas do comportamento de diferentes regiões do Brasil, ocorrido em 2005, ocasião em que se discutiu, entre outras coisas, a denominação dessa prática. Porém, outros nomes também têm sido utilizados para se referir a essa prática clínica: análise clínica do comportamento, análise aplicada do comportamento, terapia por contingências de reforçamento, terapia comportamental,[2] etc.

A prática clínica analítico-comportamental consiste em um trabalho frequentemente exercido em contexto de gabinete ou *setting* clínico e que se baseia nos conhecimentos das ciências do comportamento e na filosofia behaviorista radical. Possivelmente, por ter essa característica, seus praticantes, em geral, têm formação maciça em princípios básicos de comportamento, pois, sem esses conhecimentos, torna-se impossível essa atuação.

A principal proposta desta obra é servir como material de base para o clínico; nela, é possível encontrar os principais conceitos básicos e filosóficos que sustentam esta prática, bem como diferentes formas de trabalhar na clínica. Assim, pela amplitude que o material alcança, pode-se considerar que se trata de um livro de grande utilidade para o iniciante na área e também para o profissional formado há mais tempo, servindo como um material para ensino ou de consulta.

A obra foi dividida em três grandes partes: bases da clínica analítico-comportamental, clínica analítico-comportamental e especificidades da clínica analítico-comportamental. Na primeira parte, são apresentados diversos capítulos subdivididos em duas seções, uma delas versando sobre os principais conceitos da análise do comportamento e outra, sobre pressupostos filosóficos do behaviorismo radical. Na segunda parte, encontram-se capítulos que versam sobre a prática clínica analítico-comportamental, iniciando-se com uma seção dedicada aos primeiros encontros entre clínico e cliente, passando por seções que evidenciam maneiras de conduzir intervenções, diálogos com a psiquiatria e psicofarmacologia, e encerrando com seção dedicada a discutir subsídios desta prática. A última parte do livro prioriza as especificidades desta prática clínica, composta por uma seção totalmente dedicada a discutir a prática clínica com crianças e outra para discutir especificidades diversas, como o trabalho com casais e grupos, acompanhamento terapêutico, desenvolvimento de hábitos de estudo e Psicologia da Saúde.

O livro foi planejado para permitir ao leitor flexibilidade, sendo possível consultar capítulos específicos sem prejuízo. Todavia, no caso do iniciante, sugere-se a leitura sequencial.

Esta obra apresenta, ainda, uma visão de homem monista e natural, que entende o comportamento como multideterminado (biológica, ontogenética e culturalmente), não mecanicista, histórico e resultante de relações entre o indivíduo e seu ambiente físico e social. Desta forma, permite aos profissionais encontrarem respaldo para muitos conflitos teórico-conceituais encontrados na psicologia e na psiquiatria.

→ NOTAS

1. A primeira que ainda existe, pois, antes da ABPMC, outras foram fundadas, porém não "sobreviveram".
2. O termo "terapia comportamental" foi utilizado por muitas outras práticas clínicas, assim, deve-se ter cuidado quando se deparar com o termo, pois não necessariamente seu conteúdo tratará da prática clínica, a que nos referiremos neste livro.

PARTE I
As bases da clínica analítico-comportamental

SEÇÃO I — As contribuições da análise do comportamento para a prática do clínico analítico-comportamental

1. Comportamento respondente
   Jan Luiz Leonardi e Yara Nico

2. Comportamento operante
   Candido V. B. B. Pessôa e Saulo M. Velasco

3. Operações motivadoras
   Lívia F. Godinho Aureliano e Nicodemos Batista Borges

4. Episódios emocionais como interações entre operantes e respondentes
   Cassia Roberta da Cunha Thomaz

5. Controle aversivo
   Maria Helena Leite Hunziker e Mariana Januário Samelo

6. Operantes verbais
   Ghoeber Morales dos Santos, Maxleila Reis Martins Santos e Vívian Marchezini-Cunha

SEÇÃO II — As contribuições da filosofia behaviorista radical para a prática do clínico analítico-comportamental

7. Seleção por consequências como modelo de causalidade e a clínica analítico-comportamental
   Angelo A. S. Sampaio e Maria Amalia Pie Abib Andery

8. O conceito de liberdade e suas implicações para a clínica
   Alexandre Dittrich

9. Discussões da análise do comportamento acerca dos transtornos psiquiátricos
   Denise de Lima Oliveira Vilas Boas, Roberto Alves Banaco e Nicodemos Batista Borges

1 Comportamento respondente

Jan Luiz Leonardi
Yara Nico

ASSUNTOS DO CAPÍTULO

→ O comportamento respondente ou reflexo.
→ O condicionamento respondente.
→ Estímulos e respostas incondicionais e condicionais.
→ Características das relações respondentes: limiar, latência, duração e magnitude.
→ Extinção respondente.
→ Abuso de substâncias.

Este capítulo apresenta o conceito de *comportamento respondente* – ou *reflexo* – e seu processo de condicionamento. De início, é importante observar que o interesse de clínicos analítico-comportamentais pelo estudo das relações respondentes pode vir a ser restrito, na medida em que estas se referem apenas a instâncias comportamentais de cunho fisiológico responsáveis pela adaptação do organismo a mudanças no ambiente (Skinner, 1953/1965).

Todavia, o entendimento dos processos respondentes é fundamental para a compreensão do comportamento humano. Embora reconheça que tais processos representam somente uma pequena parcela do repertório da maioria dos organismos e que é o comportamento operante[1] que deve ser o objeto de estudo da psicologia, Skinner (1938/1991, 1953/1965) defende que ignorar o princípio do reflexo seria um equívoco. Além disso, ainda que o comportamento respondente e o comportamento operante sejam facilmente discerníveis no âmbito teórico, o mesmo não é verdadeiro na análise de qualquer situação concreta, seja ela experimental ou aplicada, sobretudo porque processos respondentes e operantes ocorrem concomitantemente (Allan, 1998; Schwartz e Robbins, 1995). Portanto, para produzir uma explicação completa de qualquer comportamento, é essencial examinar como contingências respondentes interagem com contingências operantes.

Nesse sentido, o conhecimento sobre o respondente é imprescindível para a compreensão tanto da origem quanto do tratamento de diversos fenômenos clínicos (Kehoe e Macrae, 1998). Dentre eles, destacam-se a dependência química (Benve-

> O conhecimento sobre o respondente é imprescindível para a compreensão tanto da origem quanto do tratamento de diversos fenômenos clínicos.

nuti, 2007; Siegel, 1979, 1984, 2001), o enfraquecimento do sistema imunológico em situações de estresse (Ader e Cohen, 1993; Cohen, Moynihan e Ader, 1994) e os episódios emocionais, como a ansiedade (Blackman, 1977; Estes e Skinner, 1941; Zamignani e Banaco, 2005).

Comportamento respondente é uma relação fidedigna na qual um determinado estímulo produz uma resposta específica em um organismo fisicamente sadio. O respondente não se define nem pelo estímulo nem pela resposta, mas sim pela relação entre ambos. Essa relação é representada pelo paradigma *S-R*, em que *S* denota o termo *estímulo* e *R*, *resposta* (Catania, 1999; Skinner, 1938/1991, 1953/1965).

> Comportamento respondente é um tipo de relação organismo-ambiente. Nesta, um determinado estímulo produz/elicia uma resposta específica. O paradigma dessa relação é S → R.

Tendo em vista que a resposta é causada pelo evento ambiental antecedente, diz-se que o estímulo *elicia* a resposta ou que ele é um *eliciador*, ao passo que a resposta é *eliciada* pelo estímulo. O verbo *eliciar* é utilizado para explicitar que o estímulo "força" a resposta e que o organismo apenas responde a estímulos de seu meio (Catania, 1999; Ferster, Culbertson e Boren, 1968/1977). Para caracterizar um comportamento como respondente, deve-se considerar a probabilidade condicional de ocorrência da resposta. Uma resposta é considerada reflexa quando tem probabilidade próxima de 100% na presença do estímulo e probabilidade próxima de 0% na ausência do estímulo (Catania, 1999).

> Na relação respondente, diz-se que o estímulo *elicia* a resposta. Isso porque, nesta relação, a resposta tem probabilidade de ocorrer próxima de 100%, quando da apresentação do estímulo.

As relações respondentes possuem determinadas características, a saber: *limiar*, *magnitude*, *duração* e *latência* (Catania, 1999; Skinner, 1938/1991, 1953/1965). Limiar refere-se à intensidade mínima do estímulo necessária para que a resposta seja eliciada, e magnitude, à amplitude da resposta. No reflexo patelar, por exemplo, a força com que a martelada é aplicada é a intensidade do estímulo, enquanto o tamanho da distensão da perna é a magnitude da resposta (se a martelada não for aplicada com uma força que atinja o limiar, a resposta de distensão não ocorrerá). Em qualquer comportamento respondente, quanto maior for a intensidade do estímulo, maior será a magnitude da resposta. Duração refere-se ao tempo que a resposta eliciada perdura, e a latência, ao intervalo de tempo entre a apresentação do estímulo e a ocorrência da resposta. Quanto maior for a intensidade do estímulo, maior será a duração da resposta e menor será a latência, e vice-versa. No exemplo do reflexo patelar citado anteriormente, a duração da resposta é o tempo que a distensão da perna perdura, enquanto a latência é o tempo decorrido entre a martelada e o movimento da perna (Catania, 1999).

> Ao se analisar relações respondentes, deve-se atentar para algumas de suas características, tais como: *limiar, magnitude da resposta e intensidade do estímulo, duração da resposta e latência entre a apresentação do estímulo e a ocorrência da resposta.*

A *força* de um comportamento respondente é medida pela magnitude e duração da resposta, assim como pela latência da relação. Um reflexo é forte quando a resposta tem latência curta, magnitude ampla e duração longa. Inversamente, um reflexo é fraco quando, diante de um estímulo de grande intensidade, a resposta tem latência longa, magnitude pequena e duração curta (Catania, 1999).

Os comportamentos respondentes que constituem o repertório do organismo a despeito de sua experiência pessoal são designados de *incondicionais*, devido à sua origem na história filogenética (Skinner, 1953/1965). Pierce e Epling (2004) explicam que todos os organismos nascem com um conjunto inato de reflexos e que muitos deles são particulares a cada espécie. Por convenção, o estímulo incondicional é designado por *US* – do inglês, *unconditional stimulus* – e a resposta incondicional, por *UR* – do inglês, *unconditional response*. Alguns exemplos de respondentes incondicionais são: resposta de *salivar* eliciada pelo estímulo *alimento na boca*; resposta de *piscar* eliciada pelo estímulo *cisco no olho*; resposta de *suar* eliciada pelo estímulo *calor*; resposta de *lacrimejar* eliciada pelo estímulo *cebola sob os olhos*, etc. (Catania, 1999; Ferster et al., 1968/1977; Moreira e Medeiros, 2007).

> As relações respondentes podem ser divididas em duas categorias: incondicionadas e condicionadas.
> As incondicionadas referem-se àquelas que não dependeram da experiência pessoal do sujeito; trata-se daquelas relacionadas à origem filogenética.
> As condicionadas são aquelas que se estabeleceram a partir da experiência daquele sujeito, constituindo-se, portanto, em sua história ontogenética.

Os comportamentos respondentes selecionados na história evolutiva podem ocorrer em novas situações, a depender da história individual do organismo, por meio de um processo chamado *condicionamento respondente, condicionamento clássico* ou *condicionamento pavloviano* – expressão cunhada em homenagem às descobertas do fisiólogo russo Ivan Petrovich Pavlov (Catania, 1999; Ferster et al., 1968/1977; Skinner, 1953/1965).

> O processo pelo qual uma relação respondente condicionada se estabelece é chamado *condicionamento respondente, clássico ou pavloviano*.

Pavlov descobriu que a presença de alimento na boca de um cachorro faminto eliciava salivação. O fisiólogo observou que o animal também salivava antes de o alimento chegar a sua boca: a visão e o cheiro da comida eliciavam a mesma resposta. Além disso, a mera visão da pessoa que habitualmente alimentava o animal era suficiente para produzir salivação. De algum modo, eventos ambientais anteriores à estimulação alimentar adquiriram função eliciadora para a resposta de salivar, fenômeno que só poderia ser entendido em termos da experiência individual daquele animal (Keller e Schoenfeld, 1950/1974). De posse dessas observações, Pavlov desenvolveu um método experimental para estudar a construção de novas relações estímulo-resposta, nas quais eventos ambientais neutros passam a eliciar respostas reflexas. Inicialmente, ele colocava pó de carne na boca do animal, um estímulo incondicional que elicia salivação. Posteriormente, Pavlov produzia um som durante meio segundo antes de introduzir o pó de carne, o que, depois de aproximadamente 60 associações sucessivas, passou a eliciar a resposta de salivação. Cabe ressaltar que, para o som adquirir função de estímulo condicional para a resposta de salivar, é necessária uma história de contingência e sistematicidade entre os dois estímulos (som e alimento). Isto porque o som pode não se tornar um estímulo condicional efetivo se for apresentado ora antes e ora depois do alimento e/ou se o alimento for apresentado sem que o som o tenha precedido (Benvenuti, Gioia, Micheletto, Andery e Sério, 2009; Catania, 1999; Skinner, 1953/1965).

O diagrama a seguir ilustra o processo de condicionamento respondente:

Antes do condicionamento

US (COMIDA) ➔ UR (salivação)
S (SOM) ➔ ausência de salivação

Processo de condicionamento (pareamentos US-CS)

CS (SOM) + US (COMIDA) ➔ R (salivação)

Após o condicionamento

CS (SOM) ➔ CR
(salivação sem a presença da comida)

Esse processo comportamental, no qual pareamentos contingentes e sistemáticos entre um evento neutro e um estímulo incondicional tornam esse evento um estímulo eliciador, é denominado condicionamento respondente. É fundamental notar que o condicionamento respondente não promove o surgimento de novas respostas, mas apenas possibilita que respostas do organismo originadas filogeneticamente passem a ficar sob controle de novos estímulos. Nesse paradigma, o termo condicionamento expressa que a nova relação estímulo-resposta é *condicional a* (depende de) uma relação entre dois estímulos. O estímulo condicional é designado por *CS* – do inglês, *conditional stimulus* –, e a resposta condicional, por *CR* – do inglês, *conditional response* (Catania, 1999).

Cabe, aqui, uma breve digressão: embora os termos *pareamento* e *associação* sejam amplamente empregados na literatura, seu uso é inadequado para explicar o processo de condicionamento respondente por duas razões:

1. esses termos parecem indicar uma ação por parte do organismo, o que não é verdade, na medida em que a associação ocorre entre dois eventos do ambiente;

2. eles restringem a relação entre os estímulos à proximidade temporal e/ou espacial, o que é incorreto, pois a mera associação entre um evento ambiental neutro e um estímulo incondicional não garante o condicionamento.

Para isso, é necessário que exista uma relação sistemática e contingente entre os estímulos (Benvenuti et al., 2009; Skinner, 1974/1976).

O condicionamento respondente pode ser enfraquecido ou completamente desconstruído. Para isso, o estímulo condicional deve ser apresentado diversas vezes sem que o estímulo incondicional seja apresentado em seguida, processo designado como *extinção respondente* (Catania, 1999; Skinner, 1938/1991, 1953/1965). No exemplo anterior, se o alimento deixar de ser apresentado logo depois do som, este perderá a função de estímulo condicional para a resposta de salivar. O processo de extinção respondente está na base de uma série de técnicas utilizadas na prática clínica, como a dessensibilização sistemática.

> Uma das maneiras de enfraquecer uma relação respondente condicional ou condicionada é através da apresentação por diversas vezes do estímulo condicional (CS) sem a presença ou proximidade com o estímulo incondicional.

A função do estímulo condicional é a de preparar o organismo para receber o estímulo incondicional. Por exemplo, no experimento de Pavlov mencionado anteriormente, a salivação eliciada pelo som preparava o organismo para consumir o alimento. Nesse sentido, Skinner (1953/1965) afirma que a sensibilidade ao condicionamento respondente foi selecionada na história evolutiva das espécies, visto que o processo de condicionamento tem valor de sobrevivência. Uma vez que o ambiente pode mudar de uma geração para outra, respostas reflexas apropriadas não podem se desenvolver sempre como mecanismos herdados. Assim, a mutabilidade possibilitada pelo condicionamento respondente permite que os limites adaptativos do comportamento reflexo herdado sejam superados.

É importante observar que as respostas condicional e incondicional podem ser, em alguns casos, distintas. No experimento de Pavlov, embora ambas as respostas fossem de salivação, há algumas diferenças entre elas, como a composição química e a quantidade de gotas da saliva (Benvenuti et al., 2009). Muitos processos comportamentais com relevância clínica envolvem fenômenos nos quais as respostas condicionais e incondicionais são diferentes. Um exemplo é o desenvolvimento de tolerância e dependência no uso de drogas como cocaína e heroína. Na perspectiva do comportamento respondente, tais drogas exercem a função de estímulo incondicional na eliciação de respostas incondicionais – os efeitos no organismo. Entre eles, encontram-se respostas compensatórias, pois, diante do distúrbio fisiológico produzido pela droga, o organismo reage com processos regulatórios opostos aos iniciais, cuja finalidade é restabelecer o equilíbrio fisiológico anterior. As condições do ambiente, ao precederem sistematicamente a presença da substância no organismo, exercem função de estímulo condicional e passam a eliciar os processos regulatórios eliciados pela droga (Benvenuti, 2007; Poling, Byrne e Morgan, 2000). Dessa forma, quantidades cada vez maiores são necessárias para que os efeitos iniciais sejam produzidos no organismo, levando ao fenômeno conhecido como *tolerância*. Depois disso, se a droga for consumida em um ambiente bastante diferente do usual (i.e., na ausência dos estímulos condicionais que eliciam as respostas compensatórias), o organismo pode entrar em colapso, visto que está despreparado para receber aquela quantidade da droga, o que é conhecido na literatura por *overdose* (Siegel, 2001). Ademais, a mera presença dos estímulos condicionais que antecederam o uso da droga pode eliciar os processos regulatórios (respostas condicionais) mesmo na ausência da substância, produzindo o fenômeno denominado *síndrome de abstinência* (Benvenuti, 2007; Benvenuti et al., 2009; Macrae, Scoles e Siegel, 1987).

O domínio dos conceitos relativos ao comportamento e condicionamento respondentes, bem como sua articulação com conceitos da área operante, é fundamental para garantir rigor à análise de fenômenos complexos. Na prática clínica, inúmeras queixas envolvem interações entre processos respondentes e operantes. A não identificação de relações respondentes como constitutivas dos comportamentos clinicamente relevantes, assim como a incapacidade de descrever sua interação com padrões operantes, certamente conduzirá a um raciocínio clínico parcial e insuficiente. Por essa razão, recomenda-se ao clínico tanto o domínio dos conceitos respondentes quanto o aprofundamento na literatura sobre interação operante-respondente, com destaque para as pesquisas referentes à dependência química (Siegel, 1979, 1984, 2001), imunossupressão como resposta eliciada em situações de estresse (Ader e Cohen, 1975, 1993; Foltz e Millett, 1964) e episódios emocionais, como aqueles descritos pela área de supressão condicionada (Bisaccioni, 2009; Blackman 1968a, 1968b, 1977, Estes e Skinner, 1941).

Na clínica

A compreensão das relações respondentes é fundamental para o clínico analítico-comportamental. Este tipo de relação organismo-ambiente está contida em diversos comportamentos, inclusive naqueles tidos como alvos de intervenção, como ansiedade generalizada, pânico, enfraquecimento do sistema imunológico em situações de estresse, dependências químicas, entre muitos outros fenômenos.

→ **NOTA**

1. Para uma explicação detalhada sobre o comportamento operante, consulte o Capítulo 2.

→ **REFERÊNCIAS**

Ader, R., & Cohen, N. (1975). Behaviorally conditioned immunosuppression. *Psychosomatic Medicine, 37*(4), 333-40.

Ader, R., & Cohen, N. (1993). Psychoneuroimmunology: Conditioning and stress. *Annual Review of Psychology, 44*, 53-85.

Allan, R. W. (1998). Operant-respondent interactions. In W. T. O'Donohue (Org.), *Learning and behavior therapy* (pp. 146-168). Boston: Allyn & Bacon.

Benvenuti, M. F. (2007). Uso de drogas, recaída e o papel do condicionamento respondente: Possibilidades do trabalho do psicólogo em ambiente natural. In D. R. Zamignani, R. Kovac, & J. S. Vermes (Orgs.), *A clínica de portas abertas: Experiências e fundamentação do acompanhamento terapêutico e da prática clínica em ambiente extraconsultório* (pp. 307-327). São Paulo: Paradigma.

Benvenuti, M. F., Gioia, P. S., Micheletto, N., Andery, M. A. P. A., & Sério, T. M. A. P. (2009). Comportamento respondente condicional e incondicional. In M. A. P. A. Andery, T. M. A. P. Sério, & N. Micheletto (Orgs.), *Comportamento e causalidade* (pp. 49-61). Publicação do Programa de Estudos Pós-graduados em Psicologia Experimental: Análise do Comportamento da Pontifícia Universidade Católica de São Paulo.

Bisaccioni, P. (2009). *Supressão condicionada: Contribuições da pesquisa básica para a prática clínica*. Monografia de especialização não publicada. Núcleo Paradigma de Análise do Comportamento, São Paulo, São Paulo.

Blackman, D. (1968a). Conditioned suppression or facilitation as a function of the behavioral baseline. *Journal of Experimental Analysis of Behavior, 11*(1), 53-61.

Blackman, D. (1968b). Response rate, reinforcement frequency and conditioned suppression. *Journal of Experimental Analysis of Behavior, 11*(5), 503-516.

Blackman, D. (1977). Conditioned suppression and the effects of classical conditioning on operant behavior. In W. K. Honing, & J. E. R. Staddon (Orgs.), *Handbook of operant behavior* (pp. 340-363). Englewood Cliffs: Prentice-Hall.

Catania, A. C. (1999). *Aprendizagem: Comportamento, linguagem e cognição* (4. ed.). Porto Alegre: Artmed.

Cohen, N., Moynihan, J. A., & Ader, R. (1994). Pavlovian conditioning of the immune system. *International Archives of Allergy and Immunology, 105*(2), 101-106.

Estes, W. K., & Skinner, B. F. (1941). Some quantitative properties of anxiety. *Journal of Experimental Psychology, 29*(5), 390-400.

Ferster, C. B., Culbertson, S, & Boren, M. C. P. (1977). *Princípios do comportamento*. São Paulo: Hucitec. (Trabalho original publicado em 1968)

Foltz, E. L., & Millett, F. E., Jr. (1964). Experimental psychosomatic disease states in monkeys. I. Peptic ulcer: "Executive monkeys". *Journal of Surgical Research, 4*, 445-453.

Kehoe, E. J., & Macrae, M. (1998). Classical conditioning. In W. T. O'Donohue (Org.), *Learning and behavior therapy* (pp. 36-58). Boston: Allyn & Bacon.

Keller, F. S., & Schoenfeld, W. N. (1974). *Princípios de psicologia*. São Paulo: EPU. (Trabalho original publicado em 1950)

Macrae, J. R., Scoles, M. T., & Siegel, S. (1987). The contribution of pavlovian conditioning to drug tolerance and dependence. *British Journal of Addiction, 82*(4), 371-380.

Moreira, M. B., & Medeiros, C. A. (2007). *Princípios básicos de análise do comportamento*. Porto Alegre: Artmed.

Pierce, W. D., & Epling, W. F. (2004). *Behavior analysis and learning* (3. ed.). Upper Saddle River: Prentice Hall.

Poling, A., Byrne, T., & Morgan, T. (2000). Stimulus properties of drugs. In A. Poling, & T. Byrne (Orgs.), *Introduction to behavioral pharmacology* (pp. 141-166). Reno: Context Press.

Schwartz, B., & Robbins, S. J. (1995). *Psychology of learning and behavior* (4. ed.). Nova York: W. W. Norton.

Siegel, S. (1979). The role of conditioning in drug tolerance and addiction. In J. D. Keehn (Org.), *Psychopatology in animals: Research and clinical implications* (pp. 143-168). New York: Academic Press.

Siegel, S. (1984). Pavlovian conditioning and heroin overdose: Reports by overdose victims. *Bulletin of the Psychonomic Society, 22*(5), 428-430.

Siegel, S. (2001). Pavlovian conditioning and drug overdose: When tolerance fails. *Addiction Research & Theory, 9*(5), 503-513.

Skinner, B. F. (1965). *Science and human behavior*. New York: Free Press. (Trabalho original publicado em 1953)

Skinner, B. F. (1976). *About behaviorism*. New York: Vintage Books. (Trabalho original publicado em 1974)

Skinner, B. F. (1991). *The behavior of organisms: An experimental analysis*. Acton: Copley. (Trabalho original publicado em 1938)

Zamignani, D. R., & Banaco, R. A. (2005). Um panorama analítico-comportamental sobre os transtornos de ansiedade. *Revista Brasileira de Terapia Comportamental e Cognitiva, 7*(1), 77-92.

2 Comportamento operante

Candido V. B. B. Pessôa
Saulo M. Velasco

ASSUNTOS DO CAPÍTULO

→ Definição de comportamento como relação.
→ Comportamento operante como relação resposta-consequência.
→ Noção de classe de respostas definida pela relação com uma classe de estímulos.
→ Operante discriminado, a tríplice contingência.
→ Possibilidade de formação de cadeias comportamentais.

A formulação do conceito de operante ajudou, e continua a ajudar muito, no entendimento do comportamento humano. O objetivo deste capítulo é apresentar o conceito de comportamento operante, relacionando-o com aspectos da atuação do analista do comportamento na prática clínica.

→ **COMPORTAMENTO**

Ao definir o que é comportamento, Skinner (1938/1991, p. 6) afirma que "comportamento é a parte do funcionamento do organismo que está engajada em agir sobre ou ter intercâmbio com o mundo externo". Essa forma de tomar o comportamento como objeto de análise, apesar de aparentemente simples, foi inovadora por uma série de aspectos, e vale a pena ser mais bem analisada antes de se prosseguir. Primeiramente, Skinner apresenta o comportamento como apenas uma parte do funcionamento do organismo. Esse fato já indica que, para se ter um entendimento global do ser humano, outras áreas de conhecimento devem ser utilizadas. Em textos posteriores (por exemplo, Skinner, 1989/1995), o autor destaca a importância de outras ciências como, por exemplo, as neurociências, para o entendimento completo do ser humano. Segundo o autor, é na cooperação entre essas áreas de conhecimento que o ser humano será totalmente entendido. Mas Skinner também deixa claro que as descobertas nessas outras áreas não mudarão os fatos comportamentais estudados pela análise do comportamento. Na visão de Skinner, provavelmente a análise do comportamento será requisitada no esclarecimento dos efeitos sobre o ser humano verificados por essas outras ciências (Skinner, 1989/1995).

A segunda observação que pode ser feita a partir da definição de Skinner de comportamento é o fato de que o comportamento é ação, um intercâmbio com o mundo. Essa forma de se analisar o comportamento foi inovadora por mostrar o comportamento como uma relação. Antes de Skinner, era comum estudar-se o comportamento não como uma relação, mas sim como uma decorrência do ambiente. Ao enfatizar o intercâmbio, Skinner se preocupa em mostrar como aquilo que o indivíduo faz – as respostas – se relaciona com uma mudança no ambiente – os estímulos. Por essa forma de análise, o comportamento engloba o ambiente em uma relação funcional e não mais é mecanicamente causado por ele. (Cabe ainda dizer que, no caso do ser humano, a noção de "mundo externo" engloba como estímulos aspectos do mundo que se constituem da própria fisiologia humana, ou, como Skinner (1974/1998) coloca, o mundo dentro da pele.)

> Comportamento deve ser entendido como relação entre organismo e ambiente, ou seja, o intercâmbio que ocorre entre respostas emitidas pelo organismo e aqueles eventos do universo que estão diretamente relacionados a elas.

A escolha dos termos resposta e estímulo como os elementos a serem utilizados na descrição do comportamento também foi cuidadosamente feita:

> O ambiente entra na descrição de um comportamento quando pode ser mostrado que uma dada parte do comportamento pode ser induzida à vontade (ou de acordo com certas leis) por uma modificação de parte das forças afetando o organismo. Tal *parte*, ou a modificação desta parte, do ambiente é tradicionalmente chamada de *estímulo*, e a parte do comportamento correlata, uma *resposta*. Nenhum dos termos pode ser definido nas suas propriedades essenciais sem o outro. (Skinner, 1938/1991, p. 9, itálicos no original).

A análise desse trecho de Skinner (1938/1991) completa o entendimento da tarefa de um analista do comportamento ao descrever um comportamento. É importante atentar para o fato de que a descrição do comportamento não envolve apenas a narração de uma relação. Skinner destaca que o ambiente a ser levado em conta é aquele que, quando se modifica, induz uma resposta. Esta modificação no ambiente apenas será um estímulo se for regularmente relacionada a uma resposta. A necessidade de identificar regularidades mostra a preocupação que o analista do comportamento deve ter com previsão e controle. Não adianta descrever o ambiente ou as respostas. É necessário descrever as relações regulares envolvendo os estímulos e as respostas. Só assim pode-se prever quando o acontecimento de um estímulo controlará a ocorrência de uma resposta.

A necessidade da descrição de regularidades leva o analista do comportamento a não trabalhar com acontecimentos únicos (instâncias) de relações entre estímulos e respostas. Para o analista do comportamento, é importante considerar que a ocorrência de uma classe de respostas está relacionada à ocorrência de uma classe de estímulos. A definição de uma classe de estímulos se dá então pela relação dessa classe a uma classe de respostas. Um exemplo pode ser dado, neste ponto, a partir de uma relação colocada no capítulo anterior. Adiantaria muito pouco dizer que um cisco no olho eliciou uma resposta de piscar. O importante para o analista do comportamento é saber que alguns objetos, quando em contato com o olho, eliciam respostas de piscar. Os objetos que cumprem essa função em relação à resposta de piscar formam a classe de estímulos eliciadores (da classe) de respostas de piscar. Assim, pode-se prever que, toda vez que um estímulo dessa classe ocorrer, ocorrerá também uma resposta da classe de piscar. A noção de classe, apesar de poder ser utilizada na análise do comportamento respondente, é fundamental para o entendimento do próximo tópico, o comportamento operante.

→ COMPORTAMENTO OPERANTE

Ainda na década de 30 do século XX, Skinner promove outra mudança importante no modo de se estudar o comportamento. A partir de uma série de experimentos feitos por E. L. Thorndike, na virada do século XIX para o século XX, Skinner formula o conceito de comportamento operante. O adjetivo operante, que caracteriza esse comportamento, diferencia este do comportamento respondente, estudado no capítulo anterior. No comportamento respondente, as respostas são eliciadas pela apresentação de um estímulo antecedente. Porém, basta uma rápida observação das ações do ser humano para se verificar que nem todas as repostas emitidas podem ser relacionadas a estímulos eliciadores. Essas outras ações eram interpretadas como fruto de intenções ou propósitos do indivíduo (Skinner, 1938/1991). Porém, com o conceito de classe de respostas e classe de estímulos, essa interpretação pôde ser mudada. Foi possível verificar que a emissão de certas ações estava relacionada à produção de determinadas consequências. Neste caso, a noção de classes permitiu o entendimento de como um estímulo que ocorre depois da emissão da resposta pode controlar sua emissão. Não é aquele estímulo que a resposta produziu o que controlou a resposta. Foram instâncias passadas dessa relação que agora controlam a ocorrência da referida resposta. Assim, um comportamento operante se define pela relação entre uma classe de respostas e uma classe de estímulos por ela produzida. No comportamento operante, a classe de estímulos que o define tem o efeito de selecionar e manter uma classe de respostas. Este efeito define a chamada função reforçadora. Já a classe de respostas é também chamada de um operante. Assim, o paradigma do comportamento operante pode ser inicialmente apresentado da seguinte forma:

$$R \rightarrow SR$$

no qual "R" representa uma classe de respostas ou operante; "SR", uma classe de estímulos reforçadores, e "→" representa a produção de "SR" por "R".

É importante, ainda, atentar para dois fatos. Primeiro, a noção de SR como uma classe de estímulos implica considerar esse SR como uma mudança no ambiente. Quando a produção de mudança no ambiente se caracteriza pela adição de algo, falamos na produção de um estímulo reforçador *positivo* ("SR+"). Quando a resposta produz a subtração de algo, falamos em estímulo reforçador negativo ("SR-"). Nesse segundo caso, a resposta será selecionada ou mantida quando produzir a retirada do SR- do ambiente (R→S̶R̶). Em segundo lugar, é necessário considerar que a R pode produzir outras modificações no ambiente, além do SR. Porém, é a relação entre a emissão de R e a produção de SR que se define como um comportamento operante. Nesse sentido, poderia ser dito que a causa de R é a produção de SR. Como, então, é possível saber qual dentre as modificações no ambiente produzidas por R foi a causa da sua emissão? Em outras palavras, como saber qual o estímulo reforçador da resposta? Isso é possível pela manipulação controlada do ambiente e o registro da variação na frequência com que a resposta ocorre. Nesse caso, uma forma bastante usada é a seguinte: primeira-

> Os comportamentos, ou as relações organismo-ambiente, podem ser de diferentes tipos. Assim, não se deve confundir Respondente com Operante, pois tratam-se de relações distintas.

> Comportamento operante é uma relação organismo-ambiente em que a emissão de respostas de um indivíduo afeta/altera o ambiente e, a depender desta alteração, respostas semelhantes a estas terão sua probabilidade de ocorrência futura aumentada ou diminuída.

mente, medem-se as respostas emitidas que se imagina que possam fazer parte do comportamento operante; em seguida, após a emissão da resposta, adiciona-se ou retira-se o evento ambiental que se imagina estar relacionado a ela. Se houver alteração na medida (por exemplo, na frequência ou duração) das respostas após a manipulação do evento ambiental, tem-se uma forte indicação de que a relação entre as respostas medidas e o evento manipulado constitui um comportamento operante. Para se ter uma confirmação dessa relação, pode-se suspender a operação de adição ou retirada do evento após a ocorrência das respostas. No caso do comportamento ser mesmo operante, espera-se que, depois de passado algum tempo da suspensão da operação, a frequência ou duração das respostas se aproxime da primeira medida realizada.[1]

Um exemplo simples do efeito do reforçador sobre respostas operantes pode ser visto no trecho a seguir, fornecido por Matos (1981): uma criança com 1 ano e 6 meses de idade estava no início da aprendizagem da fala. Em determinado dia, a criança emitiu pela primeira vez a palavra "papai". Imediatamente após a emissão, o pai, única pessoa, além da criança, presente na ocasião, fez uma grande festa para a criança, dando-lhe muitos beijos e sorrisos. Viu-se que, no decorrer deste dia e nos posteriores, a frequência da fala "papai" pela criança aumentou muito. Ela falava "papai" diante do pai, diante da mãe e diante da babá, e todos lhe faziam elogios, davam-lhe beijos e sorriam sempre que isso ocorria. Porém, rapidamente, mãe e babá pararam de fazer festa quando a criança emitia a palavra "papai" diante apenas delas. A criança recebia os sorrisos e beijinhos apenas quando emitia a palavra diante do pai. Em decorrência disso, as emissões da palavra ficaram mais raras diante da mãe e da babá, mas continuaram quando o pai estava presente.

Durante a descrição desse exemplo, foram abordados o que Skinner (1968/1975) chama de processos comportamentais ou mudanças no comportamento devido a determinadas operações. Os dois processos comportamentais foram reforçamento e extinção. O processo de reforçamento é o aumento na frequência do comportamento devido à apresentação contingente de um reforçador. Esse processo pode ser verificado no exemplo como o aumento da frequência da resposta "papai" emitida pela criança quando sorrisos e beijos foram contingentes à sua emissão. O processo de extinção é a diminuição da frequência do comportamento em razão da suspensão da apresentação contingente de um reforçador. Esse processo é evidenciado no exemplo pela diminuição da frequência com que a criança emitia a palavra "papai" diante da mãe ou da babá, após estas suspenderem a apresentação de sorrisos e beijos quando a palavra era emitida diante apenas delas, e não do pai. Esses processos, ou mudanças no comportamento (Skinner, 1968/1975), ocorreram devido às operações de apresentação de reforçadores contingentes à emissão da resposta.

> Reforçamento é o processo em que há o fortalecimento de uma classe de respostas em decorrência das consequências que ela produz. A essas consequências que tornam as respostas desta classe mais prováveis, dá-se o nome de reforçador ou estímulo reforçador.

> Um comportamento operante é enfraquecido (podendo ser inclusive cessado) através da quebra da relação resposta-reforçador.

Há estímulos reforçadores que aumentam a frequência (ou duração) de respostas que os antecedem por uma sensibilidade inata do ser humano a eles. Esses estímulos são denominados *reforçadores incondicionados*. Já alguns outros estímulos adquirem a função reforçadora devido à história particular de relações entre o ser humano e o ambiente em que ele vive. Esses estímulos, que dependem da história de vida para adquirir a função reforçadora, são denominados *reforçadores condicionados*. Como cada ser humano tem uma história particular de relação com o ambiente, o que funciona como reforçador condicionado para respostas de um ser humano pode não funcionar para respostas de outro ser humano que tem outra história de vida (Skinner, 1953/2003). Cabe ao analista do comportamento identificar quais mudanças ambientais são reforçadores em cada caso analisado. Como será visto no capítulo sobre operações motivadoras, será necessária, ainda, a verificação de se o reforçador, incondicionado ou condicionado, está momentaneamente estabelecido como tal.

Guedes (1989) oferece um exemplo, ocorrido na clínica, no qual um comportamento operante está bem claro para ser analisado. Durante um momento de um processo terapêutico em que um casal comparecia às sessões para analisar a relação com os filhos, o pai relata:

> Eu estava lendo o jornal, minha filha menor chegou perto me chamando e puxando o jornal da minha mão. Falei que naquela hora não podia e segurei firme o jornal. Ela, percebendo que não podia puxar, começou a rasgar pontinha por pontinha do jornal. E eu quieto. Ela quietinha, olhando para mim e rasgando. Nitidamente, naquela hora ela queria atenção. Felizmente, chegaram a mãe e o outro filho, e a atenção dela acabou sendo desviada. Não fosse isto, não sei como terminaria essa história (Guedes, 1989, p. 1).

Um ponto de destaque neste exemplo é a mudança nas respostas emitidas pela criança. Primeiro, a criança emitiu respostas de chamar o pai e puxar o jornal, e depois passou a emitir respostas de rasgar o jornal. Como pode ser observado, as formas ou, tecnicamente falando, a topografia das respostas mudou ao longo do episódio, mas a função das respostas continuou a mesma, ou seja, obter a atenção do pai. Uma relação operante se caracteriza por uma relação funcional entre a resposta e a produção do reforçador. Assim, é importante que o analista do comportamento não se prenda à topografia da resposta, e sim à sua função, ou seja, qual reforçador essa resposta produziu no passado, pois é devido a essa história de reforçamento que a resposta voltou a ser emitida. Todas essas respostas com uma mesma função formam o que se chama de um operante. Retomando, então, um operante é uma classe de respostas definida pela sua função, qual seja, produzir uma determinada classe de reforçadores (Skinner, 1969). Entretanto, não se pode dizer que somente as respostas que produzem o reforçador fazem parte do operante (Catania, 1973). Várias outras respostas podem ser geradas ou modificadas pela apresentação de um reforçador contingente a um operante. No exemplo de Guedes (1989), todas as respostas que tinham por função produzir a atenção fazem parte do operante, e não apenas aquela que efetivamente produziu o reforçador esperado.

Um segundo fato a ser destacado nesse exemplo é a relação, identificada corretamente pelo pai, entre as respostas da filha, de chamá-lo e puxar o jornal, e o reforçador que essas respostas parecem produzir, isto é, a atenção do pai. Nesse caso, o próprio cliente identificou a relação operante. Porém, isso não é nem comum, nem esperado. Ou seja, o ser humano geralmente não descreve uma situação nos termos aqui explicitados e nem aponta as relações funcionais existentes entre a resposta e suas consequências mantenedoras (Skinner, 1969). Cabe ao analista do comportamento explicitar estas relações, como, por exemplo, no caso da terapia, dando pistas que permitam ao cliente descrever seus próprios comportamentos (Guedes, 1989).

> Os eventos do universo podem afetar um organismo desde o seu nascimento ou a partir de uma história de aprendizagem deste organismo. A estes eventos damos os nomes de incondicionados e condicionados, respectivamente.
>
> No caso de estes eventos serem produzidos pelas respostas de um indivíduo, tornando-as mais fortes (com maior probabilidade de ocorrência futura), dão-se os nomes de reforçadores incondicionados ou condicionados.

→ OPERANTE DISCRIMINADO

> Frequentemente, os operantes tornam-se mais prováveis de ocorrer naquelas situações/contextos em que foram reforçados. Quando isso acontece, diz-se que trata-se de um *operante discriminado*, ou seja, esta relação operante ocorre sob influência de um contexto que a evoca e tem baixa probabilidade de ocorrência num contexto distinto. Esse contexto que passa a evocar a resposta recebe o nome de *estímulo discriminativo* (SD).

O comportamento operante não ocorre a despeito do contexto em que o indivíduo está (Skinner, 1953/2003). Com o tempo, o operante passa a ocorrer só em determinadas situações. Isso ocorre porque só em determinadas situações a emissão da resposta produz o reforçador. Retomando o exemplo da criança aprendendo a falar, a resposta "papai" foi, inicialmente, emitida na presença do pai e foi seguida de sorrisos e beijos. Esse fato levou a criança a emitir a mesma resposta em situações parecidas, como a presença da mãe e da babá. A esse aumento da frequência de respostas em situações semelhantes àquela em que a resposta foi inicialmente reforçada dá-se o nome de generalização.

E como o controle pela situação antecedente se estabelece? Novamente, recorrendo-se ao exemplo da criança aprendendo a falar, pode-se ver que, com o processo de extinção da resposta, ou seja, diante da suspensão da apresentação de reforçadores quando a palavra "papai" era emitida na frente da mãe ou da babá sem que o pai estivesse presente, falar "papai" deixou de ser emitido nestas situações. Entretanto, diante do pai, o reforçador continuou a ser apresentado contingente à emissão da resposta. O resultado do reforçamento em uma situação e da extinção nas outras resultou no que se chama de um operante discriminado. A resposta de falar "papai" tinha grande probabilidade de ocorrer quando o pai estava presente e apenas nesta situação. A forma mais simples de o ambiente antecedente evocar o reforço (emissão reforçada de uma resposta) é pela ocorrência sistemática do reforço na presença de um estímulo (estímulo discriminativo) e a não ocorrência do reforço na ausência desse estímulo (estímulos delta). Essa sequência de eventos é chamada de reforçamento diferencial ou treino discriminativo. Vale ressaltar que, por depender de uma história para ser estabelecido, o estímulo discriminativo é tido como uma síntese da história de reforçamento de um indivíduo (Michael, 2004). Retomando o exemplo de Guedes (1989), a presença do pai foi o estímulo discriminativo que evocou aquelas respostas que aparentemente funcionavam para produzir a atenção do pai. Na ausência do pai, muito provavelmente, a criança não o chamaria.

> Um operante discriminado tende a ocorrer também diante de outros contextos semelhantes àquele inicialmente condicionado.
> A esse processo em que há a transferência da função evocativa de um contexto para outros semelhantes a este dá-se o nome de *generalização*.

Após o estabelecimento da relação de controle discriminativo entre a situação antecedente e o operante, diz-se que o operante tornou-se um operante discriminado. Tem-se, então, a unidade básica para a análise do comportamento operante, a tríplice contingência.

> Um operante discriminado é composto de duas relações: entre resposta e reforçador, operante e entre este operante e seu contexto.

O comportamento operante é composto, portanto, por três elementos – estímulo discriminativo, operante e reforçador – e por duas relações: a relação entre o operante e a classe de reforçadores que o mantém e a relação entre essa situação (relação) de reforçamento e o estímulo discriminativo diante do qual esse reforçamento ocorre. O paradigma operante pode ser finalmente apresentado da seguinte forma:

$$S^D: R \rightarrow SR$$

no qual "SD" representa o estímulo discriminativo; "R" representa uma classe de respostas ou operante; "SR" representa uma classe de estímulos reforçadores e "→" representa a produção de "SR" por "R".

Um fato importante ocorre quando se estabelece uma discriminação operante. Ao adquirir a função de estímulo discriminativo, o mesmo estímulo pode adquirir função de reforçador condicionado para outro operante (Skinner, 1938/1991; para a exceção, veja Fantino, 1977). Isso permite que cadeias de comportamento se estabeleçam, ou seja, que várias tríplices contingências se sucedam. Retornando mais uma vez ao exemplo clínico fornecido por Guedes (1989), a atenção do pai foi provavelmente reforçadora para as respostas de puxar o jornal ou rasgá-lo. Além dessa função, a mesma atenção provavelmente se constituía em estímulo discriminativo para a emissão de outras respostas, tais como brincar ou conversar com o pai. Essa dupla função do estímulo – como reforçador para a resposta que o antecede e discriminativo para a resposta que o sucede – permite o entendimento de como poucas sensibilidades inatas do ser humano podem se transformar em muitos estímulos reforçadores das mais variadas formas e que podem não ter absolutamente nada de inatos.

Em síntese, viu-se que o termo comportamento operante refere-se, primeiramente, a uma relação entre respostas e reforçadores. Viu-se também que um operante é uma classe de respostas definida pela relação com uma classe de estímulos reforçadores. Viu-se ainda que, com o treino discriminativo, o comportamento operante é colocado sob controle de estímulos. E que, como decorrência do estabelecimento desse controle, é possível a formação de novos estímulos reforçadores e o estabelecimento de longas cadeias comportamentais. Finalmente, destacou-se que a unidade básica da análise do comportamento operante é a tríplice contingência, formada por três elementos e duas relações. A identificação dos operantes e das situações em que estes operantes são emitidos (estímulos discriminativos) é o ponto de partida para uma análise do comportamento.

> Quando um evento começa a exercer função de estímulo discriminativo para um operante, ele passa automaticamente a ter importância para aquele indivíduo. Assim, ele poderá ser utilizado como reforçador para outras respostas, tornando possível o estabelecimento de cadeias comportamentais.

→ Na clínica

Quase a totalidade dos comportamentos humanos são derivados de relações operantes. Assim, conhecer o conceito de operante é fundamental para se pensar em predição e controle de comportamento. É a partir dessa noção de operante que o clínico começa sua investigação e, posteriormente, planeja suas intervenções, buscando identificar quais são os reforçadores e os estímulos discriminativos (contingências) relacionados às queixas do cliente. Muitos exemplos deste tipo de relação organismo-ambiente serão dados ao longo deste livro. Todavia, para ilustrarmos, imagine um menino que bate na irmãzinha menor toda vez que sua mãe está presente e não bate em sua ausência. Há de se supor (e o clínico deverá testar esta hipótese) que o comportamento de bater desta criança é um operante discriminado, em que a presença da mãe exerce função de S^D e evoca a resposta de bater do menino, produzindo, como consequência, a atenção da mãe (reforçador).

→ NOTA

1. Ao longo do restante do livro, o leitor poderá encontrar o paradigma operante ora apresentado com o uso o do símbolo "C" e da expressão "consequência", no lugar do símbolo "SR" e da expressão "estímulo reforçador". Nesses casos, os autores dos referidos capítulos abrem a possibilidade de que se inclua no paradigma operante não apenas o aumento da probabilidade de resposta por meio do reforçamento, mas também da diminuição dessa probabilidade pela apresentação de um SR- de forma contingente à emissão da resposta (procedimento de punição). Consideramos que muito do que classificamos como efeitos da punição, como a supressão imediata do comportamento, pode decorrer do fato de que estímulos reforçadores negativos eliciam respostas incompatíveis com o operante. Nesses termos, não estamos de acordo com a afirmação de que o procedimento de punição altere a probabilidade de ocorrência futura do operante, ele apenas suprimiria, momentaneamente, o comportamento. A posição aqui adotada está de acordo com Skinner (1965/1953) e Sidman (2003/1989), embora se oponha à posição defendida, por exemplo, por Catania (1999).

→ REFERÊNCIAS

Catania, A. C. (1973). The concept of operant in the analysis of behavior. *Behaviorism, 1*, 103-116.

Catania, A. C. (1999). *Aprendizagem: Comportamento, linguagem e cognição* (4. ed.). Porto Alegre: Artmed.

Fantino, E. (1977) Conditioned reinforcement: Choice and information. In W. K. Honnig, & J. E. R. Staddon (Orgs.), *Handbook of operant behavior*, (pp. 313-339). Englewood Cliffs: Prentice-Hall.

Guedes, M. L. (1989). *Considerações sobre a prática clínica*. Manuscrito não publicado, Pontifícia Universidade Católica de São Paulo, São Paulo.

Matos, M. A. (1981). O controle de estímulos sobre o comportamento operante. *Psicologia, 7*, 1-15.

Michael, J. (2004). *Concepts & principles of behavior analysis*. Kalamazoo: Association for Behavior Analysis International TM.

Sidman, M. (2003). *Coerção e suas implicações*. Campinas: Livro Pleno. (Trabalho original publicado em 1989.)

Skinner, B. F. (1965). *Science and human behavior*. New York: Free Press. (trabalho original publicado em 1953.)

Skinner, B. F. (1969). *Contingencies of reinforcement a theoretical analysis*. New York: Appleton-Century-Crofts.

Skinner, B. F. (1975). *Tecnologia do ensino*. São Paulo: Editora Pedagógica e Universitária. (Trabalho original publicado em 1968)

Skinner, B. F. (1991). *The behavior of organisms*. Acton: Copley Publishing Group. (Trabalho original publicado em 1938)

Skinner, B. F. (1995). As origens do pensamento cognitivo. In B. F. Skinner (Org.), *Questões recentes na análise comportamental* (pp. 25-42). Campinas: Papirus. (Trabalho publicado originalmente em 1989)

Skinner, B. F. (1998). *Sobre o behaviorismo*. São Paulo: Cultrix. (Trabalho original publicado em 1974)

Skinner, B. F. (2003). *Ciência e comportamento humano*. São Paulo: Martins Fontes. (Trabalho original publicado em 1953)

3 Operações motivadoras

Lívia F. Godinho Aureliano
Nicodemos Batista Borges[1]

ASSUNTOS DO CAPÍTULO

→ Definição de ambiente.
→ Estímulos antecedentes e consequentes.
→ Funções (papéis) de estímulos: evocativo ou alterador de função.
→ História da motivação na análise do comportamento.
→ Operações motivadoras e suas funções.
→ Tipos de operações motivadoras: estabelecedoras *versus* abolidoras, condicionais *versus* incondicionais.

Ao estudarmos o conceito de operação motivadora, continuamos a discutir fundamentalmente como os fatores ambientais influenciam nossas ações, sentimentos e pensamentos. Sendo assim, antes de entrarmos nessa questão, vale a pena dedicarmos este início do capítulo para esclarecer o papel do ambiente na determinação do repertório comportamental dos indivíduos.

Se perguntarmos para alguém "o que é ambiente?", a provável resposta será "tudo aquilo que nos cerca" ou "o lugar onde as coisas acontecem", que coincide com a definição do dicionário *Aurélio* (Ferreira, 2008). Considerando essa definição, ambiente é entendido como algo que existe independentemente do fenômeno comportamental. No entanto, o Behaviorismo Radical propõe outra definição para ambiente, contrapondo-se à visão naturalista (Tourinho, 1997). Este autor discute que aquilo que cerca o organismo de modo geral é universo, reservando ambiente para aquela parcela do universo que afeta o organismo. Assim, o ambiente é a parcela do universo que deverá ser considerada juntamente com o responder que ele afeta para se falar de comportamento.

Dado que ambiente é parte do fenômeno comportamental, podemos começar a discutir de que maneiras esses eventos ambientais afetam o responder de um organismo. Segundo Michael (1983), tais eventos exercem duas possíveis funções:

a) evocativas e
b) alteradoras de repertório.

Em suas palavras:

> As diversas relações ou funções comportamentais podem ser chamadas de "evocativas" quando nos referimos a uma mudança imediata, porém temporária, no comportamento produzido

> Ambiente é o termo empregado para se referir àquela parcela do universo que afeta o organismo.
> Os estímulos poderão ser divididos em duas grandes classes: os que ocorrerem antes da resposta serão conhecidos como *Estímulos Antecedentes* e os que sucederem a resposta serão *Estímulos Consequentes*.

por um evento ambiental, e 'alteradora de repertório' quando nos referimos ao último evento que pode ser melhor observado quando as condições que o precederam estão novamente presentes (Michael, 1983, p.2).

Quando o autor se refere à função evocativa do ambiente, ele destaca a alteração da força de uma resposta diante deste evento. Em outras palavras, uma resposta já existente no repertório de um organismo terá sua probabilidade de ocorrer MOMENTANEAMENTE alterada – tornando-a mais ou menos provável – de acordo com o evento ambiental. Os estímulos que exercem função evocativa são: os incondicionais e condicionais (nas relações respondentes) e discriminativos e operações motivadoras incondicionais e condicionais (nas relações operantes).²

> O ambiente afeta o organismo de duas formas: evocando respostas ou alterando repertórios. A função *evocativa* ou *instanciadora* exerce um efeito momentâneo, fazendo com que a resposta já aprendida ocorra. A função *alteradora de repertório*, ou *selecionadora*, exerce um efeito duradouro, ensinando uma nova relação.

Já ao falar da função alteradora de repertório dos eventos ambientais, Michael (1983) quer destacar pelo menos duas funções importantes:

a) a de selecionadora que o ambiente exerce sobre o repertório de um organismo, e
b) a de tornar o organismo sensível a aspectos do universo – ambiente para determinadas respostas –, ou seja, tornando-o particularmente sensível a fatores ambientais que antecedem o responder.

Em ambos os casos, tratam-se de mudanças DURADOURAS no repertório do organismo. Alguns estímulos que exercem tal função são: reforçadores, punidores e as operações motivadoras condicionais.

Desse modo, Michael (1983) propõe que os estímulos podem ter dois papéis importantes em uma relação comportamental: ora mudarão o repertório do indivíduo, tornando-o diferente; ora evocarão respostas que o indivíduo já aprendeu em sua história. E, segundo o autor, as operações motivadoras poderão exercer esses dois papéis, a depender da ocasião.

> Os estímulos podem ter dois papéis importantes em uma relação comportamental: ora mudarão o repertório do indivíduo, tornando-o diferente; ora evocarão respostas que o indivíduo já aprendeu em sua história.

Como dissemos anteriormente, as operações motivadoras são eventos a serem considerados quando falamos de comportamento. Elas são parte do ambiente que interage com o organismo, tendo como resultados desta interação um organismo e ambiente modificados. Também já discutimos os tipos de função que os eventos ambientais, dentre eles as operações motivadoras, podem exercer sobre o repertório comportamental de um organismo. Antes de prosseguirmos e apresentarmos seus tipos e definições, faremos uma breve descrição da evolução desse conceito.

→ HISTÓRIA E EVOLUÇÃO DO CONCEITO

A busca pela explicação sobre o porquê das pessoas se comportarem de determinadas maneiras é a base do questionamento da psicologia na tentativa de entender o ser humano. Para a Análise do Comportamento, dizemos que essa resposta é encontrada na história de relação do indivíduo com o seu ambiente.

Estudiosos do fenômeno motivacional de diferentes referenciais têm tentado responder a perguntas do tipo: "o que faz com que alguém se comporte de uma determinada maneira?" e "será que o valor dos eventos é sempre o mesmo em todas as situações?". No nosso referencial teórico não foi diferente. Keller e Schoenfeld (1950/1974) afirmavam que

> uma descrição do comportamento que não levasse em conta esta outra espécie de fator [que não só o reforçamento e o controle por estímulos], que hoje se chama motivação, estaria incompleta. (Keller e Schoenfeld, 1950/1974, p. 277).

O primeiro material que encontramos para falar de motivação em Análise do Comportamento foi escrito por Skinner (1938). Nele, o autor se refere a *drives* como um grupo específico de variáveis que atuam no fortalecimento ou enfraquecimento do comportamento. Vale atentar que Skinner defendia o *drive* não como estado interno do organismo, mas sim como operações ambientais, destacando privação e saciação. Todavia, como essa não parecia ser sua maior preocupação na época, esse conceito foi pouco explorado.

Em 1950, Keller e Schoenfeld dedicam um capítulo inteiro para discutir os eventos motivacionais. A esse capítulo os autores atribuem o título "Motivação", mas tratam o fenômeno utilizando o termo *impulso* para se referirem a modificações no responder e às suas operações ambientais correspondentes. Dessa forma, os autores defendem que o impulso não pode ser entendido como um estado interno, mas sim como produto da relação entre organismo e ambiente, não podendo ser atribuído a apenas um dos lados. Essa proposta já se aproximava em muitos aspectos à posteriormente apresentada por Michael (1983).

Três anos após a publicação de Keller e Schoenfeld, Skinner (1953/1998) dedica um capítulo de seu livro sobre comportamento humano para discutir a motivação. Destaca-se nessa obra o abandono do termo *drive* e a inclusão de estimulação aversiva como fator motivacional. Neste momento, Skinner defende uma visão semelhante à de Keller e Schoenfeld (1950/1974).

Outro autor que apresentou o conceito de motivação apontando para as variáveis ambientais foi Millenson (1967/1975). Em seu manual, o autor também se refere à motivação como operações de impulso, com função de alterar o valor da consequência, aumentando-a (por meio de operação de privação) ou diminuindo-a (por meio de operação de saciação).

Nota-se, então, que esses autores (Skinner, 1938, 1953/1998; Keller e Schoenfeld, 1950/1974, e Millenson, 1967/1975), apesar de não utilizarem a nomenclatura operação motivadora (que foi cunhada mais tarde), enfatizaram o papel das variáveis ambientais na compreensão do fenômeno motivação, além de destacarem a importância de entender esse conceito como produto da relação entre o organismo e os eventos ambientais, negando, portanto, qualquer caráter mediador interno.

Em artigo dedicado à distinção entre estímulos com função discriminativa e motivacional, Michael (1982) propôs o termo operação estabelecedora[3] para se referir aos estímulos antecedentes envolvidos numa relação comportamental e que estão relacionados aos aspectos motivacionais. Este autor aponta para a necessidade de se utilizar um termo mais geral, que pudesse abarcar eventos como: ingestão de sal, mudanças de temperatura, estimulação aversiva (dentre outros), e seus efeitos sobre os organismos, além das operações de privação e saciação, já extensamente analisadas por outros autores. Todos os eventos mencionados têm em comum dois efeitos sobre o comportamento:

> As *operações motivadoras* tratam-se de estímulos antecedentes envolvidos em uma relação comportamental e que estão relacionados aos aspectos motivacionais daquele comportamento.

1. alteram a efetividade de algum objeto ou evento como reforçador (positivo ou negativo) ou punidor (positivo ou negativo) e
2. alteram a probabilidade de respostas que no passado tenham produzido tal consequência.

Michael foi um dos autores que mais se dedicou ao estudo desse conceito, fazendo diversas reformulações para refiná-lo (Michael, 1983; Michael, 1993 e Michael, 2000), até que em artigo intitulado *Motivative operations and terms to describe them: some further refinements*[4] (Laraway, Snycerski, Michael e Poling, 2003), ele apresenta, juntamente com três outros autores, uma última versão do conceito. Neste artigo, os autores incluem sob o rótulo "operação motivadora", não só as operações estabelecedoras – que se tratam de eventos que fortalecem a efetividade da consequência como reforçadora ou punidora – como as operações abolidoras – que diminuem a efetividade da consequência como reforçadora ou punidora.

→ DEFINIÇÕES DE OPERAÇÕES MOTIVADORAS

Chamamos de operações motivadoras todo e qualquer evento ambiental (seja uma operação ou condição de estímulo) que afeta um operante de duas maneiras:

1. alterando a efetividade dos estímulos consequentes (reforçadores ou punidores) e
2. modificando a frequência da classe de respostas que produzem essas consequências.

Quando dizemos que as operações motivadoras alteram a efetividade dos estímulos consequentes (item 1 da definição), devemos atentar para as duas possibilidades: aumentar ou diminuir tal efetividade. Dessa forma, uma subdivisão se torna necessária. Restringiremos o termo *operação estabelecedora* para nos referirmos aos eventos ambientais que aumentam a efetividade reforçadora ou punidora da consequência. Por outro lado, utilizaremos o termo *operação abolidora* para nos referirmos àqueles eventos que diminuem a efetividade reforçadora ou punidora da consequência. Em outras palavras, os termos estabelecedora ou abolidora referem-se aos seus efeitos sobre as consequências.

> Uma das funções de uma operação motivadora é alterar a efetividade dos estímulos consequentes. Todavia, deve-se atentar para o tipo de alteração que ela pode exercer: *aumentando* ou *diminuindo* a efetividade daquele estímulo.

> As operações motivadoras podem ser *estabelecedoras* ou *abolidoras*, a depender da função que exercem sobre a consequência, aumentando ou diminuindo, respectivamente, sua efetividade.

Como exemplos de operações estabelecedoras, podemos analisar a resposta de uma criança de pedir colo para sua mãe. Em uma situação em que a mãe fica longe da criança durante muitas horas, devido ao seu trabalho, esse tempo tem o efeito de aumentar o valor reforçador da presença da mãe e aumentará a frequência de toda uma classe de respostas que produz a aproximação com a mãe, como o pedir colo. Em outra situação, suponhamos que uma garota esteja na praia com sua família e, conforme as horas passam, o calor vai ficando cada vez maior, fazendo com que a garota comece a ir mais vezes tomar banho de mar, refrescar-se na ducha e até mesmo a pedir dinheiro para o seu pai para comprar um sorvete. Podemos considerar que esse aumento da temperatura foi uma operação estabelecedora que aumentou a frequência de respostas que tinham como consequência produzir refrescância.

Como exemplos de operações abolidoras, podemos analisar a resposta de um rapaz propor aos amigos uma feijoada no sábado e, após comerem a feijoada, os amigos agitam um encontro no dia seguinte para continuarem se confraternizando. Nessa ocasião, não mais observamos o rapaz propor a feijoada; isso porque comer a feijoada se constituiu como uma operação abolidora que a tornou menos atrativa e diminui respostas que tenham como consequência produzir feijoada – pois, além de não propor a feijoada para o dia seguinte, o rapaz nem mais vai ao bufê fazer outro prato. Em outra situação uma moça que faz regime, evitando comer doces e gorduras, para manter-se magra e consequentemente afastar a possibilidade de ganhar peso poderá quebrar o regime e comer um docinho após ter malhado mais que o costume; desta forma, diz-se que este tempo a mais de malhação exerceu função de operação motivadora abolidora para a consequência aversiva de ganhar peso e levou a moça a abrir esta exceção.

Com os exemplos, verificamos que temos dois tipos de operações motivadoras: as estabelecedoras e as abolidoras. Todavia, outra classificação dessas operações ainda se faz necessária. Tratam-se das operações motivadoras incondicionais e condicionais.

→ OPERAÇÕES MOTIVADORAS INCONDICIONAIS E CONDICIONAIS

Para completarmos a definição de operações motivadoras, precisamos discutir os seus diferentes tipos. Se observarmos diferentes organismos, concluiremos que existem operações ou condições que alteram o valor de alguns estímulos sem que, para isso, haja a necessidade de uma história de

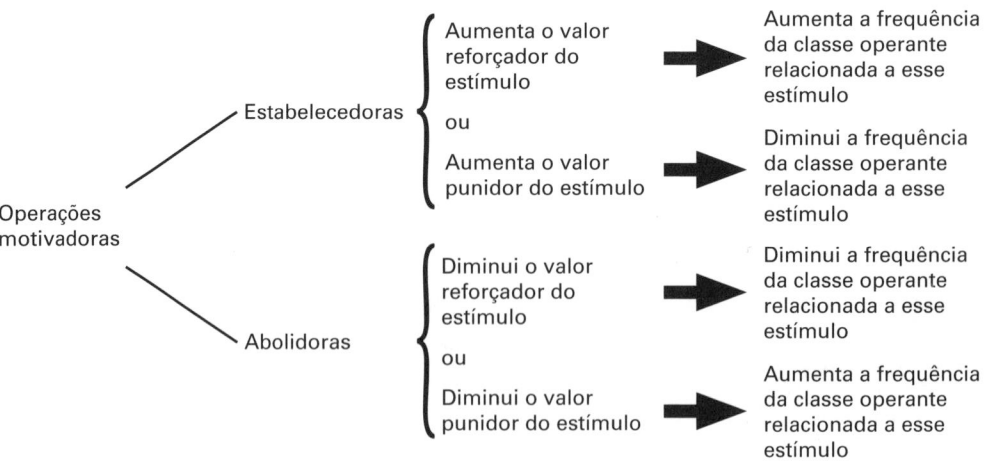

FIGURA 3.1 Representação gráfica da definição de operações motivadoras.

aprendizagem especial. Assim, estamos dizendo que todos os organismos nascem sensíveis a eventos aversivos e apetitivos, que poderão se tornar reforçadores ou punidores, a depender da relação que aprendem ao longo da sua história particular. A essas operações, Michael (1993) deu o nome de *operações motivadoras incondicionadas*, como são exemplos a privação, a saciação e a estimulação aversiva. Michael (1993) apresenta a seguinte passagem para tratar desta classificação:

Nós nascemos provavelmente com a capacidade de nosso comportamento ser mais reforçável por comida como resultado de privação de comida, e mais reforçável pela cessação da dor como resultado da apresentação da dor, mas temos que aprender que a maioria dos comportamentos que produzem comida e o término da dor são tipicamente evocados por essas operações estabelecedoras [operação motivadora] (Michael, 1993, p. 194).

Dessa forma, é importante compreendermos que o termo incondicional é atribuído à natureza de alguns eventos, como apetitivos ou aversivos, para os quais os organismos já nascem sensíveis – ou seja, são capazes de afetar o organismo. No entanto, os comportamentos em relação a tais eventos se dão a partir de uma aprendizagem específica. Por exemplo, quando nos referimos à privação de água, estamos nos referindo a uma condição que afeta o indivíduo. Todavia, ela ainda não deve receber o qualificador operação motivadora, pois até aqui não falamos dela em relação a nenhuma resposta. Por outro lado, quando essa condição for relacionada com alguma resposta que tenha como resultado a saciação dessa privação de água – por exemplo, a pressão à barra do rato, pedir um copo com água ou dirigir-se ao bebedouro – a privação de água passará a receber o rótulo de operação motivadora incondicional.

Por outro lado, ao longo da nossa história, tornamo-nos sensíveis a outros eventos aos quais não éramos, como, por exemplo, o dinheiro. Essa sensibilidade é adquirida a partir de aprendizagens que relacionaram tais outros eventos a eventos aversivos ou apetitivos de alguma forma. Esses eventos, assim como os incondicionais, poderão exercer diferentes funções em relações comportamentais, inclusive de operações motivadoras condicionais. Por exemplo, andar de ônibus lotado diariamente (operação estabelecedora) é uma condição que leva a pessoa a aplicar parte de seu salário na poupança (resposta) visando à compra de um carro (reforçador). Vamos considerar outro exemplo: andando no *shopping*, uma moça avista

> Os organismos nascem sensíveis a eventos aversivos e apetitivos, sendo tal sensibilidade herdada geneticamente. Os qualificadores *aversivo* e *apetitivo* são atribuídos de acordo com o valor de sobrevivência destes eventos para a espécie.
> Todavia, será a partir da história particular de interação com o ambiente que cada um destes eventos começará a ganhar suas funções, ou seja, tornar-se-á estímulo para determinada resposta, como, por exemplo: reforçador, discriminativo, etc.

> É importante ressaltar que o termo *estímulo* deve ser reservado àqueles eventos que exercem uma função específica na relação comportamental, sendo o termo *evento* empregado para se referir a qualquer coisa a despeito de sua função.

> Os termos *condicional* ou *incondicional* serão aplicados às operações motivadoras da mesma forma como em todos os outros casos, ou seja, para se referirem àqueles eventos que afetam o organismo a partir das experiências pessoais do organismo ou por meio de herança genética, respectivamente.

uma vitrine com várias roupas interessantes, mas com valores bastante altos. A partir desse episódio, essa moça começou a trabalhar mais, fazendo horas extras e acumulando outras atividades. Dessa maneira, ela acumulou dinheiro suficiente para adquirir as roupas da vitrine. Neste exemplo, se analisarmos as respostas da moça de trabalhar mais, podemos inferir que o dinheiro conseguido como consequência dessa resposta é reforçador (para a resposta de trabalhar). No entanto, o valor reforçador do dinheiro, nessa situação, foi estabelecido pelo episódio de ela ter avistado objetos que, para serem adquiridos, precisariam de dinheiro. Nessa relação, chamamos de operação motivadora condicional essa condição de avistar tal vitrine.

Michael (1993) apresenta outras propostas de classificação das operações motivadoras condicionais que não serão abordadas neste capítulo, isso porque nosso objetivo foi apresentar o conceito de operação motivadora, bem como um breve histórico de sua evolução e algumas classificações. Para os interessados, sugerimos a leitura de Michael (1993), da Cunha e Isidro-Marinho (2005) e Pereira (2008).

Para finalizar, gostaríamos de destacar que a evolução do conceito de operações motivadoras não descarta a necessidade de continuarmos a estudá-lo a partir de diferentes objetivos: seja o de entender cada vez melhor o próprio conceito e como ele influencia o comportamento, seja com o objetivo de compreender suas implicações em situações de aplicação, como na clínica analítico-comportamental.

> **Na clínica**
>
> O clínico analítico-comportamental é contratado pelo cliente para, no mínimo, ajudá-lo a analisar e mudar as relações que o levaram a procurar ajuda. Desde o primeiro momento de contato, o clínico será parte do ambiente do cliente, pois, de algum modo, estará afetando-o. Se considerarmos a classificação proposta por Michael (1983), segundo a qual o ambiente pode exercer função evocativa e alteradora de repertório, e a relacionarmos com as etapas de um processo clínico, diríamos que, no início do trabalho, o analista do comportamento poderá se permitir exercer exclusivamente função evocativa. Todavia, o cliente nos procurou solicitando mudanças e, dessa forma, em algum momento, deveremos exercer função alteradora de repertório. Caso contrário, não haveria o porquê do nosso trabalho.
>
> Vejamos um exemplo em que o cliente chega com uma queixa de "transtorno do pânico", diagnóstico que recebeu do psiquiatra. Ele relata ao clínico que os "ataques de pânico" ocorrem a qualquer momento, em qualquer lugar. Por esse motivo, deixou de frequentar muitos lugares, permanecendo boa parte do seu dia em casa, lugar onde se diz seguro. Após investigações mais minuciosas, o clínico identifica que as diversas situações em que os "ataques" ocorreram tinham em comum **eventos privados**: taquicardia, sudorese, desconforto, etc.; e **respostas de fuga**: abandonar o local, deixar de fazer as atividades que estava executando, etc. Questionado sobre como sente esses "eventos privados", o cliente relata ser uma sensação de perda de controle e, algumas vezes, diz que acredita que morrerá. Analisando tais relatos, podemos levantar a hipótese de que os estímulos privados exercem função de operação motivadora do tipo estabelecedora, pois esta aumenta o valor reforçador da eliminação de tais estímulos e evoca respostas de fuga (abandonar o local) e esquiva (não sair de casa).
>
> Ao identificar tal relação, o clínico pode optar por algumas estratégias que visem alterá-la. Uma delas poderia ser levar o cliente a identificar outras situações nas quais ele sinta os mesmos eventos privados, com o objetivo de diminuir o valor aversivo desses eventos. Caso o cliente consiga concluir que esses mesmos eventos privados (taquicardia, sudorese,

etc.) ocorrem em muitas outras situações de sua vida que não são necessariamente "perigosos" e que se tratam apenas de sensações corporais que foram emparelhadas com um episódio aversivo, é possível que ele consiga não mais emitir respostas de fuga e/ou esquiva dessas situações. Dessa maneira, estará criada a condição para que "novas" respostas sejam emitidas, produzindo outros reforçadores que as selecionarão. Assim, teremos uma mudança de repertório, deixando de fortalecer classes de evitação e fortalecendo classes de enfrentamento. Nesse caso, o clínico optou por tentar alterar a função da operação motivadora, no caso mencionado, os eventos privados, fazendo assim com que o valor aversivo de ficar na situação diminua e possibilite ao cliente enfrentá-la.

→ NOTAS

1. A ordem dos autores é meramente alfabética.
2. Os termos empregados no artigo foram: incondicionados, condicionados e operações estabelecedoras incondicionadas e condicionadas. Todavia, a troca dos termos visou à atualização da linguagem empregada na área. Assim como ocorrerá ao longo de todo capítulo.
3. Posteriormente, o termo "operação estabelecedora" foi reservado a um tipo específico de operação, sendo empregado o termo "operação motivadora" para se referir às operações motivacionais às quais ele se refere nesse artigo.
4. Tradução: "Operações Motivadoras e termos para descrevê-las: alguns refinamentos".

→ REFERÊNCIAS

Da Cunha, R. N., & Isidro-Marinho, G. (2005). Operações estabelecedoras: Um conceito de motivação. In J. Abreu-Rodrigues, & M. R. Ribeiro (Orgs.), *Análise do comportamento: Pesquisa, teoria e aplicação* (pp. 27-44). Porto Alegre: Artmed.

Ferreira, A. B. H. (2008). *Miniaurélio: O minidicionário da língua portuguesa* (7. ed.). Curitiba: Positivo.

Keller, F. S., & Schoenfeld, W. N. (1974). *Princípios de psicologia* (5. reimp.). São Paulo: E.P.U. (Trabalho original publicado em 1950)

Laraway, S., Snycerski, S., Michael, J., & Poling, A. (2003). Motivative operations and terms to describe them: some further refinements. *Journal of Applied Behavior Analysis, 36*, 407-414.

Michael, J. (1982). Distinguishing between discriminative and motivational functions of stimuli. *Journal of the Experimental Analysis of Behavior, 37*, 149-155.

Michael, J. (1983). Motivational relations in behavior theory: a suggested terminology. *Cadernos de Análise do Comportamento, 5*, 1-23.

Michael, J. (1993). Establishing operations. *The Behavior Analyst, 16*, 191-206.

Michael, J. (2000). Implications and refinaments of establishing operation. *Journal of Applied Behavior Analysis, 33*, 401-410.

Millenson, J. R. (1975). *Princípios de análise do comportamento*. Brasília: Coordenada. (Trabalho original publicado em 1967)

Pereira, M. B. R. (2008). *Operação estabelecedora condicionada substituta: Uma demonstração experimental*. Dissertação de mestrado, Pontifícia Universidade Católica de São Paulo, São Paulo.

Skinner, B. F. (1938). *The behavior of organisms: An experimental analysis*. New York: Appleton-Century-Crofts.

Skinner, B. F. (1998). *Ciência e comportamento humano* (10. ed.). São Paulo: Martins Fontes. (Trabalho original publicado em 1953).

Tourinho E. Z. (1997). Privacidade, comportamento e o conceito de ambiente interno. In R. A. Banaco (Org.). *Sobre comportamento e cognição: Aspectos teóricos, metodológicos e de formação em análise do comportamento e terapia cognitiva* (pp. 213-225). Santo André: ESETec.

4 Episódios emocionais como interações entre operantes e respondentes

Cassia Roberta da Cunha Thomaz

ASSUNTOS DO CAPÍTULO

→ Compreensão analítico-comportamental das emoções.
→ Múltiplas funções de estímulos.
→ O cuidado na aplicação de termos subjetivos, tais como *ansiedade*.
→ Análise do comportamento complexo chamado *ansiedade*.

É comum a concepção de que o comportamento é causado por aquilo que ocorre dentro da pele de uma pessoa (Skinner, 1953). As emoções costumam ser bons exemplos de causas internas do comportamento, e afirmações como "eles brigaram porque estavam com raiva" ou "eu não consigo falar em público porque fico ansioso" são comumente observadas na sociedade atual.

De acordo com Skinner (1974), o Behaviorismo Radical postula que a natureza daquilo que ocorre dentro da pele não difere de qualquer comportamento observável e, por isso, considera que a emoção não deve ter *status* causal. De qualquer forma, apesar de não ser vista como "causa", a emoção não é negligenciada pela Análise do Comportamento. Ao contrário, é compreendida enquanto fenômeno complexo, a partir dos pressupostos dessa ciência.

> Apesar de não ser vista como "causa", a emoção não é negligenciada pela análise do comportamento. Ao contrário, é compreendida enquanto "fenômeno complexo".

Para compreender a emoção do ponto de vista da Análise do Comportamento, é importante identificar a interação entre comportamento respondente e operante, e, por isso, uma breve definição de conceitos relacionados a estes se faz necessária.[1]

O comportamento respondente refere-se a uma relação entre organismo e ambiente, denominada "reflexo", na qual a apresentação de um estímulo elicia uma resposta. Neste, a resposta é controlada exclusivamente pelo estímulo antecedente, *eliciador*, ou seja, uma vez que o estímulo é apresentado, a resposta ocorrerá. Essa relação pode ser incondicional (inata) ou condicional, produto de condicionamento respondente.

Já o comportamento operante refere-se a uma relação entre organismo e ambiente na qual a emissão de uma resposta produz uma alteração no ambiente (consequência), a qual, por sua vez, altera a probabilidade futura de ocorrência de respostas da mesma classe funcional. A consequência de uma resposta que aumenta a probabilidade futura de respostas da mesma classe é chamada de estímulo reforçador.

O reforçamento de uma resposta costuma ocorrer na presença de determinados estímulos – que pertencem a uma classe de estímulos antecedentes específica – e não em sua ausência. Esse reforçamento diferencial das respostas sob controle de estímulos antecedentes é denominado treino discriminativo e faz com que, futuramente, estímulos dessa classe de estímulos antecedentes passem a evocar respostas funcionalmente semelhantes àquelas que foram reforçadas em sua presença. Situações frente às quais as respostas foram contingentemente reforçadas passam, então, a exercer controle discriminativo, evocando respostas funcionalmente semelhantes àquelas que foram reforçadas em sua presença.

Segundo Todorov (1985), essa relação de dependência entre a situação em que a resposta é emitida, a resposta e a consequência é chamada de tríplice contingência. Um estímulo antecedente teria, então, três funções: discriminativa, evocando respostas reforçadas em sua presença; reforçadora condicionada, aumentando a probabilidade futura de respostas que o antecedem; e eliciadora, em uma relação respondente, uma vez que, conforme afirmam Darwich e Tourinho (2005), o reforçamento de uma resposta na presença de um estímulo não só o faz adquirir função discriminativa como também a de eliciador condicionado das alterações corporais produzidas incondicionalmente pelo estímulo reforçador. Também, a resposta respondente eliciada pelo estímulo consequente pode tornar-se estímulo discriminativo para a classe de respostas operante, por acompanhar contingentemente o estímulo reforçador, conforme sugere Tourinho (1997).

> Um evento que tornou-se discriminativo em uma relação operante discriminada possivelmente adquiriu características que o possibilitam exercer função de reforçador condicionado para uma outra classe de respostas que o anteceda, bem como de eliciador condicionado para algumas relações respondentes.

O esquema a seguir, proposto por Darwich e Tourinho (2005), pode ilustrar essas relações (Figura 4.1).

De acordo com Miguel (2000), há, também, eventos que aumentam momentaneamente a efetividade reforçadora de estímulos, bem como a probabilidade de ocorrência de todas as respostas reforçadas por es-

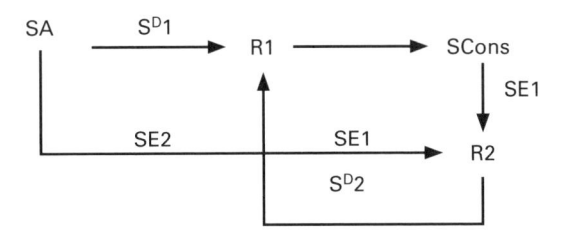

SA: estímulo antecedente à resposta operante; R1: resposta operante; SCons: estímulo consequente à resposta operante; SE1: estímulo eliciador incondicional ou condicional; R2: respostas fisiológicas respondentes; S^D1: estímulo discriminativo presente no ambiente externo; SE2: estímulo eliciador condicional; S^D2: estímulo discriminativo presente no ambiente interno

FIGURA 4.1 Inter-relações entre processos respondentes e operantes.
Fonte: Adaptado de Darwich e Tourinho (2005).

ses estímulos. Tais eventos são chamados de operações estabelecedoras. Por outro lado, os eventos que diminuem momentaneamente a efetividade reforçadora de um estímulo e a probabilidade de ocorrência de respostas reforçadas na presença desses são chamados de operações abolidoras (Laraway, Snycerski, Michael e Poling, 2003).[2]

As informações supracitadas parecem indicar que olhar para os comportamentos respondente e operante separadamente teria um caráter principalmente didático, uma vez que um evento ambiental antecedente pode evocar respostas reforçadas em sua presença (função discriminativa ou evocativa), alterar a efetividade momentânea de um estímulo (função estabelecedora) e, ao mesmo tempo, eliciar respostas reflexas. Da mesma forma, um estímulo consequente, além de alterar a probabilidade futura de uma classe de respostas, pode passar a ter função de estímulo eliciador condicional em uma outra relação, respondente. A resposta respondente (privada) eliciada por esse estímulo pode, também, tornar-se um estímulo discriminativo privado para a classe de respostas reforçada por aquele estímulo consequente. Analisar um fenômeno complexo, como a emoção, envolveria, então, olhar para essas múltiplas funções dos estímulos em conjunto, alterando a relação organismo-ambiente como um todo.

> Analisar um fenômeno complexo, como a emoção, envolveria, então, olhar para essas múltiplas funções dos estímulos em conjunto, alterando a relação organismo-ambiente como um todo.

→ EMOÇÃO E ANÁLISE DO COMPORTAMENTO

Para a Análise do Comportamento, a emoção não se refere a um estado do organismo e sim a uma alteração na predisposição para ação (Skinner, 1953; Holland e Skinner, 1961), ou seja, a uma alteração na probabilidade de uma classe de respostas sob controle de uma classe de estímulos. Um estímulo, antecedente ou consequente, também elicia respostas respondentes. As respostas respondentes presentes em uma emoção são aquelas dos músculos lisos e glândulas, afirma Skinner (1953). Portanto, o episódio emocional[3] refere-se à relação entre eventos ambientais e todas as alterações em um conjunto amplo de diferentes classes de respostas, não sendo redutível a uma única classe de respostas ou atribuível a um único conjunto de operações.

> Emoção refere-se a relações em que há alterações em um conjunto amplo de comportamentos e de operações ambientais.

Como exemplo, suponha-se que uma pessoa perdeu um jogo em função de um erro do juiz. Ela dirá que "está com *raiva*". Do ponto de vista de um analista do comportamento, isso possivelmente significa que

1. respostas que produzam dano ao outro, como xingar, reclamar, gritar e socar terão sua probabilidade aumentada;
2. respostas reflexas, como aumento dos batimentos cardíacos, enrubescimento, o ofegar serão eliciadas pela punição/extinção característica da condição da perda do jogo;
3. a efetividade reforçadora de outros estímulos, como a presença da família, poderá diminuir, e a pessoa poderá relatar que "precisa ficar sozinha".

A *raiva*, então, não seria somente o que a pessoa sente, mas toda esta alteração no repertório total do indivíduo.

Essa situação pode ser ilustrada como mostra a Figura 4.2 a seguir.

Skinner (1953) sugere que algumas emoções, como "simpatia" e "embaraço", envolvem alteração somente em parte do repertório de um organismo, enquanto outras, como "raiva"

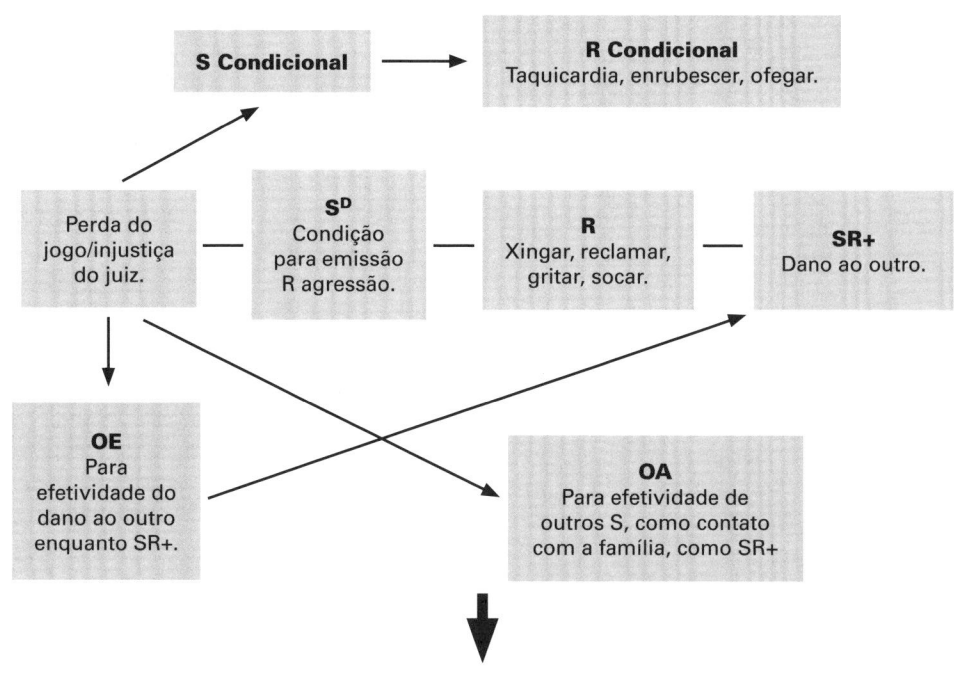

```
                    S Condicional  ──────▶   R Condicional
                                             Taquicardia, enrubescer, ofegar.
```

```
Perda do         S^D                  R                    SR+
jogo/injustiça   Condição     ──    Xingar, reclamar,  ── Dano ao outro.
do juiz.         para emissão        gritar, socar.
                 R agressão.
```

```
OE                                   OA
Para                                 Para efetividade de
efetividade do                       outros S, como contato
dano ao outro                        com a família, como SR+
enquanto SR+.
```

TODA ESTA RELAÇÃO = EPISÓDIO EMOCIONAL DENOMINADO RAIVA

FIGURA 4.2 Representação de inter-relação entre processos respondentes e operantes num exemplo de raiva.

e "ansiedade", alteram-no totalmente. Entretanto, sugere que esses termos cotidianos devem ser usados com parcimônia, pois podem mascarar o fenômeno que deveria ser considerado em um episódio emocional, uma vez que o mesmo nome pode ser usado sob controle de diferentes contingências. Além disso, condições corporais fisiologicamente iguais estão presentes em diferentes episódios emocionais, o que as torna insuficientes para caracterizá-los. Por exemplo, o termo "raiva" poderia ser usado tanto por uma pessoa que não consegue escrever uma carta por não ter caneta quanto por outra que sofreu inúmeras punições no trabalho e interage de forma agressiva com esposa e filhos ao chegar em casa. No entanto, essas são relações diferentes; agrupá-las sob o mesmo nome pode fazer com que as descrições não correspondam às contingências.

Com relação a isso, Darwich e Tourinho (2005) sugerem que a definição ou nomeação de um episódio emocional deveria ser produto não só da discriminação das condições corporais momentâneas como também da relação de contingência entre os

> A aplicação de termos como "simpatia", "embaraço", "raiva", "ansiedade", etc., devem ser usados com parcimônia em uma análise, pois podem mascarar o fenômeno que deveria ser considerado, uma vez que o mesmo nome pode ser usado sob controle de diferentes contingências.

> Condições corporais fisiologicamente iguais estão presentes em diferentes emoções, o que as torna insuficientes para caracterizar episódios emocionais.

> A emoção deve ser analisada em termos de relações entre organismo e ambiente e não se restringir às condições corporais momentâneas.

estímulos (públicos e privados) e as respostas, isto é, da predisposição para ação.

De qualquer forma, os episódios emocionais que implicam o repertório comportamental geral, nos quais as condições ambientais alteram o organismo como um todo de tal forma que há uma interação entre o comportamento operante e respondente, referem-se a um episódio emocional descrito como "emoção total" (Skinner, 1953, p. 166). Geralmente, essas são as emoções que aparecem como queixa clínica, e, por isso, parece importante ao clínico analítico-comportamental saber analisar essas contingências de forma a identificar toda a alteração comportamental presente em um episódio emocional.

A "ansiedade" é um exemplo de episódio emocional que implica todo o repertório comportamental e, por isso, será discutida a seguir.[4]

→ ANSIEDADE

Na Análise do Comportamento, o termo *ansiedade* se refere a um episódio emocional no qual há interação entre comportamento operante e respondente. Zamignani e Banaco (2005) afirmam que o episódio emocional denominado *ansiedade* refere-se não só a respostas respondentes de taquicardia, sudorese, alteração na pressão sanguínea, etc., eliciadas por estímulos condicionais, como também a respostas operantes de fuga e esquiva de estímulos aversivos condicionados e incondicionados, e a uma interação dessas contingências respondentes e de fuga/esquiva com outro comportamento operante que poderia estar ocorrendo no momento em que se apresenta o estímulo aversivo/condicional. Sugere-se que, quando sua emissão é possível, as respostas de fuga e esquiva aumentam de probabilidade e, quando não o é, o efeito do estímulo condicional cessa a emissão de outras respostas operantes.

> O termo *ansiedade* se refere a um episódio emocional no qual há interação entre comportamento operante e respondente.

Esse último caso se refere à "supressão condicionada", proposta inicialmente por Estes e Skinner (1941). No estudo desses autores, ratos privados de alimento foram expostos a uma condição operante na qual respostas de pressão à barra foram consequenciadas com alimento em esquema de reforçamento intermitente (intervalo fixo). Paralelamente, choques inescapáveis eram antecipados por um som, desligado simultaneamente à apresentação do choque. Inicialmente, observou-se que as apresentações do som e/ou do choque não alteraram o padrão operante, mas, após sucessivas exposições, a taxa de respostas durante a apresentação do som foi reduzida e, após o choque, aumentada.

> Na ansiedade, quando sua emissão é possível, respostas de fuga e esquiva aumentam de probabilidade e, quando não o é, o efeito do estímulo condicional cessa a emissão de outras respostas operantes.

Os dados iniciais indicaram que tanto o som quanto o choque, isoladamente, não afetaram a frequência de respostas de pressão à barra (desempenho operante) mantidas por alimento. Com o passar do tempo, o estímulo aversivo condicional – a sinalização do choque (e não o estímulo aversivo incondicional – o choque) foi capaz de afetar o desempenho operante mantido por reforçamento positivo, demonstrando como o desempenho operante pode ser comprometido pela apresentação de um estímulo aversivo condicionado. O choque, em uma relação respondente, elicia inúmeras respostas incondicionais. A partir do

> Um desempenho operante pode ser comprometido pela apresentação de um estímulo aversivo condicional. Assim, é preciso considerar a interação respondente-operante.

condicionamento respondente entre som e choque, o som se tornou um estímulo condicional, sendo capaz de eliciar respostas condicionais que possivelmente interferiram no desempenho operante.

Esse paradigma parece destacar aquilo que é importante na compreensão de um episódio emocional: a interação entre o comportamento respondente e o comportamento operante, uma vez que demonstra experimentalmente o fato de que um estímulo (no caso, o som), ao mesmo tempo, elicia respostas respondentes e compromete o desempenho operante.

Amorapanth, Nader e LeDoux (1999) afirmam que a supressão do comportamento operante em vigor, apesar de ser considerada uma medida indireta de paralisação (*freezing*) eliciada por estímulos condicionais (CS), poderia ser produto também de outro processo comportamental. Para provar essa hipótese, submeteram ratos ao procedimento clássico de supressão condicionada e, posteriormente, a uma lesão na região *Periaqueductal Gray* (PAG) do cérebro.[5] Como resultado, esses autores identificaram que os animais submetidos somente ao condicionamento choque (US) – som (CS) apresentaram maior *freezing* e menor supressão do que aqueles submetidos também à lesão na área PAG. A partir desses resultados, Amorapanth, Nader e LeDoux (1999) sugeriram que processos distintos estariam envolvidos na eliciação de *freezing* por estímulos condicionais e na supressão de respostas operantes.

A pesquisa de Amorapanth, Nader e LeDoux (1999) parece indicar que a apresentação de um estímulo aversivo condicional – no caso, o som – não só eliciaria respostas respondentes como também alteraria a efetividade momentânea de reforçadores. Se isso, de fato, ocorre, é possível que a apresentação de um estímulo aversivo condicional também funcione como uma operação abolidora,[6] aumentando as relações organismo/ambiente a ser consideradas em um episódio emocional.

De qualquer forma, o paradigma da supressão condicionada parece indicar que, ao se analisar um episódio emocional, não se pode considerar somente respostas respondentes; há outras alterações no desempenho operante do organismo que devem ser consideradas na análise.

Para ilustrar as relações aqui propostas, suponha que uma pessoa diz ficar muito ansiosa para falar em público e que tem que apresentar um seminário no trabalho no final do dia. Ela afirmará que, com o passar do tempo, sente-se cada vez mais ansiosa e que iria embora,

> Em alguns casos de queixa de ansiedade é possível verificar que: respostas que reduzam ou evitem contato com o estímulo "ansiógeno" são evocadas; ocorre eliciação de respostas respondentes e há uma alteração no valor de estímulos apetitivos e/ou aversivos.
>
> Assim, a ansiedade não se trata daquilo que ocorre dentro da pele do sujeito, mas sim da relação que envolve a situação "ansiógena" e das alterações no repertório global do sujeito.

se pudesse. Relata taquicardia, sudorese, respiração ofegante e, na hora do almoço, diz que não vai comer porque perdeu o apetite. Quando seus colegas vêm conversar com ela e contar piadas, não se diverte com a companhia deles e quer distância de pessoas. Na hora do seminário, gagueja, treme e olha para baixo. Nesse episódio, pode-se supor que ocorram

1. uma alteração na predisposição para responder – respostas que reduzam ou evitem contato com público terão maior probabilidade de ocorrência, enquanto respostas que produzam aproximação de pessoas terão menor probabilidade de ocorrência;
2. eliciação de respostas respondentes, suar, ofegar e ter taquicardia;

3. uma diminuição na efetividade reforçadora de outros estímulos, como alimento e companhia dos amigos.

Para um analista do comportamento, a *ansiedade* não seria aquilo que ocorre dentro da pele do sujeito, mas sim toda a relação que envolve tanto a situação "ansiógena" quanto as alterações no repertório do sujeito produzidas nesta situação.

A relação exposta anteriormente pode ser ilustrada como mostra a Figura 4.3 a seguir.

Em situações "ansiógenas", observa-se, quando possível, além do descrito anteriormente, maior incidência de respostas de fuga e/ou esquiva. Na fuga, a resposta ocorre sob controle de eliminar o estímulo aversivo (no caso, a situação "ansiógena") e, na esquiva, sob controle de adiá-lo (ou evitá-lo). O estímulo que antecede a resposta de esquiva é considerado também um aversivo condicional.

Zamignani e Banaco (2005) destacam que um estímulo pode tornar-se aversivo condicional não só via condicionamento direto com o estímulo aversivo incondicional. Isso seria possível também por meio de transferência de função de estímulos, por generalização de estímulos e/ou via formação de classes de estí-

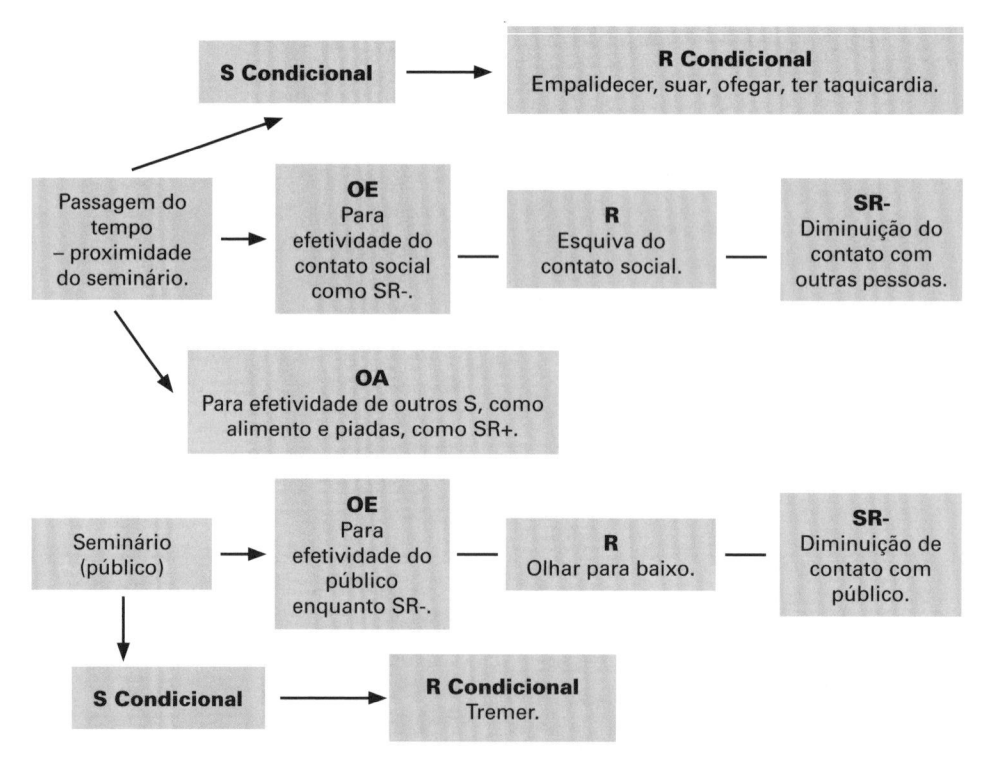

> Na fuga, a resposta é emitida sob controle de eliminar o estímulo aversivo (no caso, a situação "ansiógena") e, na esquiva, sob controle de adiá-lo (ou evitá-lo). O estímulo que antecede a resposta de esquiva é considerado também um aversivo condicionado.

TODA ESSA RELAÇÃO = EPISÓDIO EMOCIONAL DENOMINADO ANSIEDADE

FIGURA 4.3 Representação de inter-relações entre processos respondentes e operantes num exemplo de ansiedade.

> Um evento pode se tornar um aversivo condicional não só por pareamento com um aversivo, mas também através de transferência de função de estímulos por generalização e/ou através de equivalência de estímulos.

mulos equivalentes. Também, respostas do episódio emocional podem passar a fazer parte de outras classes de respostas (mantidas por atenção social, por exemplo) e passarem a ser controladas pelos estímulos que controlam estas outras classes. Assim, é preciso considerar toda a complexidade do episódio emocional quando a ideia for compreendê-lo.

→ Na clínica

Espera-se que o conteúdo apresentado tenha deixado clara a complexidade do episódio emocional, principalmente o fenômeno popularmente conhecido como ansiedade. Geralmente, as emoções aparecem como queixa clínica, e o clínico pode cair em erro ao considerá-las apenas do ponto de vista respondente e programar intervenções que alterem esse aspecto da emoção.

Outro erro poderia ser optar por um tratamento exclusivamente medicamentoso – o que, talvez, alteraria o padrão respondente –, pois não se ensinaria um desempenho operante de enfrentamento, nem aumentaria a efetividade de outros estímulos como reforçadores positivos.

Olhar para ansiedade ou qualquer outra emoção como um fenômeno comportamental complexo envolve avaliar todas as alterações comportamentais envolvidas no episódio emocional e, com isso, programar intervenções clínicas que modifiquem toda a relação organismo-ambiente característica do episódio emocional.

→ NOTAS

1. O presente capítulo não tem por objetivo aprofundar conceitos teóricos. Para definições e discussões mais detalhadas sobre estes temas, veja os Capítulos 1 e 2 deste livro e Skinner (1953).
2. Para um maior aprofundamento, sugere-se a leitura do Capítulo 3.
3. O termo "episódio emocional" será aqui utilizado como sinônimo de emoção e refere-se à alteração no repertório comportamental que envolve interações entre desempenho operante e respondente.
4. O presente capítulo não tem por objetivo esgotar a discussão a respeito da ansiedade. Esta aparece aqui como um exemplo de possibilidade de análise de episódio emocional. Para uma discussão mais pormenorizada do tema, veja Banaco (2001); Zamignani e Banaco (2005).
5. Lesões na área PAG, de acordo com Amorapanth e colaboradores (1999), costumam bloquear o *freezing* e manter outras respostas operantes inalteradas.
6. Essa é uma hipótese ainda incipiente levantada pelo presente capítulo. Há necessidade de mais investigações experimentais para que seja fortalecida.

→ REFERÊNCIAS

Amorapanth, P., Nader K., & LeDoux J. E. (1999). Lesions of periqueductal gray dissociateconditioned freezing from conditioned supression behavior in rats. *Learning & Memory*, 6(5), 491-499.

Banaco, R. A. (2001). Alternativas não aversivas para tratamento de problemas de ansiedade. In M. L. Marinho, & V. E. Caballo (Orgs.), *Psicologia clínica e da saúde* (pp. 192-212). Londrina: Atualidade Acadêmica.

Catania, C. (1998). *Aprendizagem: Comportamento linguagem e cognição*. Porto Alegre: Artmed.

Darwich, R. A., & Tourinho, E. Z. (2005). Respostas emocionais à luz do modo causal de seleções por consequências. *Revista Brasileira de Terapia Comportamental e Cognitiva*, 7(1), 107-118.

Estes, W. K., & Skinner, B. F. (1941). Some quantitative properties of anxiety. *Journal of Experimental Psychology*, 29, 390-400.

Holland, J. G., & Skinner B. F. (1961). *The analysis of behavior: A program for selfinstruction*. Nova York: McGraw-Hill.

Laraway, S., Snycerski, S., Michael, J., & Poling, A. (2003). Motivating operations and terms to describe them: some further refinements. *Journal of Applied Behavior Analysis*, 36, 407-414.

Miguel, C. F. (2000). O conceito de operação estabelecedora na análise do comportamento. *Psicologia: teoria e pesquisa*, 16(3), 259-267.

Sidman, M. (1995). *Coerção e suas implicações*. São Paulo: Editorial Psy.

Skinner, B. F. (1953). *Science and human behavior*. Nova York: Macmillan.

Skinner, B. F. (1974). *About behaviorism*. New York: Vintage Books USA.

Todorov, J. C. (1985). O conceito de contingência tríplice na análise do comportamento humano. *Psicologia: teoria e pesquisa, 1*, 140-146.

Tourinho, E. Z. (1997). Privacidade, comportamento e o conceito de ambiente interno. In R. A. Banaco (Org.), *Sobre comportamento e cognição* (vol. 1). Santo André: Arbytes.

Zamignani, D. R., & Banaco, R. A. (2005). Um panorama analítico-comportamental sobre os transtornos de ansiedade. *Revista Brasileira de Terapia Comportamental e Cognitiva, 7*(1), 77-92.

Controle aversivo[1]   5

Maria Helena Leite Hunziker
Mariana Januário Samelo

ASSUNTOS DO CAPÍTULO

→ Alguns pressupostos da Análise Experimental do Comportamento.
→ O uso dos termos *positivo* e *negativo* na Análise do Comportamento.
→ Processos de *reforçamento* e *punição*.
→ Reforçamento positivo, negativo, punição positiva e negativa.
→ *Controle aversivo* ou *coercitivo*.
→ Discussões sobre "patologia" e rótulos.
→ A natureza dos aversivos.
→ Interação respondente-operante.
→ Incontrolabilidade.
→ Extinção e seus subprodutos.
→ Estudos sobre controle coercitivo.

Podemos dizer que o nosso cotidiano é repleto de eventos que variam do prazer ao desprazer, das coisas que desejamos às que evitamos, das que amamos às que odiamos, das que nos tornam felizes às que são fonte de infelicidade, etc. Como regra geral, comportamo-nos de forma a ocupar o mais próximo possível do extremo que nos permite acesso às coisas de que gostamos, afastando-nos do extremo oposto. Apesar dessa lógica comum a todos os indivíduos, cada um se comporta de maneira particular, que a sua individualidade lhe dá. Compreender estas diferenças individuais, a partir de processos semelhantes, é um dos objetivos da ciência do comportamento.

Dentre os pressupostos mais básicos da ciência do comportamento estão as considerações de que

1. os indivíduos interagem continuamente com o ambiente;
2. essa interação é bidirecional, de forma que os indivíduos modificam o seu ambiente e são por ele modificados;
3. os produtos dessas modificações são cumulativos, o que permite que processos sim-

> Cada indivíduo se comporta de maneira particular, tornando-o único. Todavia, apesar da individualidade das pessoas, seus comportamentos se dão e se mantêm a partir de processos semelhantes. O entendimento de tais processos é um dos objetivos da análise experimental do comportamento.

ples sejam responsáveis por comportamentos complexos.

Para se analisar cientificamente o comportamento, considera-se como unidades básicas de estudo o agir dos indivíduos (denominadas respostas, ou R), os eventos do ambiente que afetam o organismo (denominados estímulos, ou S) e as relações estabelecidas entre eles (denominadas contingências).[2] Dessa perspectiva, o estudo do comportamento será o estudo das relações entre organismo e ambiente.

Ao identificarmos quais respostas podem causar mudanças no ambiente, podemos distinguir duas operações básicas: adição ou remoção de algo no ambiente. Quando uma resposta produz a *adição* (+) de um estímulo,[3] a relação é dita *positiva*, sendo *negativa* quando produz *subtração* (-). Sobre essas operações, destacamos dois pontos:

1. os termos "positivo" e "negativo" não têm a conotação moral de "bom" ou "ruim", mas apenas emprestam os significados de adição ou subtração encontrados na matemática, e
2. a operação de subtração envolve tanto *remover* algo que já ocorre como *evitar* algo que iria ocorrer.

Dado que a relação comportamental é sempre bidirecional, isso implica que as mudanças produzidas pelo indivíduo no seu ambiente afetam, por sua vez, o comportamento do próprio indivíduo, aumentando ou reduzindo a frequência de emissão da resposta que a produziu. Essa mudança do comportamento é denominada *processo comportamental*, e a relação de consequenciação que determinou esse processo é dita *operante*. Se o efeito da operação for de *aumento* na frequência das respostas que produziram a consequência, esse processo é denominado *reforçamento*; se o efeito for de *redução*, é denominado *punição*. As combinações dessas operações e processos compõem quatro relações (contingências) operantes básicas: reforçamento positivo, reforçamento negativo, punição positiva e punição negativa.[4] No reforçamento negativo, dois tipos de consequências são consideradas: a resposta pode remover ou evitar um determinado estímulo. Se o comportamento foi fortalecido por *remover* o estímulo, ele é denominado *fuga*; se foi fortalecido por *evitar* o estímulo, é denominado *esquiva*.

Por sua vez, os estímulos envolvidos nessas quatro contingências são denominados, respectivamente, reforçadores[5] (positivos ou negativos) e punidores (positivos ou negativos). Uma classificação mais genérica dos estímulos também existe, sem contudo relacioná-los diretamente com a contingência, mas que mantém tal classificação derivada dos efeitos que estes produzem no com-

> Dentre os pressupostos mais básicos da análise experimental do comportamento estão as considerações de que os indivíduos interagem continuamente com o ambiente; essa interação é bidirecional, de forma que os indivíduos modificam o seu ambiente e são por ele modificados; os produtos dessas modificações são cumulativos, o que permite que processos simples sejam responsáveis por comportamentos complexos.

> Falar que respostas podem mudar o ambiente implicam, pelo menos, duas operações básicas: adição ou remoção de algo no ambiente (físico ou social).
> A este respeito, dois pontos devem ser considerados: os termos "positivo" e "negativo" não têm a conotação moral de "bom" ou "ruim", mas apenas emprestam os significados de adição ou subtração encontrados na matemática, e a operação de subtração envolve tanto *remover* algo que já ocorre como *evitar* algo que iria ocorrer.
> A aplicação dos termos *positivo* e *negativo*, na análise do comportamento, sempre estará vinculada à ideia de adição e subtração.

portamento. Assim, são denominados genericamente de *aversivos* os estímulos que reduzem a frequência das respostas que os produziram ou os que aumentam a frequência das respostas que os removeram; em sentido inverso, são denominados *apetitivos* os estímulos que aumentam a frequência das respostas que os produziram ou as que reduzem a frequência das respostas que os removeram.

O que caracteriza o controle aversivo nas contingências operantes? Dois critérios estabelecem essa classificação:

1. a redução da probabilidade da resposta consequenciada e/ou
2. ser aversivo o estímulo envolvido na contingência.

O primeiro critério indica os dois tipos de punição, e o segundo aponta para o reforçamento negativo. Portanto, dentre as contingências operantes, apenas o reforçamento positivo não é considerado parte do controle aversivo do comportamento. Isso indica que, para se compreender o comportamento como um todo, é indispensável a compreensão dos processos aversivos, uma vez que eles correspondem à maior parte dos processos responsáveis pela formação do repertório comportamental dos indivíduos.

As contingências operantes são parte do nosso cotidiano. Assim, considere que, ao ouvir duas estações de rádio, você verifica que a rádio A sempre toca músicas que lhe agradam, e que a rádio B toca músicas de estilo que você não gosta. Em função disso, muito provavelmente você passará a sintonizar mais vezes a rádio A e raramente (ou nunca) ouvirá a rádio B. Como a apresentação da música envolve uma adição à sua resposta de sintonizar uma rádio, e como ocorreu aumento da frequência da resposta de sintonizar A, então dizemos que sintonizar a rádio A foi positivamente reforçada, e que as músicas tocadas em A tiveram a função de reforçador positivo para a resposta de sintonizar a rádio A. Quanto à resposta de sintonizar B, nossa análise indica que ocorreu um processo de punição positiva, e que as músicas tocadas em B tiveram a função de punidor positivo para aquela resposta (sintonizar B). Em outro momento, verificamos que você investiu suas economias na bolsa de valores, e, logo depois, houve queda nos valores das ações. Em função disso, você nunca mais investiu na bolsa. O que ocorreu foi um processo de punição negativa, sendo o dinheiro (estímulo apetitivo) denominado punidor negativo nessa relação. Em outro exemplo, imagine que, ao caminhar pela rua, começou a chover, e você correu até ficar sob uma marquise, interrompendo o contato com a chuva. Nesse caso, sua resposta de ir para baixo da marquise foi reforçada negativamente, a chuva teve função de reforçador negativo (ou de estímulo aversivo), sendo o seu comportamento denominado fuga.

> O ambiente modificado pela resposta do indivíduo retroage sobre ele, podendo tornar este organismo mais propenso ou menos propenso a agir de forma semelhante no futuro. A esses processos dão-se os nomes de *reforçamento* e *punição*, respectivamente.
> Estas relações (contingências) operantes podem ser divididas em quatro tipos, a saber: reforçamento positivo ou negativo e punição positiva ou negativa.

> Chamam-se de *controle aversivo* ou *coercitivo* as relações de punição positiva ou negativa, além da relação de reforçamento negativo. As duas primeiras pelo seu efeito supressor da resposta; já a última, pelo emprego de aversivos na relação.
> Assim, a única relação operante que não é coercitiva é a de reforçamento positivo.

> É indispensável a compreensão dos processos aversivos, uma vez que eles correspondem a maior parte dos processos responsáveis pela formação do repertório comportamental dos indivíduos.

Nos dias sucessivos, você decidiu sair de casa carregando o guarda-chuva, decisão que se mostrou providencial, pois no retorno do trabalho choveu, e foi possível evitar se molhar. Nesse caso, as denominações são semelhantes às do exemplo anterior, com exceção de que seu comportamento é de esquiva.

Portanto, ser aversivo ou apetitivo, reforçador ou punidor, são funções dos estímulos que só podem ser determinadas quando verificamos os efeitos que tais estímulos exercem sobre o comportamento como parte de determinadas contingências. Mas por que os estímulos têm funções tão diferentes e o que as determina? As pesquisas mostram que essas funções são determinadas tanto filo quanto ontogeneticamente. Em outras palavras, quando nascemos, deparamo-nos com alguns estímulos que têm funções comuns a todos os indivíduos da espécie. Por exemplo, para todo recém-nascido, o leite materno é reforçador (salvo exceções decorrentes de problema físico), assim como é aversiva a baixa temperatura ambiente. Ou seja, após um período sem se alimentar, todo bebê apresenta alta probabilidade de sugar o seio materno (dizemos que eles gostam de mamar), assim como observamos que choram e se debatem se colocados sem roupa em um ambiente de baixa temperatura (dizemos que não gostam de sentir frio). Estas funções dos estímulos são comuns a todos os membros da espécie logo ao nascer, e, por isso, considera-se que são filogeneticamente determinadas. Essa determinação filogenética se deu supostamente ao longo da evolução da espécie: os indivíduos cujas características biológicas propiciavam que fossem reforçados pelo leite materno e protestassem quando estavam com frio tiveram mais chance de sobrevivência e, consequentemente, de passar essas características aos seus descendentes. Porém, logo após o nascimento, cada bebê passa a apresentar comportamentos singulares, que os distinguem dos demais. Por exemplo, um bebê pode ter maior probabilidade de chorar ao ver a mãe do que ao ver o pai. O motivo dessa diferença será encontrado na história ontogenética desse bebê: possivelmente, quando ele chora, essa mãe o pega no colo com maior probabilidade do que o pai. Os comportamentos que sofrem diferenciações ao longo da vida do indivíduo, denominados aprendidos ou condicionados, não são comuns a todos os membros da espécie.

Portanto, a função dos estímulos pode ser filogenética ou aprendida, sendo frequente que funções filogenéticas sofram modificações ao longo da história particular de cada indivíduo. Um exemplo disso é mostrado no estudo de Kelleher e Morse (1968), no qual macacos emitiam a resposta de pressionar uma alavanca tendo como única consequência a apresentação de choques elétricos, que não eram apresentados caso os animais não emitissem essas respostas. Além disso, ficou demonstrado que, quando os choques não eram liberados contingentes às respostas, estas rapidamente deixavam de ser emitidas, só retornando se os choques fossem novamente apresentados contingentes a elas. Esses dados mostravam que a resposta de pressionar a alavanca era mantida pelo choque consequente a ela. Sabemos que, para macacos, o choque é geralmente um estímulo aversivo, o que significa que, se liberado contingente à resposta, deve reduzir a frequência de emissão dessa resposta. Como entender esse comportamento atípico? É tentador dizer que os macacos eram "masoquistas". Porém, essa suposição de patologia não explica esses comportamentos, mas apenas dá a eles uma denominação. Para compreendermos esses comportamentos temos que analisar as relações que esses macacos estavam estabelecendo com o seu ambiente. O que esse estudo revela é que, antes dessa demonstração, os macacos foram submetidos a uma contingência na qual, em uma dada condição, toda pressão à alavanca produzia choque e algumas produziam alimento; em outra condição, a pressão à alavanca nunca produzia choque nem alimento. Tanto a intensidade do choque como a intermitência do alimento foram sendo aumentadas gradualmente ao longo de muitas sessões experimentais. Dessa forma, respostas que eram seguidas de choque antecediam respostas que seriam seguidas de alimento, enquanto respostas que não produziam choque nunca eram seguidas de alimento. Após longo treino, o reforçamento positivo foi descontinuado, obtendo-se os comportamentos inicialmente descritos, ou seja, alta frequência de resposta na condição em que elas produziam choque e baixa frequência na condição em que as respostas não produziam choque. Portanto, a interpretação de que o comportamento dos macacos era "patológico" decorreu do desconhecimento da sua história experimental. Conhecendo essa história, fica claro que os animais eram perfeitamente normais: seu comportamento "patológico" era apenas um comportamento discriminado, mantido por reforçamento positivo como diversos outros descritos na literatura (Lawrence, Hineline e Bersh, 1994).

> Dar a um comportamento uma denominação ou rótulo, como por exemplo "masoquista" pouco (ou nada) nos auxilia na compreensão do fenômeno. Trata-se apenas de um julgamento de valor. É através da análise das relações que este indivíduo estabelece com o universo que seremos capazes de explicar tais comportamentos.

No que um experimento como esse pode nos ajudar a compreender o comportamento humano? Em primeiro lugar, ele confirma que os estímulos não são aversivos ou apetitivos em si, mas apenas exercem determinadas funções. Em segundo, que essa função é, em grande parte, determinada pela história individual. Em terceiro, que mesmo funções filogenéticas do estímulo podem ser modificadas pela história de vida do indivíduo. Em quarto, que, embora o comportamento dependa diretamente de características do organismo, é na história de interação do indivíduo com o seu ambiente que podemos encontrar a maior parte das explicações que nos permitem compreender o seu comportamento. Em quinto, que denominações para comportamentos "patológicos", tais como o "masoquismo", apenas criam a ilusão de que explicamos o comportamento quando, na verdade, estamos apenas dando um nome a um conjunto de comportamentos. Se essa "ilusão de explicação" nos satisfaz, ela nos afasta da busca pelas reais variáveis responsáveis pelo comportamento em análise. Além disso, esse tipo de explicação sofre de uma circularidade que não resiste a uma análise mais rigorosa: dizer que os macacos eram masoquistas dado que se autoadministravam choques convive com a explicação de que eles se autoadministravam choques porque eram

> A interpretação de que o comportamento dos macacos era "patológico", decorreu do desconhecimento da sua história experimental. Conhecendo essa história, fica claro que os animais eram perfeitamente normais: seu comportamento "patológico" era apenas um comportamento discriminado, mantido por reforçamento positivo.

> Os estímulos não são aversivos ou apetitivos em si, mas apenas exercem determinadas funções em determinadas relações. Essa função é, em grande parte, determinada pela história de vida do indivíduo (história ontogenética).

> Se essa "ilusão de explicação" nos satisfaz, ela nos afasta da busca pelas reais variáveis responsáveis pelo comportamento em análise.

masoquistas. Por fim, esse estudo nos sugere que não há indivíduos "patológicos", mas sim contingências que controlam comportamentos que podem diferir daqueles considerados "normais".

Além das contingências operantes, nas quais a consequência é a variável crítica de controle do comportamento, há contingências respondentes em que a resposta tem sua probabilidade de ocorrência aumentada por um estímulo antecedente, independente da consequência que ela produz. No geral, diz-se que a resposta é eliciada pelo estímulo quando a ocorrência deste nos permite prever a ocorrência da resposta, ou seja, se existe uma relação "se S, então R". Nos reflexos, a probabilidade da reposta, dado o estímulo, é 1,0. Porém, respondentes podem ocorrer com probabilidade inferior a 1,0, e são parte integrante do nosso cotidiano, tal como nas nossas emoções. Por exemplo, uma música pode nos eliciar lembranças e sentimentos,[6] sendo essas respostas (lembrar ou sentir) dependentes do estímulo antecedente. De uma maneira geral, estímulos podem eliciar respostas de alegria, tristeza, dor, euforia, entre outras. Se a resposta eliciada é parte do conjunto daquelas que gostaríamos de evitar, estamos diante de relações aversivas. Portanto, nas relações respondentes, é o tipo de resposta eliciada que nos permite nomear como aversivo o estímulo que a antecede. Um som muito alto que elicia sobressalto e taquicardia (ambos desagradáveis) pode ser classificado como aversivo da mesma forma que se torna aversiva uma música que foi pareada temporalmente com um evento muito traumático

> Não há indivíduos "patológicos", mas sim contingências que controlam comportamentos que podem diferir daqueles considerados "normais".

em nossas vidas: ouvir essa música nos faz lembrar o fato e ter sentimentos que envolvem sofrimento.

O que determina a função aversiva do estímulo nas relações respondentes? Da mesma forma que nas relações operantes, além das determinações filogenéticas, a história individual é crítica para estabelecer funções aos estímulos eliciadores. Por exemplo, independe da história do indivíduo um objeto pontiagudo colocado no seu dente produzir dor, mas depende de uma história para que um indivíduo passe a ter taquicardia ao se aproximar do consultório do dentista. Ao longo da vida, pareamentos temporais entre estímulos (relações S-S) podem produzir mudanças na função de alguns deles. Assim, um evento que inicialmente é neutro (não causa mudanças no comportamento em curso) adquire a função de outro (que já exerce determinada função) ao qual ele sistematicamente anteceda. Por exemplo, se dois namorados frequentemente ouvem uma música ao estar juntos, muito provavelmente passarão a ter sentimentos relacionados ao seu namoro ao ouvirem essa música, mesmo que afastados um do outro. Em outro exemplo menos romântico, comer algo que nos faz passar mal pode estabelecer aversão a essa comida.

Nominalmente, o estímulo que elicia respostas independentemente de uma história particular é chamado de incondicional[7]

> Nas relações respondentes, é o tipo de resposta eliciada que nos permite nomear como aversivo o estímulo que a antecede.

> O que estabelece um evento como aversivo pode ser uma disposição inata e/ou sua história ontogenética e/ou cultural.

> Se dois namorados frequentemente ouvem uma música ao estarem juntos, muito provavelmente passarão a ter sentimentos relacionados ao seu namoro ao ouvirem essa música, mesmo que afastados um do outro.

(US, do inglês *unconditioned stimulus*), e o que adquire a função pelo pareamento temporal é chamado de condicional (CS, do inglês *conditioned stimulus*). Sentimentos de medo, raiva, dor, ansiedade e sofrimento podem ser eliciados por estímulos incondicionais ou outros que adquiriram suas funções ao longo da história do indivíduo. Por exemplo, respostas agressivas (aquelas que causam danos a outro indivíduo ou objeto) ocorrem com maior probabilidade frente a estímulos aversivos. Em um estudo clássico sobre o tema, macacos atacavam objetos inanimados, ou outro animal, com mais frequência após receberem choques elétricos independentes das suas respostas. Como essas respostas não alteravam a probabilidade de novos choques, a agressão foi considerada eliciada, ou seja, determinada exclusivamente pelo estímulo antecedente (Azrin, Hutchinson e Hake, 1963). Outros estudos mostraram que a textura do objeto mordido (macio ou duro), ou do comportamento do indivíduo agredido (passivo ou em postura de ataque) podem alterar a probabilidade de agressão: apesar de ter sua frequência aumentada pelo estímulo aversivo eliciador, o ataque será tanto mais frequente quanto menos consequências aversivas trouxer ao sujeito que a emite (Azrin, Hutchinson e Sallery, 1964; Hynan, 1976), o que mostra a interação entre relações respondentes (respostas eliciadas) e operantes (consequência da mordida).

Tornando um pouco mais complexas essas relações, outro estudo mostrou que, em uma situação em que macacos podiam produzir a apresentação de uma bola de borracha pressionando uma alavanca, verificou-se que essa resposta foi emitida com alta frequência apenas depois de serem ministrados choques independentes do comportamento dos sujeitos: liberado o choque, os macacos imediatamente passavam a pressionar a alavanca até que a bola fosse introduzida na caixa, quando então era mordida agressivamente (Azrin, Hutchinson e McLaughlin, 1965). Essa pesquisa, de aparente simplicidade, ilustra várias relações comportamentais importantes. A primeira diz respeito à probabilidade de emissão da resposta: se o choque elicia respostas de atacar (relação respondente), ela é a mais provável nesta circunstância. Em seguida, mostra que, se não há no ambiente um objeto de ataque, essa resposta não pode ocorrer: nesse caso, a apresentação do objeto que permite a ocorrência do ataque torna-se altamente reforçadora para a resposta que o produz (pressionar a alavanca em relação operante). Assim, a relação de eliciação estabeleceu uma condição que transformou a função de um objeto inicialmente neutro em reforçador positivo: a bola de borracha, que em situações normais não tinha função reforçadora para o macaco (eles não pressionavam a alavanca que a introduzia na caixa), passou a ser muito reforçadora depois do choque (a resposta de pressionar a alavanca se tornou muito frequente). Portanto, além de mostrar a interação respondente/operante, esse estudo ilustra também o princípio de Premack, que afirma que "a oportunidade de emitir uma resposta mais provável reforça a emissão de uma menos provável" (Premack, 1959; 1971).

Tendo compreendido os processos operantes e respondentes básicos, e que eles podem ocorrer separados ou em interação, você poderá compreender a pesquisa realizada por Estes e Skinner (1941) sobre o efeito de "supressão condicionada", importante para o estudo das emoções. Nesse experimento, ratos recebiam alimento (reforço positivo) contingente à resposta de pressão à barra em esquema FI 4 min,[8] e, de tempos em tempos, choques elétricos (estímulos aversivos) liberados independentemente do seu comportamento, sempre precedidos por um tom com duração de 5 minutos. Nesse contexto, portanto, a resposta de pressão à barra era um operante apenas em relação ao alimento, não se relacionando com a ocorrência do choque ou do tom, que eram funcionalmente incontroláveis. Dado o pareamento sistemático entre tom e choque, o tom se tornou um aversivo condicional (CS), também denominado de pré-aversivo. Os resultados mostraram que o rato pressionava a barra na ausência do tom, mas parava de responder na sua presença. Por que ele fazia isso, se essa supressão das respostas durante o tom não evitava a apresentação do choque e ainda produzia a perda de reforçadores positivos? Ou seja, do ponto de vista operante, esta parada era inútil (não funcional). A análise de Estes e Skinner apontou para o fato de que este arranjo estabeleceu uma interação respondente/operante conflitante: as respostas eliciadas pelo CS aversivo (ditas emocionais, tais como medo, ou simplesmente descritas como "paralisação" motora) eram altamente prováveis e dificultavam a emissão da resposta reforçada positivamente (pressionar a barra). Segundo eles, essa relação pode ser analisada como um modelo de ansiedade, considerada como um comportamento emocional (respondente eliciado pelo estímulo aversivo) que produz perda de reforçadores positivos. Estudos posteriores mostraram que a preponderância dos controles respondentes e operantes neste tipo de arranjo pode variar a depender das perdas que a supressão acarretar ao sujeito: a magnitude da supressão frente ao CS é inversamente proporcional à magnitude da perda de reforçadores promovida pela interrupção do responder (Blackman, 1968). Este tipo de investigação ressalta a complexidade resultante do entrelaçamento de contingências operantes e respondentes ao longo da vida do indivíduo, além de demonstrar que contingências conflitantes entre si podem estar na base de problemas comportamentais.

> Estudos têm apontado a complexidade resultante do intercâmbio entre contingências operantes e respondentes. Além disso, aponta para o fato de que boas análises consideram a possibilidade de contingências conflitantes.

Além de eliciarem respostas que podem competir momentaneamente com operantes, estímulos aversivos que ocorrem independentemente da resposta do indivíduo podem também interferir na sua adaptação a novas contingências. Por exemplo, tem sido relatado que a exposição de animais a choques intensos e incontroláveis produz, posteriormente, dificuldade em aprender novas respostas reforçadas negativamente, dificuldade que não ocorre se os choques iniciais forem controláveis, ou seja, modificados pela resposta do sujeito (Maier e Seligman, 1976). Esse efeito comportamental, denominado "desamparo aprendido", mimetiza aspectos da depressão humana: tanto a baixa frequência de respostas e de reforçadores quanto as alterações neuroquímicas (depleção de noradrenalina e serotonina) demonstradas pelos animais submetidos à incontrolabilidade se assemelham às de pessoas deprimidas (Seligman, 1975/1977). Além disso, tratamentos com medicamentos antidepressivos, ou apenas com exposição a contingências que restabelecem o controle do sujeito sobre o ambiente (supostamente análogo à psicoterapia), podem reverter ou impedir o desenvolvimento do desamparo em animais (Hunziker, 2005; Peterson, Maier e Seligman, 1993). Outro modelo animal de depressão (*chronic mild stress*) também analisa os efeitos de estímulos aversivos incontroláveis, porém pouco intensos e crônicos (Willner, Muscat e Papp, 1992). Além de incontroláveis, no geral esses modelos envolvem estímulos aversivos também imprevisíveis. Tais estudos sugerem que, mais do que a aversividade do ambiente, o que mais se relaciona aos comportamentos

> Estudos têm sugerido que a incontrolabilidade do indivíduo nas relações é fortemente aversivo podendo inclusive levar à "depressão", e que ensinar o indivíduo a controlar contingências parece ser tão eficaz (se não mais) que medicamentos antidepressivos.

problemáticos é a impossibilidade do indivíduo controlar e prever os eventos do seu ambiente.

Em adição às relações mais frequentemente analisadas enquanto envolvendo controle aversivo, deve-se considerar que a baixa probabilidade de reforçamento, especialmente em condições que permitem (ou permitiram) acesso alternativo a maiores magnitudes de reforço, também pode ser aversiva. A condição extrema é a da extinção, que pode envolver a probabilidade zero de reforçamento após período em que a resposta foi sistematicamente reforçada. Pesquisas mostram que o procedimento de extinção não apenas reduz a frequência da resposta anteriormente fortalecida pelo reforço, mas também elicia respostas agressivas, tais como ataque a objetos inanimados (geralmente a barra, que está disponível para ratos) ou outros animais (Azrin, Hutchinson e Hake, 1966; Pear, Hemingway e Keizer, 1978). Em situações menos extremas, em que a probabilidade zero de reforço é circunscrita a um período, outros comportamentos sugerem que esse período pode se tornar aversivo. Como exemplo, Azrin (1961) utilizou pombos que podiam bicar dois discos: o arranjo experimental previa que um número fixo de bicadas no disco 1 produzia alimento (esquema de razão fixa ou FR)[9], enquanto bicadas no disco 2 apagavam momentaneamente as luzes da caixa e desligavam os comandos da contingência de reforçamento. Obteve-se alta frequência de bicar o disco 1, e respostas no disco 2 ocorreram após a liberação do reforço. Por que o pombo bicava o disco 2? Em outras palavras, qual era o reforço para essa resposta? Se ela não produzia alimento e tinha como única consequência desligar temporariamente o esquema de FR, ocorrendo após a liberação do reforço (resposta de fuga), podemos concluir que esse período pós-reforço se tornou aversivo a ponto de a remoção do esquema a ela associado, mesmo que temporária, reforçasse negativamente as bicadas no disco 2. E por que ele se tornou aversivo, se o esquema em vigor era de reforçamento positivo? De fato, apesar do FR em questão envolver apenas reforço positivo, o período pós-reforço foi sistematicamente pareado com a probabilidade zero de reforçamento.

Portanto, este último estudo nos sugere que o reforçamento positivo pode também envolver relações aversivas. Fortalecendo essa análise, há relatos de estudos que utilizaram dois esquemas de reforçamento positivo que se sucediam, cada um sinalizado por um estímulo diferente (esquema múltiplo), os quais mostraram que o estímulo associado ao esquema que liberava menor magnitude de reforço adquiriu função de estímulo punitivo (Jwaideh e Mulvaney, 1976; Perone e Cortney, 1992). Portanto, pesquisas experimentais demonstraram que contingências de reforçamento positivo podem envolver algum grau de aversividade, fortalecendo a necessidade de mais estudos sobre controle aversivo, uma vez que ele é inevitável até nas condições em que tra-

> O procedimento em que se deixa de reforçar uma resposta que antes era reforçada é chamado de *extinção*. Tal procedimento tem como resultado final o enfraquecimento de uma relação operante específica, o que o torna uma técnica para intervir sobre comportamentos "indesejados."
> Todavia, tal procedimento, frequentemente, é acompanhado de alguns subprodutos: aumento da frequência da resposta que produzia o reforçador; variação no padrão de responder; respostas agressivas e por fim, o enfraquecimento do operante.

> O controle aversivo é tema bastante controverso. Ao mesmo tempo que há os que defendem seu estudo, visando aperfeiçoar seu conhecimento e possibilitar novas tecnologias para lidar com ele, há aqueles que defendem o abandono de seus estudos. Este tema nos remete a discussões sobre o limite da ciência.

dicionalmente se supunha que a aversividade estava ausente (Perone, 2003).

> ### Na clínica

As informações obtidas no laboratório animal são aplicáveis à situação clínica? A transposição do laboratório à clínica não pode ser direta, por motivos óbvios: a complexidade de contingências que estão em vigor sobre o comportamento humano não tem paralelo no contexto do laboratório experimental onde a lógica de trabalho envolve manter constantes diversas variáveis e manipular apenas algumas de interesse da pesquisa. Contudo, é graças a esse método que as pesquisas de laboratório podem identificar processos comportamentais que no cotidiano ficam obscurecidos pela sua mescla com outros. Assim, as informações obtidas no laboratório animal podem ser muito úteis ao clínico, desde que ele não busque a transposição direta, impossível por princípio. O que o laboratório mostra ao clínico é um conjunto de relações que devem ser analisadas, facilitando a identificação de diversos processos que podem estar atuando simultaneamente.

Alguns dos processos anteriormente descritos envolvendo controle aversivo podem ser extremamente úteis na análise clínica. A começar pelo processo terapêutico, o qual pode ser, ao menos parcialmente, controlado por reforçamento negativo. Em paralelo a reforçadores positivos que podem advir da terapia, deve-se considerar que ela é buscada com o objetivo de reduzir aspectos aversivos que afetam a vida do cliente ou de pessoas à sua volta (Skinner, 1953/2003). Coerente com isso, espera-se que o clínico seja uma audiência não punitiva, e que a relação terapêutica prime pelo reforço positivo. Contudo, na prática, isso nem sempre é possível, e sobre essa questão o clínico obterá grande apoio dos estudos de laboratório que demonstram a impossibilidade de se estabelecerem contingências puramente reforçadoras positivas. Se, mesmo com todo o controle experimental que o laboratório permite, constata-se que contingências de reforçamento positivo envolvem também contingências aversivas, como esperar que o contexto clínico seja composto exclusivamente por reforço positivo? Além disso, para lidar com a aversividade que trouxe o cliente ao consultório, é muitas vezes indispensável que o clínico aborde questões que são difíceis para o cliente lidar. Por exemplo, um assunto levantado pelo clínico, necessário à análise em curso, pode ser interrompido ou adiado por uma resposta de esquiva de seu cliente, a fim de evitar entrar em contato com um tema que lhe é desagradável. Impedir que o cliente emita respostas de esquiva, levando-o a entrar em contato com o tema abordado (aversivo), pode ser necessário nesse processo. Outra condição de esquiva pode ocorrer, tais como o cliente faltar ou interromper o processo clínico. É indispensável, portanto, que o profissional analise o conjunto de contingências em vigor na sua relação com o cliente, expondo-o apenas a algo aversivo se houver nessa relação outras consequências reforçadoras que o mantenham em tratamento (Banaco, 2004). Nesse sentido, faltas e/ou atrasos repetidos podem sugerir a presença de estimulação aversiva no processo clínico, seja em razão dos assuntos tratados, seja porque o clínico adquiriu uma função aversiva condicional por estar pareado a estes assuntos desagradáveis ao cliente. Descrever, analisar e modificar tais contingências faz parte do processo clínico (Delitti e Thomaz, 2004). Contudo, se, no processo clínico, de modo geral, predominar a aversividade, é incoerente esperar que o cliente se mantenha nela.

Se na clínica mudanças são desejadas, pelo próprio sujeito ou por outros, entende-se que alguns comportamentos estão sendo fontes de sofrimento. Porém, na perspectiva analítico-comportamental, os comportamentos "indesejáveis" (problemáticos, patológicos ou quaisquer outras denominações que recebam) são funcionais como todos os outros, uma vez que são mantidos pelo ambiente (selecionados). Nesse aspecto, pesquisas como a dos macacos "masoquistas", citada anteriormente, podem ajudar o clínico na compreensão filosófica da "patologia" como comportamento funcional. O que vai justificar a mudança do comportamento do cliente é o fato de esse comportamento, mesmo sendo funcional, acarretar sofrimento/perturbação ao indivíduo (ou a outros), e por isso será objeto de análise e intervenção do clínico (Skinner, 1953/2003).

No que diz respeito à conscientização do cliente sobre as contingências a que está exposto, devemos partir do fato de que os problemas clínicos envolvem, na sua maioria, sentimentos, frequentemente denominados "distúrbios emocionais" (Gongora, 2003). Porém, na medida em que tais sentimentos "perturbadores" são entendidos como comportamentos causados por contingências "perturbadoras", isso permite ao clínico corrigir essas relações (Skinner, 1989/1991). Nos estudos clínicos, descreve-se que sentimentos de medo e ansiedade ocorrem diante de contextos aversivos, havendo sentimentos de alívio, sossego e calma após a eliminação destes, do mesmo modo como prazer e êxtase podem resultar da apresentação de reforçadores positivos e a retirada ou interrupção desses reforços resulta em ira, raiva ou aborrecimento (Banaco, 1999). Estas observações podem ser confirmadas por dados de pesquisa com animais, tais como a agressão induzida por estímulo aversivo ou extinção, a supressão condicionada induzida por estímulo "pré-aversivo" (aversivos condicionais), entre outros. Também é crítica para o clínico a demonstração de que uma condição aversiva aumenta a probabilidade de respostas agressivas a ponto de o indivíduo ser reforçado pela oportunidade de agredir. Esse dado experimental confirma o princípio de Premack (1959; 1971), já citado. As relações identificadas nas pesquisas anteriormente citadas podem ajudar o clínico na compreensão de comportamentos clinicamente relevantes (comportamentos-queixa). Por exemplo, o estudo no qual o macaco que, tendo recebido um choque elétrico pressionava a alavanca para introduzir na caixa um objeto que ele poderia atacar, pode dar-nos sugestões para analisarmos as relações que podem ser responsáveis pelo comportamento de pessoas que criam situações nas quais podem agredir outros. Além disso, os estudos de laboratório reafirmam ao clínico que a análise da agressão (entre outros comportamentos) não pode prescindir da identificação de processos respondentes e operantes atuando em conjunto.

A demonstração no laboratório de que contingências de reforçamento positivo envolvem também aspectos aversivos pode ser de grande ajuda ao clínico para uma análise mais aprofundada sobre o "sofrimento" humano. Tradicionalmente, considera-se que o sofrimento decorre basicamente do contato com estímulos aversivos ou da perda de reforçadores positivos, sendo o sentimento de "felicidade" propiciado por contingências reforçadoras positivas. Porém, quando o laboratório nos mostra que a aversividade é inevitável mesmo sob reforçamento positivo, ele quebra a dicotomia controle aversivo *versus* reforço positivo, mostrando que o sofrimento é, ao menos num nível basal, inerente ao ser humano. Se o processo clínico ajuda o cliente a considerar a inevitabilidade de algum grau de sofrimento, ela pode minimizar, ao menos em parte, o seu aspecto perturbador (Hayes e Wilson, 1994).

A despeito da ênfase dada à natureza aversiva das contingências no estabelecimento de comportamentos socialmente indesejáveis, o laboratório nos sugere um redirecionamento dessa análise. Os estudos sobre desamparo aprendido têm apontado que, aparentemente, o crítico não é a aversividade em si, mas sim a sua incontrolabilidade. Está demonstrado que eventos aversivos que não podem ser modificados pelo indivíduo exercem grande controle sobre seu comportamento através da eliciação de respostas (muitas delas encobertas), que podem ser incompatíveis com outras que lhe seriam mais vantajosas (ver estudos sobre desamparo aprendido ou supressão condicionada). Além de ser modelo de depressão, o desamparo aprendido tem sido também apontado como modelo animal para estudo do "transtorno de estresse pós-traumático"(TEPT). Queiroz (2009) analisou casos clínicos envolvendo pessoas submetidas a sequestro que mostraram, posteriormente, efeitos denominados de "transtorno de estresse pós-traumático" (TEPT). Nesse estudo, foi apontado que, dentre os vários casos analisados clinicamente, a magnitude do TEPT estava mais diretamente relacionada a histórias de vida com predominância de incontrolabilidade sobre aspectos aversivos do ambiente do que com a gravidade do sequestro em si. Essa observação é perfeitamente compatível com a literatura, a qual mostra que a incontrolabilidade dos eventos aversivos é uma variável crítica para o desenvolvimento do TEPT em humanos e animais (Ramaswamy et al., 2005; Yehuda e Antelman, 1993).

Outro aspecto importante que o laboratório aponta para o clínico, extrapolando a simples aversividade como fonte de "problemas", é a ocorrência de processos conflitantes. As pesquisas sobre supressão condicionada, realizadas com animais, ilustram bem a importância dos conflitos entre as relações respondentes e operantes na determinação de comportamentos que podem ser "problemáticos", tais como a ansiedade. A identificação do CS, ou seja, da condição ambiental diante da qual ocorrem os comportamentos ansiosos (paralisação das respostas que poderiam gerar reforços), bem como das condições de reforçamento que estão sendo afetadas por essas respostas eliciadas, pode sugerir um caminho de intervenção clínica com chance de sucesso.

O laboratório também nos alerta para a necessidade de análise a longo prazo sobre as consequências do responder: um estímulo ser reforçador positivo ou aversivo a curto prazo não é sinônimo de ser bom ou ruim para a vida do sujeito. Skinner (1971) já havia alertado para os efeitos negativos no longo prazo de algumas consequências reforçadoras positivas imediatas, tais como comidas calóricas e gordurosas, substâncias psicoativas, entre outras. Diversos estudos de laboratório mostram a fragilidade e superficialidade da análise que se resume no curto prazo, demonstrando que animais podem morrer em função dos reforços positivos que produzem (algumas drogas que são consumidas em doses letais) ou por não eliminarem estímulos aversivos, introduzidos tão gradualmente que não há controle de respostas de fuga (Perone, 2003). Nesses dois exemplos, seria mais benéfico aos sujeitos não terem acesso àqueles reforços positivos e serem sensíveis à aversividade dos estímulos a ponto de emitirem as respostas de fuga.

Por fim, uma questão controversa: o controle aversivo é eficaz? Muitos analistas do comportamento consideram que o controle aversivo não apenas é ineficaz como produz efeitos colaterais indesejáveis, o que não justifica eticamente seu uso (por exemplo, Sidman, 1989/2003). No que diz respeito à punição, uma das críticas mais frequentes é que seus efeitos são transitórios, conforme demonstrado por Skinner (1938) em um estudo no qual sobrepôs punição à extinção: os resultados mostraram efeito supressivo transitório, não alterando o processo supressivo como um todo. Porém, outras pesquisas mostraram resultados experimentais contrários. Contudo, Boe e Church (1967) analisaram que o estudo de Skinner utilizou um tipo de estímulo aversivo (o retorno rápido da barra quando pressionada, que produzia uma espécie de "tapa" nas patas do rato) que não permitia manipulação precisa da sua liberação nem da sua intensidade. Contornando esses problemas, esses pesquisadores replicaram o mesmo procedimento de Skinner, fazendo a sobreposição da punição à extinção, porém utilizando choques elétricos como estímulos contingentes à resposta de pressão à barra. Foram utilizados choques com diferentes intensidades, tendo-se obtido que apenas os animais que receberam choques muito suaves mostraram a recuperação da resposta que caracteriza o efeito transitório relatado por Skinner; os demais, que receberam choques moderados ou intensos, mostraram efeito supressivo total, o qual se manteve inalterado por nove sessões de extinção de 60 minutos cada; em paralelo, os animais expostos apenas ao procedimento de extinção necessitaram de muitas sessões sem reforço até apresentarem igual nível supressivo da resposta de pressão à barra. Em outro estudo, Camp, Raymond e Church (1967) mostraram que a precisão temporal da contingência é também uma variável crítica na determinação (e manutenção) do efeito punitivo. Portanto, esses estudos indicam que o efeito supressivo da punição pode ser não apenas duradouro como mais imediato do que o da extinção, a depender da precisão da contingência e da adequação da intensidade do estímulo. Se lembrarmos que a extinção também elicia respostas emocionais indesejáveis, temos a considerar que, frente à necessidade de suprimir respostas do repertório do sujeito, pode ser muito mais eficaz, e, consequentemente, mais ético, o uso da punição do que o da extinção. O próprio Skinner, tão citado para condenar o uso da punição, considerou que, a depender do conjunto de contingências existentes e da necessidade de eliminar determinado comportamento, o seu uso clínico é plenamente justificável (Griffin, Paisey, Stark e Emerson, 1988). Mais recentemente, diversos analistas do comportamento têm se manifestado a favor de uma revisão da postura rígida contra a punição, desde que o seu uso seja coerente com a análise global do comportamento em questão (Lernan e Vorndran, 2002), lembrando que o alvo da punição é sempre a resposta, nunca o indivíduo (Mayer, 2009).

Outras estratégias terapêuticas utilizadas na clínica também envolvem controle aversivo, embora nem sempre os analistas assim o considerem (Cameshi e Abreu-Rodrigues, 2005) – por exemplo, o *timeout* (punição negativa), o reforçamento diferencial de outros comportamentos (também envolve punição negativa da resposta-alvo) e a extinção. Identificar que tais estratégias bem estabelecidas na clínica envolvem componentes aversivos ajuda na reanálise da questão sobre a efetividade e ética no uso do controle aversivo.

tingências S-R estabelecem que "**se** S ocorrer, **então** R ocorrerá". Em todas, esta especificação da ocorrência de um evento em função de outro é sempre probabilística.
3. Toda vez que nos referirmos a respostas ou a estímulos, entenda-se que nos referimos a classes de respostas ou classes de estímulos.
4. Ao longo dos tempos, houve diferentes conceituações para esses processos (veja Skinner, 1953/2003; Sidman, 1989; Keller e Schoenfeld, 1950/1974). Contudo, os quatro processos aqui apresentados seguem as denominações mais recentes (veja Catania, 1998/1999). Para a análise de algumas divergências sobre estas conceituações, recomendamos a leitura de Michael (1975) e Gongora, Mayer e Mota (2009).
5. Os termos reforçador e reforço são por vezes utilizados como sinônimos.
6. Sentimentos são analisados como comportamentos privados, ou seja, acessíveis apenas ao indivíduo que os sente. Portanto, eles obedecem aos mesmos processos que os demais comportamentos (Skinner, 1974). Ver análise sobre sentimentos também no Capítulo 19.
7. O mais usual é que o termo *unconditioned* seja traduzido como "incondicionado" (assim como *conditioned* é traduzido como condicionado). Porém, aqui será utilizada a versão "incondicional" (e "condicional") adotada pelos organizadores.
8. Esquema de intervalo fixo (FI), no qual o reforçador é liberado contingente a determinada resposta apenas se ela ocorrer após a passagem do intervalo especificado. No caso de FI 4 min, o reforçador é liberado contingente à primeira resposta emitida após transcorridos 4 minutos; em seguida ao reforço, inicia-se a contagem de novo intervalo (ver esquemas de reforçamento em Catania, 1998/1999).
9. No esquema de razão fixa (FR), estipula-se um montante de respostas que devem ocorrer para que o reforçador seja liberado. Por exemplo, em FR 5, o reforçador ocorre contingente à cada 5ª resposta, recomeçando-se a contagem após a sua liberação (ver esquemas de reforçamento em Catania, 1998/1999).

→ NOTAS

1. As autoras agradecem a leitura crítica de Tauane Paula Gehm, que muito contribuiu para a versão final do texto.
2. Por contingência, entenda-se qualquer relação "se... então". Por exemplo, as contingências R-S indicam que "**se** o indivíduo fizer X, **então** no ambiente ocorrerá Y"; as contingências S-S estabelecem que "**se** S1 ocorrer, **então** S2 também ocorrerá"; as con-

→ REFERÊNCIAS

Azrin, N. H. (1961). Time-out from positive reinforcement. *Science, 133*, 382-383.

Azrin, N. H., Hutchinson, R. R., & Hake, D. F. (1963). Pain-induced fighting in the squirrel monkey. *Journal of the Experimental Analysis of Behavior, 6*(4), 620.

Azrin, N. H., Hutchinson, R. R., & Hake, D. F. (1966). Extinction-induced aggression. *Journal of the Experimental Analysis of Behavior, 9*, 191-204.

Azrin, N. H., Hutchinson, R. R., & McLaughlin, R. (1965). The opportunity for aggression as an operant reinforcer during aversive stimulation. *Journal of the Experimental Analysis of Behavior, 8*, 171-180.

Azrin, N. H., Hutchinson, R. R., & Sallery, R. D. (1964). Pain-aggression toward inanimate objects. *Journal of the Experimental Analysis of Behavior, 7*, 223-8.

Banaco, R. A. (1999). O acesso a eventos na prática clínica: Um fim ou um meio? *Revista Brasileira de Terapia Comportamental e Cognitiva, 1*, 135-142.

Banaco, R. A. (2004). Punição positiva. In C. N. Abreu, & H. J. Guilhardi (Orgs.), *Terapia comportamental e cognitivo-comportamental: Práticas clínicas* (cap. 4, pp. 61-71). São Paulo: Roca.

Blackman, D. (1968). Conditioned suppression or facilitation as a function of the behavioral baseline. *Journal of the Experimental Analysis of Behavior, 11*, 53-61.

Boe, E. E., & Church, R. M. (1967). Permanent effects of punishment during extinction. *Journal of Comparative and Physiological Psychology, 63*, 486-492.

Cameshi, C. E., & Abreu-Rodrigues, J. (2005). Contingências aversivas e comportamento emocional. In J. Abreu-Rodrigues, & M. R. Ribeiro (Orgs.), *Análise do comportamento: Pesquisa, teoria e aplicação* (pp. 113-138). Porto Alegre: Artmed.

Camp, D. S., Raymond, G. A., & Church, R. M. (1967). Temporal relationship between response and punishment. *Journal of the Experimental Psychology, 74*, 114-23.

Catania, A. C. (1999). *Aprendizagem: Comportamento, linguagem e cognição*. Porto Alegre: Artmed. (Trabalho original publicado em 1979)

Delitti, M., & Thomaz, C. R. C. (2004) Reforçamento negativo na prática clínica: Aplicações e implicações. In C. N. Abreu, & H. J. Guilhardi (Orgs.), *Terapia comportamental e cognitivo-comportamental: Práticas clínicas* (cap. 3, pp. 55-60). São Paulo: Roca.

Estes, W. K., & Skinner, B. F. (1941). Some quantitative properties of anxiety. *Journal of the Experimental Psychology, 29*, 390-400.

Gongora, M. A. N. (2003). Noção de psicopatologia na análise do comportamento. In C. E. Costa, J. C. Luzia, & H. H. N. Sant'anna (Orgs.), *Primeiros passos em análise do comportamento e cognição* (pp. 93-109). Santo André: ESETec.

Gongora, M. A. N., Mayer, P. C. M., & Mota, C. M. S. (2009). Construção terminológica e conceitual do controle aversivo: Período Thorndike-Skinner e algumas divergências remanescentes. *Temas em Psicologia, 17*(1). Acessado em 26 jul, 2011, em http://www.sbponline.org.br/revista2/vol17n1/v17n1a17t.htm

Griffin, J. C., Paisey, T. J., Stark, M. T., & Emerson, J. H. (1988). B.F. Skinner's position on aversive treatment. *American Journal on Mental Retardation, 93*(1), 104-145.

Hayes, S. C., & Wilson, K. G. (1994). Acceptance and commitment therapy: Altering the verbal support for experiential avoidance. *Behavior Analyst, 17*(2), 289-303.

Hunziker, M. H. L. (2005). O desamparo aprendido revisitado: Estudos com animais. *Psicologia: teoria e pesquisa, 21*(2), 131-139.

Hynan, M. T. (1976). The influence of the victim on shock-induced aggression in rats. *Journal of the Experimental Analysis of Behavior, 25*, 401-409.

Jwaideh, A. R., & Mulvaney, D. E. (1976). Punishment of observing by a stimulus associated with the lower of two reinforcement densities. *Learning and Motivation, 7*, 211-222.

Kelleher, R. T., & Morse, W. H. (1968). Schedules using noxious stimuli III: Responding maintained with response-produced electric shocks. *Journal of the Experimental Analysis of Behavior, 11*, 819-838.

Keller, F. S., & Schoenfeld, W. N. (1974). *Princípios de psicologia*. São Paulo: Herder. (Trabalho original publicado em 1950)

Lawrence, M. T., Hineline, P. N., & Bersh, P. J. (1994). The puzzle of responding maintained by response-contingent shock. *Journal of the Experimental Analysis of Behavior, 61*, 135-153.

Lernan, D. C., & Vorndran, C. M. (2002). On the status of knowledge for using punishment: Implications for treating behavior disorders. *Journal of the Applied Analysis of Behavior, 35*(4), 431-464.

Maier, S. F., & Seligman, M. E. P. (1976). Learned helplessness: Theory and evidence. *Journal of Experimental Psychology: general, 105*, 3-46.

Mayer, P. C. M. (2009). *Duas definições comportamentais de punição: História, conceitos e implicações*. Dissertação de mestrado, Universidade Estadual de Londrina, Londrina, Paraná.

Michael, J. (1975). Positive and negative reinforcement, a distinction that is no longer necessary; or a better way to talk about bad things. *Behaviorism, 3*, 33-45.

Pear, J. J., Hemingway, M. J., & Keizer, P. (1978). Lever attacking and pressing as a function of conditioning and extinguishing a lever-press avoidance response in rats. *Journal of the Experimental Analysis of Behavior, 29*, 273-282.

Perone, M. (2003). Negative effects of positive reinforcement. *The Behavior Analyst, 26*, 1-14.

Perone, M., & Courtney, K. (1992). Fixed-ratio pausing: joint effects of past reinforcer magnitude and stimuli correlated with upcoming magnitude. *Journal of the Experimental Analysis of Behavior, 57*, 33-46.

Peterson, C., Maier, S. F., & Seligman, M. E. P. (1993). *Learned helplessness: A theory for the age of personal control*. New York: Oxford University Press.

Premack, D. (1959). Toward empirical behavioral laws: 1. Positive reinforcement. *Psychological Review, 66*, 219-33.

Premack, D. (1971). Catching up with common sense or two sides of a generalization: Reinforcement and punishment. In R. Glaser (Ed.), *The nature of reinforcement* (pp.121-150). New York: Academic Press.

Queiroz, P. P. (2009). A influência da história de vida no enfrentamento de sequestro e sequestro-relâmpago. Anais do *Encontro da Associação Brasileira de Psicoterapia e Medicina Comportamental, 18*.

Ramaswamy, S., Madaan, V., Qadri, F., Heaney, C. J., North, T. C., Padala, P. R., et al. (2005). A primary care perspective of posttraumatic stress disorder for the Department of Veterans Affairs. *Primary Care Companion to the Journal of Clinical Psychiatry, 7*(4), 180187.

Seligman, M. E. P. (1977). *Desamparo: Sobre depressão, desenvolvimento e morte*. São Paulo: Hucitec. (Trabalho original publicado em 1975)

Sidman, M. (2003). *Coerção e suas implicações*. Campinas: Livro Pleno. (Trabalho original publicado em 1989)

Skinner, B. F. (1938). *The behavior of organisms: An experimental analysis*. New York: Appleton-Century-Crofts.

Skinner, B. F. (1971). *Beyond freedom and dignity*. New York: Knopf.

Skinner, B. F. (1974). *About behaviorism*. New York: Knopf.

Skinner, B. F. (1991). *Questões recentes da análise comportamental*. Campinas: Papirus. (Trabalho original publicado em 1989)

Skinner, B. F. (2003). *Ciência e comportamento humano*. São Paulo: Martins Fontes. (Trabalho original publicado em 1953)

Willner, P., Muscat, R., & Papp, M. (1992). Chronic mild stress-induced anhedonia: A realistic animal model of depression. *Neuroscience Biobehavior Review, 16*(4), 525-534.

Yehuda, R., & Antelman, S. M. (1993). Criteria for rationally evaluating animal models of posttraumatic stress disorder. *Biological Psychiatry, 33*(7), 479-486.

6 Operantes verbais

Ghoeber Morales dos Santos
Maxleila Reis Martins Santos
Vívian Marchezini-Cunha[1]

ASSUNTOS DO CAPÍTULO

→ Comportamento verbal como comportamento operante especial.
→ Audiência.
→ Falante e ouvinte.
→ Episódio verbal.
→ Significado "de palavras".
→ Os operantes verbais: ecoico, textual, transcrição, intraverbal, tato, mando, extensão metafórica do tato, extensão metonímica, autoclítico, tato distorcido, mando disfarçado.

> A importância do comportamento verbal para a prática do psicólogo é indiscutível, visto que é um comportamento tipicamente humano, fruto de contingências sociais e sobre o qual as intervenções clínicas ocorrem com maior frequência.

Podemos dividir os comportamentos do tipo operante em dois grandes grupos: não verbais e verbais. O presente capítulo pretende apresentar a definição e classificação propostas por Skinner em 1957 sobre o comportamento verbal. A importância desse comportamento para a prática do psicólogo é indiscutível, visto que é um comportamento tipicamente humano, fruto de contingências sociais e sobre o qual as intervenções clínicas ocorrem com maior frequência.

O comportamento verbal é um comportamento operante, ou seja, é emitido em um determinado contexto e modelado e mantido por consequências (Skinner, 1957/1978; 1974/2002). Com essa afirmação, a Análise do Comportamento rompe com concepções estruturalistas sobre a linguagem e inaugura toda uma linha de pesquisas na psicologia que busca, sob uma perspectiva funcionalista e pragmática, compreender a aquisição do comportamento verbal e analisar as condições nas quais ocorre a emissão da fala (ou dos operantes verbais).

O comportamento verbal deve receber atenção especial, entre os com-

> O comportamento verbal é um comportamento operante, ou seja, é emitido num determinado contexto e modelado e mantido por consequências. Todavia, nessa relação o meio físico é alterado através da mediação do meio social, conhecido como *ouvinte*. É essa mediação que torna o comportamento verbal especial.

portamentos operantes, por não alterar o meio através de ações mecânicas diretas (o que é característico do comportamento não verbal). Diferentemente, o comportamento verbal é mantido por consequências que dependem da ação mediada por outra pessoa, o ouvinte. O ouvinte é um membro da comunidade verbal que foi especialmente treinado por essa comunidade para responder de maneiras específicas diante das verbalizações do falante. É importante ressaltar que o falante pode ser ouvinte de si mesmo, a partir de treino recebido ao longo da vida pela comunidade verbal. Considera-se então o ouvinte como um estímulo discriminativo especial (chamado audiência) na presença do qual o comportamento verbal será emitido.

> A comunidade verbal ensina seus membros a serem falantes e ouvintes. Todavia, esse treino nos torna capazes de sermos ouvintes e falantes de nós mesmos.

Mesmo apresentando essa característica especial, o comportamento verbal está sujeito às mesmas leis que qualquer outro comportamento operante: é mantido por consequências reforçadoras, é mais provável de ser emitido diante de estímulos que sinalizam o reforço, pode ter sua frequência reduzida mediante a retirada da consequência reforçadora, etc.

Perspectivas tradicionais acerca da linguagem recorrem a explicações inatistas, internalistas e estruturalistas para compreender o significado das palavras e a formação sintática das verbalizações (dizem, por exemplo, que somos dotados de um dispositivo mental que nos habilita a formar palavras de acordo com regras semânticas específicas e frases de acordo com certas regras gramaticais). Abordando a questão do significado e da estrutura das palavras sob o ponto de vista da análise do comportamento, pode-se dizer que uma resposta verbal significa algo no sentido de que o falante está sob controle de circunstâncias particulares; portanto, para analisar o comportamento verbal temos que recorrer à descrição das contingências que o modelam e o mantêm. Ou seja: não é possível atribuir significado a uma verbalização sem identificar o contexto (antecedente e consequente) sob o qual ela foi emitida, daí a importância de levarmos em conta o comportamento do ouvinte, e não só o do falante.

> O significado não está nas palavras, ele só é identificado na relação entre a resposta verbal e as contingências (antecedentes e consequentes) que a controlam. Como o ouvinte é parte das contingências é importante considerá-lo na busca por significados.

Para analisar o comportamento verbal, Skinner nomeia as contingências entrelaçadas do ouvinte e do falante como um *episódio verbal*, no qual o ouvinte atua como um estímulo discriminativo (S^D) na presença do qual verbalizações (R_V) ocorrem. O ouvinte, além de estímulo discriminativo, também atua como aquele que libera consequências após a emissão da resposta verbal pelo falante. Nesse sentido, no caso do comportamento verbal, a descrição de uma contingência de três termos envolve: aquela que descreve o comportamento do falante e, necessariamente, envolve outra contingência, que se refere à que descreve o comportamento do ouvinte. Esquematicamente, um episódio verbal seria apresentado conforme apresentado na Figura 6.1.

> A análise do comportamento verbal requer que observemos não só as respostas emitidas pelo falante, mas também seu entrelaçamento com as respostas do ouvinte, pois o segundo exercerá função de estímulo discriminativo, bem como será o mediador do reforçador para a resposta do primeiro. A esta interação verbal entre ouvinte e falante, dá-se o nome de *episódio verbal*.

Ao fazer a análise do comportamento verbal em termos de contingências, Skinner,

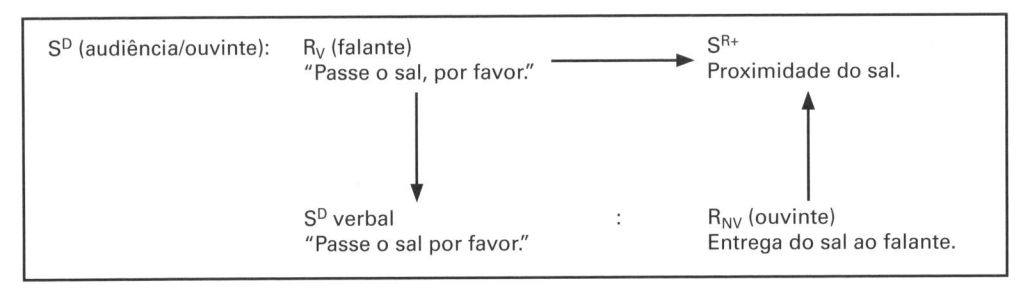

```
S^D (audiência/ouvinte):    R_V (falante)                        S^{R+}
                            "Passe o sal, por favor."            Proximidade do sal.


                            S^D verbal                     :     R_{NV} (ouvinte)
                            "Passe o sal por favor."             Entrega do sal ao falante.
```

FIGURA 6.1 Esquema-modelo com contingências a serem analisadas em um episódio verbal.

no livro *Comportamento Verbal* (1957), propõe uma classificação na qual descreve algumas das contingências mais comumente envolvidas na emissão do comportamento verbal, e cada uma delas foi chamada de um *operante verbal*, resultando em seis tipos: *mando, tato,*[2] *ecoico, textual, transcrição* e *intraverbal*. Eles são classificados de acordo com as condições de estímulos antecedentes e consequentes que controlam cada resposta. Os estímulos antecedentes podem ser verbais ou não verbais, enquanto os estímulos consequentes podem ser específicos ou generalizados. Além desses, há o *autoclítico* como um operante verbal secundário. Os operantes verbais mando e tato podem sofrer algumas alterações específicas, de acordo com as consequências que produzem; serão abordados neste capítulo o *mando disfarçado* e o *tato distorcido*.

> Um sistema de classificação funcional foi desenvolvido para tentar facilitar a análise do comportamento verbal, seu resultado foi o estabelecimento dos *operantes verbais*.

Há operantes verbais que são controlados discriminativamente por estímulos antecedentes verbais. Dentre esses operantes verbais estão: o ecoico, o textual, a transcrição e o intraverbal. Dentre esses, os três primeiros (ecoico, textual e transcrição) apresentam correspondência ponto a ponto entre o estímulo verbal antecedente e a resposta verbal. Skinner chamou de correspondência ponto a ponto o fato de que partes específicas (e delimitáveis) do estímulo verbal controlavam a forma – a topografia – de partes específicas (e identificáveis) da resposta verbal. Um exemplo dessa relação se dá na emissão do operante ecoico, quando a criança diz *mamãe* (resposta verbal vocal) seguindo o estímulo antecedente verbal *mamãe* (estímulo discriminativo verbal vocal) dito pelo adulto. Vejamos as particularidades de cada um desses operantes verbais na Figura 6.2 a seguir.

→ ECOICO

Neste operante verbal, observa-se que o estímulo antecedente é um estímulo verbal vocal (sonoro) e a resposta verbal é sempre vocal, reproduzindo o estímulo sonoro. Nesse caso, a consequência é um reforço generalizado. O repertório ecoico é estabelecido através do reforço que Skinner denomina como "educacional", por ser útil principalmente aos pais e professores que operam instalando novas respostas de forma mais rápida. O operante ecoico é importante quando a criança está iniciando a emissão de certas palavras e também no aprendizado de um novo idioma; nessa ocasião, há a modelação

> O operante ecoico é importante quando a criança está iniciando a emissão de certas palavras e também no aprendizado de um novo idioma.

Operante verbal	Tipo de S antecedente	Tipo de R verbal	Correspondência ponto a ponto	Similaridade formal
Ecoico	Sonoro	Vocal	Sim	Sim
Textual	Escrito	Vocal	Sim	Não
Transcrição	Sonoro ou escrito	Escrita	Sim	Não necessariamente
Intraverbal	Sonoro ou escrito	Vocal ou escrita	Não	Não necessariamente

FIGURA 6.2 Operantes verbais controlados por estímulos antecedentes verbais.

de respostas verbais a partir do estímulo antecedente verbal-vocal apresentado.

Nesse operante, há correspondência ponto a ponto e similaridade formal. Sendo assim, diante de um estímulo discriminativo verbal-vocal (ex. ouvir "cachorro") a resposta é vocal (por exemplo, falar "cachorro").

→ TEXTUAL

Neste operante, tem-se a resposta verbal do leitor (o falante) controlada pelo texto, um estímulo verbal. Assim, tem-se como estímulo antecedente um estímulo verbal escrito ou impresso, e a resposta é verbal-vocal (falada). Há então uma correspondência formal que foi arbitrariamente estabelecida e a consequência é um reforço generalizado. O operante textual, assim como o ecoico, é inicialmente reforçado por motivos educacionais, mas há também reforços não educacionais, como quando alguém é pago para ler em público, por exemplo. O comportamento textual pode ser vantajoso por colaborar na emis-

> O comportamento textual pode ser vantajoso por colaborar na emissão de outros operantes, como encontrar o caminho da festa a partir de uma orientação por escrito. Esse, possivelmente, é o tipo de comportamento que você está emitindo neste momento.

são de outros operantes, como encontrar o caminho da festa a partir de uma orientação por escrito.

→ TRANSCRIÇÃO

Na transcrição, tem-se um estímulo verbal que pode ser sonoro ou escrito e uma resposta verbal, que é sempre escrita. Diante de um estímulo antecedente verbal sonoro ou escrito o falante emite uma resposta verbal escrita. O operante verbal transcrição é subdividido em cópia e ditado. Na cópia, tem-se um estímulo verbal escrito e uma resposta verbal escrita (ler "flores" e escrever "flores"). Nesse caso, há similaridade formal entre estímulo e resposta. Já no ditado, tem-se um estímulo verbal sonoro e uma resposta verbal escrita (ouvir "mesa" e escrever "mesa"). No ditado, não há similaridade formal. A transcrição pode ser identificada nas cópias e ditados realizados na escola, principalmente nas

> A transcrição pode ser identificada nas cópias e ditados realizados na escola, principalmente nas séries primárias.

séries primárias. Nesse caso, a consequência também é um reforçador generalizado, denominado também como reforço educacional.

O outro operante verbal emitido sob controle de estímulo antecedente verbal é o intraverbal, mas, nesse caso, não há correspondência ponto a ponto entre a resposta verbal e o estímulo verbal. Justamente por esse aspecto é que o intraverbal se diferencia dos operantes ecoico, transcrição e textual.

→ INTRAVERBAL

O operante verbal intraverbal é controlado por estímulo discriminativo verbal, que pode ser tanto vocal quanto escrito. Nessa relação, o estímulo verbal é a ocasião para que determinada resposta verbal particular seja emitida – sem correspondência ponto a ponto com o estímulo verbal que a evocou –, e essa resposta é mantida por um estímulo reforçador generalizado, como no caso de todos os outros operantes verbais sob controle de estímulos antecedentes verbais descritos até aqui.

Os operantes intraverbais são frequentes e podem ser comumente observados quando a plateia continua a música iniciada pelo cantor, quando a criança responde "quatro" diante da questão "dois mais dois é igual a..." e em interações sociais simples, tais como, por exemplo, quando João pergunta: "Como vai você?", e obtém a resposta verbal de Antônio: "Bem, obrigado". Se, em tal interação, a resposta de Antônio for controlada pela estimulação verbal (pergunta) disposta por João e não por qualquer outro estado ou estimulação presente, como, por exemplo, o estado corporal de Antônio, então a resposta será parte de um intraverbal.

Isso nos leva a pensar que, no contexto clínico, nem sempre quando o cliente responde a uma pergunta ele está respondendo de acordo com o que realmente está acontecendo com ele, mas pode estar emitindo um intraverbal. Por exemplo, quando o clínico pergunta como o cliente está se sentindo e este diz que está tudo bem, mas apresenta indícios públicos de que não está realmente bem. Ao dizer que está tudo bem, o cliente parece estar emitindo um intraverbal sob controle de um estímulo verbal antecedente (a pergunta do clínico). Se, ao contrário, o cliente dissesse que se sente mal (sob controle de eventos ou sensações), classificaríamos sua resposta verbal como um tato, operante verbal que será abordado adiante.

O comportamento intraverbal desempenha papel importante em muitas das interações sociais (conversas, canções, descrição de uma história) e na aquisição de várias habilidades acadêmicas (recitar o alfabeto, contar, responder a questões, etc.).

É relevante apontar que há operantes verbais que são controlados por estímulos antecedentes não verbais e que não apresentam similaridade formal nem correspondência ponto a ponto entre o estímulo antecedente e a resposta. São eles os operantes *mando* e *tato*, conforme mostra a Figura 6.3.

→ MANDO

No operante verbal mando, a resposta verbal ocorre sob controle de condições específicas de privação ou da presença de estimulação aversiva. Sendo assim, não é a estimulação antecedente (verbal ou não verbal) o determinante principal do mando, mas sim uma consequência específica, que tem relação com a operação motivadora que vigora. O repertório de mandos, em geral, beneficia o falante, na medida em que a consequência mediada é exatamente a retira-

> Isso nos leva a pensar que, no contexto clínico, nem sempre quando o cliente responde a uma pergunta ele está respondendo de acordo com o que realmente está acontecendo com ele, mas pode estar emitindo um intraverbal.

> *Mando* é quando uma resposta verbal é emitida sob controle de uma operação motivadora específica, tendo como determinante principal a consequência específica relacionada a operação motivadora.

Operante verbal	Variável controladora antecedente	Resposta	Consequência
Mando	Operação motivadora (privação ou estimulação aversiva),	Verbal que especifica o reforço.	Específica (relacionada à operação motivadora em vigor).
Tato	Estímulo não verbal (objeto ou evento).	Verbal correspondente ao estímulo não verbal antecedente,	Inespecífica – reforço generalizado.

FIGURA 6.3 Operantes verbais controlados por estímulos antecedentes não verbais.

da da condição aversiva à qual o falante está exposto ou a disponibilização de reforçadores que têm alto valor reforçador para o falante no momento. No mando, há a especificação do reforço (por exemplo, "Quero flores vermelhas") ou do comportamento do ouvinte (por exemplo, "Ajude-me a carregar a mala").

Vejamos dois exemplos comuns de mando na prática clínica: uma cliente, durante uma sessão, solicita diretamente ao clínico que troque o seu horário de sessão: "Quero alterar o meu horário de atendimento". Nesse exemplo, a consequência reforçadora é específica e envolve a mudança do horário. Outro exemplo ocorre quando um cliente, diante de uma dificuldade, solicita uma resposta do clínico: "Preciso saber como lidar com isso, o que faço?". A consequência reforçadora específica seria a resposta do clínico à pergunta do cliente.

Pedidos, orientações, instruções e ordens são exemplos de mando, variando entre si no que diz respeito às consequências para o ouvinte. No caso da ordem, o falante emite uma resposta verbal que especifica o reforço que o ouvinte deverá produzir. Caso o reforço não seja produzido, o falante (aquele que ordenou) pode liberar consequências aversivas em relação ao ouvinte. Esse tipo de mando ocorre quando aquele que manda tem o poder de punir, caso a ordem não seja cumprida. O chefe que ordena aos funcionários que passem a trabalhar aos sábados (mando do tipo ordem) pode punir aqueles que não cumprirem a ordem dada. Já quando o mando é classificado como um pedido, não haverá consequências punitivas fornecidas por aquele que pediu alguma coisa.[3]

Na clínica, é importante estar atento ao repertório de mandos do cliente, pois, a partir da emissão do mando, ele pode ter acesso a consequências reforçadoras específicas que lhe são importantes. Um cliente que apresenta déficits no repertório de mandos, tais como pedir, orientar e ordenar, poderá ficar carente de certas consequências reforçadoras necessárias. Isso pode ocorrer em um relacionamento conjugal ou na relação de trabalho, por exemplo.

> "Um cliente que apresenta déficits no repertório de mandos, tais como pedir, orientar e ordenar, poderá ficar carente de certas consequências reforçadoras necessárias."

O operante verbal mando pode ser emitido de forma direta e clara ou de forma distorcida, o que é denominado mando disfarçado. Essa distorção do mando ocorre de acordo com as contingências punitivas que vigoram sobre o comportamento verbal e será explicada mais à frente, neste mesmo capítulo.

→ TATO

No operante verbal tato, a resposta emitida é controlada por um estímulo antecedente específico não verbal (um objeto ou evento) e produz como consequência um reforço condicionado generalizado ou estímulos reforçadores não específicos. Reforçadores generalizados muito comuns nas interações sociais são o balançar a cabeça afirmativamente, verbalizações como "hum, hum"; "isso", "entendo"; "muito bom"; etc. No tato, há um controle incomparável exercido pelo estímulo que o antecede e a relação com qualquer operação motivadora está enfraquecida, o que marca fortemente a consequência como sendo um reforçador generalizado.

> *Tato* é uma resposta verbal que ocorre sob influência de estímulos discriminativos específicos (objeto ou evento), sendo que o reforçador, geralmente, é social e não específico.

Ao emitir um tato, o falante está dizendo a respeito de algo, descrevendo o que é sentido ou um evento ocorrido; em todos os casos, a resposta verbal está sob controle do estímulo antecedente e do reforço generalizado disposto pelo ouvinte. O tato opera em função do ouvinte, pois permite o acesso aos acontecimentos (não vivenciados pelo ouvinte, mas pelo falante), ampliando o contato do ouvinte com o mundo, seja ele público ou privado. Esse é um operante verbal importante de ser modelado na clínica, pois envolve respostas de autodescrição e de descrição de contingências, que são necessárias para a realização da avaliação funcional. Alguns exemplos de tato:

- "O quadro é branco" (resposta verbal sob controle da propriedade cor do estímulo antecedente público quadro).
- "Não tive uma boa semana, algumas coisas aconteceram lá em casa" (resposta verbal sob controle de eventos antecedentes passados públicos e privados).
- "Tenho me sentido muito bem desde que comecei a dizer para o meu marido o quanto preciso que ele me ajude na educação dos nossos filhos" (resposta verbal sob controle de eventos antecedentes privados).
- "Meu grupo de trabalho é composto de cinco pessoas; no entanto, a Luana não participa de nenhum trabalho e leva a nota boa que tiramos. Tenho ficado muito incomodada com isso!" (resposta verbal sob controle de eventos antecedentes públicos que se refere ao número dos componentes do grupo e de eventos antecedentes privados dizendo respeito aos sentimentos em relação ao grupo).

O tato, assim como o mando, pode sofrer certas alterações/distorções. No final do capítulo, será discutido o tato distorcido, no qual a resposta verbal se parece com um tato, mas não está sob controle específico do estímulo antecedente não verbal e sim das operações motivadoras vigentes.

O tato é marcado, como já afirmado, pelo controle exercido pelo estímulo antecedente não verbal. Assim como o comportamento não verbal pode ser emitido sob controle discriminativo de propriedades ou partes de um estímulo complexo, também o tato pode ser emitido sob controle de propriedades de estímulos antecedentes não verbais. As alterações na precisão ou na extensão do controle pelo estímulo antecedente serão retratadas aqui na extensão metafórica e na metonímia.

Extensão metafórica do tato (linguagem metafórica)

A metáfora, figura de linguagem bastante utilizada na literatura e também no nosso cotidiano, refere-se ao que é chamado, na análise do comportamento, de um tipo de tato ampliado, qual seja, a *extensão metafórica do tato*. Estímulos discriminativos compostos podem controlar diferentes respostas verbais de tato. Na linguagem metafórica, o falante fica sob controle de alguma propriedade deste estímulo e utiliza este como forma de falar sobre algum aspecto da sua vida, aspecto que tem alguma relação (geralmente funcional) com a propriedade do estímulo em questão.

A linguagem metafórica possibilita compreender de maneira mais rápida o controle que um dado evento pode exercer sobre o comportamento de uma pessoa. Na clínica, observa-se que, caso a metáfora não fosse usada pelo cliente, este teria que fazer uso de várias frases para que o clínico compreendesse aquilo que, na linguagem metafórica, é expresso com poucas palavras. Tomemos como exemplo um cliente com grande dificuldade de se relacionar socialmente em diversos contextos, que se comporta inadequadamente (no sentido de não ficar sob controle da demanda das outras pessoas, priorizando apenas o que é importante para si) e, como consequência, afasta as pessoas de seu convívio. Isto ocorreu em sua vida passada e ainda ocorre com frequência com seus contatos atuais. Para descrever tais situações, o cliente diz: "Eu me sinto como uma água suja que sai contaminando todas as coisas por onde ela passa". Com esta metáfora, o cliente sinaliza sua dificuldade de se relacionar, comparando-a a uma espécie de "contaminação", e se refere à dimensão ampliada de sua dificuldade (esta ocorre em vários contextos) quando diz que a água contamina "todas as coisas por onde ela passa".

O clínico também pode empregar metáforas com seu cliente. Isso é mais comum principalmente quando o tópico que está sendo discutido traz com ele alguma fonte de aversividade para o cliente. Utilizando-se de linguagem metafórica, o clínico tem melhores chances de conseguir discutir tal tópico com o cliente (bloqueando sua esquiva), diminuindo a sua aversividade, além de preservar a relação terapêutica. Utilizando ainda o exemplo mencionado no parágrafo anterior, o clínico poderia dar prosseguimento à metáfora utilizada pelo próprio cliente e dizer: "O que você acha que é possível fazer para que esta água suja comece, aos poucos, a ficar mais límpida e contaminar cada vez menos coisas?". Ao utilizar o termo "água suja" no lugar de "você", o clínico fala do cliente sem colocá-lo diretamente como o sujeito da ação, o que pode contribuir para que o cliente sinta-se mais acolhido pelo clínico (pelo fato deste não tê-lo exposto tão diretamente) e consiga continuar a discussão sobre esta sua dificuldade de forma produtiva.

Extensão metonímica (metonímia)

Sendo o tato um operante verbal emitido sob controle de estimulação não verbal, é bem possível que, diante de estímulos complexos (bastante frequentes em nosso ambiente), os indivíduos apresentem um tipo de extensão do tato chamada metonímia (ou extensão metonímica). Assim como a metáfora, a metonímia também é uma figura de linguagem utilizada na literatura e na vida cotidiana, e que sob a perspectiva da análise do comportamento é compreendida como um tato emitido sob controle de parte ou partes da estimulação complexa não verbal. A metonímia é um tipo de tato que ocorre sob controle de um estímulo antecedente que geralmente acompanha ou compõe o estímulo discriminativo principal ao qual o reforço é contingente. Assim, em vez de se referir ao estímulo principal diretamente (como no tato simples), o indivíduo se refere ou a uma parte do estímulo ou a um estímulo que o acompanha frequentemente. Por exemplo, um fazendeiro quando relata ter comprado 50 cabeças de gado, certamente não está relatando que comprou apenas a cabeça dos animais (parte do estímulo), mas sim os animais inteiros (estímulo discriminativo principal). Da mesma maneira, um aluno pode dizer ao seu colega que "a faculdade decidiu interromper as aulas no horário dos jogos do Brasil", quando quem realmente decidiu foi o diretor da faculdade. Na clínica, uma cliente pode relatar suas dificuldades em estabelecer novas relações afetivas dizendo "meu coração ainda pertence ao meu ex-namorado".

→ AUTOCLÍTICO

No operante verbal secundário autoclítico, o falante deliberadamente organiza o seu discurso, a sua fala, inserindo expressões ao tato ou ao mando no sentido de aumentar a precisão da influência de seu comportamento verbal sobre o ouvinte (ou seja, controlar mais o comportamento do ouvinte). Como explicita Matos (1991), a palavra autoclítico refere-se à característica do falante de editar a própria verbalização: rearticular, seccionar, articular, organizar sua própria fala enquanto está falando. Neste sentido, o falante, em uma esfera privada, deve ser ouvinte de si mesmo, ou seja, precisa ouvir suas próprias verbalizações, avaliar as possíveis consequências de cada uma sobre o comportamento do ouvinte, reorganizar sua verbalização e então emitir aquela verbalização que produzirá as consequências mais reforçadoras ou mais efetivas.

> O falante deliberadamente organiza o seu discurso, a sua fala, inserindo expressões ao tato ou ao mando no sentido de aumentar a precisão da influência de seu comportamento verbal sobre o ouvinte.

Serão apresentados aqui quatro tipos de autoclíticos, quais sejam, descritivos, qualificadores, quantificadores e com função de mando.

a) **Autoclíticos descritivos**: por meio dos autoclíticos descritivos, o falante consegue explicitar as fontes de controle do seu comportamento (de falante). Sua principal função é clarificar para o ouvinte as condições sob as quais um comportamento está sendo emitido. De acordo com Meyer, Oshiro, Donadone, Mayer e Starling (2008), eles podem informar:

> O falante consegue explicitar as fontes de controle do seu comportamento (de falante).

a) o que determinou a resposta ("*Disseram-me* que ela é bem agressiva"; "*Vejo* que ela é bem agressiva");
b) um estado interno ("*Estou* muito ansioso") e
c) as fontes de um dado comportamento ("*Escutei* no jornal que prenderam o sequestrador").

b) **Autoclíticos qualificadores**: estes autoclíticos qualificam os tatos, alterando o seu valor. Assim, o comportamento do ouvinte pode ser afetado de acordo com o autoclítico qualificador que o falante utilizar. Por exemplo, dizer "Acho que eu vou" é diferente de dizer "Certamente, eu vou" ou simplesmente "Eu vou". O ouvinte pode se posicionar de maneiras diferentes na presença de cada uma das afirmações, em função do autoclítico utilizado pelo falante. Ou-

> O comportamento do ouvinte pode ser afetado de acordo com o autoclítico qualificador que o falante utilizar.

tros exemplos poderiam ser "*Acredito* que ele esteja correto"; "*Certamente*, ele está correto"; "*Penso* que ele está correto"; "*É possível* que ele esteja correto"; "*É óbvio* que ele está correto".

c) **Autoclíticos quantificadores**: incluem-se aqui os artigos de número e gênero (o, a, os, as, um, uns, uma, umas, por exemplo) e os adjetivos e advérbios de quantidade ou tempo (poucos, muitos, todos, alguns, sempre, talvez). Dizer que "*Todos* os alunos são interessados na matéria" produz um efeito no ouvinte diferente de dizer "*Alguns* alunos são interessados na matéria".

d) **Autoclíticos que funcionam como mandos**: mais usados quando se pretende "chamar a atenção" do ouvinte para algo, como, por exemplo, quando se diz "Fiquem atentos ao que vou explicar agora!" ou "A partir deste momento, silêncio!".

É relevante destacar ainda que a função autoclítica pode aparecer também a partir de comportamentos como um sorriso sedutor, uma risada nervosa ou mesmo um tom de voz específico (cf. Meyer et al., 2008).[4]

Durante a interação terapêutica, o uso de autoclíticos, tanto por parte do cliente quanto por parte do clínico, também deve ser analisado. Por parte do cliente, observa-se que este faz uso de autoclíticos geralmente quando está relatando ou prestes a relatar um assunto difícil para si mesmo, que traz algum desconforto, ou então um tópico passível de punição por parte do clínico. Dessa forma, tenta suavizar o próprio desconforto ou a punição por parte do clínico usando autoclíticos. Por exemplo: "*Então*, fulano (nome do clínico), *hum, (silêncio)... é o seguinte... (silêncio). É que te falar isso é meio complicado* para mim, *sabe*? Mas *acabou que* eu e o Vinícius resolvemos, *sei lá*, tentar ficar juntos de novo".

Por outro lado, pode-se observar o clínico utilizando-se de autoclíticos como forma de colocar o cliente mais sob controle do que será dito logo em seguida, ou mesmo como uma forma de amenizar uma fala mais confrontadora por parte do clínico, tentando manter a amenidade e o conforto da relação entre os dois. Por exemplo: "*Veja bem*, fulano (nome do cliente), vamos analisar juntos o que você acabou de me contar. *A princípio, me parece um pouco* precipitado você relacionar o que fez com a maneira como os seus pais te tratam. Eu fico pensando *um pouco assim*: será que isto, *no fundo*, não é uma maneira de você não se preocupar *tanto* com as pessoas na hora de interagir com elas, e *meio que* poder colocar a culpa nos seus pais por esse seu comportamento?".

> O clínico pode utilizar de autoclíticos como forma de colocar o cliente mais sob controle do que será dito logo em seguida, ou mesmo como uma forma de amenizar uma fala mais confrontadora por parte do clínico, tentando manter a amenidade e o conforto da relação entre os dois.

Após a apresentação e definição dos operantes verbais, serão abordadas a seguir as distorções que os operantes verbais tato e mando podem sofrer, denominados, respectivamente, de tato distorcido e mando disfarçado.

→ TATO DISTORCIDO

Conforme dito anteriormente, os tatos são operantes verbais básicos, emitidos sob controle de estimulação não verbal antecedente e mantidos por reforçadores sociais generalizados. Diz-se que o indivíduo está tateando quando descreve situações, objetos ou relata acontecimentos. Não há um reforçador espe-

Operante verbal e sua distorção	Variável controladora antecedente	Resposta	Consequência
Tato	Estímulo não verbal (objeto ou evento).	Verbal correspondente ao estímulo não verbal antecedente.	Inespecífica – reforçador generalizado.
Tato distorcido	Estímulo não verbal (objeto ou evento).	Verbal parcialmente correspondente ou não correspondente ao estímulo antecedente.	Produção de reforçador generalizado ou retirada ou evitação de estimulação aversiva.
Mando	Operação motivadora (privação ou estimulação aversiva).	Verbal que especifica o reforço.	Específica, relacionada à operação motivadora em vigor.
Mando disfarçado	Operação motivadora (privação ou estimulação aversiva).	Verbal que não especifica claramente o reforço, com topografia de tato.	Específica, relacionada à operação motivadora em vigor.

FIGURA 6.4 Distorções dos operantes verbais tato e mando.

cífico para as respostas de tato. Muitas vezes, bastam o olhar do ouvinte, a atenção prestada, respostas sob controle do conteúdo da fala do falante ou mesmo verbalizações simples como "hum", "sei", "tá", "ahã", etc.

Já os tatos distorcidos ou impuros são respostas verbais com topografia de tato, mas funcionalmente diferentes. Os tatos distorcidos são emitidos mais sob controle dos reforçadores sociais generalizados do que dos estímulos não verbais antecedentes. Dito em outras palavras, os tatos distorcidos são relatos do que o ouvinte gostaria de ouvir, e não do que ocorreu na realidade. O falante relata eventos de maneira a produzir reforçadores positivos ou se esquivar de punições. É, portanto, um típico comportamento de contracontrole.

> Tatos distorcidos são relatos do que o ouvinte gostaria de ouvir, e não do que ocorreu na realidade. O falante relata eventos de maneira a produzir reforçadores positivos ou se esquivar de punições. É, portanto, um típico comportamento de contracontrole.

No nosso dia a dia, tatos distorcidos são emitidos com muita frequência – produto das contingências aversivas às quais estamos expostos constantemente. O funcionário pode dizer ao chefe que o relatório solicitado está *quase pronto* – quando está apenas no começo; a garota pode dizer às amigas que *ficou* com um garoto na festa – quando na verdade apenas conversou um pouco com ele; o cliente pode dizer ao clínico que fez a tarefa terapêutica, mas *esqueceu* o registro em casa. Todas essas respostas têm como função evitar ou adiar a apresentação do estímulo aversivo: a bronca do chefe, a crítica das amigas, o confronto do clínico.[5] Esses tatos distorcidos são mantidos por reforçamento negativo.

Tatos distorcidos podem ser mantidos também por reforçadores positivos. Considere uma criança que tem seu bom desempenho acadêmico bastante reforçado por seus pais, em detrimento da baixa densidade de reforços para outras respostas (como brincar, divertir-se, fazer novos amigos, etc.). Ao chegar em casa, após um dia em que, em vez de participar da olimpíada de conhecimento da escola, ficou brincando com novos colegas, esta criança pode "relatar" aos pais quantas respostas corretas apresentou na provinha de matemática, ou quantos pontos fez no ditado de português. Tais relatos – tatos distorcidos – podem produzir reforçadores sociais importantes para a criança ("Que ótimo!", "Fico orgulhoso de você, filho!") em maior densidade do que seriam produzidos contingentes às respostas de tatear corretamente os eventos ocorridos. Dizer a verdade poderia produzir uma consequência como "Bacana fazer novas amizades, mas a olimpíada do conhecimento é mais importante".

O tato distorcido pode tanto ser o relato de um evento que não ocorreu quanto também a descrição exagerada, minimizada, parcial, enfim, distorcida, de propriedades do evento relatado. Fofocas, justificadas pelo argumento "eu aumento, mas não invento", e mesmo lendas populares ("Quem conta um conto aumenta um ponto") são outros exemplos de tatos distorcidos bastante emitidos e reforçados socialmente.

→ MANDO DISFARÇADO

O mando disfarçado guarda semelhança topográfica com o tato, mas o efeito que tem sobre o ouvinte pode ser de um mando. Muitas vezes, a comunidade verbal considera mandos disfarçados como maneiras mais educadas, polidas ou delicadas de fazer pedidos, e acaba reforçando-os. No entanto, por não especificar claramente o reforço, o mando disfarçado nem sempre é efetivo na produção de reforçadores, e no médio e longo prazos a alta emissão de mandos disfarçados pode resultar em punições ou escassez de reforçadores.

Tomemos como exemplo de mando disfarçado a seguinte situação: o professor marca uma prova em uma quinta-feira e comunica aos alunos. Estes já teriam uma prova de outra disciplina no mesmo dia, para a qual teriam que estudar bastante, e desejam que o professor

> Muitas vezes a comunidade verbal considera mandos disfarçados como maneiras mais educadas, polidas ou delicadas de fazer pedidos, e acaba os reforçando.

troque a data da prova. No entanto, no lugar de emitirem um mando direto como "Professor, troque o dia da prova, por favor!", eles emitem um mando disfarçado, tal como "Nossa, professor! Temos uma prova superdifícil no mesmo dia!". O professor pode alterar a data de sua prova como consequência à verbalização (reforçando o mando disfarçado), ou pode responder sob controle da topografia de tato e dizer "Puxa, sinto muito!" (o que não funciona como reforço para a verbalização dos alunos).

Na prática clínica, o mando disfarçado pode evidenciar dificuldade por parte do cliente de se comportar assertivamente com o clínico (dificuldade esta que geralmente é comum em sua vida nas relações estabelecidas com as outras pessoas) ou então evidenciar uma maneira de se esquivar de punição advinda

> O mando disfarçado pode evidenciar dificuldade por parte do falante de se comportar assertivamente ou então evidenciar uma maneira de se esquivar de punição.

do clínico. Por exemplo, ao ouvir do clínico o valor da sua sessão, o cliente, que a considerou cara, e gostaria de um desconto, apenas comenta, "Estou achando o valor da sua sessão acima do valor de mercado!". Outra situação ilustrativa se refere a uma cliente que se queixa de bastante dificuldade financeira, mas que atende todas as vontades do filho (tal como pagar sua academia, saídas com os amigos todo final de semana, etc.). O clínico, ao fazer perguntas no sentido de colocá-la mais sob controle da atual situação financeira e de seu comportamento-queixa, ouve da cliente: "É muito difícil para uma mãe falar não para um filho, e não adianta ninguém vir pedir para eu falar não, pois não farei isso".

O presente capítulo abordou a definição do comportamento verbal na análise do comportamento apresentando a classificação skinneriana dos operantes verbais.

Conhecer a concepção de Skinner sobre o comportamento verbal é imprescindível para o desenvolvimento de intervenções clínicas e educacionais, pois permite a análise e o planejamento de intervenções, inclusive de contingências, para a instalação de comportamentos verbais específicos.

→ NOTAS

1. A ordem dos autores é meramente alfabética.
2. O termo "tato" é utilizado por diversos autores para nomear o operante verbal. É interessante notar, no entanto, que Skinner adota o termo "tacto" em suas obras, principalmente para evitar que o leitor confunda o operante verbal com o sentido tato, embora a função dos comportamentos descritos por ambos os termos se assemelhe em parte: "Esse termo [tacto] traz consigo certa sugestão mnemônica do comportamento que estabelece 'contacto' com o mundo físico" (Skinner, 1957/1978, p. 108).
3. Skinner (1974/2002) apresenta esses e outros mandos e as consequências de seu seguimento para o ouvinte no contexto do controle do comportamento por regras (capítulo "Causas e razões").
4. Meyer e colaboradores (2008) apontam a identificação de autoclíticos na situação clínica como maneira importante de ter acesso a contingências que controlam o comportamento do cliente.
5. Para uma discussão sobre o manejo na clínica dos tatos distorcidos do cliente, ver Capítulo 14.

→ REFERÊNCIAS

Matos, M. A. (1991). As categorias formais de comportamento verbal em Skinner. *Anais da Reunião Anual de Psicologia de Ribeirão Preto, 21*, 333-341.

Meyer, S. B., Oshiro, C., Donadone, J. C., Mayer, R. C. F., & Starling, R. (2008). Subsídios da obra "Comportamento Verbal" de B. F. Skinner para a terapia analítico-comportamental. *Revista Brasileira de Terapia Comportamental e Cognitiva, 10*(2), 105-18.

Skinner, B. F. (1978). *O comportamento verbal*. São Paulo: Cultrix. (Trabalho original publicado em 1957)

Skinner, B. F. (2002). *Sobre o behaviorismo*. São Paulo: Cultrix. (Trabalho original publicado em 1974)

Seleção por consequências como modelo de causalidade e a clínica analítico-comportamental

7

Angelo A. S. Sampaio
Maria Amalia Pie Abib Andery

ASSUNTOS DO CAPÍTULO

→ Modelo de causalidade.
→ Modelos de causalidade mecânica ou teleológica.
→ O modelo de causalidade da Análise do Comportamento: modelo de seleção por consequências.
→ A explicação do comportamento como multideterminado, histórico e inter-relacionado.
→ Modelo de seleção natural e seleção por consequências.
→ As funções selecionadora e instanciadora do ambiente.
→ Populações ou classes de resposta.
→ Variação e seleção nos diferentes níveis: filogenético, ontogenético e cultural.

Por que Paula tem "um ciúme doentio" do seu namorado, mesmo que ele não lhe dê motivo algum? O que teria levado Rodrigo a deixar de sair com os amigos e praticar esportes e a reclamar constantemente que sua vida não tem sentido e de que nada lhe dá mais prazer? O que fazer com toda a preocupação de Lígia com sua dieta e seus repetidos episódios de "compulsão alimentar" seguidos da indução de vômitos? As respostas a essas perguntas serão certamente diferentes entre si, envolvendo aspectos específicos das vidas de Paula, Rodrigo e Lígia. Uma única e mesma resposta não será adequada a todas as perguntas. Clínicos analítico-comportamentais, contudo, procurarão responder estas questões investigando variáveis semelhantes. As respostas também serão formuladas de modo parecido e, consequentemente, suas intervenções nos três casos terão semelhanças. Essas semelhanças devem-se ao sistema explicativo e ao modelo de causalidade (ou modo causal) que fundamentam a clínica analítico-comportamental.

→ O QUE É E PARA QUE SERVE UM MODELO DE CAUSALIDADE

Na ciência, sistemas explicativos (ou teorias) são o conjunto de leis e descrições sobre um dado fenômeno (um objeto de estudo). Os clínicos analítico-comportamentais baseiam sua intervenção no sistema explicativo conhecido como Análise do Comportamento.

Todo sistema explicativo, por sua vez, fundamenta-se em um modelo de causalidade. Modelos de causalidade compreendem, basicamente, as suposições do cientista ou do profissional sobre:

> Os clínicos analítico-comportamentais baseiam sua intervenção no sistema explicativo conhecido como análise do comportamento.

- como os eventos, e principalmente os objetos de estudo, são constituídos;
- as "causas" desses eventos e objetos de estudo; e
- as relações entre os eventos de interesse.

Isto é, modelos de causalidade tratam de como "causas e efeitos" estariam relacionados e onde e como as "causas" de eventos particulares deveriam ser procuradas. São os modelos de causalidade, portanto, que orientam a construção de conhecimento em um sistema explicativo ou teoria. Daí sua importância.

> O modelo de causalidade assumido pela análise do comportamento é o modelo de seleção por consequências.

O modelo de causalidade assumido pela Análise do Comportamento é o modelo de seleção por consequências (Skinner, 1981/2007) e, como seria de se esperar, é fundamental, pois:

a) integra de modo abrangente e dá sentido pleno aos conceitos da Análise do Comportamento;
b) distingue a Análise do Comportamento de outros sistemas explicativos do comportamento humano individual; e
c) sintetiza como analistas do comportamento, dentre eles os clínicos analítico-comportamentais e outros prestadores de serviço, estabelecem relações entre eventos (ambientais e comportamentais) e onde e como procuram as explicações para os problemas que têm que resolver.

→ O MODELO DE SELEÇÃO POR CONSEQUÊNCIAS: DESENVOLVIMENTO, PRINCIPAIS CARACTERÍSTICAS E EXPLICAÇÕES SUBSTITUÍDAS

O modelo de seleção por consequências esteve presente na obra de B. F. Skinner (1904-1990) pelo menos desde o livro *Ciência e comportamento humano*, de 1953. Mas foi apenas no artigo "Seleção por consequências", de 1981, que Skinner apresentou-o explicitamente como modelo de causalidade que seria mais adequado a todo comportamento (Andery, 2001).

A proposição de Skinner de que o comportamento seria descrito pelo modelo de seleção por consequências fundamentou-se nas proposições de Charles R. Darwin (1809-1882) sobre a evolução das espécies. Tanto a teoria de seleção natural de Darwin (1859/2000) como o modelo de seleção por consequências de Skinner substituem, entre outras,

> O modelo de seleção por consequências substitui, entre outras: explicações baseadas em agentes iniciadores autônomos e explicações teleológicas, que apelam para um propósito ou intenção como causas finais.

a) explicações baseadas em agentes iniciadores autônomos e
b) explicações teleológicas, que apelam para um propósito ou intenção como causas finais.

No primeiro caso, evolução e comportamento seriam empurrados por suas causas; no segundo, seriam puxados, iriam a reboque de suas causas. A teoria da seleção natural de Darwin, por exemplo, substitui

a) explicações baseadas na criação divina das espécies e
b) explicações teleológicas como a ideia de que as girafas desenvolveram um pescoço maior *com o objetivo de* alcançar folhas no alto das árvores.

A explicação da evolução das espécies proposta por Darwin e hoje generalizadamente aceita pelos biólogos (por exemplo, Mayr, 2009) envolve, resumidamente, dois processos: variação e seleção.[1] O primeiro processo é o de *variação*: organismos individuais de uma espécie têm variações genéticas (genotípicas) em relação a outros indivíduos da mesma espécie, particularmente, em relação a seus progenitores. Tais variações são de pequena magnitude, se comparadas com as demais "versões" existentes, e são muitas vezes chamadas de aleatórias, mas apenas não são orientadas em uma certa direção (por exemplo, à adaptação). Estas variações "se expressam" ou "constituem" nos organismos individuais características e variações (fenotípicas) que são anatômicas, fisiológicas ou comportamentais.

> A explicação do comportamento é similar ao da espécie. Assim, padrões comportamentais decorrem de processos de variação de respostas e seleção pelas consequências.

Algumas variações promovem a sobrevivência, ou seja, uma interação diferencial com o ambiente daqueles indivíduos que as "carregam" e, assim, sua reprodução. Neste caso, no decorrer de sucessivas gerações, mais e mais indivíduos da espécie "apresentarão" a variação (genotípica e fenotípica). Diz-se, então, que tais variações foram *selecionadas* pelas suas consequências (sobrevivência e reprodução). A reprodução dos indivíduos com um determinado genótipo/fenótipo (em maior frequência do que indivíduos com outros genótipos/fenótipos) torna mais frequente a presença deles em uma população e dizemos que houve *seleção* daquele genótipo/fenótipo – o segundo processo envolvido na seleção natural.

Assim, as girafas apresentam pescoços grandes porque, em uma população de girafas, os comprimentos de pescoço tinham diferentes tamanhos (variação) e, em um determinado ambiente estável, aquelas girafas com pescoços maiores alimentaram-se melhor que as girafas de pescoços mais curtos, e assim sobreviveram por mais tempo e se reproduziram mais, deixando mais descendentes (seleção). Dentre esses descendentes (com pescoços na média um pouco maiores que o grupo de girafas da geração precedente), o processo se repetiu e se estendeu: algumas girafas, com um pescoço ainda um pouco maior (variação), tiveram, consequentemente, mais filhotes, deixando mais descendentes (seleção). E assim sucessivamente, até a seleção de populações de girafas com pescoços bem maiores do que as de gerações anteriores.

Skinner aplicou este mesmo paradigma ao comportamento. E assim, informada por um modelo de causalidade análogo ao da evolução das espécies, a Análise do Comportamento, especialmente a partir do conceito de condicionamento operante, também substitui:

a) explicações (do comportamento) baseadas em agentes iniciadores autônomos (uma vontade, desejo, força psíquica e/ou mente) e
b) explicações teleológicas (do comportamento), que apelam para um propósito ou intenção como causas finais (Skinner, 1981/2007).

A existência de um operante (entendido como conjunto de interações organismo-ambiente que envolvem especialmente ações e suas consequências) – é explicada pela existência de certas *variações* (que ocorrem sem direção certa) nas respostas emitidas por um indivíduo e pela *seleção* de tais variações por consequências comportamentalmente relevantes (fundamentalmente, estímulos reforçadores), ou seja, pela aumentada recorrência de tais respostas e de suas consequências.

Um conjunto de explicações que foram substituídas por explicações baseadas no modelo de seleção por consequências, portanto, apela para agentes iniciadores autônomos. Essas explicações substituídas são associadas a modelos de causalidade inspirados pelo sistema explicativo, desenvolvido na física, chamado de mecânica clássica. É importante destacar que o modelo de seleção por consequências difere marcadamente desses modelos mecanicistas por não enfatizar ou supor que eventos *unitários, temporalmente anteriores* e *imediatamente próximos* causariam outros eventos considerados seus efeitos *necessários*.

> O modelo de seleção por consequências difere marcadamente de modelos mecanicistas por não enfatizar ou supor que eventos *unitários, temporalmente anteriores e imediatamente próximos* causariam outros eventos considerados seus efeitos *necessários*.

Em seu lugar, o modelo de seleção por consequências supõe que os seres vivos e os eventos que são característicos dos seres vivos – como o comportamento – só podem ser explicados considerando-se que tais fenômenos têm *múltiplas* "causas" que são sempre *históricas* e *inter-relacionadas*. E que tratar de "causas", neste caso, significa tratar da constituição histórica do fenômeno e das mudanças de *probabilidade* do fenômeno de nosso interesse em relação a um universo de fenômenos possíveis.

> Comportamento é um fenômeno de múltiplas causas e essas causas históricas e inter-relacionadas.

Ou seja, ao menos dois pontos são fundamentais para esclarecer melhor o modelo de seleção por consequências (especialmente quando tratamos do comportamento):

1. a ênfase na análise de unidades que são compostas por várias instâncias distribuídas no tempo, ou seja, unidades populacionais e históricas; e
2. a perspectiva da inter-relação entre diferentes "causas" que afetam a probabilidade de certos eventos (multideterminação) – e que, no caso da explicação do comportamento, pode implicar, de fato, que o comportamento é ele mesmo uma inter-relação, que em certa medida separamos quando o estudamos.

→ A ÊNFASE EM UNIDADES POPULACIONAIS E HISTÓRICAS E SUAS IMPLICAÇÕES PARA A CLÍNICA ANALÍTICO--COMPORTAMENTAL

A principal unidade de análise na evolução biológica é a *espécie*, definida como uma população de organismos capazes de se reproduzir entre si (incluindo seus ancestrais já falecidos). Assim, por exemplo, a espécie humana é composta por todas as pessoas vivas hoje que podem gerar descendentes férteis e também por seus pais, avós, bisavós, etc. – e incorporará também as pessoas que nascerem futuramente (filhos, netos, bisnetos, etc.) e que possam gerar descendentes férteis.

Na evolução comportamental, que se dá sempre no âmbito da vida de um único indivíduo, a principal unidade de análise é o *operante*, definido como uma população de respostas individuais que produzem (ou produziram) certa consequência.[2] O operante "ir para casa", que é parte do repertório de Paula, por exemplo, é composto por todas as respostas de Paula que produzem a chegada em casa (incluindo ir a pé, de ônibus, de bicicleta, etc.), e que ocorreram semana passada ou hoje – e incorporará também aquelas respostas que ocorrerão no futuro e que possam produzir a mesma consequência.

Tanto na evolução biológica quanto na comportamental, portanto, as unidades com as quais tratamos são entidades fluidas e evanescentes, não são coisas que podem ser imobilizadas. Envolvem eventos que se distribuem no tempo e no espaço; envolvem organismos e respostas que já existiram no passado em diferentes locais, que existem momentaneamente, nesse exato instante e local, e que ocorrerão também no futuro. Além disso, são unidades que se misturam e recorrem em meio a outras unidades de natureza semelhante (outras espécies e operantes).

Utilizando o modelo de seleção por consequências, desta forma, descrevemos o processo de origem e as mudanças de unidades (populações) compostas por instâncias singulares que se distribuem no tempo e no espaço (históricas): as espécies, no caso da evolução biológica, e os operantes, no caso da evolução comportamental ao longo da vida de uma pessoa. E se no caso da evolução biológica sua explicação envolve entender o processo de variação genética e seleção ambiental que Darwin chamou de seleção natural, no caso do comportamento operante sua compreensão depende de entendermos como respostas individuais variam e como conjuntos de respostas são selecionados através do processo de reforçamento, o processo básico de seleção comportamental.

Essa ênfase em unidades populacionais e históricas, característica do modelo de seleção por consequências, é fundamental também na atuação do clínico que, afinal, lida com operantes (e respondentes) na clínica analítico-comportamental. O "ciúme doentio" de Paula só poderá ser adequadamente "trabalhado" na clínica se diversas instâncias ao longo do tempo e do espaço (respostas particulares) forem analisadas e se as consequências produzidas por tais instâncias forem identificadas. Também, "o ciúme" de Paula não pode ser tomado como uma entidade em si mesma, mas deve ser encarado como interação que se constituiu no curso das interações dela, e que ocorre hoje e tenderá a continuar ocorrendo, caso o ambiente selecionador não mude, porque foi selecionado pelas consequências que produziu. Mais ainda, foi selecionado já como interação que envolve as ações de Paula e suas consequências selecionadoras e mantenedoras.

É esse enfoque que permitirá ao clínico analítico-comportamental, por exemplo, ter confiança de que é possível promover a seleção de comportamento operante através de estratégias de intervenção baseadas no processo de reforço diferencial.

Por outro lado, tal enfoque pode parecer pouco útil, uma vez que só permitiria tratar de eventos considerados como unidades múltiplas e extensas no tempo. Como explicar, prever e (talvez, principalmente, no caso da clínica) controlar instâncias particulares de comportamento, isto é, respostas que ocorrem em um momento e local específicos? Tal pergunta é frequentemente a pergunta-

> As unidades [comportamentais] com que tratamos são entidades fluidas e evanescentes, não são coisas que podem ser imobilizadas. Envolvem eventos que se distribuem no tempo e no espaço.

> O modelo de seleção por consequências descreve o processo de origem e de mudanças dos padrões comportamentais no tempo e no espaço, na história.

> A compreensão do comportamento operante depende de entendermos como respostas individuais variam e como conjuntos de respostas são selecionados através do processo de reforçamento.

-chave para um clínico, mas a resposta a ela envolve tratar de outro papel que eventos ambientais exercem em relação aos eventos comportamentais. Tal pergunta também pode ser respondida sem deixar o âmbito do modelo de seleção por consequências. Pelo contrário, é esse modelo exatamente que permite que a respondamos de maneira a dar sustentação conceitual e ferramentas de atuação ao analista do comportamento.

> O ambiente exerce, pelo menos, duas funções em relação aos comportamentos operantes: *selecionador* e *instanciador*. Selecionador através das consequências que selecionam classes de respostas com certas características, tornando-as mais prováveis.
> Instanciador evocando determinada classe de respostas através dos estímulos antecedentes.

Na evolução de operantes, o ambiente tem um papel *selecionador*. As consequências ambientais (estímulos reforçadores) selecionam classes (populações) de respostas com certas características, isto é, tornam as classes mais prováveis em certas circunstâncias. Na ocorrência de respostas particulares de um operante já instalado/selecionado, contudo, o ambiente tem um papel *instanciador*. Isto é, o ambiente torna manifesta uma unidade operante que já foi selecionada, ou melhor, o ambiente *evoca uma instância* de comportamento. Essa é a função dos eventos ambientais antecedentes (estímulos discriminativos, estímulos condicionais e operações motivadoras) sobre uma resposta (Andery e Sério, 2001; Glenn e Field, 1994; Michael, 1983).

Mesmo "sabendo como" jogar futebol, isto é, mesmo que tal operante já tenha sido selecionado por suas consequências, Rodrigo não joga futebol a qualquer hora. Ele emite a resposta de jogar futebol (tal instância é evocada) apenas quando algum colega o convida. O convite do colega não é um evento ambiental selecionador, mas sim um evento instanciador, um evento que torna manifesta a unidade selecionada "jogar futebol".

Ou seja, se o foco de uma intervenção for a ocorrência de instâncias particulares, pode ser suficiente rearranjar aqueles eventos ambientais que têm função instanciadora com relação ao repertório comportamental do cliente. Por exemplo, se o foco de uma intervenção for fazer com que Rodrigo jogue

> Se o foco de uma intervenção for a ocorrência de instâncias particulares, pode ser suficiente rearranjar aqueles eventos ambientais que têm função instanciadora com relação ao repertório comportamental do cliente.

mais futebol, pode ser suficiente incentivar os colegas a convidá-lo mais. Caso o foco seja a criação (ou extinção) ou a mudança de operantes, por sua vez, eventos ambientais terão que assumir novas funções – através do papel selecionador do ambiente.

É importante destacar que esta distinção entre funções do ambiente chamadas selecionadoras e instanciadoras é ela

> As funções instanciadoras do ambiente são elas mesmas selecionadas na história de reforçamento operante.

mesma possível apenas à luz do modelo de seleção por consequências. Ou seja, as funções instanciadoras do ambiente são elas mesmas selecionadas na história de reforçamento operante. Apenas quando algum colega convidou Rodrigo, no passado, o "jogar futebol" teve como consequência de fato realizar a partida, marcar gols e interagir com os colegas, e foram experiências como essa que tornaram os convites dos colegas eventos que agora evocam respostas desta classe em Rodrigo (Glenn e Field, 1994).

Essa distinção permitiria afirmar que a intervenção analítico-comportamental pode ter dois "níveis": em certos momentos, a meta é a seleção de comportamentos, e, em outros, a meta é promover a instanciação (ou mudanças na instanciação) de operantes. Dito de outro modo, esses "níveis" de intervenção se relacionariam a uma regra prática destacada

> A intervenção analítico-comportamental pode ter dois "níveis": em certos momentos a meta é a seleção de comportamentos e em outros, a meta é promover a instanciação (ou mudanças na instanciação) de operantes.

por Glenn e Field (1994): "Descubra se a pessoa sabe o que fazer e como fazê-lo, mas não o faz; ou se ela não sabe o que fazer ou não sabe como fazê-lo" (p. 256). Esses diferentes objetivos implicarão papéis diferentes do ambiente que precisarão ser alterados na intervenção.

→ A MULTIDETERMINAÇÃO DO COMPORTAMENTO HUMANO E SUAS IMPLICAÇÕES PARA A CLÍNICA ANALÍTICO-COMPORTAMENTAL

Um segundo ponto importante para uma apreciação adequada do modelo de seleção por consequências em sua relação com a intervenção analítico-comportamental trata da inter-relação entre diversas causas (ou da multideterminação) do comportamento humano. Skinner (1981/2007) resumiu esse aspecto afirmando que "o comportamento humano é o produto conjunto de

a) contingências de sobrevivência responsáveis pela seleção natural das espécies, e
b) contingências de reforçamento responsáveis pelos repertórios adquiridos por seus membros, incluindo
c) contingências especiais mantidas por um ambiente social evoluído" (p. 502).

> O comportamento humano é multideterminado por histórias nos níveis filogenético, ontogenético e cultural.

Em outros termos, o comportamento humano é multideterminado por histórias nos níveis

a) filogenético,
b) ontogenético e
c) cultural.

E os processos de evolução envolvidos nesses três níveis seriam análogos, sempre envolvendo a seleção de unidades populacionais e históricas pelas suas consequências passadas.

No nível filogenético, a seleção natural explicaria a evolução de:

1. características fisiológicas e anatômicas das espécies;
2. relações comportamentais específicas (inatas);
3. os próprios processos envolvidos na aprendizagem (ou seja, a sensibilidade ao condicionamento respondente e operante que estão na base da capacidade de aprender novas relações comportamentais); e
4. um repertório não comprometido com padrões inatos que poderia ser modelado pelo condicionamento operante (Andery, 2001; Skinner, 1981/2007, 1984).

No nível ontogenético, o reforçamento operante explicaria em grande parte a evolução de repertórios comportamentais específicos de cada indivíduo,[3] desde os aparentemente mais simples, como andar em uma superfície plana, até os complexos padrões de "comportamento simbólico" típicos dos humanos.

O surgimento desse nível ontogenético de seleção de comportamentos por suas consequências permitiu, ainda, segundo Skinner, a adaptação de indivíduos particulares (e, em certa medida, das espécies a que pertencem tais indivíduos) a ambientes em constantes mudanças, possibilitou a seleção de padrões complexos de comportamento em espaços curtos de tempo (de uma vida individual e não de sucessivas gerações) e também propiciou a modificação mais rápida do ambiente.

Trocas maiores e mais intensas entre indivíduos e ambientes se desenvolveram e só com a emergência da seleção ontogenética de comportamentos a individuação teria se tornado efetivamente possível. Os repertórios comportamentais passaram a se constituir também a partir de histórias individuais e não mais apenas pela história da espécie (Andery, 2001).

Ademais, como outros membros de uma mesma espécie são parte constante e fundamental do ambiente de qualquer organismo (por exemplo, para reprodução e cuidado com a prole), estes se tornaram ambiente comportamental relevante para os indivíduos de muitas espécies. A sensibilidade às consequências do comportamento operante favoreceu ainda mais a emergência do outro como parte relevante do ambiente comportamental e, assim, favoreceu, em algumas espécies, a ampliação dos comportamentos sociais. No caso da espécie humana, esse processo foi intenso e extenso, e, em última instância, foi parte fundamental para a seleção de um tipo especial de comportamento social, o comportamento verbal.

Com estes acontecimentos, o palco estava montado para o aparecimento do nível cultural de seleção por consequências (Skinner, 1957/1978). Operantes selecionados por reforçamento (no nível de um indivíduo particular) passaram a ser propagados entre diferentes indivíduos, gerando práticas culturais, ou seja, a reprodução de comportamentos em diferentes indivíduos e em sucessivas gerações de indivíduos. E práticas culturais passaram a ser selecionadas por suas consequências para o grupo como um todo (Glenn, 2003, 2004; Skinner, 1981/2007, 1984).

> O ambiente social foi fundamental para o surgimento do comportamento verbal e ambos para o surgimento de um terceiro nível de variação e seleção, o *cultural*. No nível cultural o que varia e é selecionado são práticas culturais que tratam de comportamentos ensinados de um indivíduo para o outro e através de gerações de indivíduos.

O nível cultural de seleção por consequências e o comportamento verbal permitiram que os indivíduos pudessem se beneficiar de interações que nem sequer viveram e que pudessem acessar e conhecer seu próprio mundo privado.

> É através da comunidade verbal que se constrói uma parte importante do repertório dos seres humanos: sua subjetividade. Se o condicionamento operante permite a individuação, permite a construção, para cada indivíduo de uma espécie, ainda que dentro de certos parâmetros, através de uma história de interação com o ambiente particular, de uma singularidade que não pode ser idêntica a qualquer outra. O conhecimento desta individualidade e a consequente reação a ela, na forma de comportamento operante, de autoconhecimento e de autogoverno, só é possível com a emergência do comportamento verbal e seu consequente e necessário resultado: a evolução de ambientes sociais – em uma palavra, a cultura (Andery, 2001, p. 188).

Uma implicação dessa análise é que, para compreender a subjetividade, seria necessário compreender como indivíduo e cultura se relacionam e por que e como operam as contingências sociais que caracterizam a cultura (Andery, 2001; Tourinho, 2009).

De fato, Skinner (1981/2007) propôs que cada nível de seleção por consequências do comportamento seria objeto de estudo de uma disciplina científica específica. A Análise do Comportamento, por exemplo, seria responsável pelo nível ontogenético. Mas a adoção do mesmo modelo de causalidade permitiria uma melhor

> Compreender e intervir adequadamente sobre o comportamento, e especialmente sobre o campo da "subjetividade", só seria possível considerando-se as interações entre os três níveis.

integração entre as disciplinas que se ocupam da seleção de comportamentos e poderia autorizar a realização de analogias (sujeitas à verificação) entre os princípios desenvolvidos para os três níveis de seleção.

Além disso, compreender e intervir adequadamente sobre o comportamento, e especialmente sobre o campo da "subjetividade", só seria possível considerando-se as interações entre os três níveis. Na prática, isso implica que um clínico analítico-comportamental precisa conhecer não só Análise do Comportamento, mas também influências biológicas e culturais sobre o comportamento individual. O comportamento "bulímico" de Lígia só seria adequadamente compreendido considerando-se a interação entre:

a) variáveis biológicas relacionadas, por exemplo, ao modo como o corpo (e o comportamento) reage a dietas severas e sucessivamente interrompidas;
b) variáveis propriamente comportamentais como, por exemplo, os efeitos das consequências sociais produzidas pelos episódios de "compulsão alimentar" e de indução de vômitos; e
c) variáveis culturais como, por exemplo, a "imagem corporal" valorizada pela mídia com a qual Lígia interage.

➔ CONSIDERAÇÕES FINAIS

Em síntese, os operantes em um repertório comportamental individual, assim como as espécies e as práticas culturais, são produtos de um processo de seleção por consequências que explica seu surgimento, sua manutenção, extinção ou mudança. Se o objetivo de uma intervenção analítico-comportamental é realizar qualquer uma dessas coisas, não há escapatória: é preciso atuar sobre a interação entre variação e seleção, a qual explica e permite em algum grau prever e controlar um repertório comportamental.

Desse modo, o clínico analítico-comportamental não deveria buscar as causas do "ciúme doentio" de Paula em agentes iniciadores autônomos como um "desejo inconsciente de ser abandonada pelo namorado". Não deveria também apelar para a falta de propósito de Rodrigo para compreender seus problemas "depressivos" – uma explicação teleológica. Esses problemas clínicos, assim como a relação "bulímica" com a comida e toda a "subjetividade" de Lígia, deveriam ser analisados como operantes (ou conjuntos de operantes). Ou seja, a ênfase do clínico analítico-comportamental deveria ser em unidades necessariamente populacionais, com múltiplas "causas" históricas, que atuam nos níveis filogenético, ontogenético e cultural de modo inter-relacionado e com efeitos probabilísticos. As propostas de intervenção, ademais, deveriam ser formuladas, junto com o cliente, levando em conta se a prioridade seria a seleção de novos comportamentos ou a instanciação de operantes já selecionados.

➔ NOTAS

1. Um terceiro processo, algumas vezes tomado como um subprocesso da seleção, é a *retenção*. Na evolução biológica, o processo de retenção se dá no nível genético. Este processo não será discutido aqui porque alongaria demasiadamente o texto.
2. Skinner (1935, 1938) utilizou o termo *classe* para tratar deste conjunto. Glenn (2003, 2004), fazendo analogia com a biologia, propôs o termo *linhagem*. No livro, o termo está sendo tratado como *classe* por se tratar do termo mais difundido na área.
3. Ainda no nível ontogenético, o condicionamento respondente explica a formação de reflexos condicionados. A sensibilidade aprendida a reforçadores, ou seja, o estabelecimento de reforçadores condicionados, é também produto de seleção ontogenética e envolve, além do processo de reforçamento, possivelmente processos análogos ao condicionamento respondente.

→ REFERÊNCIAS

Andery, M. A. P. A. (2001). O modelo de seleção por consequências e a subjetividade. In R. A. Banaco (Org.), *Sobre comportamento e cognição: Aspectos teóricos, metodológicos e de formação em análise do comportamento e terapia cognitivista* (vol. 1, pp. 182-190). Santo André: ESETec.

Andery, M. A. P. A., & Sério, M. T. A. P. (2001). Behaviorismo radical e os determinantes do comportamento. In H. J. Guilhardi, M. B. B. Nadi, P. P. Queiroz, & M. C. Scoz (Orgs.), *Sobre o comportamento e cognição* (vol. 7, pp. 159-163). Santo André: ESETec.

Darwin, C. (2000). *A origem das espécies*. São Paulo: Hemus. (Trabalho original publicado em 1859)

Glenn, S. S. (2003). Operant contingencies and the origins of culture. In K. A. Lattal, & P. N. Chase (Eds.), *Behavior theory and philosophy* (pp. 223-242). New York: Klewer Academic/Plenum.

Glenn, S. S. (2004). Individual behavior, culture, and social change. *The Behavior Analyst, 27*(2), 133-151.

Glenn, S. S., & Field, D. P. (1994). Functions of the environment in behavioral evolution. *The Behavior Analyst, 17*(2), 241-259.

Mayr, E. (2009). *O que é a evolução*. Rio de Janeiro: Rocco.

Michael, J. (1983). Evocative and repertoire-altering effects of an environmental event. *The Analysis of Verbal Behavior, 2*, 19-21.

Skinner, B. F. (1935). The generic nature of the concepts of stimulus and response. *Journal of General Psychology, 12*, 40-65.

Skinner, B. F. (1938). *The behavior of organisms: An experimental analysis*. New York: Appleton-Century-Crofts.

Skinner, B. F. (1970). *Ciência e comportamento humano*. Brasília: UnB. (Trabalho original publicado em 1953)

Skinner, B. F. (1978). *O comportamento verbal*. São Paulo: Cultrix. (Trabalho original publicado em 1957)

Skinner, B. F. (1984). Some consequences of selection. *Behavior and Brain Sciences, 7*(4), 502-509.

Skinner, B. F. (2007). Seleção por consequências. *Revista Brasileira de Terapia Comportamental e Cognitiva, 9*(1), 129-37. (Originalmente publicado em 1981, em *Science, 213*(4057), 501-504)

Tourinho, E. Z. (2009). *Subjetividade e relações comportamentais*. São Paulo: Paradigma.

O conceito de liberdade e suas implicações para a clínica

8

Alexandre Dittrich

ASSUNTOS DO CAPÍTULO

→ Ciência como busca de relações de determinação.
→ Definição de comportamento.
→ Explicações causais em psicologia.
→ A posição determinista do Behaviorismo Radical.
→ As vantagens de uma posição determinista para o psicólogo.
→ Alguns dos principais significados de "liberdade" e como o analista do comportamento os compreende: como sentimento, como diminuição ou eliminação da coerção, como autocontrole.
→ O analista do comportamento como profissional que busca a "liberdade" para a sociedade, incluindo os seus clientes.

→ ANÁLISE DO COMPORTAMENTO: POR QUE AS PESSOAS FAZEM O QUE FAZEM?

A ciência é um empreendimento que pode ser descrito e definido de muitas formas. Uma maneira comum de definir a ciência é afirmar que ela é uma busca por relações causais, ou relações entre causas e efeitos. Os termos "causa" e "efeito" têm suas limitações, e podem ser discutidos do ponto de vista da filosofia da ciência (Laurenti, 2004; Skinner, 1953/1965). Por mais importantes que sejam, porém, não nos deteremos aqui em tais discussões. Por ora, interessa-nos apenas reconhecer que a ciência é, entre outras coisas, uma maneira sistemática de tentar responder a questões causais: por que um certo conjunto de fenômenos acontece desta ou daquela forma?

> A ciência é, entre outras coisas, uma maneira sistemática de tentar responder a questões causais.

> Comportamento é sempre e invariavelmente um fenômeno relacional: comportar-se é interagir constantemente com um entorno que a análise do comportamento denomina genericamente como "ambiente".

A análise do comportamento é uma ciência que, como indica sua denominação, toma o comportamento como objeto de estudo. Tornou-se comum entre os analistas do comportamento definir este objeto através de expressões mais amplas, como "interações organismo-ambiente" (Todorov, 1989) ou

> Uma distinção entre "o que uma pessoa faz" e "o ambiente no qual ela o faz" é importante para objetivos teóricos e práticos, mas entende-se que não há como isolar o fenômeno "comportamento" do fenômeno "ambiente".

"relações comportamentais" (Tourinho, 2006). Essas definições apontam para o fato de que o comportamento é sempre e invariavelmente um fenômeno relacional: comportar-se é interagir constantemente com um entorno que a análise do comportamento denomina genericamente como "ambiente". Uma distinção entre "o que uma pessoa faz" e "o ambiente no qual ela o faz" é importante para objetivos teóricos e práticos, mas entende-se que não há como isolar o fenômeno "comportamento" do fenômeno "ambiente". Os analistas do comportamento estudam, portanto, relações comportamentais: relações comportamento-ambiente.

O objetivo primordial do analista do comportamento é descobrir por que uma pessoa, ou grupo de pessoas, faz o que faz, da maneira como o faz. Para o analista do comportamento, esse "fazer" tem um amplo alcance: queremos saber por que as pessoas falam o que falam, pensam o que pensam, sentem o que sentem. Ainda hoje algumas pessoas entendem "comportamento" como sendo apenas aquilo que uma pessoa faz publicamente: os movimentos do corpo externamente perceptíveis. A análise do comportamento há muito superou essa concepção. Uma pessoa pode comportar-se de muitas maneiras, visíveis ou não para outra pessoa. O comportamento, não obstante, interessa-

> Ainda hoje algumas pessoas entendem "comportamento" como sendo apenas aquilo que uma pessoa faz publicamente: os movimentos do corpo externamente perceptíveis. A análise do comportamento há muito superou essa concepção. Uma pessoa pode comportar-se de muitas maneiras, visíveis ou não para outra pessoa.

-nos como objeto de estudo mesmo quando algumas de suas dimensões não são publicamente observáveis.

Relações comportamentais são, na análise do comportamento, relações causais – isto é, relações nas quais buscamos identificar no ambiente de uma pessoa as causas para aquilo que ela faz. Essa é uma opção talvez óbvia: se nosso "efeito" é o comportamento humano, tudo o que possa afetá-lo de alguma forma deve ser tratado como "causa" – e o que nos resta é o ambiente. Essa concepção pode dar a alguns a impressão de que o ser humano está sendo tratado de forma excessivamente passiva: o ser humano não age sobre o mundo, não o transforma? Obviamente que sim! B. F. Skinner, o precursor da análise do comportamento, afirma isso textualmente (1957, p. 1), e o fato de que o ser humano age sobre o mundo e o transforma constitui o cerne do que os analistas do comportamento chamam de comportamento *operante*.[1] Sob esse ponto de vista, o comportamento humano é, sem dúvida, causa para vários efeitos em seu ambiente, e isso é parte importante da descrição que o analista do comportamento faz das relações comportamentais. Ainda assim, nossa pergunta causal primordial continua sendo sobre o comportamento, por mais ativo e transformador que seja: o que o causa?

É importante perceber que a resposta a essa pergunta só pode estar nas relações do comportamento com o ambiente, e não no próprio comportamento.[2] Se nos perguntamos sobre as causas do fazer de alguém, não podemos tomar esse próprio fazer como explicação – ele é justamente o que queremos explicar. Se algum comportamento é invocado como variável importante para explicar outro comportamento, é natural que perguntemos, por sua vez, por que o comportamento inicial ocorreu. Em algum momento, inevitavelmente, veremo-nos novamente investigando relações comportamentais.

A psicologia, com sua ampla variabilidade teórica, oferece outros caminhos. Explicações causais em psicologia frequentemente seguem o modelo "a mente causa o comportamento". Mesmo que algum psicólogo adote essa postura, ainda lhe restará a tarefa de explicar causalmente a ocorrência dos eventos chamados "mentais". Fatalmente, esse psicólogo, em algum momento, deverá remeter-se às relações da pessoa com seu ambiente. Se insistir que não deve ou não precisa fazê-lo, pode-se desafiá-lo a mudar qualquer aspecto da vida mental de uma pessoa sem alterar nada em seu ambiente (e devemos lembrar aqui que o comportamento verbal de um psicólogo faz parte do ambiente das pessoas com as quais ele interage). Outro desafio que poderia legitimamente ser lançado a este psicólogo seria demonstrar que algo foi mudado na mente de uma pessoa, sem que o comportamento dela (verbal ou não verbal) pudesse ser tomado como indício de tal mudança.

Tendemos a utilizar verbos para designar o que a mente faz: pensar, imaginar, sentir, decidir... Isso é importante, porque evidencia que estamos tratando de comportamentos, mesmo que algumas de suas dimensões não sejam publicamente observáveis. (Troquemos "mente" por "pessoa", na primeira frase, e teremos uma definição perfeitamente aceitável para qualquer analista do comportamento.) "Decidir" talvez seja aqui um verbo importante. Para a análise do comportamento, decidir é comportar-se: é fazer algo e, com isso, produzir certas consequências (Skinner, 1953/1965, p. 242-244). O número de situações em nosso dia a dia nas quais efetivamente nos engajamos no comportamento de decidir antes de fazer alguma outra coisa provavelmente é muito menor do que gostaríamos de pensar. Talvez nossa vida fosse impossível se as coisas não fossem assim. Fazemos muitas coisas "sem pensar", porque nossa experiência em situações semelhantes nos dá alguma segurança de que os resultados do que faremos são previsíveis. Quando não o são, porém, podemos preliminarmente "decidir" – isto é, buscar subsídios que nos permitam tomar um certo curso de ação e não outros.

Se decidir é comportar-se, porém, o fato de que decidimos também deve ser causalmente explicado. Ninguém nasce sabendo como decidir, e presumivelmente algumas pessoas decidem melhor, ou com mais frequência, do que outras. Isso quer dizer que o comportamento de decidir também deve ser aprendido, no sentido de ser selecionado por suas consequências:

> Um homem pode gastar muito tempo planejando sua própria vida – ele pode escolher as circunstâncias nas quais viverá com muito cuidado, e pode manipular seu ambiente cotidiano em larga escala. Tais atividades parecem exemplificar um alto grau de autodeterminação. Mas elas também são comportamento, e nós as explicamos através de outras variáveis ambientais e da história do indivíduo. São essas variáveis que proveem o controle final (Skinner, 1953/1965, p. 240).

É importante notar também que, se um comportamento é aprendido, ele pode ser ensinado. Se tratamos o decidir como um acontecimento mental inalcançável e inexplicável, essa perspectiva se fecha. Se o tratamos, porém, como uma relação comportamental, podemos interferir sobre ele. Esse é o lado positi-

> Ao olharmos para comportamento como um fenômeno determinado por sua relação com o ambiente, estamos mais perto de encontrarmos meios de mudá-lo.

vo da insistência dos analistas do comportamento em buscar "causas" ambientais para "efeitos" comportamentais: se podemos mudar o ambiente que afeta uma pessoa, podemos mudar seu comportamento.

→ O COMPORTAMENTO HUMANO É LIVRE?

Analisamos o comportamento de decidir porque ele costuma ser apontado como um exemplo claro de que cada ser humano governa sua própria vida de forma autônoma, mesmo que se admita que o ambiente influencie seu comportamento em alguma medida. Mas se mesmo o comportamento de decidir pode ser causalmente explicado, o que resta de autonomia, de liberdade para o ser humano?

A controvérsia entre determinismo e livre-arbítrio tem uma história praticamente tão longa quando a da própria filosofia. É um tema complexo, que desperta discussões apaixonadas. Para a psicologia, esta é uma discussão inevitável: não importando os conceitos e teorias utilizados por diferentes psicólogos, é razoável afirmar que todos estão interessados em saber por que as pessoas fazem o que fazem, dizem o que dizem, pensam o que pensam, sentem o que sentem. Como qualquer ciência, a psicologia está interessada em relações causais: ela busca identificar causas para certos efeitos. Esses efeitos podem ser chamados de

> Ao apontar variáveis ambientais atuais ou passadas como responsáveis pelo que as pessoas fazem, falam, pensam ou sentem, um psicólogo está provendo suporte empírico à plausibilidade de uma posição determinista, seja qual for a teoria que fundamenta seu trabalho.

comportamentais e/ou mentais, a depender da teoria utilizada – mas suas causas devem ser obrigatoriamente procuradas entre fenômenos que não sejam "comportamento" ou "mente". É plausível imaginar que algum psicólogo se satisfaça com explicações causais nas quais a mente é causa, e o comportamento, efeito. Mas também é plausível imaginar que, em algum momento, esse psicólogo precisará explicar a própria origem do que chama de "mente". Nesse caso, repetimos, é inevitável que recorra a relações com o ambiente. Enquanto pesquisador, ao apontar variáveis ambientais atuais ou passadas como responsáveis pelo que as pessoas fazem, falam, pensam ou sentem, um psicólogo está provendo suporte empírico à plausibilidade de uma posição determinista, seja qual for a teoria que fundamenta seu trabalho.

Skinner apresenta uma posição marcadamente determinista ao longo de sua obra. Esse parece ser um resultado natural de sua filosofia, dadas as relações causais que a análise do comportamento busca estudar. Vejamos alguns trechos de sua obra nos quais ele trata do assunto:

> Para ter uma ciência da psicologia, precisamos adotar o *postulado* [itálico nosso] fundamental de que o comportamento humano é um dado ordenado, que não é perturbado por atos caprichosos de um agente livre – em outras palavras, que é completamente determinado (Skinner, 1947/1972, p. 299).

> Se vamos usar os métodos da ciência no campo dos assuntos humanos, devemos *pressupor* [itálico nosso] que o comportamento é ordenado e determinado (Skinner, 1953/1965, p. 6).

> A *hipótese* [itálico nosso] de que o homem não é livre é essencial para a aplicação do método científico ao estudo do comportamento humano (Skinner, 1953/1965, p. 447).

Embora Skinner apresente uma posição firme sobre o assunto, chama a atenção nessas passagens o uso de palavras como "postulado", "pressupor" e "hipótese". Skinner não está afirmando, como verdade absoluta, que o comportamento humano é determinado, mas sim que o cientista do comportamento deve pressupor que o seja. Mas por quê? Isso faz alguma diferença?

A análise do comportamento tem entre seus objetivos prever e controlar o comportamento. É para isso, afinal, que ela busca investigar relações causais: para intervir sobre causas ambientais e produzir efeitos comportamentais. Pressupor a determinação do comportamento é benéfico para uma ciência do comportamento que busca investigar quais as variáveis que o determinam. Um cientista que supõe a existência de variáveis que controlam o comportamento tende a procurá-las; um cientista que supõe que elas talvez não existam possivelmente não terá bons motivos para aprofundar suas investigações. Assim, enquanto pressuposto, o determinismo impulsiona a pesquisa: mesmo que não consiga, em um primeiro momento, identificar as variáveis relevantes para a previsão e controle de certas classes de comportamentos, o analista do comportamento insistirá em procurá-las. Eis uma passagem na qual Skinner se manifesta explicitamente nesse sentido:

> Determinismo é um pressuposto útil, porque encoraja a busca por causas. [...] O professor que acredita que um estudante cria uma obra de arte exercitando alguma faculdade interna e caprichosa não buscará as condições sob as quais ele de fato trabalha criativamente. Ele também será menos capaz de explicar tal trabalho quando ele ocorre, e menos inclinado a induzir estudantes a se comportar criativamente (Skinner, 1968, p. 171).

Esse exemplo aplicado à educação pode ser facilmente transferido para outras modalidades de aplicação da análise do comportamento – como a clínica. O clínico analítico-comportamental está interessado em mudar aspectos do comportamento de seu cliente, incluindo o que ele fala, pensa ou sente. Se o clínico pressupõe que o comportamento de seu cliente, por mais complexo que seja, é determinado por suas relações com o ambiente, ele deve intervir sobre tais relações e verificar se isso surte o efeito esperado no repertório comportamental do cliente. Caso isso não aconteça, o clínico continuará tentando produzir tais efeitos, lançando mão de outras estratégias de intervenção sobre as relações comportamentais; em outras palavras, ele continuará buscando as causas do comportamento de seu cliente. O teste final sobre o sucesso dessa empreitada é empírico: se o comportamento do cliente muda, o clínico conseguiu intervir sobre pelo menos parte de suas causas. Um clínico analítico-comportamental jamais desistirá de mudar o comportamento de um cliente por julgar que ele *não tem* causas. Essa é a utilidade do determinismo enquanto pressuposto no trabalho do clínico.

→ EXISTEM OUTROS SIGNIFICADOS PARA "LIBERDADE"?

A palavra "liberdade", como qualquer outra palavra, pode ser utilizada de diversas formas, em diferentes situações. Um analista do comportamento pode, eventualmente, defender certos tipos de liberdade, mesmo adotando o determinismo como pressuposto. Não há nisso qualquer tipo de contradição, como veremos ao analisar alguns sentidos possíveis do termo.

Liberdade como sentimento

A classe de relações comportamentais denominada reforçamento positivo parece favorecer o relato de certos sentimentos, que podem receber vários nomes: amor, felicidade, confiança, fé, segurança, interesse, perseverança, entusiasmo, dedicação, felicidade e prazer são apenas alguns deles (Cunha e Borloti, 2005). O sentimento de liberdade também pode ser relatado nesse contexto. Quando nosso comportamento é positivamente reforçado, sentimos que fazemos o que queremos, gostamos ou escolhemos. Não há sentimento de coerção ou obrigatoriedade – há sentimento de liberdade.

Até que ponto é possível ou desejável abrir mão da utilização deliberada de relações comportamentais coercivas (de punição e reforçamento negativo) na aplicação da análise do comportamento é assunto discutível, e os subsídios mais importantes para essa discussão devem, sem dúvida, derivar de dados empíricos. Ainda assim, é razoável afirmar que os analistas do comportamento tendem a favorecer a utilização de relações comportamentais de reforçamento positivo. Com isso, podem favorecer também o relato de sentimentos de liberdade. Esse é um resultado previsível e desejável da prática do clínico analítico-comportamental. Não há nisso nenhuma contradição com a adoção do determinismo enquanto pressuposto por parte do clínico.

Liberdade como diminuição ou eliminação da coerção

Se o reforçamento positivo pode gerar relatos de sentimentos de liberdade, relações comportamentais coercivas (de punição ou reforçamento negativo) podem gerar, além do relato de outros sentimentos (ansiedade, raiva, tristeza, entre muitos outros) uma "luta pela liberdade" – que, neste caso, nada mais é do que uma luta contra esse tipo de relação. Socialmente, a luta contra as relações comportamentais coercivas pode receber diversos nomes: busca-se promover a liberdade política, econômica, religiosa, sexual, etc. Em cada um desses campos, quando pessoas são proibidas de emitir certos comportamentos ou obrigadas a emitir outros, surge a possibilidade de que se revoltem contra esse tipo coercivo de controle.

Skinner (1971) analisou profundamente a luta por esse tipo de liberdade, e reconheceu sua importância: "A literatura da liberdade tem feito uma contribuição essencial para a eliminação de muitas práticas aversivas no governo, na religião, na educação, na vida familiar e na produção de bens" (p. 31). Analistas do comportamento, portanto, podem igualmente defender certos tipos de liberdades sociais, sem que haja nisso qualquer contradição com a adoção do determinismo enquanto pressuposto.

Um dos problemas apontados por Skinner na mesma obra é que as pessoas tendem a identificar a ausência de coerção com liberdade absoluta, ignorando o tipo mais poderoso de controle – isto é, aquele exercido através de reforçamento positivo. Ele é poderoso, entre outros motivos, porque, via de regra, não nos revoltamos contra ele – aliás, sequer costumamos reconhecê-lo como um tipo de controle. O controle por reforçamento positivo, como qualquer tipo de controle, pode ser utilizado com objetivos espúrios, em benefício dos controladores, mas com graves prejuízos de longo prazo para os controlados. Empregados que enfrentam jornadas exaustivas ou insalubres de trabalho, aliciadores que levam adolescentes a se prostituir, crianças e adolescentes atraídos para o tráfico de drogas ou pessoas levadas a consumir produtos prejudiciais à sua saúde são alguns exemplos. Diante disso, é compreensível a afirmação de Skinner de que "um sistema de escravidão tão bem planejado que não gere revolta é a verdadeira ameaça" (Skinner, 1971, p. 40). A "revolta" contra um sistema desse tipo só é possível, em primeiro lugar, se o escravo percebe que é um escravo. Por isso, de acordo com Skinner, "o primeiro passo na defesa contra a tirania é a exposição mais completa possível das técnicas de controle" (Skinner, 1955-1956/1972, p. 11).

Considerado esse sentido da palavra liberdade, podemos inclusive classificar a *educação para a liberdade* como uma tarefa importante para os analistas do comportamento. Uma educação para a liberdade estimula a formação de cidadãos críticos, bem informados e ativos, e pode cumprir um papel importante para o futuro de nossas culturas.

Liberdade como autocontrole

O clínico analítico-comportamental, via de regra, deseja que seu cliente "tome as rédeas de sua vida", seja autônomo e independente, governe seu cotidiano – entre outros motivos, para que não seja dependente do próprio clínico. Ora, tudo isso não parece fundamentalmente contraditório com o pressuposto de que o comportamento humano é determinado? Como pode um clínico analítico-comportamental fomentar autonomia em seus clientes se adota tal pressuposto?

O clínico analítico-comportamental, enquanto parte importante do ambiente de seus clientes, transforma parte de seu repertório comportamental. Ele pode ensinar seus clientes a analisar seu próprio comportamento e as variáveis que o controlam. Ao fazer isso, ele estará gerando em seus clientes o que Skinner (1953/1965, cap. 15) chamou de *autocontrole* – isto é, estará proporcionando a eles a oportunidade de identificar e controlar algumas das variáveis que controlam seu próprio comportamento. Como o autocontrole também é comportamento, ele também é, por si só, efeito de causas ambientais – e o comportamento do clínico responde, neste caso, pela maior parte de tais causas. O uso da expressão "autocontrole", portanto, não significa que o comportamento da pessoa que o exerce não esteja sujeito à determinação ambiental. Como afirma Skinner, "o ambiente determina o indivíduo mesmo quando ele altera o ambiente" (Skinner, 1953/1965, p. 448). Em certo sentido, porém, é possível afirmar que pessoas que exercem um alto grau de autocontrole são mais autônomas, independentes e "livres" do que as que não o fazem. O clínico analítico-comportamental, nesse sentido, busca ensinar e promover a liberdade.

> Pessoas que exercem um alto grau de autocontrole são mais autônomas, independentes e "livres" do que as que não o fazem. O clínico analítico-comportamental busca ensinar e promover a liberdade.

Se compreendermos a palavra "liberdade" em qualquer um desses três sentidos, podemos concluir que os analistas do comportamento – entre eles os clínicos analítico-comportamentais – promovem a liberdade com frequência. Ainda assim, como behavioristas radicais, os clínicos analítico-comportamentais tendem a adotar o determinismo enquanto pressuposto, sem que haja nisso qualquer contradição implicada. A adoção desse pressuposto, como vimos, justifica-se por sua utilidade para os próprios objetivos do trabalho terapêutico. Por mais paradoxal que isso possa parecer, pressupor o determinismo ajuda os clínicos analítico-comportamentais a tornar os seus clientes mais livres!

→ NOTAS

1. Sobre comportamento operante, sugere-se ler o Capítulo 2.
2. Para uma maior compreensão do modelo causal da análise do comportamento, ler Capítulo 7.

→ REFERÊNCIAS

Cunha, L. S., & Borloti, E. B. (2005). Skinner, o sentimento e o sentido. In E. B. Borloti, S. R. F. Enumo, & M. L. P. Ribeiro (Orgs.), *Análise do comportamento: Teorias e práticas* (pp. 47-57). Santo André: ESETec.

Laurenti, C. (2004). *Hume, Mach e Skinner: A explicação do comportamento*. Dissertação de mestrado não publicada, Universidade Federal de São Carlos, São Carlos, São Paulo.

Skinner, B. F. (1957). *Verbal behavior*. New York: Appleton-Century-Crofts.

Skinner, B. F. (1965). *Science and human behavior*. New York: Macmillan. (Obra original publicada em 1953)

Skinner, B. F. (1971). *Beyond freedom and dignity*. New York: Knopf.

Skinner, B. F. (1972). Current trends in experimental psychology. In B. F. Skinner, *Cumulative record: A selection of papers* (pp. 295-313). New York: Appleton-Century-Crofts. (Trabalho original publicado em 1947)

Skinner, B. F. (1972). Freedom and the control of men. In B. F. Skinner, *Cumulative record: A selection of papers* (pp. 3-18). New York: Appleton-Century-Crofts. (Trabalho original publicado em 1955-1956)

Todorov, J. C. (1989). A psicologia como o estudo de interações. *Psicologia: teoria e pesquisa, 5*, 347-356.

Tourinho, E. Z. (2006). Relações comportamentais como objeto da psicologia: Algumas implicações. *Interação em Psicologia, 10*, 1-18.

ND# Discussões da análise do comportamento acerca dos transtornos psiquiátricos

9

Denise de Lima Oliveira Vilas Boas
Roberto Alves Banaco
Nicodemos Batista Borges

ASSUNTOS DO CAPÍTULO

→ Transtornos psiquiátricos.
→ Os motivos que levam um cliente a procurar um psicólogo clínico.
→ Problemas clínicos.
→ Multideterminação do comportamento.
→ Semelhanças e diferenças entre "transtornos psiquiátricos" e os demais comportamentos.
→ Modelos metafísico, estatístico e normalidade.
→ 'Transtornos psiquiátricos' como déficits ou excessos comportamentais.
→ Vantagens do modelo analítico-comportamental para 'psicopatologias'.
→ Sofrimento como critério para intervenção.

Influenciado pelo modelo de *seleção natural* de Darwin, Skinner propôs o modelo de *seleção por consequências* como explicação para o aparecimento e manutenção dos comportamentos dos organismos. Desse modo, as diferenças de comportamento dos indivíduos, e consequentemente entre os indivíduos, deveriam ser explicadas pelos mesmos processos básicos que explicam a existência das diferentes espécies: variação e seleção.

Baseando-se nesse modelo explicativo, a análise do comportamento se posiciona como uma abordagem da psicologia que não vê os comportamentos humanos problemáticos como "doenças" ou "psicopatologias".

Nessa perspectiva, esses fenômenos têm causas e naturezas iguais aos demais comportamentos.

A fim de promover uma reflexão sobre questões como "Existem os fenômenos comportamentais chamados de transtornos mentais?"; "Por que esses padrões comportamentais são chamados e classificados como transtornos mentais?"; "O

> A análise do comportamento se posiciona como uma abordagem da psicologia que não vê os comportamentos humanos problemáticos como "doenças" ou "psicopatologias". Nessa perspectiva, esses fenômenos têm causas e naturezas iguais aos demais comportamentos.

que distingue a normalidade da anormalidade?", o presente capítulo percorrerá três discussões a saber:
1. problemas clínicos;
2. multideterminação do comportamento;
3. normalidade: um conceito definido por práticas culturais.

→ PROBLEMAS CLÍNICOS

> Os motivos que levam um indivíduo a procurar ajuda de um psicólogo clínico são a busca de autoconhecimento e/ou problemas que o cliente não está conseguindo enfrentar sozinho, entre eles os chamados transtornos psiquiátricos.

Os motivos que levam um indivíduo a procurar ajuda de um psicólogo clínico são a busca de autoconhecimento e/ou problemas que o cliente não está conseguindo enfrentar sozinho, entre eles os chamados transtornos psiquiátricos.

Quando uma pessoa procura ajuda de um psicólogo clínico/analista em busca de autoconhecimento – comportamento ainda pouco frequente em nosso país –, ela está se engajando em um comportamento que produz, principalmente, maior acesso a reforçadores. Isso porque, ao conhecer melhor seus comportamentos – ou seja, aquilo que faz, pensa e sente, bem como as contingências que controlam/afetam essas respostas –, teoricamente, maior será sua capacidade de lidar com esses eventos, podendo alterá-los, gerando, como consequência, mais reforço ou reforçadores mais potentes. Por exemplo, uma pessoa que, entre outras coisas, vive um relacionamento amoroso "bom" e busca discutir em sua análise esta relação, poderá compreender quais atitudes suas agradam seu parceiro e emiti-las mais frequentemente, o que, possivelmente, fortalecerá o apreço que seu parceiro tem por ela. Se o objetivo dessa pessoa é fortalecer seu relacionamento amoroso, esse é um comportamento que poderá ser emitido com esse objetivo.

Todavia, a maior parcela dos clientes que procuram um clínico o faz porque "está com problemas". Você não ouve alguém dizer que está com problemas porque está ganhando dinheiro ou está feliz no relacionamento amoroso ou foi aprovado na faculdade. Ao contrário, um indivíduo diz que está com problemas quando seus comportamentos não produzem aquilo de que ele gostaria ou, quando produzem, trazem consigo sofrimento. Nesse sentido, "estar com problemas" refere-se a dificuldades em emitir respostas que diminuam estimulações aversivas ou que deem acesso a reforçadores.

> Um indivíduo diz que está com problemas quando seus comportamentos não produzem aquilo que gostariam ou quando produzem trazem consigo sofrimento. Nesse sentido, "estar com problemas" refere-se a dificuldades em emitir respostas que diminuam estimulações aversivas ou que deem acesso a reforçadores.

A dificuldade em produzir reforçadores ou eliminar ou atrasar aversivos pode se dar por diferentes motivos: pela falta de repertório, o indivíduo não sabe (aprendeu) emitir a resposta que produz essas consequências; por falhas no controle discriminativo, o indivíduo não fica sob controle de eventos do ambiente que deveria ter para que sua resposta seja reforçada; por dificuldade em relação à intensidade (excesso ou insuficiência) da resposta, não produz a consequência; etc. Assim, caberá ao clínico identificar estes comportamentos e auxiliar o cliente na mudança destas relações, permitindo a ele (cliente) maior acesso a reforçadores e/ou menor exposição a eventos aversivos.

O outro motivo que alguns psicólogos atribuiriam como determinante na busca por um trabalho clínico (análise) é "estar acometido por um transtorno psiquiátrico". Todavia, seriam os "transtornos psiquiátricos" diferentes dos demais "problemas clínicos"?

Com o avanço dos estudos da psiquiatria e das ciências do comportamento, sabe-se hoje que tanto "transtornos psiquiátricos" como qualquer outro comportamento sofrem influência em três níveis: filogenético, ontogenético e cultural, o que, para muitas disciplinas, é mais referido como biopsicossocial. Nessa perspectiva, não existiriam diferenças significativas entre "transtornos psiquiátricos" e outros "problemas clínicos".

> Com o avanço dos estudos da psiquiatria e das ciências do comportamento, hoje se sabe que tanto "transtornos psiquiátricos" como qualquer outro comportamento sofrem influência em três níveis: filogenético, ontogenético e cultural.

Todavia, há aqueles que defendem que apesar de os "transtornos psiquiátricos" sofrerem influências múltiplas, sua diferenciação dos outros problemas se dá pela sua presumida origem orgânica.

→ MULTIDETERMINAÇÃO DO COMPORTAMENTO

Para a Análise do Comportamento, a psicologia é uma ciência natural que está alinhada com a biologia, especificamente com o modelo de seleção natural. Assim, o comportamento é entendido como algo que é natural e variável e passa por um processo de seleção pelos efeitos que produz no ambiente, o que chamamos de seleção por consequências. Desse modo, o comportamento – assim como as espécies no modelo de seleção natural – é produto de variação e seleção, o que ocorre em três níveis: filogenético, dado que o indivíduo nasce com uma predisposição a responder de determinada maneira, a qual foi herdada através de seleção de genes; ontogenético, dado que, a partir de sua concepção, o indivíduo naturalmente age (emite respostas) de forma variável (variabilidade comportamental), produzindo mudanças no ambiente, sendo essas (mudanças no ambiente) selecionadoras de repertório (tornarão mais prováveis uma parcela destas respostas); e cultural, dado que o sujeito é sensível, também, ao ambiente social que integra, sendo este (ambiente social) selecionador de padrões comportamentais típicos daquele grupo.[1]

Uma vantagem dessa proposta é não dar a uma das instâncias selecionadoras (filogenética, ontogenética e/ou cultural) tratamento diferencial ou maior importância. O importante é observar o entrelaçamento entre elas, não ignorando nenhuma.

Assim, ao se voltar à discussão que encerra a seção anterior – que trata da "crença" de alguns que a diferença entre problemas psiquiátricos e problemas clínicos está na sua origem, sendo que os primeiros têm causas "orgânicas" (físicas) enquanto os outros têm causas "psicológicas" (metafísicas) –, pode-se dizer que todo comportamento resulta da história do indivíduo, ou seja, do entrelaçamento de mutações genéticas, experiências diretas ou transmitidas pelo grupo social que integra, e que os chamados transtornos psiquiátricos também são produtos dessa história, recebendo maior ou menor influência de cada um destes aspectos da história. Resumidamente, os "transtornos psiquiátricos", assim como qualquer outro comportamento, são comportamentos multideterminados em suas origens e em sua manutenção.

> Os "transtornos psiquiátricos" são resultantes do entrelaçamento de fatores genéticos, experiências diretas ou transmitidas pelo grupo social que o indivíduo integra. Assim são determinados por multiplas "causas" e mantidos por contingências entrelaçadas.

Essa explicação analítico-comportamental dos problemas clínicos e transtornos psiquiátricos não igualam totalmente tais eventos. Se, por um lado, iguala seus aspectos causais atribuindo a ambos a multideterminação histórica, por outro lado, permite uma distinção entre eles pelo comprometimento que podem exercer sobre o organismo, inclusive diferentes graus de comprometimento em diferentes níveis de variação e seleção.

> Se em muitos sentidos, os "transtornos psiquiátricos" não se distinguem de outros comportamentos. Pode-se distinguí-los dos demais comportamentos pelo comprometimento que podem exercer sobre o indivíduo.

Assim, ao se deparar com uma criança com desenvolvimento atípico (por exemplo, autismo), pode-se verificar uma forte determinação no nível filogenético, mas pode-se encontrar, em muitos casos, influências nos níveis ontogenético – por exemplo, pais que superprotegem, dificultando o desenvolvimento (aprendizagem) da criança – e cultural – por exemplo, práticas de exclusão que podem levar à maior diferenciação entre essa criança e as demais. Em contraponto, é possível encontrar casos em que o indivíduo não apresenta influência filogenética evidente (ausência de histórico familiar de transtornos mentais), mas apresenta padrão comportamental específico (por exemplo, transtorno de ansiedade generalizada), identificando-se nestes casos fortes influências nos níveis ontogenético – por exemplo, história com grande exposição a punições no âmbito familiar – e cultural – por exemplo, cobrança de que é preciso ser o melhor.

Toda esta discussão é de fundamental importância para o psicólogo clínico, pois, compreendendo o fenômeno por esta perspectiva, ele poderá e deverá buscar identificar as contingências que influenciaram o desenvolvimento deste repertório e, mais ainda, as contingências que o mantêm. Diante delas o clínico estará mais perto de encontrar meios eficientes de intervir sobre tais padrões comportamentais, resultando em menor sofrimento para o cliente.

→ NORMALIDADE: UM CONCEITO DEFINIDO POR PRÁTICAS CULTURAIS

Antes de se encerrar o capítulo, faremos uma breve discussão sobre "normalidade" e "anormalidade", pois, frequentemente, ouvimos que pessoas que apresentam algum quadro psiquiátrico são "loucas" ou "anormais", o que, em muitos casos, mais atrapalha do que ajuda, além de ser uma atitude preconceituosa.

A classificação de padrões comportamentais como transtornos mentais é, como ver-se-á nesta seção, determinada por práticas culturais que estabelecem os padrões socialmente aceitos ou não (Falk e Kupfer, 1998). Desse modo, padrões comportamentais que violam expectativas sociais são tratados, frequentemente, como "anormais" ou "psicopatológicos".

> A classificação de padrões comportamentais como transtornos mentais é determinada por práticas culturais, que estabelecem os padrões socialmente aceitos ou não.

Todavia, muitos dos que defendem a diferenciação entre "sadio" e "psicopatológico" ou "normal" e "anormal" sequer fazem uma reflexão da origem destas distinções.

A primeira dessas práticas culturais, que classifica os indivíduos entre "sadios" e "acometidos por psicopatologias", é resquício de um dualismo metafísico da Idade Média, pois busca atribuir como causa desses padrões comportamentais, chamados de psicopatológicos, falhas mentais. Esta classificação, além de se sustentar em um dualismo (mente-corpo), inconsistente com uma visão natural de homem vigente na biologia, ajuda pouco a respeito do que fazer com esses indivíduos, visto que seus seguidores ficam buscando em suas mentes a "causa" e a "cura" desses padrões comportamentais, quando deveriam buscar as "causas" nas histórias desses indivíduos e as "curas", na maneira como esse indivíduo interage com seu ambiente.

A segunda prática cultural, que classifica os indivíduos entre "normal" e "anormal" ou acometido por um "transtorno" será aqui chamada de modelo estatístico de normalidade e se trata de uma distorção do modelo de seleção natural de Darwin. Seu método para a definição de um "transtorno" é a comparação entre pessoas. Assim, considera a "normalidade" e o "transtorno" por critérios estatísticos de determinação (Abramson e Seligman, 1977). Segundo Johnston e Pennypacker (1993), a base da entrada da estatística na concepção da saúde mental vem da concepção defendida por Quetelet. De acordo com essa concepção, a natureza, em busca da evolução, produziria a variabilidade entre os organismos; entretanto, formas mais perfeitas do que outras se repetiriam mais frequentemente, em uma distribuição que obedeceria à "curva normal": as mais perfeitas teriam uma frequência maior, e desvios gradativos da perfeição seriam também gradativamente menos frequentes.

Dois problemas devem ser identificados neste critério de normalidade: uma intencionalidade da natureza e a divisão dos indivíduos em categorias de diferentes qualidades.

O modelo de seleção natural de Darwin não fala de relações intencionais entre os organismos e a natureza. Esse modelo descreve que grupos/populações que apresentam determinadas características (variação, mutação) acabam por ter um maior número de sobreviventes do que grupos/populações que não apresentam aquela característica (seleção), não sendo descrita nenhuma intencionalidade no ambiente. Desse modo, o modelo estatístico desvirtua a teoria darwiniana ao atribuir ao ambiente um papel de selecionador da perfeição e, ao mesmo tempo, abre caminho para as visões segregacionistas, que defendem que o mundo é feito para os melhores, ao atribuir às diferenças qualidades – valores como: melhores e piores, perfeitos e imperfeitos, bons e ruins, adequados e inadequados, adaptados e desadaptados, etc.

Apesar destes problemas do modelo estatístico de classificação, ele é utilizado até a atualidade para dizer quem é "normal" e/ou "anormal" ou "transtornado". Banaco, Zamignani e Meyer (2010) apontam os manuais diagnósticos, tais como a Classificação Internacional de Doenças – CID e o Manual Diagnóstico e Estatístico de Transtornos Mentais – DSM, como expressões dessa visão.

Por acreditar que os padrões de comportamento de um indivíduo decorrem do entrelaçamento dos processos de variação e seleção nos seus três níveis – filogenético, ontogenético e cultural – a análise do comportamento não compreende nenhuma forma de comportamento como "psicopatológico", "desadaptativo" ou "anormal". Se os comportamentos são selecionados por suas consequências, pode-se dizer que todo comportamento é normal, no sentido de que é selecionado. Como afirma Skinner (1959), aqueles comportamentos tidos como "patológicos" decorrem de variação e seleção como todos os outros.

Na tentativa de encontrar uma forma diferente de lidar com esses fenômenos comportamentais, a análise do comportamento dá ênfase à análise de contingências (avaliação funcional), entendendo que alguns comportamentos merecem maior atenção do clínico ou do profissional de saúde não porque sejam "patológi-

> A análise do comportamento dá ênfase à análise de contingências (avaliação funcional), entendendo que alguns comportamentos merecem maior atenção do clínico ou do profissional de saúde, não porque são "patológicos" ou "anormais", mas porque violam expectativas sociais e consequentemente trazem maior sofrimento àqueles que os apresentam ou àqueles que com eles convivem.

cos" ou "anormais", mas porque violam expectativas sociais e, consequentemente, trazem maior sofrimento àqueles que os apresentam ou àqueles que com eles convivem. A análise do comportamento propõe que esses padrões comportamentais sejam analisados como déficits ou excessos comportamentais. Esses comportamentos seriam mantidos por contingências de reforçamento em um nível que justificaria sua manutenção, mas produzindo, ao mesmo tempo, punição, com manifestações emocionais intensas, gerando sofrimento para a pessoa que se comporta (Ferster, 1973). Desta forma, a análise do comportamento utiliza o critério do sofrimento para definir se um comportamento merece ou não uma atenção "especial": é o sofrimento que a pessoa que se comporta/manifesta, ou os que estão ao seu redor estão submetidos, que justificaria o seu estudo e a busca do seu controle. Para Sidman (1989/2003), os chamados "transtornos psiquiátricos" são produtos de uma sociedade coercitiva, que puniria alguns tipos de comportamento que lhe são adversos. Algumas formas de adaptação à coerção seriam caracterizadas por respostas de fuga e esquiva que interferem no funcionamento cotidiano da pessoa, o que leva ao desajustamento social e à capacidade reduzida para engajamento construtivo, implicando em custos pessoais e sociais severos.

> Algumas formas de adaptação à coerção seriam caracterizadas por respostas de fuga e esquiva que interferem no funcionamento cotidiano da pessoa, o que leva a desajustamento social e à capacidade reduzida para engajamento construtivo, implicando em custos pessoais e sociais severos.

→ CONSIDERAÇÕES FINAIS

Para a análise do comportamento, "transtornos psiquiátricos" são da mesma natureza que "problemas clínicos", ou seja, são comportamentos resultantes da interação entre o indivíduo e seu meio. Tais padrões comportamentais se desenvolvem a partir do entrelaçamento de três níveis de variação e seleção: filogenético, ontogenético e cultural.

Assim, os transtornos mentais podem ser considerados como respostas normais para situações extremas ou "transtornadas" (adversa) (Falk e Kupfer, 1998). Desse ponto de vista, de acordo com a concepção da análise do comportamento, o fenômeno comportamental tratado como "transtorno mental" seria um padrão comportamental selecionado ao longo da história de interação entre as respostas emitidas pelo indivíduo e os efeitos ambientais delas decorrentes (que as selecionaram), e a ciência que teria melhores ferramentas e condições de explicá-lo e manejá-lo seria a Análise do Comportamento.

Partindo desse pressuposto, o clínico analítico-comportamental faz análises de contingências (avaliações funcionais) buscando identificar tais relações funcionais responsáveis pelo desenvolvimento e, principalmente, manutenção desses padrões comportamentais, para posteriormente intervir sobre esses padrões.

Os objetivos terapêuticos seriam buscar novas formas de interação entre o indivíduo e seu meio, minimizando estimulações aversivas presentes nessas relações e aumentando estimulações apetitivas – diminuindo, assim, o sofrimento do indivíduo de forma direta ou indireta (quando diminui a

> Os objetivos terapêuticos seriam buscar novas formas de interação entre o indivíduo e seu meio, minimizando estimulações aversivas presentes nessas relações e aumentando estimulações apetitivas — diminuindo, assim, o sofrimento do indivíduo de forma direta ou indireta (quando diminui a estimulação aversiva que seu comportamento produz aos outros e estes por consequência diminuem as punições direcionadas aos seus comportamentos).

estimulação aversiva que seu comportamento produz aos outros e estes, por consequência, diminuem as punições direcionadas aos seus comportamentos).

→ NOTA

1. Para uma melhor compreensão a respeito do modelo de seleção por consequências, sugere-se a leitura do Capítulo 7.

→ REFERÊNCIAS

Abramson, L. Y., & Seligman, M. E. P. (1977). Modeling psychopathology in the laboratory: History and rationale. In J. P. Maser, & M. E. P. Seligman (Orgs.), *Psychopathology: Experimental models* (pp. 01-26). San Francisco: Freeman.

Banaco, R. A., Zamignani, D. R., & Meyer, S. B. (2010). Função do comportamento e do DSM: Terapeutas analítico-comportamentais discutem a psicopatologia. In E. Z. Tourinho, & S. V. Luna (Orgs.), *Análise do comportamento: Investigações históricas, conceituais e aplicadas* (pp. 175-192). São Paulo: Roca.

Falk, J. L., & Kupfer, A. S. (1998). Adjunctive behavior: Application to the analysis and treatment of behavior problems. In W. O'Donohue (Org.), *Learning and behavior therapy* (pp. 334-351). Boston: Allyn & Bacon.

Ferster, C. B. (1973). A functional analysis of depression. *American Psychologist, 28*, 857-70.

Johnston, J. M., & Pennypacker, H. S. (1993). *Strategies and tactics of behavioral research* (2nd ed.). Hillsdale: Lawrence Erlbaum Associates.

Sidman, M. (2003). *Coerção e suas implicações*. Campinas: Livro Pleno. (Trabalho original publicado em 1989)

Skinner, B. F. (1959). The operational analysis of psychological terms. In B. F. Skinner. *Cumulative Record* (pp. 272-286). New York: Appleton-Century-Crofts.

PARTE II
Clínica analítico-comportamental

SEÇÃO I | **Encontros iniciais, contrato e avaliações do caso**

10 Avaliação funcional como ferramenta norteadora da prática clínica
Jan Luiz Leonardi, Nicodemos Batista Borges e Fernando Albregard Cassas

11 A apresentação do clínico, o contrato e a estrutura dos encontros iniciais na clínica analítico-comportamental
Jocelaine Martins da Silveira

12 A que eventos o clínico analítico-comportamental deve estar atento nos encontros iniciais?
Alda Marmo

13 Eventos a que o clínico analítico-comportamental deve atentar nos primeiros encontros: das vestimentas aos relatos e comportamentos clinicamente relevantes
Fatima Cristina de Souza Conte e Maria Zilah da Silva Brandão

14 A escuta cautelosa nos encontros iniciais: a importância do clínico analítico-comportamental ficar sob controle das nuances do comportamento verbal
Ghoeber Morales dos Santos, Maxleila Reis Martins Santos e Vivian Marchezini-Cunha

SEÇÃO II | **Intervenções em clínica analítico-comportamental**

15 O uso de técnicas na clínica analítico-comportamental
Giovana Del Prette e Tatiana Araujo Carvalho de Almeida

16 O papel da relação terapeuta-cliente para a adesão ao tratamento e à mudança comportamental
Regina C. Wielenska

17 A modelagem como ferramenta de intervenção
Jan Luiz Leonardi e Nicodemos Batista Borges

PARTE II
Clínica analítico-comportamental

18 Considerações conceituais sobre o controle por regras na clínica analítico-comportamental
Dhayana Inthamoussu Veiga e Jan Luiz Leonardi

19 O trabalho com relatos de emoções e sentimentos na clínica analítico-comportamental
João Ilo Coelho Barbosa e Natália Santos Marques

SEÇÃO III — Psiquiatria, psicofarmacologia e clínica analítico-comportamental

20 A clínica analítico-comportamental em parceria com o tratamento psiquiátrico
Maria das Graças de Oliveira

21 Considerações da psicofarmacologia para a avaliação funcional
Felipe Corchs

SEÇÃO IV — Subsídios para o clínico analítico-comportamental

22 Considerações sobre valores pessoais e a prática do psicólogo clínico
Vera Regina Lignelli Otero

23 Subsídios da prática da pesquisa para a prática clínica analítico-comportamental
Sergio Vasconcelos de Luna

Avaliação funcional como ferramenta norteadora da prática clínica

10

Jan Luiz Leonardi
Nicodemos Batista Borges
Fernando Albregard Cassas

ASSUNTOS DO CAPÍTULO

→ Definição de *avaliação funcional*.
→ Objetivos da avaliação funcional na clínica.
→ Etapas da avaliação funcional.
→ Elementos da avaliação funcional.
→ Elementos "suplementares" para planejar a intervenção.

Avaliação funcional é a identificação das relações de dependência entre as respostas de um organismo, o contexto em que ocorrem (condições antecedentes), seus efeitos no mundo (eventos consequentes) e as operações motivadoras em vigor.[1] Ela é a ferramenta pela qual o clínico analítico-comportamental interpreta a dinâmica de funcionamento do cliente, a qual o levou a procurar por terapia, e que determina a intervenção apropriada para modificar as relações comportamentais envolvidas na queixa. Em poucas palavras, é a avaliação funcional que permite a compreensão do caso e que norteia a tomada de decisões clínicas.

> Avaliação funcional é a ferramenta pela qual o clínico analítico-comportamental: interpreta a dinâmica de funcionamento do cliente que o levou a procurar por terapia e que determina a intervenção apropriada para modificar as relações comportamentais envolvidas na queixa.

Uma avaliação funcional tem quatro objetivos, a saber:

1. identificar o comportamento-alvo e as condições ambientais que o mantém;
2. determinar a intervenção apropriada;
3. monitorar o progresso da intervenção;
4. auxiliar na medida do grau de eficácia e efetividade da intervenção (Follette, Naugle e Linnerooth, 1999).

→ ETAPAS DA AVALIAÇÃO FUNCIONAL

A avaliação funcional de determinado comportamento pode ser dividida em cinco etapas (Follette, Naugle e Linnerooth, 1999):

1. *Identificação das características do cliente em uma hierarquia de importância clínica*: levantamento das informações gerais da vida do cliente, tanto presentes quanto passadas, o que inclui a queixa clínica e os possíveis eventos relacionados a ela.
2. *Organização dessas características em princípios comportamentais*: organização das informações coletadas na primeira etapa, a partir das leis do comportamento (apresentadas na primeira parte deste livro), em que são identificadas as contingências operantes e respondentes em vigor.
3. *Planejamento da intervenção*: planejamento de uma ou mais intervenções com o objetivo de modificar as relações comportamentais identificadas na etapa anterior.
4. *Implementação da intervenção*: atuação clínica com o objetivo de modificar as relações comportamentais responsáveis pela queixa do cliente, que pode envolver os mais variados processos (reforçamento diferencial, modelação, instrução, etc.).
5. *Avaliação dos resultados*: análise dos resultados que as intervenções produziram, o que inclui investigar se as novas relações comportamentais se manterão no ambiente cotidiano do cliente. Se os resultados não forem satisfatórios, a avaliação funcional deve ser reiniciada.

> A avaliação funcional de determinado comportamento pode ser dividida em cinco etapas:
> 1. Identificação das características do cliente em uma hierarquia de importância clínica;
> 2. Organização dessas características em princípios comportamentais;
> 3. Planejamento da intervenção;
> 4. Implementação da intervenção;
> 5. Avaliação dos resultados.

É importante observar que as etapas apresentadas acima são divisões didáticas que visam auxiliar o clínico a organizar seu trabalho. Na prática, essas etapas ocorrem concomitantemente ao longo de todo o processo de análise, sobretudo porque o comportamento é plástico e multideterminado. Além disso, vale apontar também que alguma intervenção pode ocorrer nas etapas iniciais, pois, muitas vezes, não é possível interagir com o cliente sem que isso produza certa mudança. Por exemplo, algumas perguntas que o clínico faz com o intuito de levantar informações podem, por si só, levar ao aprimoramento do repertório de autoconhecimento do cliente.

→ ELEMENTOS DA AVALIAÇÃO FUNCIONAL

Como foi apontado anteriormente, a avaliação funcional é o processo pelo qual o clínico identifica as contingências relacionadas à queixa do cliente, sendo que o objetivo final de toda avaliação funcional é promover o planejamento de uma intervenção que produza a mudança comportamental desejada.

O primeiro elemento a ser identificado em uma avaliação funcional diz respeito às respostas envolvidas na queixa do cliente. Nesse momento, o clínico ainda não está buscando pelos determinantes do comportamento-alvo, mas apenas descrevendo o que ocorre e como ocorre. Em geral, os problemas relativos a essa parte da contingência são excessos comportamentais (lavar as mãos compulsivamente, por exemplo), déficits comportamentais (falta de habilidades sociais, por exemplo) e comportamentos interferentes (dificuldade em iniciar uma interação social devido à maneira de se vestir, por exemplo).

Em seguida, com base nos vários eventos relatados pelo cliente ou observados na interação terapêutica,[2] o clínico deve levantar hipóteses sobre quais processos comportamentais estão envolvidos nas respostas-alvo que compõem a queixa, que podem ser referentes a condições consequentes (reforçamento, punição, extinção, etc.) e antecedentes (discriminação, operação motivadora, equivalência de estímulos, etc.). Para isso, o profissional precisa identificar regularidades entre as diversas experiências narradas pelo cliente ou vivenciadas na interação terapêutica, sendo que, quando possível, essas relações identificadas devem ser testadas, confirmando ou não suas existências.

> O profissional precisa identificar regularidades entre as diversas experiências narradas pelo cliente ou vivenciadas na interação terapêutica.

Algumas perguntas favorecem o levantamento de informações sobre as consequências produzidas por determinada resposta, tais como "O que acontece quando você faz isso?"; "Se você não o fizesse, o que aconteceria?"; "Como você se sente depois que age desta maneira?". Outras perguntas contribuem para a coleta de dados sobre os antecedentes, tais como "Quando você se comporta assim?"; "O que você acha que te leva a agir (ou pensar) assim?"; "Como você estava se sentindo antes de fazer isso?".

Outros recursos podem ser utilizados além de fazer perguntas, como a observação direta da interação terapêutica e a regularidade (ou sua ausência) no discurso do cliente. Cabe ao clínico usar diferentes estratégias para levantar as informações necessárias para a formulação da avaliação funcional.

É essencial destacar que todo o clínico deve ser versado nos aspectos filosóficos, teóricos e empíricos da análise do comportamento. É esse conhecimento que orienta o terapeuta a formular perguntas, criar hipóteses e elaborar uma intervenção bem-sucedida.

→ ELEMENTOS "SUPLEMENTARES" PARA PLANEJAR A INTERVENÇÃO

Em geral, a ênfase da avaliação funcional recai sobre o efeito específico e momentâneo de variáveis ambientais sobre determinada classe de respostas – o que é designado pela literatura de *análise molecular* (Andery, 2010). Todavia, o clínico deve ampliar a avaliação funcional englobando outros aspectos que favoreçam o planejamento da intervenção, como o histórico de desenvolvimento do problema, a história de vida do cliente não diretamente relacionada à queixa e a análise molar do funcionamento do cliente.

> O clínico deve ampliar a avaliação funcional englobando outros aspectos que favoreçam o planejamento da intervenção, como o histórico de desenvolvimento do problema, a história de vida do cliente não diretamente relacionada à queixa e a análise molar do funcionamento do cliente.

Histórico de desenvolvimento do comportamento-alvo: consiste no levantamento de informações sobre o desenvolvimento do problema, o que permite ao clínico entender a constituição da queixa e verificar as possíveis estratégias que já foram utilizadas e seus respectivos resultados.

História de vida do cliente não diretamente relacionada à queixa: trata-se da coleta de dados (mesmo que breve) acerca da história de vida do cliente, o que inclui seu desenvolvimento infantil, adolescência, relações familiares, relações sociais e culturais, estudo, trabalho, *hobbies*, etc. A identificação dos recursos existentes na vida do cliente pode ser útil para o planejamento da intervenção.

Análise molar do funcionamento do cliente: consiste na avaliação dos impactos que o problema clínico está causando no funcionamento global do cliente. Para o clínico abranger essa amplitude de análise, ele não deve se limitar às questões tradicionais como "Quais são as respostas que fazem parte da classe?", "Em que contexto elas acontecem?", "Quais são suas consequências?", "Com que frequência ocorrem?", etc. Apesar da enorme importância de tais questões, é fundamental incluir perguntas como "De que forma as pessoas reagem aos comportamentos do cliente, atualmente?"; "O que aconteceria se estes comportamentos mudassem?"; "O ambiente cotidiano do cliente pode prover consequências reforçadoras para seu novo responder?", etc. (Borges, 2009). Todo indivíduo possui um repertório comportamental vasto em que a alteração de uma única classe de respostas pode afetar todo o sistema em diferentes graus, sendo o papel do clínico analisar os efeitos de cada mudança a curto, médio e longo prazos.

> Todo indivíduo possui um repertório comportamental vasto em que a alteração de uma única classe de repostas pode afetar todo o sistema em diferentes graus, sendo papel do clínico analisar os efeitos de cada mudança a curto, médio e longo prazos.

→ CONSIDERAÇÕES FINAIS

O clínico analítico-comportamental analisa os comportamentos funcionalmente, ou seja, examina como as relações entre o cliente e seu ambiente se constituíram e se mantêm. Desse modo, o clínico compreende os comportamentos-alvo sem emitir julgamentos de valor e sem recorrer a explicações metafísicas, pois entende que aqueles comportamentos foram selecionados na história de vida do cliente.

O planejamento e implantação da intervenção são passos que sucedem à avaliação funcional inicial. Não é aconselhável fazer qualquer intervenção sem que a primeira etapa seja elaborada, sob pena de fracasso do processo terapêutico. A intervenção só deve ocorrer quando se conhecer sobre qual(is) pedaço(s) da contingência será necessário intervir – operação motivadora, estímulo discriminativo, classe de respostas, reforçador, etc. –, ou seja, quando o clínico souber qual é o "problema" que ocorre.

Este capítulo teve como objetivo explicitar as etapas do processo clínico, a importância de conduzir a avaliação funcional ao longo de todo este processo e apresentar os elementos que a compõem. Nos demais capítulos desta seção do livro, o leitor poderá encontrar vários outros aspectos que merecem a atenção do clínico analítico-comportamental.

→ NOTAS

1. Há um longo debate sobre o termo mais apropriado a empregar para se referir ao processo de identificação das relações de dependência entre uma classe de respostas, os estímulos antecedentes e consequentes e as operações motivadoras. Alguns termos propostos na literatura incluem análise funcional, avaliação funcional, avaliação comportamental e análise de contingências. Além disso, não há consenso sobre as práticas que esses termos representam (cf. Neno, 2003; Sturmey, 1996; Ulian, 2007).

2. Um maior aprofundamento de como fazer isso encontra-se nos demais capítulos desta seção do livro.

→ REFERÊNCIAS

American Psychiatric Association. (2002). *Manual diagnóstico e estatístico de transtornos mentais* (4. ed., texto revisado). Porto Alegre: Artmed.

Andery, M. A. P. A. (2010). Métodos de pesquisa em análise do comportamento. *Psicologia USP, 21*(2), 3133-42.

Borges, N. B. (2009). Terapia analítico-comportamental: Da teoria à prática clínica. In R. Wielenska (Org.), *Sobre comportamento e cognição* (vol. 24, pp. 231-239). Santo André: ESETec.

Carr, E. G., Langdon, N. A., & Yarbrough, S. C. (1999). Hypothesis-based intervention for severe problem behavior. In A. C. Repp, & R. H. Horner (Orgs.), *Functional analysis of problem behavior: From effective assessment to effective support* (pp. 9-31). Belmont: Wadsworth.

Catania, A. C. (1999). *Aprendizagem: Comportamento, linguagem e cognição* (4. ed.). Porto Alegre: Artmed.

Cavalcante, S. N., & Tourinho, E. Z. (1998). Classificação e diagnóstico na clínica: Possibilidades de um modelo analítico-comportamental. *Psicologia: teoria e pesquisa, 14*(2), 139-147.

Follette, W. C., Naugle, A. E., & Linnerooth, P. J. (1999). Functional alternatives to traditional assessment and diagnosis. In M. J. Dougher (Org.), *Clinical behavior analysis* (pp. 99-125). Reno: Context Press.

Leonardi, J. L., Rubano, D. R., & Assis, F. R. P. (2010). Subsídios da análise do comportamento para avaliação de diagnóstico e tratamento do transtorno do déficit de atenção e hiperatividadde (TDAH) no âmbito escolar. In Conselho Regional de Psicologia de São Paulo, & Grupo Interinstitucional Queixa Escolar (Orgs.), *Medicalização de crianças e adolescentes: Conflitos silenciados pela redução de questões sociais a doenças de indivíduos* (pp. 111-130). São Paulo: Casa do Psicólogo.

Neno, S. (2003). Análise funcional: Definição e aplicação na terapia analítico-comportamental. *Revista Brasileira de Terapia Comportamental e Cognitiva, 5*(2), 151-65.

Sidman, M. (1960). Normal sources of pathological behavior. *Science, 132*, 61-68.

Skinner, B. F. (1965). *Science and human behavior*. New York: Free Press. (Trabalho original publicado em 1953)

Skinner, B. F. (1976). *About behaviorism*. New York: Vintage Books. (Trabalho original publicado em 1974)

Skinner, B. F. (1977). Why I am not a cognitive psychologist. *Behaviorism, 5*(2), 1-10.

Sturmey, P. (1996). *Functional analysis in clinical psychology*. Chichester: John Wiley & Sons.

Sturmey, P. (2008). *Behavioral case formulation and intervention: A functional analytic approach*. Chichester: John Wiley & Sons.

Sturmey, P., Ward-Horner, J., Marroquin, M., & Doran, E. (2007). Structural and functional approaches to psychopathology and case formulation. In P. Sturmey (Org.), *Functional analysis in clinical treatment* (pp. 1-21). Burlington: Academic Press.

Ulian, A. L. A. O. (2007). *Uma sistematização da prática do terapeuta analíticocomportamental: Subsídios para a formação*. Dissertação de mestrado não publicada, Universidade de São Paulo, São Paulo.

11 A apresentação do clínico, o contrato e a estrutura dos encontros iniciais na clínica analítico-comportamental

Jocelaine Martins da Silveira

ASSUNTOS DO CAPÍTULO

→ Vínculo terapêutico.
→ Contrato.
→ Cuidados éticos.
→ Motivação para a adesão ao tratamento.
→ Apresentação do clínico.
→ Fornecimento de informações e o acolhimento.
→ Estrutura dos encontros iniciais.

O objetivo deste capítulo é apresentar medidas e procedimentos adotados pelo clínico analítico-comportamental nos encontros iniciais do tratamento. E, sempre que possível, oferecer interpretações analítico-comportamentais sobre os eventos mais frequentes na relação terapeuta-cliente nesta fase da terapia.

Embora as sessões iniciais pareçam menos complexas que as mais avançadas na sequência do tratamento, elas acabam sendo desafiadoras para os profissionais, mesmo para os mais experientes. Isto acontece, entre outras razões, porque os clínicos ainda não dispõem de informações suficientes para prever o comportamento de seus clientes.

Além do mais, há boas razões, indicadas pela literatura sobre psicoterapia, para dedicar atenção especial aos primeiros encontros. Quando se trata de interação terapeuta-cliente, os resultados dos estudos fazem respeitar o dito popular segundo o qual *a primeira impressão é a que fica*. Há evidências de que eventos que ocorrem na fase inicial de uma psicoterapia podem predizer sua duração e o resultado do tratamento (Saltzman, Luetgert, Roth, Creaser e Howard, 1976). Segundo os autores, depois de três sessões, a viabilidade da relação terapêutica está bastante evidente nas dimensões avaliadas no estudo. Certas dimensões aumentavam de frequência na quarta sessão e voltavam a diminuir na quinta, o que levou Saltzman e colaboradores (1976) a interpretar esses dados sugerindo que não basta saber *o que* o cliente experimenta ao longo da terapia, mas *quando* ele o faz.

As seções deste capítulo tratam de aspectos que contribuem para o bom andamento dos encontros iniciais, incluindo a promoção do vínculo terapêutico, a clareza do contrato, os cuidados éticos, a motivação para a adesão ao tratamento, o fornecimento de informações e o acolhimento, que produz conforto e esperança em quem procurou o serviço psicológico.

→ O CONTRATO

Os tratamentos clínicos, sejam na forma de uma psicoterapia ou de programas de aconselhamento e treinamento de habilidades, traduzem-se em compromissos e tarefas assumidas, tanto pelo clínico quanto pelo cliente.

Diversos eventos do contexto terapêutico podem ser utilmente interpretados em termos de regras e autorregras (Meyer, 2005). De um ponto de vista analítico-comportamental, o contrato se aproxima de uma regra estabelecida e mantida pelo terapeuta e seu cliente, e a aquiescência ou não a ela pode indicar instâncias clinicamente relevantes do comportamento do cliente. Por exemplo: descumprir o pagamento de honorários, hesitar quanto às garantias do sigilo, atrasar-se, adiantar-se ou faltar às sessões, etc.

> O contrato se aproxima de uma regra estabelecida e mantida pelo terapeuta e seu cliente e a aquiescência ou não a ela pode indicar instâncias clinicamente relevantes do comportamento do cliente.

Ao trabalhar com clientes, cujo foco terapêutico é precisamente modelar o ajustamento a normas sociais, regras interpessoais e respeito ao outro, como com um grupo de adolescentes com problemas de delinquência ou um grupo de crianças com comportamento opositor, os combinados podem ser escritos em um quadro, que permanece visível durante todos os encontros. O descumprimento de algum combinado ou o acréscimo de regras novas permite que, durante a sessão, clínicos e clientes se voltem para o quadro, lendo, discutindo e escrevendo regras novas. Os clientes podem verificar no aqui/agora da sessão as consequências para si e para os outros do seguimento ou do descumprimento de regras; podem também experimentar situações nas quais regras precisam ser instituídas, para o bem-estar do grupo.

Tsai, Kohlenberg, Kanter e Waltz (2009) afirmam que aspectos muito relevantes do comportamento do cliente podem ser notados em situações rotineiras da terapia. Segundo os autores, situações tais como a estrutura do tempo da sessão e os honorários frequentemente evocam comportamentos clinicamente relevantes.

> Aspectos muito relevantes do comportamento do cliente podem ser notados em situações rotineiras da terapia.

Faz parte da conduta do clínico avaliar também, e isso pode ser feito com a ajuda de um supervisor, as instâncias de seu próprio comportamento em relação aos mesmos eventos. Por exemplo: se um cliente costuma se atrasar, é extremamente recomendável que o clínico avalie como está consequenciando os atrasos recorrentes (Tsai, Callaghan, Kohlenberg, Follette, Darrow, 2009; Wielenska, 2009).

> Faz parte da conduta do clínico avaliar também as instâncias de seu próprio comportamento em relação aos mesmos eventos.

No momento do contrato, o profissional garante o sigilo, combina os honorários e o modo de acertá-los, assim como sobre procedimentos quanto às faltas e reposições, além de estabelecer a periodicidade e a duração das sessões. Há ainda a necessidade de identificar a condição civil do cliente. Isto é, se o cliente for criança, adolescente ou interdito, o contrato requererá a autorização de um responsável.

No Brasil, o Código de Ética, criado pela Resolução do CFP nº 010/05, funda-

> No momento do contrato, o profissional garante o sigilo, combina os honorários e o modo de acertá-los, combina também sobre procedimentos quanto às faltas e reposições, além de estabelecer a periodicidade e a duração das sessões. Há ainda a necessidade de identificar a condição civil do cliente. Isto é, se o cliente for criança, adolescente ou interdito, o contrato requererá a autorização de um responsável.

menta as questões éticas e formais do contrato do clínico com o seu cliente. O contrato, segundo o documento, estabelece de comum acordo entre o psicólogo e o cliente o objetivo, o tipo de trabalho a ser realizado e as condições de realização deste, além do acordo quanto aos honorários.

Na perspectiva analítico-comportamental, o estabelecimento do contrato é funcionalmente semelhante a contingências da vida do cliente que modelaram seu comportamento de se comprometer com objetivos finais. É esperado que clientes cujo problema clínico se relaciona com falta de objetividade no trabalho ou descomprometimento nos relacionamentos afetivos exiba o mesmo padrão de comportamento diante da proposta do contrato terapêutico.

Um cliente cuja história de vida o tenha ensinado a se esquivar de compromissos, poderá ser evasivo quando indagado pelo clínico sobre o que ele quer da terapia e como vê sua parte de contribuição nesse processo. Há clientes que transferem para o clínico toda a responsabilidade do tratamento que se inicia; há os que depositam no clínico a expectativa de poder sobre o sucesso do tratamento, ou ainda os que tomam para si todas as tarefas, como se não pudessem contar com o terapeuta. Enfim, é importante observar o padrão comportamental apresentado pelo cliente em relação ao contrato porque seu comportamento é produto das contingências passadas.

Eventualmente, tem valor terapêutico retomar o contrato, por exemplo, com um cliente pouco comprometido, estabelecendo contingências para que ele expresse claramente sua posição em relação ao compromisso com suas tarefas na terapia e se engaje no processo terapêutico. Ou, em outro exemplo, pedir para que o cliente relaxe e tente dividir com o clínico a responsabilidade pelo tratamento. Ou, ainda, que procure pensar no processo terapêutico como algo sobre o qual ambos, terapeuta e cliente, têm poder, em vez de creditar seu domínio exclusivamente ao clínico.

Algumas vezes, o cliente procura o psicólogo por indicação de alguém conhecido de ambos – cliente e terapeuta. De modo especial nesse caso, é prudente deixar claro o respeito ao sigilo e até mesmo, se for necessário, estabelecer combinados de procedimentos de proteção fora do contexto da sessão. Por exemplo, o clínico pode propor "Vamos adotar uma atitude discreta se nos virmos no clube: vou acenar discretamente com a cabeça". Ao assegurar e demonstrar o sigilo, o clínico estabelece contingências que, para alguns clientes, podem ser inéditas. Um pouco de tempo é necessário até que clientes com histórias de punição do repertório de confiança comecem a relatar experiências adversas, como, por exemplo, as de abuso físico, psicológico e sexual. Clientes assim vão se expondo gradualmente à condição do sigilo e aprendem a sentir confiança no profissional, o que é, em si mesmo, um ganho terapêutico.

> Algumas vezes, o cliente procura o psicólogo por indicação de alguém conhecido de ambos. De modo especial nesse caso, é prudente deixar claro o respeito ao sigilo e até mesmo, se for necessário, estabelecer combinados de procedimentos de proteção fora do contexto da sessão.

> Um pouco de tempo é necessário até que clientes com histórias de punição do repertório de confiança comecem a relatar experiências adversas.

O sigilo é o elemento do contrato mais estreitamente ligado ao estabelecimento do assim chamado vínculo terapêutico. O combinado do sigilo estabelece contingência para a intimidade. Segundo Cordova e Scott (2001), a intimidade, em uma visão analítico-comportamental, traduz-se pelo comportamento interpessoal vulnerável à punição. Trata-se do responder a uma pessoa, em condições funcionalmente semelhantes às que no passado foram punidoras. É como se o responder íntimo fosse um tipo de variação, já que a tendência é repetir respostas de fuga/esquiva, em vez de emitir uma resposta "punível". Quando o outro não pune, mas reforça o comportamento de arriscar, diz-se que há intimidade. Se alguém *já está abotoando o sutiã da sogra*, como descreve a expressão popular que indica intimidade, é porque está fazendo algo muito arriscado, emitindo uma resposta "punível".

Quando o cliente é criança, adolescente ou interdito, o clínico precisa, antes de conduzir o tratamento, obter a autorização de um responsável. "Interdito", juridicamente, significa incapacidade civil. Assim, o interdito não pode reger-se e nem a seus bens, sendo representado normalmente por um parente designado por juízo. Algumas pessoas diagnosticadas com transtorno psiquiátrico de certa severidade encontram-se nessa condição. Quando é esse o caso, o clínico deve zelar para que o responsável autorize o tratamento.

Quanto aos combinados sobre a periodicidade e duração das sessões, o profissional os faz com bastante liberdade, sendo um tanto quanto flexível. Normalmente, se um casal ou pais e filhos devem comparecer juntos às sessões, os encontros terão uma duração maior do que os usuais 50 minutos. Além disso, é muito comum que nas primeiras sessões o cliente esteja enfrentando uma crise. Assim, ao avaliar os riscos e as necessidades do caso, o clínico poderá propor duas ou mais sessões semanais ou providenciar o serviço de acompanhamento terapêutico (veja capítulo 30). Há ainda a possibilidade de realização de atendimento domiciliar. A recomendação dos conselhos de psicologia é que o formato seja este quando a pessoa a ser atendida estiver sem condição de se locomover, devendo expressar a vontade de receber o atendimento domiciliar.

> É comum que as sessões ocorram no mínimo uma vez por semana, sendo ampliado quando se tratar de casos que precisam de maiores cuidados.
> Em alguns casos um acompanhamento maior é exigido, assim, o terapeuta poderá fazer uso do serviço de acompanhamento terapêutico.

Os conselhos reconhecem a legitimidade deste tipo de atendimento em situações específicas de algum tratamento clínico, em casos de designação judicial do psicólogo ou quando este atua em programas de saúde da família.

Em quaisquer dos casos, é importante expressar claramente a frequência, a duração e as condições em que as sessões serão realizadas. Quanto ao pagamento, os conselhos dispõem de uma tabela referencial de honorários, a qual sugere valores, não estando o psicólogo obrigado a adotá-los. Muitos profissionais apoiam-se nessa tabela para estabelecer o contrato de honorários com o cliente.

Em suma, o contrato e os elementos que ele especifica, tais como o sigilo, são interpretados como possíveis contingências e, desse modo, presume-se que influenciam o comportamento do cliente desde os contatos iniciais. Sabendo disso, desde bem cedo, no curso do tratamento, o clínico providencia arranjos

> Os conselhos dispõem de uma Tabela Referencial de Honorários, a qual sugere valores, não estando o psicólogo obrigado a adotá-los.

para que o comportamento do cliente se altere em uma direção terapêutica.

→ A APRESENTAÇÃO DO CLÍNICO

Embora normalmente os relatos anedóticos sejam unidirecionais, permanecendo focados no comportamento e apresentação pessoal do cliente, o primeiro contato terapeuta-cliente tem um impacto importante para ambos. O efeito do contato inicial sobre o clínico também deve ser levado em conta. Os sentimentos e impressões do terapeuta em relação ao cliente tanto podem fundamentar a formulação de hipóteses importantes para a avaliação do caso clínico quanto podem instigar questões para seu próprio desenvolvimento pessoal (Banaco, 1993; Braga e Vandenberg, 2006).

> Os sentimentos e impressões do terapeuta em relação ao cliente, tanto podem fundamentar a formulação de hipóteses importantes para a avaliação do caso clínico quanto podem instigar questões para seu próprio desenvolvimento pessoal.

Em geral, no momento da apresentação do clínico, o profissional se mostra disponível para responder às dúvidas do cliente quanto a sua formação, sua orientação teórica e até mesmo sobre características pessoais, tais como se tem filhos, se é casado, entre outras.

A primeira sessão é especial no sentido de que o clínico precisa consequenciar adequadamente respostas do cliente que o surpreendem. Uma situação desse tipo foi vivida pela autora na sessão inicial com uma mulher muito bonita. Ela disse, logo nos instantes iniciais: "Estou me submetendo à quimioterapia por causa de um tumor na mama. O tratamento é muito desagradável, a boca fica seca e perdi todo o meu cabelo. Veja aqui!". O tempo para ela levar a mão na cabeça e mostrar como havia ficado parecia imensamente mais rápido do que aquele que a terapeuta precisava para ensaiar uma expressão tranquila.

Há várias outras revelações que os clientes preferem fazer logo nos instantes iniciais para que a queixa possa ser entendida pelo clínico: "Bem, primeiro você precisa saber que eu sou soropositivo por contaminação vertical"; "Tentei suicídio há poucos dias, por isso minha família me trouxe aqui"; "Apaixonei-me por um colega do trabalho e meu marido não sabe"; "Descobri que o meu atual companheiro está se aproximando indevidamente de minha filha". Enfim, algumas condições ou eventos ocorridos recentemente na vida do cliente se relacionam com a queixa que ele vai apresentar e, por isso, eles nos revelam nos instantes iniciais da sessão. O clínico pode procurar supervisão para conduzir as demais sessões iniciais ou até mesmo encaminhar o caso a outro colega que julgue mais apto para lidar com aquelas questões, se considerar que as revelações do cliente lhe são impactantes.

> O clínico poderá ser solicitado a falar de sua formação profissional, orientação teórica e método de trabalho, sendo indicado responder às questões.

> O cliente pode ou não revelar informações importantes na primeira sessão, isso dependerá de muitas condições, por exemplo, o quanto ele confia no clínico e/ou o grau de sofrimento dele, etc.

> O clínico pode [e deve] encaminhar o caso a outro colega que julgue mais apto para lidar com aquelas questões, se considerar que as revelações do cliente lhe são impactantes.

As curiosidades do cliente sobre a vida pessoal do clínico também podem tomar o profissional de surpresa. Frequentemente, o cliente supõe que a experiência pessoal do clínico favorece a compreensão do quanto está sofrendo. Às vezes, o cliente faz as perguntas para o clínico ou procura descobrir o que quer, explorando indiretamente o assunto. São comuns perguntas do tipo: "Você tem filhos? De que idade?"; "Você é casada?"; "Você é separada?"; "Você é católica?"; "Você conhece aquele bar GLS?"; "Você tem namorado?"; "Você é curitibana?"; "Você é behaviorista?".

Tsai, Kanter, Landes, Newring e Kohlenberg (2009) descrevem uma interação típica de uma sessão inicial, a qual ocorreu entre a primeira autora, M. Tsai, e uma cliente de 34 anos com queixa de depressão e hábito de fumar. A profissional respondeu às perguntas da cliente a respeito de sua pessoa. O objetivo, nesse caso, era fomentar, desde este momento inicial, interações genuínas e íntimas.

Terapeuta: "Eu quero responder qualquer pergunta que você tenha a meu respeito. Você não sabe muito a meu respeito".
Cliente: "Eu vejo que você também está afiliada à Universidade de Washington, além de estar na clínica particular. O que você faz lá?".
Terapeuta: "Eu sou supervisora de clínica. Superviciono estudantes de graduação, dou aulas lá sobre a Psicoterapia Analítico-Funcional – FAP e também estou envolvida com programa de pesquisa".
Cliente: "Ah. Legal".
Terapeuta: "Mais alguma pergunta sobre minha formação e experiência?" (p. 151).

Então, M. Tsai relata um pouco mais sobre sua experiência profissional e, depois, faz perguntas sobre a cliente. Não há uma regra sobre o modo ou o quanto um clínico deve expor a seu próprio respeito para o cliente. O que fundamenta sua conduta quanto a esse aspecto é o objetivo que ele tem em cada interação.

Estudos sugerem que o modo como o cliente percebe o profissional é preditor de sua adesão ao tratamento, ou seja, apresenta correlação com o cumprimento das tarefas da terapia (Sheel, Seaman, Roach, Mullin e Mahoney, *apud* Silveira, Silvares e Marton, 2005). Esses dados fazem supor que o clínico precisa estar atento ao tipo de impressão que causa no cliente desde o primeiro encontro. Os cuidados quanto à apresentação pessoal do clínico, sua postura, seus gestos e o modo como interage com o cliente devem expressar segurança, disponibilidade afetiva, cordialidade, atenção e competência.

> É possível que o cliente faça perguntas sobre a vida pessoal do clínico. Em tais situações, o profissional poderá ou não respondê-las, sendo um critério, possível, respondê-las se for terapêutico para o cliente e se não causar constrangimento ao profissional.

> Os cuidados quanto à apresentação pessoal do clínico, sua postura, seus gestos e o modo como interage com o cliente devem expressar segurança, disponibilidade afetiva, cordialidade, atenção e competência.

Assim como no contrato, durante as interações de apresentação do clínico, interpretações sobre o comportamento do cliente e de contingências que o mantêm podem ser feitas. Por exemplo, um cliente pouco afetivo, que se esquiva de relacionamentos íntimos e que faz isso adotando uma postura objetiva e resolutiva, pergunta ao profissional: "Você é comportamental, não é? Eu procurei essa abordagem que não fica perdendo tempo com bobagens. Sei que você vai resolver meu problema". O clínico utiliza as interações de sua apresentação ao cliente como base para interpretações do problema clínico e para o estabelecimento de contingências para novos repertórios que se aproximam das metas terapêuticas.

→ A ESTRUTURA DOS ENCONTROS INICIAIS

Adotou-se neste capítulo a expressão "encontros iniciais" para designar um primeiro conjunto de sessões que se diferencia das seguintes por enfatizarem a apresentação entre o profissional e o cliente, o estabelecimento do contrato terapêutico e a coleta de dados – que resultará na formulação do caso clínico.

Nas clínicas-escola, o clínico, em geral, já dispõe do relatório de uma triagem realizada com o cliente, antes do início da terapia, o qual oferece elementos para se preparar para interações iniciais. Nas clínicas particulares, o cliente faz um contato telefônico para o agendamento da sessão informando, na secretaria, se é autoencaminhado, indicado por alguém conhecido ou ainda encaminhado por outros profissionais.

Muitas vezes, o contato telefônico é feito diretamente para o profissional. Segundo Tsai, Kanter, Landes, Newring e Kohlenberg (2009), até mesmo ainda durante o contato telefônico com o cliente potencial o clínico pode iniciar o estabelecimento de um relacionamento intenso, aproveitando que, muitas vezes, por meio do contato telefônico, o cliente informa a razão por que está procurando terapia.

Para o atendimento infantil, as clínicas de treinamento costumam solicitar aos pais que compareçam sem a criança à primeira entrevista, para, então, agendar a sessão com a criança, que será um tanto quanto planejada e estruturada (Silveira e Silvares, 2003).[1] Silveira e Silvares (2003) apresentam uma lista de atividades lúdicas e seus possíveis empregos nas sessões de entrevista clínica inicial com crianças. Além disso, nesse próprio livro é possível encontrar uma seção inteira dedicada ao trabalho com crianças (vide Seção I da Parte III).

Os objetivos indispensáveis no primeiro encontro com o cliente, após o contato telefônico, são: acolher, promover confiança na pessoa do terapeuta, instilar esperança quanto a possibilidades de mudanças e obter informações relevantes sobre o grau de sofrimento e sobre expectativas quanto ao tratamento que se inicia. Tsai, Kanter, Landes, Newring e Kohlenberg (2009) recomendam, entre as tarefas da primeira sessão, o estabelecimento de um ambiente confiável, seguro e que instile esperança.

É também o momento de identificar riscos para o cliente ou para pessoas próximas dele. Por exemplo, quando há ideação suicida, é importante saber se o cliente mora com alguém ou se tem rede de apoio social, e contatá-la, se necessário. Ou, em outro caso, supondo que uma mãe relate se sentir deprimida a ponto de negligenciar os cuidados de seus filhos, os riscos para as crianças precisam ser considerados e minimizados rapidamente.

Este primeiro contato constitui o início da chamada Entrevista Clínica Inicial (ECI, Gongora, 1995) e não tem a pretensão de esgotá-la. Gongora (1995) e Silvares e Gongora (1998) apresentam um *checklist* para desempenho do clínico ao conduzir a ECI. A ECI foca a queixa e dados a ela relacionados e identifica expectativas do cliente sobre o tratamento. As perguntas abertas do começo da ECI permitem algo que se aproxima de um operante livre. Ao deixar que o cliente fique à vontade para falar no começo da entrevista, o clínico terá uma amostra de compor-

> Os objetivos indispensáveis no primeiro encontro com o cliente, após o contato telefônico, são: acolher, promover confiança na pessoa do terapeuta, instilar esperança quanto possibilidades de mudanças, obter informações relevantes sobre o grau de sofrimento e sobre expectativas quanto ao tratamento que se inicia. ... É também o momento de identificar riscos para o cliente ou para pessoas próximas dele.

> É preferível que no início o clínico opte por fazer questões abertas, facilitando relatos mais amplos do cliente, o que dará ao clínico uma amostra de como o cliente se comporta. Durante este período o clínico deve atentar ao que o cliente está verbalizando, tanto seu conteúdo como a função, além de observar a forma como ele age durante a entrevista.

tamentos. Assim, pode observar o que o cliente verbaliza e faz, isto é, observa o conteúdo e a função das suas verbalizações. A ECI termina com a decisão acerca da indicação ou não do caso para algum tratamento psicológico.

O envolvimento de outra pessoa na entrevista é uma decisão a ser tomada nos contatos iniciais. Por exemplo, a avó, que passa boa parte do tempo cuidando da criança que foi levada à terapia, poderá ser convidada para uma sessão e contribuir, fornecendo informações sobre a rotina e especificidades do comportamento do neto em casa.

> O clínico deve identificar quando for necessário ou não envolver outras pessoas no processo clínico e tomar essa decisão juntamente com o cliente.

O passo seguinte é identificar relações comportamentais mais estreitamente ligadas ao sofrimento do cliente, aumentando a compreensão dos eventos já identificados na ECI. Nessa fase, o cliente vai descrevendo os eventos que o fazem sofrer, sua história de vida, suas relações na família original e atual e possíveis repetições do "problema" com pessoas e ambientes distintos, o que resulta em um autoconhecimento essencial para as fases seguintes do tratamento. Neste ponto, as informações e interações com o cliente diferenciam a *queixa clínica* e o *problema clínico*. Por exemplo, a queixa do cliente é "solidão", mas o problema de interesse clínico é o que o cliente faz que mantém um contexto que o faz sentir solidão.

> O passo seguinte é formular a análise do comportamento-alvo, ou seja, identificar as relações comportamentais ligadas ao sofrimento do cliente, e que por vezes difere da queixa apresentada.

Conforme Tsai, Kanter, Landes, Newring e Kohlenberg (2009), nas sessões iniciais, o clínico tem o objetivo de se estabelecer como um potencial reforçador positivo, para fundamentar um relacionamento autêntico que influenciará a mudança clínica.

O cliente costuma falar sobre muitos assuntos durante os primeiros encontros e o tempo da sessão, em geral, parece pouco. O clínico pode aproveitar essa motivação para falar, recomendando tarefas para casa, tais como escrever uma autobiografia, preencher inventários (que permitam esse tipo de aplicação), responder a questionários, selecionar fotos de situações ou pessoas relacionadas ao tema que foi tratado, etc. As peculiaridades do cliente podem ser exploradas para ajudar na avaliação e gerar autoconhecimento. Por exemplo: um cliente que é escritor poderá ser convidado a trazer seus contos na sessão seguinte. O clínico pode pedir que os pais tragam o boletim da criança, ou algum caderno, para completar a compreensão acerca do desempenho acadêmico, enfim, diversos recursos externos à sessão podem ajudar o clínico a compreender seu cliente e a agilizar a coleta de dados. A resolução CFP Nº 001/2009 dispõe sobre a obrigatoriedade do registro documental decorrente da prestação de serviços psicológicos.

> As peculiaridades do cliente podem ser exploradas para ajudar na avaliação e gerar autoconhecimento.

O evento do contexto terapêutico que indica a conclusão das sessões iniciais é o acordo entre terapeuta e cliente, tácito ou ostensivo, quanto ao problema clínico e o reconhecimento da importância de um posicionamento ou plano de ação ante as dificuldades apresentadas. Nesse momento, o clínico dispõe de informações sobre os principais eventos componentes de uma interpretação analítico-comportamental do caso.

Concluindo, em um processo clínico analítico-comportamental, terapeutas e clientes se transformam mutuamente durante as interações no contexto terapêutico, mesmo naquelas que parecem preliminares. Ao apresentar-se para o cliente e estabelecer o contrato do tratamento, o clínico observa e interpreta os comportamentos do cliente, se possível promovendo, desde então, mudanças terapêuticas. Quanto à estrutura das sessões iniciais, elas progridem da apresentação entre terapeuta e cliente até uma compreensão do problema clínico, possibilitando o planejamento de intervenções futuras.

→ NOTA

1. Uma descrição didática da entrevista clínica inicial com crianças e adultos pode ser encontrada em Silvares e Gongora (1998).

→ REFERÊNCIAS

Banaco, R. A. (1993). O impacto do atendimento sobre a pessoa do terapeuta. *Temas em Psicologia, 2*(1), 71-79.

Braga, G. L. B., & Vandenberghe, L. M. A. (2006) Abrangência e função da relação terapêutica na terapia comportamental. *Estudos de Psicologia, 23*, 307-314.

Brasil (2005). *Resolução nº 10, de 27 de agosto de 2005, aprova o Código de Ética Profissional do Psicólogo.* Acessado em 24 out, 2009, em http://www.crpsp.org.br/ portal/orientacao/codigo.aspx

Cordova, J. V., & Scott, R. L. (2001). Intimacy: A behavioral interpretation. *The Behavior Analyst, 24*(1), 75-86.

Gongora, M. A. N. (1995). *A entrevista clínica inicial: Análise de um programa de ensino.* Tese de doutorado, Universidade de São Paulo, São Paulo.

Kohlenberg, R. J., & Tsai, M. (1991). *Functional analytic psychotherapy: A guide for creating intense and curative therapeutic relationships.* New York: Plenum.

Meyer, S. B. (2005). Regras e autorregras no laboratório e na clínica. In J Abreu-Rodrigues, & M. R. Ribeiro (Orgs.), *Análise do comportamento: Pesquisa, teoria e aplicação* (pp. 211-227). Porto Alegre: Artmed.

Saltzman, C., Luetgert, M. J., Roth, C. H., Creaser, J., & Howard, L. (1976). Formation of a therapeutic relationship: Experiences during the inicial phase of psychotherapy as predictors of treatment duration and outcome. *Journal of consulting and clinical psychology, 44*, 546-55.

Silvares, E. F. M., & Gongora, M. N. A. (1998). *Psicologia clínica comportamental: A inserção da entrevista com adultos e crianças* (vol. 1). São Paulo: Edicon.

Silveira, J. M., & Silvares, E. F. de M. (2003). Condução de atividades lúdicas no contexto terapêutico: Um programa de treino de terapeutas comportamentais infantis. In M. Z. da S. Brandão, F. C. de S. Conte, F. S. Brandão, Y. K. Ingberman, C. B. de Moura, V. M. da Silva, et al. (Orgs.), *Sobre comportamento e cognição: A história e os avanços, a seleção por consequências em ação* (vol. 11, pp. 272-281). Santo André: ESETec.

Silveira, J. M., Silvares, E. F. de M., & Marton, S. A. (2005). A entrevista clínica inicial na percepção de terapeutas iniciantes e pais: Aliança terapêutica na entrevista clínica inicial. *Encontro, 9*(11), 12-19.

Tsai, M., Callaghan, G. M., Kohlenberg, R. J., Follette, W. C, & Darrow, S. M. (2009). Supervision and therapist self-development. In M. Tsai, R. J. Kohlenberg, J. W. Kanter, B. Kohlenberg, W. C. Follette, & G. M. Callaghan (Orgs.). *A Guide to functional analytic psychotherapy: Awareness, courage, love and behaviorism* (pp. 167-198). New York: Springer.

Tsai, M., Kanter, J. W., Landes, S. J., Newring, R. W., & Kohlenberg, R. J. (2009). The course of therapy: Beginning, middle and end phases of FAP. In M. Tsai, R. J. Kohlenberg, J. W. Kanter, B. Kohlenberg, W. C. Follette, & G. M. Callaghan (Orgs). A Guide to functional analytic psychotherapy: Awareness, courage, love and behaviorism (pp. 145-166). New York: Springer.

Tsai, M., Kohlenberg, R. J., Kanter, J. W., & Waltz, J. (2009). Therapeutic technique: Five rules. In M. Tsai, R. J. Kohlenberg, J. W. Kanter, B. Kohlenberg, W. C. Follette, & G. M. Callaghan (Orgs.). *A Guide to functional analytic psychotherapy: Awareness, courage, love and behaviorism* (pp. 61-102). New York: Springer.

Wielenska, R. C. (2009). Jovens terapeutas comportamentais de qualquer idade: Estratégias para ampliação de repertórios insuficientes. In R. C. Wielenska (Org.), *Sobre o comportamento e cognição: Desafios, soluções e questionamentos* (pp. 286-296). São Paulo: ESETec.

A que eventos o clínico analítico-comportamental deve estar atento nos encontros iniciais? 12

Alda Marmo

ASSUNTOS DO CAPÍTULO

→ Aspectos importantes para se tornar um bom clínico.
→ Relação terapêutica.
→ Eventos aos quais se deve atentar antes do início do trabalho.
→ Eventos aos quais se deve atentar no encontro inicial.
→ Como conduzir o encontro inicial.

O título deste capítulo indica que, no início do processo terapêutico, há elementos resultantes da interação entre o clínico e o cliente que merecem um olhar mais atento por parte dos clínicos.

Levantar alguns dos eventos que ocorrem no início do processo terapêutico é, a meu ver, uma reflexão sobre a prática terapêutica, exercício imprescindível para o desenvolvimento de um profissional da área.

Apesar dos esforços dos mais experientes em planejar métodos e produzir conhecimento acerca da prática clínica, sabemos que, para tornar-se clínico, é preciso clinicar, é preciso estar em contato, atento e aberto para as possibilidades que a vida oferece ao "ser humano".

Quero dizer aqui que para se tornar um psicólogo clínico é necessário desenvolver um repertório especial e específico. Esta formação ultrapassa todos os muros da graduação, das especializações e das pós-graduações – e tudo isso se converte em um grande desafio pessoal. Na verdade, somente aqueles que se aventuram nesta experiência poderão ter uma real compreensão a respeito do que se trata um processo terapêutico. Não basta dizer como se faz; é preciso fazê-lo. Ler com maestria as obras dos grandes especialistas não é atributo suficiente nem oferece recursos necessários aos sutis detalhes que o relacionamento com o cliente requer, pois é *o como nos desempenhamos ao aplicarmos a teoria* que fará toda a diferença.

> Para se tornar um psicólogo clínico é necessário desenvolver um repertório especial e específico. Esta formação ultrapassa todos os muros da graduação, das especializações e das pós-graduações – e tudo isso se converte em um grande desafio pessoal.

Para que possamos desempenhar bem nosso trabalho é preciso estarmos preparados e dispostos para permanecermos em constante formação pessoal e conceitual, principalmente no que diz respeito à clínica analítico-comportamental, cujos alicerces estão fincados na produção de novos conhecimentos, ora na pesquisa básica, ora na pesquisa aplicada.

> Para que possamos desempenhar bem nosso trabalho é preciso estarmos preparados e dispostos para permanecermos em constante formação pessoal e conceitual, principalmente no que diz respeito à clínica analítico-comportamental.

Essas constatações só poderiam ter se dado com o passar do tempo, espaço que abriga a minha experiência – e aqui não falo somente dos anos passados, mas principalmente de *como* foram passados. Atualmente, tenho a rica oportunidade de estar, diariamente, ao lado de colegas, discutindo, estudando, ouvindo e aprendendo – fazendo trocas constantemente –, cada um com a experiência do outro. Além disso, a experiência como supervisora, supervisionanda e leitora assídua dos mais variados tipos de literatura também faz parte e contribui decisivamente para meu desenvolvimento como clínica analítico-comportamental. Hoje, reconheço que até dez anos atrás eu não sabia quase nada e que daqui a dez anos saberei muito mais do que hoje!

> Alguns aspectos que tornam o clínico melhor são: conhecimento da teoria, conhecimento geral, conhecimento de si, experiência profissional e supervisão.

Dentro desse contexto, convido-o a se debruçar nas ideias que serão colocadas aqui, e desde já adianto que não há padrões ou normas rígidas de procedimento, talvez apenas uma ou outra regra que contribua para o bom andamento do processo. No mais, é necessário um pouco de afinação com os sentidos para que, a partir desta leitura, seja-lhe possível refletir sobre seu desempenho como clínico e, assim, produzir alternativas para lidar com as dificuldades encontradas no seu consultório – que lhe adianto, existirão.

→ O INÍCIO DO PROCESSO CLÍNICO

O início de um processo clínico é um momento *sui generis*, em que duas pessoas que não se conhecem se encontram e uma delas deve se expor para a outra, a fim de conseguir ajuda. É, a princípio, uma relação vertical, assimétrica, que implica uma relação de poder e, consequentemente, de controle por parte do clínico, já que, à medida que vamos construindo a "relação terapêutica", vamos nos tornando fonte de reforçamento para o cliente.

A relação terapêutica não é uma relação comum, do tipo habitual entre as pessoas – uma vez que não se faz uma troca de experiências como se faz, por exemplo, com um amigo ou familiar. Na clínica, pressupõe-se que a intimidade do cliente seja revelada – o cliente se torna objeto de observação, avaliação e de possível "correção" – e, em um dado momento, o clínico saberá mais do cliente do que o próprio cliente, pelo menos no que se refere à função de seus comportamentos. Só esse conjunto de variáveis já seria suficientemente forte para colocar qualquer relação em risco, mas não no caso do processo analítico.

> Na clínica pressupõe-se que a intimidade do cliente seja revelada – o cliente se torna objeto de observação, avaliação e de possível "correção" – em um dado momento o clínico saberá mais do cliente do que o próprio cliente, pelo menos no que se refere a função de seus comportamentos.

Quase tudo o que diz respeito à análise pede sutileza em seu trato, pois carrega em si um tanto de complexidade, sobretudo porque há entre psicólogos uma tendência ao aprofundamento. Desta forma, segui o conselho de Guitton (2007), especialista nas maneiras de escrever e passar as ideias adiante, que diz: "Para se fazer compreender é preciso, pois, decompor, tanto quanto se possa dizer apenas uma coisa de cada vez"; assim, separei em dois momentos esta reflexão:

a) antes do início da análise;
b) o encontro entre clínico e cliente.

→ ANTES DO INÍCIO DA ANÁLISE

> Há um tempo em que é preciso abandonar as roupas usadas, que já têm a forma do nosso corpo, e esquecer os nossos caminhos, que nos levam sempre aos mesmos lugares. É o tempo da travessia: e, se não ousarmos fazê-la, teremos ficado, para sempre, à margem de nós mesmos.
>
> (Fernando Pessoa)

Chega um dado momento em que é preciso 'fazer diferente' para que se possa colher diferente – sempre digo a meus clientes que, se plantamos batatas, não adianta esperarmos que brotem maçãs!

Iniciar um processo analítico não é tarefa fácil; é preciso dar-se conta de que há um problema e que não se consegue resolvê-lo sozinho. Por si só, essa circunstância produz alguma intensidade de sofrimento na pessoa.

Parece-me que todas as nossas tristezas são momentos de tensão que consideramos paralisias, porque já não ouvimos viver em nossos sentimentos que nos tornaram estranhos. Porque estamos a sós com um estrangeiro que nos veio visitar; porque, em um relance, todo sentimento familiar e habitual nos abandonou; porque nos encontramos no meio de uma transição em que não podemos permanecer. Eis porque a tristeza também passa: a novidade em nós, o acréscimo, entrou em nosso coração, penetrou no seu mais íntimo recanto (Rilke, 1904/1993).

> Iniciar um processo analítico não é tarefa fácil, é preciso se dar conta de que há um problema e que não se consegue resolvê-lo sozinho. Por si só essa circunstância produz alguma intensidade de sofrimento na pessoa.

Ninguém acorda de um dia para o outro disposto a investir tempo, dinheiro e de-

→ QUADRO 12.1
Provável percurso percorrido para o início do processo analítico.[1]

	Cliente	Clínico
Antes do início da análise	• O problema • A ideia da análise • A procura (indicação) • O contato	**INDICAÇÃO** • Receptividade e disponibilidade • Expectativa sobre o cliente/controle
O encontro entre o clínico e o cliente	• Postura • Qualidade do relato • Emoções • Expressões • Posicionamento frente ao contrato • Disponibilidade para os próximos agendamentos	• Pontualidade • Receptividade • Interação/acolhimento • Contrato • Disponibilidade

dicação em um tratamento psicoterápico simplesmente porque não tem outra coisa melhor a fazer; é preciso que alguma coisa justifique esta motivação. Assim, quando um problema na vida de alguém perdura, a possibilidade de 'fazer terapia' aparece.

Schwartz e Flowers (2009) constatam que, atualmente, a psicoterapia é cada vez mais aceita pelas pessoas como uma ferramenta útil e adequada para fazer frente aos desafios que a vida apresenta.

> Podemos dizer que pensar em um processo analítico é responder diferencialmente, encobertamente e temporariamente. Falar em análise é aventar a possibilidade de fazê-la, e daí para o encontro são só mais alguns passos.

Neste sentido, podemos dizer que pensar em um processo analítico é responder diferencialmente, encobertamente e temporariamente. Falar em análise é aventar a possibilidade de fazê-la, e daí para o encontro são só mais alguns passos. A meu ver, essas são as etapas iniciais de um processo terapêutico, é o início de um cuidado consigo mesmo: ainda não fazemos parte desse processo, mas isso é uma questão de tempo.

O caminho nem sempre é direto, muitas pessoas devotam primeiramente sua confiança em um médico e frequentemente parte dele a sugestão de iniciar o processo analítico. Em outras ocasiões, a sugestão vem daqueles que já, em algum momento, beneficiaram-se com os seus resultados. Como analista do comportamento, entendo que o cliente não conseguiu produzir em seu ambiente respostas capazes de produzirem consequências eficazes a ponto de mudar a

> O cliente não conseguiu produzir em seu ambiente respostas capazes de produzir consequências eficazes a ponto de mudar a situação-problema que produz sofrimento e emitir respostas na direção da análise é possivelmente uma maneira alternativa de produzir tais consequências.

situação-problema que produz sofrimento, e emitir respostas na direção da análise é possivelmente uma maneira alternativa de produzir tais consequências.

A indicação

É importante ter ideia do caminho percorrido pelo cliente para encontrar e escolher um clínico. A ideia e a procura pela análise geralmente resultam na indicação de um outro clínico, seja por parte de terceiros, seja por acaso.

O telefone toca. É um possível cliente. Trava-se o primeiro contato <u>entre cliente e psicólogo</u>. Note que as palavras "entre cliente e psicólogo" estão sublinhadas. Por quê? Porque este pode ter sido o primeiro contato *direto*, mas nem sempre pode ter sido o primeiro contato do clínico com o cliente ou do cliente com o clínico. A maneira como este contato se deu pode produzir expectativas e, consequentemente, exercer algum controle tanto sobre as respostas do cliente como do clínico. Listarei algumas possíveis formas de encontros.

Ao acaso – seu nome faz parte de uma lista, de um anúncio, de um rodízio; você não tem ideia de quem é nem de onde veio o cliente. Não houve uma indicação direta. Poderíamos chamar esta situação de 'neutra'. O cliente não sabe quem você é e nunca ouviu falar sobre o seu trabalho. Procura um psicólogo e, por acaso, é você, mas poderia ser outro qualquer. Da sua parte, não há nenhum tipo de conhecimento prévio da história do cliente.

Uma indicação feita por alguém com quem você não mantém contato – O relevante neste caso é que, apesar de conhecer ou não quem fez a indicação, você não manteve contato com quem lhe indicou, portanto, não conhece a história da pessoa que virá a ser seu cliente, não há expectativas específicas. Por outro lado, não se sabe o que foi dito ao cliente sobre você. Esta já não é uma situação tão neutra como a anterior, pois o cliente possivelmente já tem expectativas a seu respeito, você não é só um psicólogo, mas tem um nome que carrega alguma referência.

Uma indicação feita por alguém com quem você mantém contato – Nesse caso, você conhece e mantém algum contato com quem indicou o cliente. Esta é a circunstância menos neutra de todas. É bastante provável que quem lhe indicou o cliente tenha levado em conta vários aspectos de seu perfil pessoal e profissional (o tipo de trabalho que você faz, o valor de sua consulta, sua localização geográfica, sua competência em casos anteriores, etc.) e avaliou que você é o mais indicado a ajudar o cliente em questão. Geralmente, é um colega, psicólogo, psiquiatra ou alguém que conhece e gosta do trabalho que você faz. As razões para esta indicação geralmente lhe são explícitas junto com o aviso da indicação e acompanham uma "breve" descrição do caso. Tenho colegas que dizem simplesmente "Te indiquei um paciente", e outros que dizem "Te indiquei uma pessoa, é um amigo, é minha mãe, irmã, primo, marido, tio", e assim por diante – todos estes aspectos findam por se caracterizar como variáveis relevantes o bastante para produzir significativas expectativas a respeito do futuro cliente e de sua conduta diante dele. Nesta condição, é muito provável que seu cliente, amigo ou parente de seu "colega" vá fazer comentários a respeito de você, e deve-se levar isso em conta, pois é um aspecto que, de certa forma, exerce "controle" no seu desempenho como clínico.

Acredito que nenhum clínico trata melhor ou pior seu cliente porque ele veio de lá ou acolá, mas devemos ter conhecimento de que a "indicação" é uma variável que exerce, sim, controle sobre nosso comportamento, principalmente nos encontros iniciais. Certamente, é bastante diferente estar diante de uma pessoa com quem você nunca teve nenhuma referência e estar diante da mãe, do marido ou do colega de seu vizinho de sala – não é mesmo?

O contato

O primeiro contato entre cliente e analista geralmente é feito através do telefone. Neste contato, pode ocorrer uma breve interação: na maioria das vezes, uma breve apresentação e o agendamento de um horário. No entanto, pode ocorrer uma interação mais extensa, principalmente quando o paciente está tão ansioso pela consulta que vai tornando esse telefonema uma pré-consulta. Geralmente, neste caso, fico atenta e peço que o cliente traga suas questões para que conversemos no consultório, mas guardo na manga "esta ansiedade", trazendo-a de volta em um momento oportuno. Agendamento de dia e de horário, mãos à obra! Prestou atenção em tudo o que aconteceu neste contato? Preste! Pois esse também é um evento que faz parte dos encontros iniciais e que pode lhe ser útil para uma análise futura.

> O contato telefônico é o primeiro contato entre cliente e profissional e o clínico deve ficar atento ao que ocorre nesta interação. É a partir daí que se começa a coletar informações para a formulação do caso.

→ O ENCONTRO ENTRE CLÍNICO E CLIENTE

Seja qual for o motivo, a ordem ou a grandeza, o primeiro encontro tem sempre características especiais. Um dia marcou hora, no outro foi ao consultório. Abro a porta, aproximo-me, confirmo nome e pessoa. Convido-o a entrar. Sentados, geralmente nossos olhares se encontram. Não sabemos como se dará

> É típico deixarmos a cargo do cliente o tom da conversa. Frequentemente uma pequena introdução é o bastante para que se inicie a história.

esta narrativa, uma vez que é típico deixarmos a cargo do cliente o tom da conversa. Frequentemente, uma pequena introdução é o bastante para que se inicie a história.

– *Então o que te traz aqui?*

Certas Palavras

Certas palavras não podem ser ditas em qualquer lugar e hora qualquer. Estritamente reservadas para companheiros de confiança, devem ser sacralmente pronunciadas em tom muito especial lá onde a polícia dos adultos não adivinha nem alcança.

Entretanto são palavras simples: definem partes do corpo, movimentos, atos do viver que só os grandes se permitem e a nós é defendido por sentença dos séculos.

E tudo é proibido. Então, falamos.

(Carlos Drummond de Andrade)

Baseados no que já disse anteriormente, podemos ou não ter ideia do que virá pela frente, mas, a partir deste momento, o caso toma outra forma – tornamo-nos expectadores – agora, uma história será desenrolada diante dos nossos olhos e isso faz muita, muita diferença. A partir desse momento, tem-se como ferramentas de trabalho o olhar e a escuta, que devem estar sensíveis para a performance que se dá ali, devem contemplar todas as dimensões daquela narrativa, tanto a sua forma quanto o seu conteúdo, os quais se constituirão em nossa linha de base, em nossa referência a respeito do cliente.

Como o cliente se senta? Seu olhar é cabisbaixo ou enfrentador? Como conta sua história? É um início tímido, resguardado, ou um jorro de palavras ditas em tom alto e claro? Chora? Quando fala de quê? De quem? Olha no relógio? Como está vestido? Cada cliente é uma fonte inesgotável de combinações comportamentais e para cada uma dessas combinações devemos ter um olhar particular e uma conduta apropriada.

> Na sessão inicial tem-se como ferramentas de trabalho o olhar e a escuta, que devem estar sensíveis para a performance que se dá ali, devem contemplar todas as dimensões daquela narrativa, tanto sua forma quanto seu conteúdo que se constituirão em nossa linha de base, em nossa referência a respeito do cliente.

> Cada cliente é uma fonte inesgotável de combinações comportamentais e para cada uma dessas combinações devemos ter um olhar particular e uma conduta apropriada.

Sempre digo que clínicos têm duas visões distintas: os olhos de fora e os olhos de dentro. Os olhos de fora colhem os dados, enquanto os olhos de dentro, sempre fundamentados por um referencial teórico, devem estar atentos para ver o que não é visível, o que está no escuro, soterrado, escondido, por trás. Às vezes, fecho meus olhos para ver melhor... é como se sobrepujasse um "gabarito" (conceitos teóricos) à fala do cliente, produzindo um novo conhecimento a seu respeito.

> Clínicos têm duas visões distintas: os olhos de fora e os olhos de dentro. Os olhos de fora colhem os dados enquanto os olhos de dentro, sempre fundamentados por um referencial teórico, devem estar atentos para ver o que não é visível, o que está no escuro, soterrado, escondido, por trás.

Prestar atenção à fala do cliente é por si só uma intervenção; a audiência de um clínico analítico-comportamental é interativa. Segundo destaca Skinner, (1953/2003) a psicoterapia é uma agência (de controle) especial, na qual o clínico, ao se colocar desde o início em uma posição diferente dos demais membros da sociedade, estabelece uma relação diferente de todas as outras que o cliente experimenta. Veja um pequeno trecho do livro de Yalon (2009), no qual uma de suas pacientes relata exatamente como se sentiu na primeira vez em que esteve diante de seu clínico:

Naquela primeira entrevista com ele, minha alma se apaixonou. Eu consegui falar francamente; podia chorar e pedir ajuda sem me envergonhar. Não havia recriminações me esperando para me escoltarem até em casa [...] Ao entrar no consultório, parecia que eu tinha licença para ser eu mesma (Yalon, 2009, p. 79).

O que vai proporcionar ao cliente essa sensação e, ao mesmo tempo, tornar essa relação díspar é o distanciamento que o clínico mantiver de qualquer tipo de controle aversivo; por isso, deve-se estar sempre atento para que a audiência não se torne punitiva. Clínicos não fazem juízos de valor, tampouco interpretações a partir de seu próprio ponto de vista. Tomar cuidado para não cometer esses deslizes favorece ao cliente expor seu comportamento, revelar o que sente e como sente. Inicialmente, o clínico deve conduzir a sessão de forma a deixar explícita uma condição de acolhimento e de permissão, e deve ser prudente em emitir opiniões e em oferecer regras. O início do processo analítico exige calma, a ânsia em querer ajudar tem momento certo para se dar, e *meter os pés pelas mãos* nesse momento pode pôr todo o processo a perder. Via de regra, os primeiros encontros são de acolhimento, de coleta de informações e de preparação do ambiente terapêutico, favorecendo e aumentando as chances do retorno do cliente.

> Clínicos não fazem juízos de valor nem tampouco fazem interpretações a partir de seu próprio ponto de vista. Tomar cuidado para não cometer esses deslizes, favorece o paciente a expor seu comportamento, a revelar o que sente e como sente.

> Inicialmente o clínico deve conduzir a sessão de forma a deixar explícita uma condição de acolhimento e de permissão, deve ser prudente em emitir opiniões e em oferecer regras.

Onde você vê um obstáculo
Alguém vê o término da viagem
E o outro vê uma chance de crescer
Onde você vê um motivo pra se irritar,
Alguém vê a tragédia total
E o outro vê uma prova para sua paciência.
Onde você vê a morte,
Alguém vê o fim
E o outro vê o começo de uma nova etapa...
Onde você vê a fortuna,
Alguém vê a riqueza material
E o outro pode encontrar por trás de tudo, a dor e a miséria total.
Onde você vê a teimosia,
Alguém vê a ignorância,
Um outro compreende as limitações do companheiro,
percebendo que cada qual caminha em seu próprio passo.
E que é inútil querer apressar o passo do outro, a não ser que ele deseje isso.
Cada qual vê o que quer, pode ou consegue enxergar.
"Porque eu sou do tamanho do que vejo. E não do tamanho da minha altura."
(Fernando Pessoa)

É importante deixar a cargo do cliente o "tom da conversa"; entretanto, é importante também ter em mente que esse primeiro encontro deve ter "a entrevista" como fio condutor, como foco principal. Segundo sugere de Rose (1997), o olhar do clínico deve estar direcionado para as relações estabelecidas entre os eventos ambientais e as ações do organismo em questão – a conduta, neste momento, direciona-se principalmente na facilitação da narrativa e na coleta de informações relevantes para nossa compreensão e, consequentemente, para intervenções futuras.

> Em um primeiro encontro o rumo da conversa é mais livre, deve-se deixar o cliente conduzir. Todavia o clínico estará atentando às relações que o cliente estabelece entre seus comportamentos e as contingências ambientais.

Preste atenção em você!

Tão importante quanto olhar para o cliente é olhar para nós mesmos, um olho lá, um olho cá! É importante que você se observe, que perceba o que sente diante daquele que está à sua frente, pois, em algum momento, vai devolver para ele a sua percepção que, por sua vez, é uma valiosa oportunidade para o cliente se ver através de outros olhos.

Sessão em andamento, nota-se que a narrativa do cliente sobre seu problema mingua. Passaram-se aproximadamente cerca de 10 minutos, e o cliente não sabe mais o que falar, ou melhor, como falar. Tenha calma, é provável que esta situação produza algum incômodo (tanto no cliente quanto em você), mas, como nosso foco é a "entrevista", é conveniente que se façam perguntas – às vezes, isso não ocorre na primeira sessão, pois esta é cheia de etapas a concluir, mas pode ocorrer a partir da segunda sessão: o cliente nos coloca na posição de responsáveis pelo andamento da sessão, o que de certa forma somos.

Chamo sua atenção aqui para a sagacidade que o clínico deve ter quando se depara com tal situação. O que o cliente está tentando lhe dizer?

Muitas pessoas não sabem como se expressar, não têm habilidade em se auto-observar, tampouco usam palavras que correspondem aos seus sentimentos ou as circunstâncias vividas. Sendo assim, é preciso planejar o aumento e a precisão do repertório verbal do cliente, para que só um pouco mais adiante seja possível enxergar junto com ele sua verdadeira condição. Nesse sentido, é importante discriminar o quanto antes o que é esquiva e o que é falta de repertório verbal.

A sessão vai chegando ao fim e chega o momento do contrato. É importante deixar claro para o cliente que esse é um processo que leva tempo

> Quando o clínico observa que o cliente apresenta certa dificuldade de verbalizar seu problema, ele deve atentar se isso se deve à falta de repertório do cliente ou trata-se de uma resposta de esquiva. No primeiro caso, o clínico deverá modelar este repertório.

e depende, em grande parte, de sua própria dedicação, por isso a importância de um contrato bem feito e bastante esclarecido. O momento do contrato é o momento no qual o clínico impõe limites de horários, de disponibilidade e do valor da consulta, sempre se certificando de que tudo o que você impôs foi compreendido. Apesar de difícil, essa é uma rica oportunidade para ver o cliente se comportar diante dos limites impostos pelo outro.

A introdução da variável monetária exerce grande poder sobre as pessoas; para muitos clínicos, esse é um momento incômodo que vai se tornando mais fácil à medida que o tempo passa e conforme se valoriza o trabalho desenvolvido. Regatear, diminuir o valor do trabalho clínico são praxe, especialmente para aqueles que nunca passaram por um processo analítico. Não os culpo, este não é um serviço barato e vivemos em tempos de crises econômicas; é preciso acreditar que esse investimento será vantajoso em longo prazo.

Além da questão financeira, acerta-se a disponibilidade de horários, outra variável bastante importante, pois aqui vemos o cliente rearranjar sua agenda em função da análise, avaliamos sua predisposição, seu entusiasmo ou sua resistência. Claro que deve-se levar em conta a localização do clínico e o deslocamento do cliente: em uma cidade como São Paulo, nem sempre um atraso ou uma falta podem estar relacionados à resistência ou esquiva da análise – estamos quase que diariamente sob controle de variáveis incontroláveis como trânsito e clima.

> No final do primeiro encontro torna-se necessário apresentar um contrato de trabalho para o cliente. Nele se estabelece as regras que conduzirão o trabalho: se o cliente compreendeu tudo que foi estabelecido no contrato; se o cliente está disposto a se envolver naquele processo, que leva tempo e depende, em partes, de sua própria dedicação e observar como o cliente lida com os limites impostos por ele.

Concluo esta reflexão deixando às claras que esses são apenas alguns dos eventos aos quais devemos atentar nos encontros iniciais. Em se tratando de uma condição tão complexa como um processo analítico, muita coisa pode acontecer e, como enfatizei no início, o desempenho do clínico será decisivo nessa travessia – no sentido de produzir no cliente uma mudança que o capacite a encontrar por si próprio a solução para seu problema.

> Nada posso lhe oferecer que não exista em você mesmo. Não posso abrir-lhe outro mundo além daquele que há em sua própria alma. Nada posso lhe dar, a não ser a oportunidade, o impulso, a chave. Eu o ajudarei a tornar visível o seu próprio mundo, e isso é tudo.
> (*Demian* – Hermann Hesse, 1929/2008)

→ NOTA

1. O Quadro 12.1 apresenta os possíveis passos emitidos pelo cliente e pelo clínico para que seja iniciado o processo psicoterápico. Podem ocorrer variações, mas, *grosso modo*, é assim que se dá.

→ REFERÊNCIAS

Andrade, C. D. de. *Certas palavras*. Acessado em 02 nov, 2009, em http://memoriaviva.com.br/drummond/poema050.htm

Boaventura, E. (2007). *Como ordenar as ideias* (9. ed.). São Paulo: Àtica.

Hesse, H. (2008). *O lobo da estepe*. Rio de Janeiro: Bestbolso. (Trabalho original publicado em 1929)

Pessoa, F. *Onde você vê*. Acessado em 02 nov, 2009, em http://www.alashary.org/analise_poetica_do_poema_de_fernando_pessoa_onde_voce_ve/

Pessoa, F. *Travessia*. Acessado em 02 nov, 2009, em http://www.pensador.info/autor/Fernando_Pessoa/5/

Rilke, R. M. (1978). *Cartas a um jovem poeta*. (9. ed.) São Paulo: Globo.

Schwartz, B., & Flowers, J. (2009). *Como falhar na relação? Os 50 erros que os terapeutas mais cometem*. São Paulo: Casa do Psicólogo.

Skinner, B. F. (2003). *Ciência e comportamento humano*. São Paulo: Martins Fontes. (Trabalho original publicado em 1953)

Yalon, I. (2009). *Vou chamar a polícia e outras histórias de literatura*. Rio de Janeiro: Agir.

13 Eventos a que o clínico analítico-comportamental deve atentar nos primeiros encontros: das vestimentas aos relatos e comportamentos clinicamente relevantes

Fátima Cristina de Souza Conte
Maria Zilah da Silva Brandão

ASSUNTOS DO CAPÍTULO

→ Eventos relevantes que ocorrem antes do atendimento.
→ Eventos relevantes durante os encontros iniciais.
→ Expectativas do cliente e do clínico.
→ Análise de comportamentos clinicamente relevantes (CRBs).

As publicações sobre a fase inicial dos processos terapêuticos analítico-comportamentais geralmente abordam a relação entre o clínico e seu cliente e os procedimentos típicos de avaliação clínica e sua fundamentação. O propósito deste capítulo é relatar um conhecimento construído através da experiência clínica das autoras sobre o comportamento informal dos profissionais, sua equipe e seus clientes, presentes desde o momento em que o cliente chega à clinica psicológica até o início do processo propriamente dito.

→ PRÉ-TERAPIA – OS BASTIDORES DE UMA SALA DE ESPERA

Entrando na clínica de análise de comportamento, a sala de espera é a primeira parada, onde as primeiras interações *in vivo* se estabelecem. O que acontece lá pode ser altamente revelador dos comportamentos do clínico e dos clientes.

O cliente pode estar ansioso para entender qual a forma adequada de se relacionar no contexto terapêutico, com as secretárias e pessoas presentes na sala e com o impacto que seus problemas causarão no profissional. Também pode estar preocupado, e com razão, com a competência do clínico para ajudá-lo. Nesse contexto, não é difícil aparecerem pensamentos e fantasias sobre o atendimento e sobre as pessoas e interações que acontecem na sala enquanto ele aguarda a sua vez. Pensar sobre o que os outros estão pensando dele e quais os problemas que os trouxeram ali é o mais frequente. As fantasias podem ser do julgamento e da avaliação que as pessoas da sala fazem dele, neste momento.

> O que [o cliente] vivencia nos bastidores da clínica pode influenciar vários comportamentos que ocorrerão na sessão: pode predispô-lo a agir de uma determinada maneira ao invés de outra, pode melhorar ou piorar suas dificuldades iniciais.

Com o passar do tempo, o cliente tende a relaxar, e suas interações e capacidade de observar o ambiente melhoram; o que vivencia nos bastidores da clínica pode influenciar vários comportamentos que ocorrerão na sessão: pode predispô-lo a agir de uma determinada maneira em vez de outra, pode melhorar ou piorar suas dificuldades iniciais.

Como exemplo, temos o caso de uma cliente que, embora já tivesse melhorado com a terapia, relatou que ter tido a oportunidade de observar os profissionais da clínica e seus estagiários aflitos e ansiosos às vésperas de um congresso, em função de deixarem tarefas para a última hora, fez com que ela achasse normais os seus próprios sentimentos de angústia e ansiedade às vésperas de sua defesa de tese e de outros compromissos agendados. "Percebi que isto é normal, até os terapeutas têm!", disse ela. A avaliação funcional do caso desta cliente havia revelado dificuldade em lidar com crítica, desaprovação, erros seus ou dos outros. Ela apresentava esquiva e comportamentos socialmente inapropriados frente a várias situações que poderiam levar a isso. A experiência de bastidores favoreceu mudanças.

Outro exemplo, que pode elucidar como os comportamentos da sala de espera podem ajudar na identificação dos comportamentos clinicamente relevantes dos clientes (CRBs), como são denominados por Kohlenberg e Tsai (1991), é o caso de Eric, nome fictício do cliente que, embora sua queixa envolvesse assédio sexual no trabalho, apresentava comportamento de respeito exemplar nas sessões, gerando dúvidas com relação à inadequação comportamental. O relato da secretária, porém, indicou que na sala de espera ela se sentia acuada perante o comportamento agressivo do cliente, que ameaçava parar a terapia e ir embora caso a profissional se atrasasse para atendê-lo ou não o agendasse no horário pelo qual ele tinha preferência. A secretária chegava a interromper a sessão anterior à dele para pedir para a profissional não se atrasar. O conhecimento dessas atitudes deu condições para o clínico intervir diretamente no "aqui e agora" da relação terapêutica, evocando os comportamentos relevantes na sessão.

Em resumo, a sala de espera pode se constituir em uma variável independente importante e pro-

> A sala de espera pode se constituir numa variável independente importante e produzir mudança no comportamento dos clientes, antes mesmo de começarem as sessões de terapia; ela também dá dicas ao clínico sobre o comportamento do cliente e, principalmente pode colaborar para a certificação dos comportamentos clinicamente relevantes do cliente, já observados na sessão.

duzir mudanças no comportamento dos clientes, antes mesmo de começarem as sessões de terapia; ela também dá dicas ao clínico sobre o comportamento do cliente e, principalmente, pode colaborar para a certificação dos comportamentos clinicamente relevantes deste, já observados na sessão.

Na sala de espera, podemos ainda observar a interação cooperativa entre os clientes quando há necessidade de ajuda mútua para resolver problemas corriqueiros como, por exemplo, o do estacionamento que fecha mais cedo, precisando que alguém da sala tire o carro do outro que está em atendimento; há também clientes que erram o horário ou são vítimas do engano das secretárias e se encontram na sala de espera para decidir quem vai ser atendido e quem vai embora; clientes que se conhecem e se encontram casualmente na sala de espera e são obrigados a assumir um para o outro que estão fazendo terapia, e que acabam tecendo comentários sobre seu tratamento; há os inimigos que se encontram e descobrem que fazem terapia com a mesma pessoa e que um já falou do outro na sua sessão; e muitos outros casos delicados ou engraçados que nos surpreendem pela flexibilidade ou inflexibilidade de repertório comportamental do cliente para resolver estas questões inusitadas de relacionamento e que se constituem em oportunidade única de observação direta do seu comportamento.

Uma história sobre os bastidores da clínica psicológica e como esses fatos afetam o comportamento do clínico e do cliente que está sendo atendido, e dos que aguardam sua sessão, aconteceu em uma tarde de 2004, quando uma das autoras estava atendendo um cliente com queixa de pouca confiança nos outros, baixa autoestima e pensamentos "paranoides", e a secretária da clínica liga para a sala da profissional para avisar que o delegado da cidade e vários policiais haviam reconhecido o cliente que estava com ela como o assaltante de várias salas daquele prédio, e que eles invadiriam o local para pegá-lo. A profissional ouviu em silêncio, disse calmamente para o cliente que ela precisava falar com a secretária, foi até a sala de espera e disse para o delegado que ele estava enganado, que garantia que ele não era a pessoa procurada e que não permitiria que ele falasse com o cliente. Permitiu apenas que olhasse a sala sem falar com o cliente e com a concordância deste. Os clientes da sala de espera apoiaram a profissional, que questionou sobre documentos para fazer tal invasão na clínica, demonstrando empatia.

O cliente demonstrou melhora ao confiar na profissional e permitir que o policial entrasse sem se sentir ameaçado por ele; os clientes que assistiram ao episódio foram para as suas sessões modificados pela experiência e pela garantia de sua segurança na sessão. A profissional se sentiu satisfeita por agir espontaneamente, controlada por reforçadores naturais envolvidos em ajudar o cliente.

A ideia de desmistificar a sala de espera da clínica psicológica veio como consequência da aprendizagem de fazer terapia e, portanto, foi modelada por contingências advindas do comportamento do cliente. Hoje, ao mesmo tempo em que visamos destacar seu potencial terapêutico, a ideia faz parte de um procedimento de quebrar regras e conceitos que produzem tensão, ansiedade, medo de fazer terapia ou do analista perfeito idealizado pelos clientes. Quem faz análise é "normal" como qualquer um de nós, clínicos ou leitores deste capítulo. Todos, sem exceção, temos problemas "psicológicos" no decorrer da vida, em alguns momentos, em função de algumas circunstâncias, e essa percepção do coletivo ameniza um possível constrangimento de estar em análise.

> Quem faz análise é "normal" como qualquer um de nós clínicos ou leitores. Todos, sem exceção, temos problemas "psicológicos" no decorrer da vida, em alguns momentos, em função de algumas circunstâncias.

Não poupar o cliente das complicações normais de uma sala de espera é sempre uma decisão dos clínicos, que devem discutir essa experiência com ele, e não pode ser confundido com negligência ou exposição constrangedora do sofrimento do cliente aos outros.

O papel do clínico é atenuar o sofrimento do cliente, levando-o a ver os eventos externos que estão gerando sofrimento e dando força a ele para suportar sua dor e mudar suas ações, na medida do possível, para gerar contingências diferentes que possam produzir sentimentos mais agradáveis.

> O papel do clínico é atenuar o sofrimento do cliente levando-o a ver os eventos externos que estão gerando sofrimento e dando força a ele para suportar sua dor e mudar suas ações na medida do possível, para gerar contingências diferentes que possam produzir sentimentos mais agradáveis.

→ O QUE DIZEM AS APARÊNCIAS?

Dizem popularmente que as primeiras impressões são as que ficam. O que dizer da aparência física do clínico e do cliente? Será que ela tem algum papel relevante na relação terapeuta-cliente? Pensamos que a apresentação física (aparência) do clínico é importante e pode influenciar nas percepções e análises que o cliente faz do profissional: sendo este muito vaidoso, por exemplo, pode provocar medo no cliente, de não ser tão importante para ele, e aqueles muito desleixados podem passar a impressão de que não estão dando conta nem da própria vida.

> A apresentação física (aparência) do clínico é importante e pode influenciar nas percepções e análises que o cliente faz do profissional.

Quanto ao cliente, as vestimentas podem ser vistas como uma das formas de sua inserção no mundo e podem mudar de acordo com suas necessidades de aceitação pelo grupo. Elas também podem oferecer ao analista dicas sobre o estilo de vida do cliente e sobre o impacto que este deseja causar no clínico.

> Quanto ao cliente, as vestimentas podem ser vistas como uma das formas de sua inserção no mundo e podem mudar de acordo com suas necessidades de aceitação pelo grupo. Elas também podem oferecer ao analista dicas sobre o estilo de vida do cliente e sobre o impacto que deseja causar no clínico.

Pensamos, na verdade, que é impossível para clínicos e clientes se apresentarem, por muito tempo, disfarçados completamente daquilo que realmente são, em termos de seus padrões comportamentais. As diferentes situações se repetirão e trarão novamente à tona os comportamentos previamente observados. Assim, as aparências deverão ser suplantadas pela análise do comportamento.

→ AS EXPECTATIVAS DOS CLIENTES E CLÍNICOS NAS PRIMEIRAS SESSÕES

A expectativa do cliente com relação à análise e ao clínico é outra variável importante a ser considerada no início do trabalho. O cliente pode estar tão ansioso que não ouve ou não observa o comportamento do clínico, agindo em função de suas expectativas e não da interação. Para exemplificar, imagine uma cliente que chega à primeira sessão falando muito sobre sua queixa, e a clínica quase não consegue interromper para tecer comentários ou fazer perguntas. Ao

> As expectivas do cliente em relação ao trabalho clínico deve ser considerada pelo profissional. Assim como o clínico deve estar preparado para observar as mais diversas formas de agir que os clientes podem apresentar neste primeiro momento.

terminar a sessão, a cliente diz: "Eu não vou continuar a terapia porque quero uma psicóloga que fale, e não uma que fique só ouvindo". É claro que ela foi embora sem deixar a profissional responder.

Concluímos que cada cliente, assim como cada primeira sessão, é único e não achamos, previamente, um melhor modo de nos comportar como analistas; toda flexibilidade é pouca perante a diversidade do repertório comportamental de nossos clientes.

→ O CLÍNICO FRENTE A FRENTE COM O CLIENTE

O conhecimento analítico-comportamental crescente tem desenhado uma tendência de intervenção clínica de aumento da complexidade da análise, que transcende a ênfase nas técnicas tradicionais e desafia o clínico a se comportar com os clientes, tornando o contato direto uma oportunidade para a ocorrência de mudanças comportamentais relevantes.

> O clínico, ao longo dos primeiros encontros, deverá encontrar o momento certo para compartilhar, com o cliente, a compreensão que o comportamento dele por mais bizarro que pareça, foi o mais adaptativo que ele pode emitir diante de sua história. Ainda nessa direção, o clínico auxiliará o cliente a desenvolver aceitação e não julgamento de seus comportamentos, o que abrirá caminho para a análise e mudança das contingências das quais o comportamento é função.

Como visto, a sua relação com seus clientes começa, indiretamente, antes da ocorrência do primeiro contato pessoal. Após isso, uma série de condutas pessoais deve ocorrer, favorecendo o estabelecimento de uma relação direta com os clientes que deve ser oportunidade para expressão de sentimentos, confiança e esperança de melhora, na qual seja veiculada uma teoria explicativa coerente sobre os problemas e as intervenções propostas. Nesta direção, deve-se compartilhar a compreensão de que o comportamento-queixa ou comportamento-alvo do cliente – por mais espantoso ou doloroso que se apresente – representa a melhor adaptação comportamental que ele pode fazer às contingências até o momento, ajudando-o a quebrar a fantasia de determinação interna de problemas psicológicos, gerando (no cliente) sentimentos de aceitação e não julgamento, e abrindo caminho para a análise e mudança de contingências que afetam a sua conduta. Enfim, é hora de acolher, ser empático e dividir o conhecimento de que todo comportamento é modelado por contingências filogenéticas, ontogenéticas e culturais.

Skinner (1953) lembra que o impacto inicial do clínico frente ao cliente está relacionado ao quanto ele consegue se constituir em uma fonte de reforçamento social. Posteriormente, o poder do clínico aumentaria à medida que o cliente observasse nele a capacidade de ajudá-lo a diminuir seu sofrimento, pelo decréscimo de suas reações emocionais desagradáveis e pela mudança de contingências aversivas. Reconhecendo o clínico como audiência não punitiva e eficaz, é prová-

> O clínico deve constituir-se como uma fonte de reforçamento social, através de uma audiência não punitiva. Com esse comportamento, é provável que o cliente comece a apresentar aqueles comportamentos socialmente punidos e que podem estar relacionados ao comportamento-alvo.

vel que o cliente passe a apresentar, frente a ele, os comportamentos que são passíveis de punição e que podem fazer parte dos seus comportamentos-alvo. Ainda, o cliente tenderia a aumentar sua aceitação das interpretações do analista e a responder mais apropriadamente a quaisquer outras intervenções que dele adviessem.

Esse fenômeno, contudo, não é unidirecional, como muitos já observaram. À medida que a relação terapêutica se torna mais segura, assim como ocorre com os clientes, os clínicos também tendem a reagir aos comportamentos destes, em sessão, de acordo com seus padrões comportamentais. Um analista que tende a ser mais exigente ou menos afetuoso, mais sério ou bem-humorado em suas respostas, mais frequente ou intensamente responderia nessa direção, a exemplo de como reage em outras relações sociais das quais faz parte. E, se isso é o que é provável, não é o que deve acontecer sem autocrítica e observação dos efeitos por parte do clínico, já que seu comportamento, na interação com o cliente, tem como função promover sua melhora. O autoconhecimento do profissional, sua capacidade de auto-observação contínua, a habilidade para ser fonte sincera de reforçamento social, de estabelecer relações confiáveis e comprometidas, sua amplitude e flexibilidade comportamental e tolerância emocional parecem, portanto, quesitos pessoais altamente relevantes para o processo. Kohlenberg e Tsai (1991) trazem uma proposta behaviorista radical de criação de uma psicoterapia que tem como foco a relação terapêutica e, de início, propõe aos clínicos que criem ou intensifiquem, em seu cotidiano, oportunidades para desenvolver esse repertório. Colocam ainda que as reações privadas do profissional ao cliente e seu comportamento também merecem atenção cuidadosa, já que podem ser uma boa fonte de informação sobre comportamentos clinicamente relevantes do cliente. Sentimentos de tédio, irritação ou raiva por parte do clínico podem indicar que, se o cliente está se comportando com ele da mesma maneira como tende a se comportar com outros de seu entorno, pode estar eliciando nestes sentimentos equivalentes. Isso se as respostas do clínico estiverem sob controle primordial dos comportamentos que o cliente apresenta naquele momento! Portanto, fica aqui um dos fatores que endossam a importância da psicoterapia pessoal do clínico e da sua supervisão para os atendimentos. Esses são contextos para o aprendizado da discriminação dos estímulos que controlam seus comportamentos e das funções que seus comportamentos assumem nas interações com os demais, e permitem o desenvolvimento de habilidades de "usar" respostas privadas, discriminativamente, em benefício do processo clínico e do cliente.

Agindo dessa forma, mais cedo do que o esperado, o clínico pode identificar comportamentos clinicamente relevantes dos clientes na sua interação com eles. Estar frente a comportamentos clinicamente relevantes que devem ser fortalecidos não deve gerar nenhuma dúvida sobre o fato de que o clínico deve se comportar de forma a fortalecê-los. A modelagem de comportamentos desejáveis, através de reforçamento diferencial, é sempre a indicação mais apropriada para intervenção na clínica analítico-comportamental. Já quando esses comportamentos fazem parte da classe do comportamento-alvo que devem diminuir – cujo apontamento poderia ajudar o cliente a identificar os demais que fazem parte da mesma classe em outras situações –, para

> Confrontar sempre implica apresentar, de alguma forma, uma estimulação aversiva. O conhecimento do repertório global do cliente, a escolha da estratégia e do momento mais adequado são cuidados que tendem a minimizar a aversividade e aumentar a probabilidade de apresentação de uma boa resposta clínica por parte do cliente.

muitos clínicos, pode indicar uma oportunidade única de confronto. Contudo, isso pode ser uma armadilha! Confrontar sempre implica apresentar, de alguma forma, uma estimulação aversiva. O conhecimento do repertório global do cliente, a escolha da estratégia e do momento mais adequado são cuidados que tendem a minimizar a aversividade e aumentar a probabilidade de apresentação de uma boa resposta clínica por parte do cliente. A avaliação sobre a adequação do confronto é sempre funcional e posterior, através da observação das consequências. Por vezes, confrontar pode exigir do clínico autorrevelação, o que deve ocorrer sempre em benefício do cliente e, portanto, na intensidade e intimidade adequadas.

→ AVALIAÇÃO/INTERVENÇÃO: OLHOS E OUVIDOS ATENTOS!

> Pode-se dizer que o clínico deve estar preocupado com três aspectos nos encontros iniciais: adesão ao processo clínico; estabelecer-se como uma audiência não punitiva e reforçadora e formular hipóteses analítico-comportamentais sobre os comportamentos do cliente.

O instrumento geralmente utilizado nos encontros iniciais é a entrevista, que gera informações verbais e também respostas não verbais, coocorrentes, às quais o clínico analítico-comportamental deve estar atendendo.

Zaro e colaboradores (1980), entre outros, traziam para a clínica comportamental a proposta de observação informal do comportamento do cliente no *setting* clínico. A forma como o cliente relatava ou omitia, detalhava ou dispersava as informações requeridas pelo analista deveria ser observada e analisada quanto à sua função e relação com os comportamentos-alvo. Kohlenberg e Tsai (1991) intensificaram a proposta, acrescentando que, além de observar e analisar os comportamentos do cliente na relação, o clínico poderia discutir com ele tais constatações, transformando a sessão de análise em um instrumento de avaliação e intervenção clínica que por si produziria mudanças comportamentais através da relação entre o profissional e o cliente. Quando a relação terapeuta-cliente representa uma amostra significativa das demais relações do cliente com outros em situações extraconsultório, os ganhos obtidos ali, por generalização e equivalência, estender-se-ão para outros contextos.

> Quando a relação terapeuta-cliente representa uma amostra significativa das demais relações do cliente com outros em situações extraconsultório, os ganhos obtidos ali, por generalização e equivalência, estender-se-ão para outros contextos.

→ AGINDO PARA QUE A FAP POSSA SER REALIZADA

Os comportamentos de interesse, para a FAP, são os que fazem parte da classe funcional que tem relação com o comportamento-alvo e que ocorrem na sessão. Tais classes são identificadas a partir das informações coletadas e são denominadas comportamentos clinicamente relevantes ou CRBs 1, 2 e 3. Os CRBs1 fazem parte da classe de comportamentos "problemas"; os CRBs2 se referem aos comportamentos de melhora, geralmente incompatíveis ou alternativos aos primeiros, enquanto os CRBs3 são as interpretações e a análise apropriadas que o cliente faz a respei-

> Podemos agrupar, os comportamentos clinicamente relevantes que ocorrem na sessão, em três conjuntos: CRB1, respostas que fazem parte da classe de comportamentos "problema"; CRB2, respostas alternativas às da classe "problema", que indicam melhora; e CRB3, interpretações e análises do próprio cliente à respeito de seus comportamentos.

to de seu próprio comportamento fora ou dentro da sessão.

Os CRBs podem aparecer em muitas situações, e muitas delas são comuns ao contexto clínico, tais como a estrutura da hora clínica, a sala de espera, "erros" ou comportamentos não intencionais do clínico, a expressão de seu afeto, cuidado ou seu *feedback*, etc. E qualquer resposta só será importante por sua possível relevância clínica, e discutir sua interação com o clínico não é tarefa fácil para muitos clientes. Assim, os autores recomendam que os clientes sejam introduzidos gradualmente neste processo, desde o início. Como ajuda, sugerem que os clínicos:

a) encorajem, valorizem as descrições do cliente relacionadas com os estímulos presentes no contexto terapêutico (por exemplo, comentários sobre o clínico, o processo clínico, a relação terapêutica, etc.);
b) encorajem as comparações de comportamentos que ocorrem na sessão com os que ocorrem na vida diária (por exemplo, a fala de um cliente de que a ansiedade que sentiu ao contar algo ao clínico foi similar à sentida ao falar com seu chefe), especificando os estímulos de controle que são comuns aos dois momentos;
c) encorajem o cliente a fazer sugestões, queixas e pedidos diretos e objetivos (tais como "por favor, ligue pra mim mais depressa da próxima vez"), respondendo realisticamente às suas demandas e aprovando seu comportamento assertivo;
d) usem as descrições do cliente sobre o que ocorre na sua vida como metáfora para eventos que ocorrem na sessão, especificando, por exemplo, se uma dada fala não traz um significado encoberto. Se o cliente comenta o quanto seu dentista é incompetente, o clínico pode investigar se ele não está achando o mesmo dele (analista), ajudando-o a ter uma resposta mais direta e aversiva.

Na FAP, o clínico e seu comportamento podem assumir as funções de estímulo eliciador, reforçador e discriminativo para os comportamentos dos clientes. Uma vez que comportamentos clinicamente relevantes do cliente ocorrem e sejam modificados no contexto clínico, eles poderão ser generalizados para situações funcionalmente semelhantes importantes, de fato, para o cliente. Não é a relação do clínico com o cliente o que, em última instância, importa.

→ CONSIDERAÇÕES FINAIS

Como vimos, o ambiente da clínica e da sala de espera e os comportamentos da equipe e dos clínicos, além de gerarem bem-estar ao cliente, podem aumentar a probabilidade de sua adesão ao processo psicoterápico e ajudar na formação de conceitos "positivos"[1] sobre a psicologia, a psicoterapia, a análise e o analista do comportamento e os demais relacionados. Trata-se, portanto, de criar condições antecedentes que funcionem como operações motivadoras para comportamentos de vir, permanecer e confiar, e, ainda, estabelecer o clínico e seus comportamentos como estímulos discriminativos, eliciadores e reforçadores para o desenvolvimento do repertório do cliente que o aproxima de suas metas terapêuticas. Isso não se faz simplesmente seguindo regras, mas estando sensível às contingências. Parte delas se relaciona à compreensão de que o sofrimento que o cliente traz vai além da queixa.

Vir à análise nem sempre é uma decisão fácil, e muitos sabem que, na tentativa de sofrer menos, poderão passar por outra forma de sofrimento, por ter que revelar comportamentos ou experiências passíveis de punição social ou "reviver" cenas que geram respondentes desagradáveis. Embora possa parecer um privilégio ter o apoio de um clínico, há sempre um custo pessoal, financeiro e mesmo social que acompanha cada cliente.

A nossa cultura ainda hoje julga sentimentos como "certos ou errados", e banaliza a dificuldade de cada um em "ter ou não" e "controlar ou não" os que são indesejáveis. A impressão que muitos clientes têm é que os mortais com quem convive, principalmente o analista, podem controlar seus sentimentos através de uma ação direta que incida diretamente sobre eles. Muitos aprenderam a confundir-se sobre o seu próprio autoconceito e agregar a si mesmos rótulos generalizados a partir de críticas recebidas.

Geralmente, os clientes se sentem infelizes e cheios de comportamentos de fuga e esquiva, e o clínico deverá bloqueá-los, o que deve ser feito de forma a minimizar o uso de estratégias aversivas e maximizar os reforçadores naturais imbricados na relação terapêutica, uma vez que são esses que podem promover inicialmente sentimentos relativos à felicidade.

Enfim, não tivemos a pretensão de discorrer sobre todos os aspectos que afetam as queixas psicológicas e nem encaminhar soluções para todos os problemas que cercam as primeiras interações terapeuta-cliente no contexto clínico. Desejamos, sim, demonstrar que, quando nós, analistas do comportamento, recebemos um cliente, sabemos que há muito mais em questão do que as regras terapêuticas, a teoria ou a queixa ouvida na primeira sessão. Também as nossas ações e suas consequências vão muito além das que são planejadas, observadas, controladas, descritas ou desejadas! Nos mais diversos papéis que exercemos, nossas ações produzem mudanças em cadeia nas nossas relações e nas dos outros à nossa volta. Sabendo disso, procuramos sempre, como clínicos, propagar e potencializar o efeito de ações "positivas" em todos os contextos.

Esperamos ter cooperado com algumas observações e cuidados que nos pareceram úteis, aprendidos nestas três décadas de experiência compartilhada com outros colegas da análise clínico-comportamental do Brasil. Nossa experiência de convívio, como grupo, tem demonstrado duas "verdades" que teoricamente sempre apregoamos: que é possível uma convivência humana intensa com poucos controles aversivos, e que o reforçamento natural vigente nas nossas relações de amizade aumenta nossos sentimentos de alegria, autoestima e autoconfiança, assim como a nossa competência. Essas relações, na verdade, têm-nos ensinado como ser melhores clínicos!

> É possível uma convivência humana intensa com poucos controles aversivos, e que o reforçamento natural vigente nas nossas relações de amizade aumenta nossos sentimentos de alegria, autoestima e autoconfiança, assim como a nossa competência.

→ NOTA

1. Ao longo do capítulo, será possível identificar, algumas vezes, o emprego do termo "positivo". Como o termo é empregado pela análise do comportamento para se referir à adição de algo, vamos utilizá-lo entre aspas quando quisermos nos referir a um valor, tal como: bom, agradável, etc.

→ REFERÊNCIAS

Kohlenberg, R. J., & Tsai, M. (1991). *Psicoterapia analítica funcional*: Criando relações terapêuticas intensas e curativas. São Paulo: ESETec.

Skinner, B. F. (1953). *Ciência e comportamento humano*. São Paulo: Martins Fontes.

Zaro, J. S., Barach, R., Nedelman, D. J., & Dreiblatt, I. S. (1980). *Introdução à prática psicoterapêutica*. São Paulo: EPU.

14 A escuta cautelosa nos encontros iniciais:
a importância do clínico analítico-comportamental ficar sob controle das nuances do comportamento verbal

Ghoeber Morales dos Santos
Maxleila Reis Martins Santos
Vívian Marchezini-Cunha[1]

ASSUNTOS DO CAPÍTULO

→ Os papéis de falante e ouvinte do cliente e do clínico.
→ A escuta terapêutica e seus efeitos clínicos.
→ Como o cliente tende a se comportar nos encontros iniciais.
→ Algumas formas pelas quais o cliente pode testar o clínico.
→ Audiência não punitiva como ferramenta clínica.
→ Os perigos da punição no contexto clínico.
→ O que investigar através da escuta terapêutica.
→ A análise do comportamento verbal no contexto clínico.
→ Principais operantes verbais emitidos no contexto clínico.
→ Análise de correspondência entre comportamento verbal e não verbal do cliente.
→ Análise das contingências que controlam os comportamentos do clínico e do cliente em suas interações verbais.

Os encontros iniciais entre clínico e cliente exercem importantes funções para o processo clínico como um todo. São nesses primeiros encontros que o vínculo entre analista e cliente será formado, serão coletadas informações importantes acerca da queixa do cliente – o motivo que o trouxe à terapia – e acerca daqueles eventos e situações que se relacionam de alguma maneira à queixa. A partir das informações obtidas nos encontros iniciais, o clínico formula hipóteses sobre os determinantes da queixa do cliente e o programa de intervenções, as quais serão realizadas posteriormente.

Ambas as funções dos encontros iniciais – interação e de coleta de dados – são construídas baseando-se principalmente nas interações verbais estabelecidas entre analista e cliente. Durante toda a sessão, existe alternância de papéis de falante e de ouvinte. Os comportamentos que esses papéis envolvem são importantes para a continuidade da interação verbal e para o alcance dos objetivos da sessão. Falando (fazendo perguntas, relatando eventos, descrevendo respostas abertas e encobertas, esclarecendo dúvidas) ou ouvindo, ambos funcionam como ambiente para o outro e vão aos poucos construindo uma relação (cf. Meyer e Vermes, 2001; Skinner, 1953/2000).

Nos encontros iniciais, é comum o clínico limitar-se a fazer perguntas e indicar compreensão do que é dito, intervindo poucas vezes com *feedbacks* ou conselhos. Nessas primeiras sessões, o analista pratica a maior parte do tempo o que pode ser chamado de escuta ou audiência não punitiva. A audiência não punitiva é uma escuta diferente, que envolve observação atenta ao que o cliente diz, bem como expressão de respeito e compreensão em relação ao que é dito. A escuta do clínico, nos encontros iniciais, pode produzir, por si mesma, efeitos benéficos para o cliente: ao fazer perguntas e ouvi-las atentamente, o clínico pode ajudar o cliente a olhar mais claramente para as situações e seus sentimentos. De maneira mais simples e fundamental, a escuta cautelosa do clínico favorece o engajamento do cliente no processo terapêutico, uma vez que o fato de estar em terapia já é valorizado pelo profissional.

> Nos encontros iniciais é comum o clínico se limitar a fazer perguntas e indicar compreensão do que é dito, intervindo poucas vezes com *feedbacks* ou conselhos.

> A audiência não punitiva pode promover: fortalecimento do vínculo entre cliente e clínico; trazer alívio de sofrimento, ao se sentir acolhido; promover autoconhecimento, ao atentar para as respostas que dá às questões feitas pelo clínico; e, engajamento no trabalho, em decorrência de todos os fatores acima.

É exatamente por não haver sido construída ainda uma relação sólida entre analista e cliente (já que uma relação se constrói por uma história de reforçamento compartilhada pela díade) que o clínico deve apresentar, nos encontros iniciais, uma escuta bastante cautelosa. A busca por ajuda terapêutica é um processo que, por si só, merece atenção e análise. É um engano pensar que todo cliente traz, nos encontros iniciais, uma descrição ampla e fidedigna de sua história, de sua situação atual e de suas reflexões e hipóteses acerca de sua queixa. Deve-se lembrar que o cliente, ao buscar por ajuda psicológica, depara-se com uma situação que, para muitos, nem sempre é confortável: expor-se a uma pessoa desconhecida, relatando suas dificuldades, limitações, apreensões, falhas, etc.

> É um engano pensar que todo cliente traz, nos encontros iniciais, uma descrição ampla e fidedigna de sua história, de sua situação atual e de suas reflexões e hipóteses acerca de sua queixa.

Nessa situação, é esperado que o cliente se sinta receoso, afinal, ele está relatando aspectos de sua vida que não são tidos como "positivos" pelas pessoas de seu convívio. Assim, estaria o clínico, de fato, preparado para ouvir e compreender o que o cliente tem a dizer? Esta é uma pergunta que muitos clientes se fazem quando começam um processo de análise. Esse receio do cliente pode ser explicado pelo fato de o clínico também fazer parte de uma sociedade com valores e crenças específicas a respeito da vida.

Não seria confortável para o cliente, ao procurar um profissional para ajudá-lo a lidar melhor com questões que lhe trazem sofrimento, sentir-se de alguma forma rotulado pelo clínico como "inadequado", "fraco", "sem valor", "fútil", "malvado", "egoísta", etc. Por-

> Não é raro observar clientes testando até que ponto podem, de fato, relatar com tranquilidade as questões que os incomodam.

tanto, não é raro observar clientes testando[2] até que ponto podem, de fato, relatar com tranquilidade as questões que os incomodam. Tais "testes" podem ser ilustrados por comportamentos como:

a) Relatar apenas trechos de situações por eles vivenciadas (nesse caso, trechos que inicialmente contenham poucos conteúdos que em sua história foram punidos por pessoas que fazem parte de sua vida – pais, irmãos, namorado(a), amigos, colegas de trabalho, etc.). Exemplo: um cliente que está considerando a possibilidade de comprar uma carteira de motorista pode dizer, de início, que tem encontrado dificuldades em passar no exame de direção e que, nessas situações, a vontade que sente é de comprar uma carteira.
b) Falar de problemas pessoais, porém, utilizando-se de outras pessoas para tal: Exemplo: dizer que uma amiga, depois de tanto tentar passar no exame de direção, acabou desistindo e comprou a carteira.
c) Falar de problemas pessoais, porém, utilizando-se de material divulgado em telejornais, revistas semanais ou outros meios de comunicação para tal. Exemplo: comentar na sessão sobre a reportagem da TV sobre a apreensão de pessoas que compraram carteiras de motorista.
d) Perguntas diretas, ao analista, sobre a opinião e posicionamento dele em relação a certos assuntos. Exemplo: um cliente pode, antes de dizer que está pensando em comprar uma carteira de motorista, sondar diretamente a opinião do clínico a respeito de comportamentos rotulados pela sociedade como "não éticos" ou "errados".
e) Relatar ao clínico atitudes que tem pensado em tomar, mas, logo em seguida, explicitar que, apesar de pensar em emitir tais respostas, sabe que é errado e que não faria isso. Exemplo: o cliente diz: "Está tão difícil passar no exame de direção, e eu já gastei tanto dinheiro com isso que, às vezes, me dá vontade de comprar uma carteira de motorista! Mas eu sei que isso é errado, então, eu nunca faria isso!".

Em todas essas situações, o cliente pode averiguar como o clínico responde. Ou seja, investigar se o profissional age de forma similar ao modo como outras pessoas de seu convívio fazem (punindo essas respostas – através de críticas, piadinhas maldosas, humilhações, repreensões verbais, etc.) ou se ele adota uma postura diferenciada, no sentido de acolher e não julgar suas atitudes. Essa segunda postura do clínico se refere ao que, na análise do comportamento, é chamado de audiência não punitiva.

Skinner, ao abordar a psicoterapia enquanto uma das agências que exercem controle sobre o comportamento, apontou a importância da audiência não punitiva como uma das principais técnicas terapêuticas, especialmente no início de um processo analítico. Segundo o autor, o processo através do qual um clínico passa a funcionar como uma audiência não punitiva pode levar tempo. Isso porque, inicialmente, o cliente vê o clínico como mais uma pessoa dentre as tantas que exercem controle aversivo sobre sua vida. Para alterar essa imagem que o cliente possa vir a ter do analista, é necessário que este evite ao máximo o uso da punição. Assim, o clínico precisa fornecer uma escuta diferenciada, na qual não desaprove nem critique nenhum dos comportamentos emitidos ou relatados pelo cliente. (cf. Skinner, 1953/2000).

A postura do clínico como uma audiência não punitiva pode funcionar, então, nas sessões iniciais, como ocasião para o cliente voltar a emitir comportamentos que foram

> A audiência não punitiva é um dos principais recursos clínicos, principalmente no início do trabalho.

> A postura do clínico como uma audiência não punitiva pode funcionar então, nas sessões iniciais, como ocasião para o cliente voltar a emitir comportamentos que foram suprimidos pela punição.

suprimidos pela punição. Assim, a cliente que evitava falar sobre sua ideia de comprar uma carteira de habilitação, ao insinuar o assunto e ser acolhida, pode falar abertamente sobre isso, sem medo da reação do analista. Isso quer dizer que, se a contingência de punição não se estabelecer no contexto clínico, é provável que o cliente passe a relatar, no consultório, coisas que faz e que são classificadas pela sociedade como "erradas" ou "inadequadas". E, posteriormente, por não ser julgado pelo clínico, pode passar a se comportar de tais formas em seu dia a dia, assumindo as consequências de tal posicionamento.

Para Skinner, o principal efeito do processo de análise é a extinção de alguns efeitos da punição. E isso será possível, de acordo com ele, a partir do momento em que o clínico fizer com que o cliente emita respostas que previamente foram punidas (ou fale sobre tais comportamentos) em sua presença.

Sidman (1989/1995), ao discutir a punição enquanto uma das formas de controle coercitivo, apresenta alguns de seus efeitos colaterais, ou seja, alguns efeitos não pretendidos pelas pessoas que se utilizam da punição como uma forma de controle do comportamento. Aplicando ao nosso caso, três desses efeitos têm implicações fundamentais para o bom andamento do processo clínico, principalmente em seu início: o comportamento de fuga, o comportamento de esquiva e a punição condicionada.

> O uso de punição no contexto clínico pode levar a, pelo menos, três efeitos indesejáveis: fuga, esquiva e respondentes condicionais aversivos.

Caso o clínico não se estabeleça enquanto uma audiência não punitiva, tais efeitos provavelmente serão observados. Ou seja, quando o clínico abordar assuntos delicados para o cliente, diante dos quais este geralmente sofreu punição no passado, pode-se esperar que ele emita respostas de fuga (mudando de assunto, por exemplo, quando o analista questiona a cliente sobre as possíveis consequências aversivas da compra da carteira de habilitação, questionamento este que já foi feito por amigos da cliente).

Por outro lado, pode-se observar o cliente emitindo respostas de esquiva, gastando assim um tempo grande da sessão discutindo acontecimentos de menor relevância, impedindo que haja espaço para o analista tocar em pontos difíceis para o cliente. Por exemplo, a cliente fica contando detalhadamente o que ocorreu no final de semana e não discute a compra da carteira de habilitação que tem lhe gerado sofrimento.

Para completar, o próprio analista, bem como o *setting* terapêutico, podem começar a exercer funções aversivas que evocam respostas de fuga ou esquiva do cliente. Além disso, as próprias sensações corporais sentidas pelo cliente como aversivas nesse tipo de situação, e que geralmente precedem seu relato, também passam a funcionar como aversivos dos quais ele tenta se esquivar. Indícios de que isso esteja acontecendo são faltas e atrasos do cliente às sessões seguintes. Obviamente, nenhuma das situações acima é favorável ao estabelecimento de um bom vínculo terapêutico e à continuidade do processo clínico.

Não é difícil, portanto, vislumbrar a extrema relevância da audiência não punitiva. Caso ela seja implementada, "o paciente se sente menos errado, menos culpado, ou menos pecador" (Skinner, 1953/2000, p. 404).

Diante da baixa probabilidade de um indivíduo emitir verbalizações totalmente correspondentes aos eventos de sua vida nos primeiros encontros com um desconhecido, o clínico deve assumir, além de uma postura não punitiva, uma escuta cautelosa daquilo que o cliente relata. Com esta escuta, o clínico buscaria identificar na situação clínica e na história de reforçamento compartilhada com o cliente os determinantes das verbalizações deste, evitando, assim, que conteúdos importantes passem despercebidos por não estarem explícitos em tais verbalizações.

> Escuta cautelosa refere-se à capacidade discriminativa do clínico de ficar sob controle das sutilezas verbais e não verbais do comportamento do cliente.
>
> Através da escuta cautelosa o clínico deve buscar identificar, na situação clínica e na história de reforçamento compartilhada os determinantes das verbalizações do cliente, evitando, assim, que conteúdos importantes passem despercebidos por não estarem explícitos em tais verbalizações.

Quando se fala de uma escuta cautelosa, no sentido de o clínico discriminar cuidadosamente aspectos do comportamento do cliente que está a sua frente, é importante lembrar que o cliente em sessão emite respostas verbais e não verbais; sendo assim, o analista deverá estar atento aos dois conjuntos de comportamentos.

A análise envolve predominantemente comportamentos verbais; sendo assim, faz-se necessário definir comportamento verbal. Comportamento verbal pode ser vocal ou não vocal (gestos, texto escrito, linguagem de sinais, etc.). O comportamento verbal é um comportamento operante que é caracterizado por estabelecer uma relação mediada com o ambiente e produz efeito primeiramente no outro (ouvinte), especialmente treinado em sua comunidade verbal a agir como tal. Isso quer dizer que o comportamento verbal pode ser selecionado pelo efeito que produz no ouvinte, sendo que o ouvinte pode ser a própria pessoa que está agindo. Por isso, é preciso ficar atento à maneira como o clínico consequencia os relatos do cliente (reforçando, punindo ou colocando-os em extinção).[3]

Ao fazer a análise do comportamento verbal em termos funcionais, Skinner, no livro *Comportamento verbal* (1957), propôs uma classificação em operantes verbais distinguidos pelas variáveis que os controlam (antecedentes e consequentes) e pela topografia que apresentam. Skinner classificou os operantes verbais em seis tipos: mando, tato, ecoico, textual, transcrição e intraverbal. Também classificou o autoclítico como um operante verbal secundário. Pela alta frequência com que ocorrem em um processo de análise, abordaremos aqui apenas três operantes (tato, mando e intraverbal) e algumas de suas distorções.

O cliente, na sessão, pode relatar o que aconteceu com ele (no passado), o que está acontecendo (no presente), o que provavelmente acontecerá (no futuro) ou dizer sobre o que ele está sentindo. Em todos esses relatos, caso ele esteja sob controle do que realmente ocorreu ou está ocorrendo, essas descrições verbais são classificadas como tatos. O tato é uma resposta verbal controlada por um estímulo antecedente não verbal e o reforço para sua emissão é generalizado; nesta resposta verbal, o controle sobre o responder está na relação com o estímulo antecedente.

> O tato é uma resposta verbal controlada por um estímulo antecedente não verbal e o reforço para sua emissão é generalizado; nesta resposta verbal, o controle sobre o responder está na relação com o estímulo antecedente.

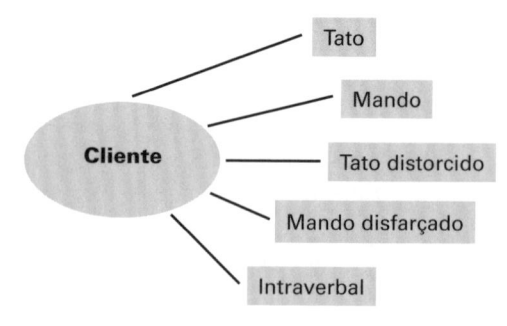

FIGURA 14.1 Operantes verbais mais comumente emitidos pelo cliente em análise.

Para ilustrar a emissão de tato, pode-se pensar em uma situação em que o clínico pergunta sobre o final de semana e o cliente responde com uma descrição sob controle dos acontecimentos que de fato ele vivenciou; seguindo-se a esse relato, o clínico diz "hum, hum". O relato verbal do cliente, nesse caso, está principalmente sob controle do estímulo antecedente (final de semana), e não sob controle de outra variável fornecida pelo analista.

Em contato com contingências aversivas, o comportamento verbal pode sofrer distorções, que são formas de esquiva ou fuga de possíveis punições. Se o cliente sofreu punições ao emitir relatos fidedignos em sua vida, pode ter aprendido a distorcer ou omitir fatos, não emitindo relatos fidedignos. Caso uma cliente tenha vivido uma situação aversiva ao relatar para pessoas que ela frequenta uma casa de *swing*, e que é assim que se diverte aos finais de semana, ela pode não relatar essas informações ao clínico nas primeiras sessões, quando lhe é solicitado um relato sobre atividades de lazer; em vez disso, diz que foi a uma festa – esse é um exemplo de tato distorcido. O tato distorcido é uma descrição verbal que sofre modificação devido ao efeito que exerce sobre o ouvinte.

> O tato distorcido é uma descrição verbal que sofre modificação devido ao efeito que exerce sobre o ouvinte.

O cliente no consultório também realiza pedidos e solicitações; esses relatos são classificados como mandos. Mando é um operante verbal que tem uma consequência reforçadora específica que é importante para o falante devido a uma situação de privação ou estimulação aversiva.

> Mando é um operante verbal que tem uma consequência reforçadora específica que é importante para o falante devido a uma situação de privação ou estimulação aversiva.

Ao emitir um mando (por exemplo, fazer um pedido), o cliente aguarda um efeito específico sobre o ouvinte. Por exemplo, durante o atendimento, o cliente, que passa por dificuldades financeiras, pode perguntar ao clínico se é possível uma redução no valor da sessão; essa resposta verbal só é reforçada pela resposta afirmativa do clínico.

O mando pode, assim como o tato, descrito anteriormente, sofrer manipulações, caso o cliente tenha sido punido ao emiti-lo em outra situação. Pode-se pensar em uma situação na qual o clínico apresenta o valor de sua sessão e o cliente diz: "Estou passando por algumas dificuldades financeiras no momento". O cliente não solicita diretamente uma redução no valor da sessão (mando), apenas relata que está passando por dificuldades financeiras. Em relação à forma, o relato se assemelha a um tato; no entanto, é bem possível que seja emitido para exercer função de mando, ou seja, um pedido de redução no valor de forma indireta. Esse tipo de resposta é nomeada de mando disfarçado. Mandos disfarçados são respostas verbais que possuem forma de tato; no entanto, estão sob controle de consequências específicas como um mando, ou seja, têm função de mando.

> Mandos disfarçados são respostas verbais que possuem forma de tato; no entanto, estão sob controle de consequências específicas como um mando, ou seja, têm função de mando.

Uma mãe, ao levar o filho ao psicólogo, pode relatar que ele está hiperativo; no entanto, ao ser solicitada pelo clínico que descreva o que está acontecendo, a mãe apresenta dificuldade para relatar e repete a informação que recebeu na escola. Nesse caso, a mãe não está sob controle dos comportamentos emitidos por seu filho, mas sim do que foi dito pela escola (estímulo antecedente verbal). Nesse caso, não

> Intraverbais são muito comuns no contexto clínico, principalmente quando a queixa não é da própria pessoa e sim de um terceiro.

apresenta um tato, mas um intraverbal. O operante intraverbal é controlado por estímulo discriminativo verbal, e as consequências que mantêm esta resposta são reforçadores generalizados.

Skinner ressalta que operantes intraverbais são comuns, como muitas vezes ocorre com as respostas verbais de uma interação social simples, como, por exemplo, "Como vai você?", e ocorre a resposta verbal "Bem, obrigado". Se em tal interação a resposta for controlada pela estimulação verbal e não por qualquer outro estado ou estimulação presente, como, por exemplo, o estado corporal do falante, então a resposta será um intraverbal. Podemos pensar aqui que, na interação verbal com o cliente, o clínico deve estar atento para identificar se o cliente está emitindo um tato ou intraverbal. Quando o cliente responde à pergunta "Como foi a sua semana?" dizendo que "Foi boa.", a princípio não é possível distinguir se essa resposta corresponde realmente a um tato ou a um intraverbal.

Ter acesso a correlatos públicos do comportamento do cliente e também solicitar que ele descreva de forma mais minuciosa seus comportamentos são formas de criar condições para a emissão de tatos, que são importantes em um processo terapêutico. É necessário que o clínico forneça condições para emissão de tatos por meio de perguntas, para fazer com o que o cliente aprenda a relatar o que ele fez, em quais condições e os efeitos produzidos. Caso o clínico apresente suas próprias análises ao cliente, corre-se o risco de este repeti-las em sessão (intraverbalizar) sem ter aprendido a analisar ou descrever o seu comportamento sob controle do que realmente ocorreu com ele. Caso o clínico reforce intraverbais, corre-se o risco de o cliente passar a dizer aquilo que é reforçado (sob controle do efeito no clínico) e não o que realmente ocorreu.

Pode-se argumentar que, se estamos falando de escuta, esta diria respeito somente ao comportamento verbal-vocal, ou seja, a fala. No entanto, há pelo menos dois aspectos que devem ser ressaltados:

a) o comportamento verbal pode ser não vocal (gestos de cabeça para um lado e para o outro, por exemplo, podem ter a mesma função da verbalização "não"); e
b) é comum haver incongruências em relação àquilo que o cliente diz e o modo como ele se expressa diante do clínico.

Portanto, comportamentos não verbais, como gestos e expressões faciais que acompanham o comportamento verbal, podem fornecer ao clínico dicas das prováveis contingências que estão vigorando e sinalizar uma provável distorção do relato verbal.

O clínico pode identificar possíveis incongruências entre as respostas verbais e as respostas não verbais emitidas por seu cliente. Assim, a não correspondência pode sinalizar que existem fontes de controle diferentes sobre os dois tipos de respostas. Segundo Skinner, os comportamentos correlatos públicos podem fornecer informações sobre os comportamentos e estados corporais sentidos. Por consequência, são também dicas do que o cliente está vivendo. Por exemplo, o cliente relata que está se sentindo bem (resposta verbal), no entanto, está lacrimejando, contraindo o queixo e esfregando uma mão contra a outra (respostas não verbais). Nesse exemplo, o clínico deverá identificar uma possível incongruência entre o que o cliente diz e o que ele sente. Podem-se identificar dois controles vigorando: um sobre o relato verbal e outro sobre a resposta não verbal. Provavelmente, o cliente está distorcendo a descrição dos seus sentimentos (tato distorcido) ou está respondendo por convenção social (intraverbal).

> O clínico pode identificar possíveis incongruências entre as respostas verbais e as respostas não verbais emitidas por seu cliente. Assim, a não correspondência pode sinalizar que existem fontes de controle diferentes sobre os dois tipos de respostas.

Identificar os operantes verbais básicos emitidos pelo cliente pode ser uma tarefa relativamente fácil. No entanto, muitos aspectos concorrem para uma correta identificação de tatos distorcidos, mandos disfarçados e intraverbais emitidos pelo cliente nas sessões iniciais. É preciso levar em consideração que as interações do analista com o cliente ficam sob controle de diversos aspectos, a saber:

a) os comportamentos verbais e não verbais emitidos pelo cliente;
b) orientações teóricas e práticas da abordagem analítico-comportamental, e
c) história profissional e pessoal do clínico.

Sendo assim, quando o cliente faz um relato que não corresponde precisamente aos eventos de sua vida (tato distorcido), ou quando parece estar descrevendo algo mas está, na verdade, solicitando alguma coisa ao clínico (mando disfarçado), é possível que o clínico não identifique essas outras funções por conta de sua história pessoal ou da história de interação com outros clientes. Isso é especialmente comum no caso de clínicos iniciantes, que, durante o atendimento, muitas vezes estão inseguros, ansiosos e respondendo muito sob controle de regras ("Nesta situação, meu supervisor me orientaria a..."), de estimulações internas ("Estou tremendo tanto... será que o cliente está percebendo?"), sob controle de reforçadores dispostos pelo cliente ("Será que ele vai gostar de mim como clínico?") e, não raro, apresentam pouco domínio da teoria que deveria fundamentar sua prática.

A partir dessas considerações, pode-se concluir que, para identificar as nuances das funções das verbalizações do cliente, é preciso que o clínico esteja, tanto quanto possível, sob controle do "aqui e agora" das relações que o próprio cliente estabelece entre suas verbalizações e as reações do clínico. É preciso, portanto, estar atento à interação com aquele cliente específico, à construção daquela história parti-

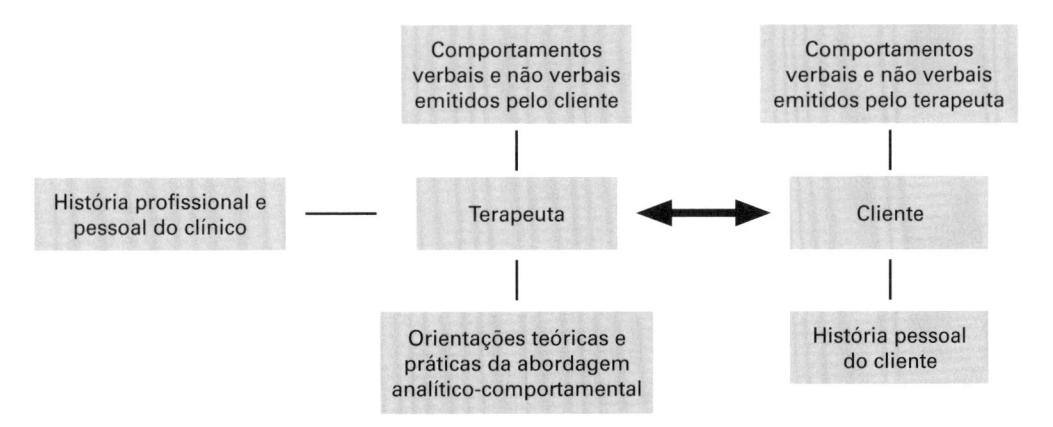

FIGURA 14.2 Apresentação das variáveis que controlam o comportamento do clínico e do cliente em uma interação verbal.

cular. Que funções a fala do cliente tem naquele momento? A que contextos esta fala está relacionada? Se o clínico ficar sob controle do que "geralmente" aquela verbalização significa, ele pode perder informações importantes sobre a vida do cliente e sua maneira de se relacionar com seu ambiente – físico e social. O clínico analítico-comportamental deve sempre lembrar que o significado dos comportamentos é dado por sua função, e é construído na interação com o ambiente, e não por sua topografia ou pela forma como ele é emitido. Ou seja, para definir determinada verbalização como uma descrição (tato) ou como um pedido (mando), o clínico deve dar menos importância a sua forma e buscar identificar o contexto em que tal verbalização é emitida e/ou os efeitos que ela produz – no caso, neste ambiente específico, o terapêutico.

> Se o clínico ficar sob controle do que "geralmente" aquela verbalização significa, ele pode perder informações importantes sobre a vida do cliente e sua maneira de se relacionar com seu ambiente – físico e social.

A partir do que foi apresentado, conclui-se que o que está sendo chamado de uma escuta cautelosa envolve a postura de audiência não punitiva e a identificação das variáveis que controlam os comportamentos verbais e não verbais do cliente, bem como os comportamentos do próprio clínico. Em se tratando de uma relação na qual tanto o analista quanto o cliente são ouvintes e falantes, e emitem respostas verbais e não verbais, espera-se que o clínico observe com cautela seus próprios comportamentos verbais e não verbais. O clínico deve apresentar comportamentos não verbais não punitivos e congruentes com os comportamentos verbais (também não punitivos). Para garantirmos a audiência não punitiva tão valorizada quando se trata da relação terapêutica, o clínico deve necessariamente desenvolver auto-observação sobre esses dois grupos de comportamentos emitidos por ele próprio em sessão.

> Espera-se que o clínico observe com cautela seus próprios comportamentos verbais e não verbais, ele deve apresentar comportamentos não verbais não punitivos e congruentes com os comportamentos verbais (também não punitivos).

Uma escuta cautelosa é desenvolvida a partir do repertório de auto-observação do clínico e da sensibilidade ao comportamento do cliente (produzidos por meio de supervisão clínica com clínicos experientes e a submissão a processo de análise pessoal), bem como de estudos contínuos sobre a abordagem analítico-comportamental e seus pressupostos norteadores.[4]

→ NOTAS

1. A ordem dos autores é meramente alfabética.
2. Vale lembrar que uma pessoa pode se comportar mesmo sem ter consciência do que controla seu comportamento. Portanto, é possível que o cliente se comporte de tal maneira, mesmo sem saber o que está fazendo ou ter controle do que o faz.
3. Para um aprofundamento do conceito de *comportamento verbal* e dos demais operantes verbais, consultar o Capítulo 6.
4. Para mais, veja os Capítulos 22 e 23.

→ REFERÊNCIAS

Meyer, S., & Vermes, J. S. (2001). Relação terapêutica. In B. Rangé (Org.), *Psicoterapias cognitivo-comportamentais: Um diálogo com a psiquiatria* (pp. 101-110). Porto Alegre: Artmed.

Sidman, M. (1995). *Coerção e suas implicações*. Campinas: Editorial Psy. (Trabalho original publicado em 1989)

Skinner, B. F. (1978). *O comportamento verbal*. São Paulo: Cultrix. (Trabalho original publicado em 1957)

Skinner, B. F. (2000). *Ciência e comportamento humano*. São Paulo: Martins Fontes. (Trabalho original publicado em 1953)

O uso de técnicas na clínica analítico--comportamental[1]

Giovana Del Prette
Tatiana Araujo Carvalho de Almeida

ASSUNTOS DO CAPÍTULO

→ Definição de técnicas.
→ Discussão sobre o uso de técnicas.
→ Algumas técnicas de intervenção sobre comportamentos operantes e respondentes.
→ Classificação das técnicas a partir do foco da intervenção.

Neste capítulo, faremos uma discussão a respeito do uso de técnicas pelo clínico analítico--comportamental. Inicialmente, apresentaremos a definição de técnica e como situá-la dentre as diversas atividades realizadas pelo clínico. A seguir, descreveremos como utilizar técnicas ou outras intervenções menos sistemáticas a partir da coleta de informações e análise de contingências realizadas sobre um caso clínico hipotético. Em seguida, proporemos uma classificação de algumas intervenções segundo sua predominância sobre os antecedentes, respostas do cliente e consequências. A descrição minuciosa de cada técnica não é foco deste capítulo, entretanto, apresentaremos aqui algumas de suas características, conceitos e princípios subjacentes para discutir as implicações de sua escolha e utilização.

Técnicas são a sistematização de intervenções com vistas a determinados resultados diante de situações específicas. Nesse sentido, técnicas funcionam como antecedentes (regras e/ou modelos) para a classe de respostas do clínico de segui-las (responder sob controle delas) e tentar produzir consequências iguais ou semelhantes àquelas por elas especificadas. Por "sistematização" queremos dizer que a técnica possui:

> Técnicas são a sistematização de intervenções com vistas a determinados resultados diante de situações específicas.

a) descrição suficientemente precisa e padronizada, de modo que possa servir para treino e aplicação por outrem, e
b) resultados empiricamente comprovados a respeito de sua efetividade.

Neste capítulo, vamos denominar de técnicas somente aquelas intervenções que, de alguma maneira, foram testadas em estudos científicos e descritas, garantindo algum grau de confiança a respeito de serem elas as responsáveis pelas mudanças ocorridas.

Nesse sentido, diferentes campos do saber podem ter suas técnicas: um oftalmologista pode utilizar técnicas para manejar aparelhos e, com isso, avaliar o grau de miopia de seus pacientes; um advogado pode utilizar técnicas de oratória e convencer o júri; um psicólogo psicanalista pode utilizar a técnica da associação livre e obter, como consequência, o relato do cliente sobre conteúdos inconscientes. Dentro da psicologia, diferentes abordagens teóricas podem construir técnicas a serem utilizadas na prática profissional. O mesmo vale para a análise do comportamento. O diagrama a seguir contextualiza o uso de técnicas em clínica analítico-comportamental, em relação a outras atividades principais do clínico:

De acordo com a Figura 15.1, no processo clínico analítico-comportamental, a análise de contingências (1) é a ferramenta teórico-prática do profissional: teórica no sentido de ser norteada pelo referencial conceitual da análise do comportamento e prática no sentido de orientar os processos aplicados de avaliação e de intervenção. Na Figura 15.1, a análise de contingências está representada como algo mais amplo do que a avaliação funcional porque estamos destacando que ela se torna, de certa forma, o modo de compreender o mundo e os fenômenos não apenas quando o clínico está avaliando seu cliente.

Parte dessa prática é realizar uma avaliação contínua dos comportamentos do cliente, denominada de avaliação funcional (2). Essa avaliação inclui a obtenção de dados, a seleção dos comportamentos-alvo, a operacionalização desses comportamentos, a escolha e aplicação das intervenções e a avaliação destas, com eventual necessidade de reformular as análises e/ou as intervenções. Portanto, a avaliação funcional abrange um conjunto de comportamentos emitidos pelo clínico durante todo o processo.

> A avaliação funcional inclui a obtenção de dados, a seleção dos comportamentos-alvo, a operacionalização desses comportamentos, a escolha e aplicação das intervenções e a avaliação destas, com eventual necessidade de reformular as análises e/ou as intervenções.

A intervenção propriamente dita (3) se processa quando o clínico seleciona e utiliza estratégias com o objetivo de alterar o comportamento do cliente (e não apenas obter dados, embora a própria obtenção de dados possa ter o efeito de modificar o cliente). Dentre as intervenções possíveis, parte delas pode ser denominada de técnica (4), uma vez que seu procedimento e seus resultados já são conhecidos e sistematizados na literatura. Em

> A intervenção faz parte de um processo de avaliação funcional, porém trata-se daquela parcela em que se utiliza estratégias visando a alteração de um comportamento-alvo.

Avaliação funcional (2)

Intervenção (3)

Técnica (4)

Análise de contingências (1)

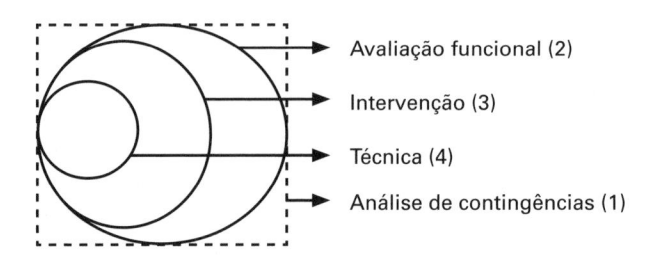

FIGURA 15.1 Proposta de classificação da prática do analista do comportamento.

suma, conclui-se daí que todo uso de técnicas é uma intervenção, mas nem toda intervenção é uma técnica. Além disso, toda intervenção (inclusive com uso de técnicas) envolve uma avaliação contínua. Essa avaliação, por sua vez, é feita não só durante a intervenção como também quando o clínico avalia o caso encobertamente durante a sessão, ou com seu supervisor. E, por fim, todas essas práticas têm por base a análise de contingências, que, entretanto, abrange mais do que as próprias práticas, ao constituir-se em um modo de compreender o comportamento humano.

> O uso de técnicas é um tipo de intervenção possível, porém não o único. Todo uso de técnicas é uma intervenção, mas nem toda intervenção é uma técnica.

A título de ilustração, apresentaremos um caso hipotético de um cliente, aqui denominado de "Afonso", de 40 anos de idade, que procura o clínico com queixas relacionadas à fobia social. Inicialmente, como dissemos anteriormente, o modo como o clínico compreende esse fenômeno é pela análise de contingências (condizente com os pressupostos do Behaviorismo Radical). Em outras palavras, antes mesmo de conhecer o cliente, o clínico pode se perguntar: "Qual será sua história de vida? Será um padrão de esquiva, como reforçamento negativo, ou um padrão reforçado positivamente? Que repertório ele tem para se relacionar?".

A partir do momento em que o clínico conhece o cliente, começa a coletar dados para uma avaliação funcional *idiográfica*, ou seja, única e específica para aquele caso (havendo ou não um diagnóstico psiquiátrico). Assim, o clínico começa a ter acesso a dados importantes para a análise, e pode organizá-los mais ou menos como o que se segue: "Afonso quase não olha nos meus olhos, fala com dificuldade, transpira, relata pouco contato social, passa a maior parte do tempo em casa (filho único), sendo cuidado pela mãe superprotetora e jogando jogos de computador. Teve histórico de sofrer *bullying*[2] desde a infância. No trabalho, inicialmente, os colegas percebiam a dificuldade e tentavam se aproximar, chamá-lo para *happy hour* e ajudá-lo a solucionar conflitos no emprego. Com o tempo, os colegas deixaram de convidá-lo, e, quando ele tenta se aproximar, fica sem saber o que dizer e por isso é alvo de piadinhas, sendo descrito como 'o esquisitão' da empresa. Isso, por fim, leva-o a esquivar-se de encontros sociais, não fazer *networking* e ficar no mesmo cargo há vários anos, enquanto outros colegas já foram promovidos. Ainda assim, diz que gosta de trabalhar e não tem outras atividades".

> A partir do momento em que o clínico conhece o cliente, começa a coletar dados para uma avaliação funcional *idiográfica*, ou seja, única e específica para aquele caso (havendo ou não um diagnóstico psiquiátrico).

Com essas e outras informações, o clínico formula algumas hipóteses que vão se tornando mais ou menos fortes quanto mais dados ele tem que as comprovem ou as descartem, e que vão guiar as intervenções. Por exemplo:

> Com as informações coletadas, o clínico formula algumas hipóteses, que vão se tornando mais ou menos fortes quanto mais dados ele tem que as comprovem ou as descartem, e que vão guiar as intervenções.

a) Em seu histórico, o *bullying* pode ter punido as tentativas de se relacionar com seus pares e, simultaneamente, dificultado a aquisição de um repertório para tal.
b) A relação com a mãe superprotetora pode ter levado a um reforçamento não contingente à resposta, o que novamente dificultou o desenvolvimento de autonomia.
c) Na história passada e no presente, a relação intensa e exclusiva da mãe com o filho

levaria a um reforçamento da dependência de um pelo outro.

d) No início, em seu emprego, suas dificuldades interpessoais poderiam exercer função de estímulos discriminativos (S^{DS}) para as respostas de aproximação dos colegas, na tentativa de ajudá-lo (ou seja, as dificuldades interpessoais teriam sido reforçadas positivamente), mas o seu jeito "esquisito" (desajeitado, retraído, atrapalhado) levá-los-ia a se esquivarem dele em longo prazo.

e) O trabalhar atual estaria mais mantido por reforçamento negativo (esquivar-se de dívidas financeiras e cobranças da mãe) e, com a falta de repertório social, as situações com os colegas, que seriam propícias para interações amistosas, acabariam eliciando fortes respondentes associados à ansiedade, o que evidenciaria justamente sua falta de traquejo e reafirmaria uma autorregra sobre ser incapaz.

Se o clínico não for hábil em derivar sua intervenção da avaliação funcional realizada, poderá incorrer no risco de aplicar técnicas precipitadamente, enquanto uma análise de contingências cuidadosa pode indicar outra direção de intervenção. Sem essa análise, vamos hipotetizar que o clínico escolhesse o uso da *dessensibilização sistemática*, em que hierarquiza situações sociais para Afonso se expor, com o objetivo de reduzir sua ansiedade. A partir disso, alguns comportamentos do cliente que podemos prever são:

1. sentir-se mais ansioso e, como consequência, sentir-se ainda mais incapaz;
2. começar a desmarcar sessões, ou abandonar o processo clínico, ou esquivar-se de falar sobre seus insucessos na análise;
3. seguir as recomendações, mas não ficar sob controle de reforçamento natural, e sim da aprovação do analista.

Por outro lado, uma análise mais cuidadosa ampliaria a perspectiva sobre o caso, levando a hipóteses sobre classes mais amplas de respostas e a uma gama de intervenções mais pertinentes. Aliás, a própria análise das prováveis consequências do uso da dessensibilização sistemática, neste caso, seria um exercício de previsão importante para a decisão por outro curso de ação. O clínico pode, nesse sentido, inferir que a postura de Afonso em sessão (dificuldades extremas para se expressar, feição de desamparo e demonstrações de total inabilidade para dialogar) é um CRB1[3] que evoca tentativas de ajuda semelhantes àquelas realizadas, no início, pela mãe e até pelos colegas de trabalho. Assim, ajudá-lo com recomendações e treino de assertividade, em última instância, apenas manteria o padrão porque reforçaria positivamente o comportamento-queixa. Outra questão a ser destacada seria sobre se Afonso já demonstra dificuldades para interagir com o próprio analista; neste caso, é provável que seja ainda mais difícil interagir com outras pessoas e, portanto, recomendações para fora da sessão se constituiriam em um passo muito grande; ou seja, seria mais indicado intervir sobre os CRBs na própria sessão.

Assim, o clínico poderia fazer diversas intervenções, a começar por:

1. ele próprio constituir-se em um modelo a ser seguido (por exemplo, na maneira como cumprimenta o cliente e outras pessoas do consultório);
2. realizar um reforçamento diferencial entre CRB2 e CRB1;

3. aumentar o repertório de auto-observação do cliente sobre sua postura, o que incluiria levá-lo a fazer interpretações (CRB3);
4. modelar um repertório de solução de problemas ("Como me aproximar do meu colega?, Como conhecer pessoas diferentes?, Como lidar com críticas?"), levando-o a formular autorregras novas.

Todos esses itens, em última instância, levariam à maior autonomia do cliente, inclusive em suas interações sociais. Assim, essa intervenção alcançaria um resultado bastante diferente daquele obtido com o uso da técnica de dessensibilização descrito anteriormente. Além disso, a análise parece demonstrar que a "fobia social" faria parte de uma classe de respostas maior, a qual inclui a dependência e/ou falta de autonomia de Afonso, reforçada tanto positiva quanto negativamente.

Podemos classificar as intervenções segundo o foco em cada termo da tríplice contingência. A Tabela 15.1, a seguir, enumera exemplos de intervenções sobre comportamento operante e respondente. A classificação que propomos é didática, ou seja, enfatizamos qual é o principal termo da contingência que seria, supostamente, alterado por meio da intervenção. Entretanto, em última instância, todas as intervenções, ao alterarem um dos termos, também alterariam toda a contingência.

A distribuição destas intervenções nos termos da contingência visa facilitar a escolha por quais delas seriam mais apropriadas. A depender da análise do comportamento-alvo, é possível identificar que certos problemas de comportamento do cliente podem estar mais relacionados a um dos termos da contingência do que a outros. A seguir, serão apresentadas intervenções sobre comportamento operante baseadas em modificação do antecedente, da resposta ou da consequência.

> A distribuição das intervenções nos termos da contingência visa facilitar a escolha por quais delas seriam mais apropriadas.

→ INTERVENÇÕES PREDOMINANTEMENTE SOBRE COMPORTAMENTO OPERANTE

Intervenções baseadas em modificação do antecedente

Algumas das intervenções listadas na primeira coluna da Tabela 15.1, que se baseiam em modificação do antecedente, constituem-se em uma alteração no comportamento verbal, como é o caso de mudanças em regra e autorregra, autoconhecimento e autocontrole. Regras são antecedentes verbais que controlam uma resposta, verbal ou não verbal. Quando esses antecedentes são emitidos por outras pessoas ou agências controladoras, são denominados de "regras"; já as autorregras são formuladas pela própria pessoa que as segue.

Este tipo de controle pode levar a alguns problemas que frequentemente observamos na clínica:

a) regras que não descrevem adequadamente uma contingência. Por exemplo, "quando as pessoas olham para mim, é porque estão me julgando" não é uma descrição adequada pois, muitas vezes, as pessoas olham umas para as outras por outros motivos que não esse;
b) excesso de controle por regras, reduzindo a sensibilidade às contingências naturais; por exemplo, "se estão me julgando, tenho que ser sempre gentil". No caso, essa regra poderia deixar o indivíduo menos sensível a outras contingências, como sinais de que o excesso de gentileza está incomodando os outros, ou a demandas para ser mais assertivo do que gentil;
c) reduzido o próprio controle por regras, (ou seja, ficar mais sob controle de outras

TABELA 15.1 →	Exemplos de intervenções sobre comportamento operante e respondente. Em comportamento operante, classifica-se a intervenção segundo o seu foco em antecedente, resposta e consequência. Em comportamento respondente, classifica-se segundo o foco no estímulo ou na resposta

Intervenções predominantemente sobre comportamento operante

Antecedente	Resposta	Consequência
Regras e autorregras	Modelação	Modelagem
Autoconhecimento	Role-playing*	DRO/DRA/DRI[4]
Autocontrole		Extinção e punição
Time-out		Economia de fichas*
Fading*		

Intervenções predominantemente sobre comportamento respondente

Estímulo	Resposta
Dessensibilização sistemática*	Relaxamento Muscular Progressivo de Jacobson*
Exposição*	Treino de respiração*

* Os itens marcados com (*) correspondem a técnicas já descritas na literatura. As demais são intervenções baseadas em princípios comportamentais, conforme a distinção entre técnica e intervenção, definida neste capítulo.

variáveis ambientais), como, por exemplo, mesmo quando diante da regra "preciso acordar diariamente às 7 horas da manhã para trabalhar", o indivíduo sistematicamente se atrasa e, embora sofra algumas punições, é reforçado positivamente (naturalmente), por ter mais horas de sono, ou negativamente, por esquivar-se de chegar ao trabalho, onde encontrará conflitos. Esse reduzido controle verbal pode ser devido ao baixo repertório de seguimento de regras em geral, mas pode também ser apenas situacional, ou seja, em casos mais isolados, em que eventos concorrentes levam ao não seguimento, como, por exemplo, "meu GPS emite uma ordem sobre um trajeto a ser seguido, mas a observação daquele trecho da rua, já conhecido, leva-me a desobedecê-lo, encurtando o caminho".

Os problemas relacionados a controle por regras e autorregras podem trazer implicações relacionadas a autoconhecimento e autocontrole. Entende-se por "autoconhecimento" o repertório de auto-observação e autodescrição (sobre o próprio comportamento, incluindo as contingências que o controlam), o que também é denominado de uma "relação fazer-dizer", isto é, o que eu digo sobre aquilo que faço. Já o "autocontrole" é uma "relação dizer-fazer", isto é, uma resposta (controladora) irá afetar outra resposta (controlada), e a primeira é necessária para suplementar a contingência de modo a colocar o responder sob controle de consequências menos imediatas e apetitivas, mas que, a longo prazo, será mais benéfico (por exemplo, produzirá menos estimulação aversiva). Na "relação dizer-fazer", eu faço aquilo que eu digo, como ao dizer "não comerei chocolate hoje, preciso

> "Autoconhecimento" é o repertório de auto-observação e autodescrição (sobre o próprio comportamento, incluindo as contingências que o controlam), o que também é denominado de uma "relação fazer-dizer".
> Já o "autocontrole" é uma "relação dizer-fazer", isto é, uma resposta (controladora) irá afetar outra resposta (controlada).

emagrecer", auxiliando a contingência em que se deve evitar esse doce.[5]

Em geral, um dos grandes objetivos de qualquer processo terapêutico é promover autoconhecimento e autocontrole, de modo que o cliente possa ser capaz de observar, descrever e manipular variáveis que controlam seu responder, o que lhe dá mais condições para alterar as contingências aversivas relacionadas à sua queixa e produzir mais reforço positivo (imediato ou de longo prazo).

As intervenções sobre regras, autorregras, autoconhecimento e autocontrole envolvem, portanto, mudanças em comportamento verbal. Defendemos neste capítulo que, para essas intervenções, não é necessário o uso de técnicas sistemáticas. Mas, então, como as interações verbais clínico-cliente podem modificar o comportamento deste, fora da sessão? Existem pesquisas sendo realizadas no campo da psicologia clínica, que visam sistematizar o comportamento verbal do clínico por meio de um sistema de categorização. No sistema de Zamignani (2007), por exemplo, "interpretação" pode ser uma categoria verbal que corresponderia à emissão de regras (pelo terapeuta) específicas para o provimento de autoconhecimento do cliente, como ao dizer "Percebo que, quando seus colegas aparecem, você para de trabalhar nas suas coisas para ajudá-los". De maneira semelhante, na categoria "solicitação de reflexão", o clínico levaria o cliente a verbalizar autorregras, também aumentando o seu autoconhecimento. No caso da verbalização do clínico objetivar que o cliente se comprometa com um comportamento futuro (como na categoria "recomendação"), estaríamos no campo do autocontrole.

Ainda em intervenções sobre o termo antecedente na contingência, a Tabela 15.1 lista as intervenções de *time-out* e *fading* (esvanecimento). Segundo Catania (1999), o *time-out* é um "período de não reforço programado por extinção durante um estímulo, ou pela remoção de uma oportunidade para responder. (...) O *time-out* como o empregado com crianças foi derivado do procedimento, mas as práticas que se seguiram de tais extensões se desviaram, de várias maneiras, das especificações técnicas" (p. 424).

O *time-out* foi inserido como intervenção sobre o antecedente, porque partimos do princípio de que a resposta do cliente não terá mais S^D para ser emitida. Entretanto, podemos pensar também que, com isso, toda a contingência é removida. O exemplo clássico é o de retirar uma criança que faz birra da presença do adulto, de modo que ela fique em um ambiente com baixa probabilidade de emiti-la (como em seu quarto, sozinha). Em terapia, podemos citar situações extremas em que a própria sessão é interrompida para que cesse o responder do cliente. Isso pode ser feito de maneira sinalizada ("se você continuar a me atacar, terei que encerrar a sessão") ou não. Podemos também pensar em situações em que a relação não é interrompida, como quando se retira da criança o acesso a determinado brinquedo, que ela está usando de maneira inadequada e produzindo como consequência a mobilização do clínico. Vale a pena ressaltar que é desejável que o *time-out* seja acompanhado de outras intervenções para que seja possível ensinar o cliente a emitir outras respostas, mais adequadas.

Quanto ao *fading*, trata-se de um método sistemático para realizar a mudança de controle de estímulos. Tradicionalmente, o *fading* é uma técnica que foi descrita na literatura por meio de estudos experimentais que ficaram conhecidos como treino de "aprendizagem sem erro". Talvez, por esse motivo, lembramo-nos frequentemente de exemplos que se aplicariam mais a intervenções em aprendizagem escolar, como o ensino da escrita, em que, gradualmente, suspende-se a palavra-modelo (*fading out*), tornando-a pontilhada até que a criança escreva sem nenhuma dica antecedente. Entretanto, o que queremos destacar aqui é que o uso dessa técnica pode ser realizado de maneira assistemática e que seu princípio serve para diversas intervenções clínicas, e mesmo para auxiliar o comportamento verbal do cliente. Por exemplo, suponhamos que um clínico verifique que seu cliente não tem repertório para relatar sobre o seu cotidiano sem ajuda. Ele pode, inicialmente, fazer várias perguntas, específicas e diretivas (como "O que você fez no trabalho? Quais colegas conversaram com você?") e, aos poucos, retirar as perguntas, tornando-as inicialmente mais genéricas ("Como foi sua semana?"), até que apenas a presença do clínico seja S^D para o cliente começar a falar sem ajuda.

Intervenções baseadas em modificação da consequência

Até o momento, apresentamos as intervenções relacionadas à modificação do antecedente. Apresentaremos, agora, intervenções que alteram as consequências da resposta. Uma dessas intervenções, a modelagem, está intimamente relacionada ao uso de *fading*, referido anteriormente. O que ocorre é que o *fading* é um controle de estímulos por aproximações sucessivas, ao passo que a modelagem é um reforçamento diferencial de respostas por aproximações sucessivas, sugerindo, talvez, a importância da combinação das duas intervenções.

A modelagem consiste no reforçamento diferencial e gradativo de respostas que pertencem a uma classe operante-alvo, empregada para produzir respostas que, devido a um nível operante baixo e/ou a sua complexidade, não seriam emitidas ou seriam emitidas somente depois de um tempo considerável. A variabilidade do responder que segue o reforço geralmente provê as oportunidades para o reforço de outras respostas que se aproximam mais do critério que define a classe operante-alvo.

Retomando o exemplo citado anteriormente para ilustrar o uso de *fading*, a combinação das duas intervenções levaria o clínico a reforçar diferencialmente a emissão da resposta do cliente de relatar sobre o cotidiano, ainda que as respostas reforçadas no início da modelagem sejam simples, curtas e/ou pouco descritivas. Para isso, o clínico pode, por exemplo, demonstrar mais atenção, preocupação e empatia quando seu cliente relata qualquer evento de seu cotidiano. Aos poucos, ele pode fazer isso mais intensamente para relatos que se aproximem mais da queixa que o trouxe à terapia, e menos para outros tipos de relatos.

Nesse sentido, o reforçamento diferencial é parte do processo de modelagem. Ele pode ser realizado de diversas maneiras. Na Tabela 15.1, a título de ilustração, citamos o DRA, reforçamento diferencial de respostas alternativas, isto é, respostas diferentes daquelas que se pretende reduzir a frequência, mas que também produzam as suas mesmas consequências. Já o DRO, reforçamento diferencial de outras respostas, significa reforçar qualquer resposta do cliente que não aquela que se pretende extinguir. Por fim, o DRI, reforçamento diferencial de respostas incompatíveis, significa que as respostas a serem reforçadas devem ser aquelas que são fisicamente impossíveis de serem emitidas concomitantemente às que se pretende extinguir. Por exemplo, vamos supor uma criança com tricotilomania (compulsão por arrancar os cabelos). Se o clínico reforçar qualquer resposta da criança que não a de arrancar cabelos, está fazendo um DRO. Se ele reforçar que a criança brinque com massinha, toque um instrumento musical ou jogue bola com as mãos, está fazendo um DRI. E se reforçar qualquer resposta que produza as mesmas consequências do arrancar os cabelos (que podem ser, talvez, alívio de ansiedade, autoestimulação e/ou chamar a atenção), está fazendo um DRA.

Na base do uso do reforçamento diferencial estão os pressupostos de que:

1. certas respostas do cliente estão ocorrendo em seu cotidiano, mas são socialmente inadequadas (provavelmente porque também produzem consequências aversivas para si ou para outrem);
2. se tais respostas estão ocorrendo, é porque estão sendo reforçadas;
3. existe probabilidade de o cliente também emiti-las em sessão, na presença do clínico; e
4. o analista tentaria consequenciar de maneira diferente daquela que a comunidade do cliente tem feito.

Uma questão importante a respeito do uso de reforçamento diferencial e modelagem em sessão é o alcance da intervenção do clínico. Ainda que o cliente passe a responder de forma distinta na sessão, como planejar uma generalização dos novos padrões para o ambiente fora do consultório? É nesse sentido que a combinação de diferentes intervenções e técnicas pode aumentar a probabilidade de generalização como, por exemplo, quando o clínico, além de modelar repertório, descreve a mudança de comportamento do cliente. Isso significa formular regras que poderão funcionar como estimulação suplementar a controlar o responder fora da sessão.

Temos ainda, relacionado a processos nos quais o foco da intervenção é sobre a consequência, o uso da extinção (que, de certo modo, é um componente da modelagem) e da punição. Ambas estão relacionadas a intervenções que visam à redução da taxa de determinado responder e possuem componentes aversivos, verificados até mesmo pela produção de efeitos colaterais decorrentes de seu uso. A extinção corresponde à quebra da relação entre resposta e consequência, como, por exemplo, se o terapeuta, propositalmente, não verbaliza reasseguramentos (mas a comunidade verbal usualmente o faz), quando o cliente inseguro diz coisas como "não vou conseguir", "não me acho bom o suficiente", etc. Já a punição corresponde à consequenciação do responder com a apresentação de um estímulo punidor ou com a retirada de um estímulo apetitivo. Ela é especialmente útil em situações em que é necessário suprimir rapidamente uma resposta que coloca o cliente (ou outros) em risco, como quando uma criança ameaça subir pela janela do consultório, podendo se machucar gravemente. Nesse caso, o clínico pode repreendê-la, explicitando claramente os riscos ("Desça já daí! É muito perigoso, dessa altura você pode se machucar bastante"), o que poderia funcionar como punição positiva, e/ou encerrar a sessão, como punição negativa (retirada dos estímulos apetitivos presentes na sala), além de ser *time-out*, pois ela não tem mais acesso aos antecedentes (as presenças da janela e do clínico) para emitir a resposta de ameaçar.

A extinção e a punição, muitas vezes, podem fazer parte de outras intervenções (por exemplo, toda modelagem pressupõe a extinção de certas respostas para a diferenciação e reforço de outras). Em última instância, constatar que tais intervenções podem ser utilizadas contrasta com a ideia do clínico como "audiência não punitiva". Na prática, quando falamos em "audiência não punitiva", não estamos nos referindo à total ausência de intervenções aversivas, mas sim a:

1. um reforçamento não contingente a respostas específicas, mas à simples presença do cliente, o que é usualmente referido com termos como "aceitação incondicional" e "promoção de ambiente acolhedor";
2. um reforçamento de respostas que precisariam ser modeladas pelo clínico porque foram punidas – ou não ensinadas – pela comunidade do cliente e que, portanto, sua emissão em sessão pode ser inicial-

mente aversiva justamente porque foram pareadas com punição, na vida, em situação semelhante;
3. extinção ou punição de respostas socialmente inadequadas que precisam ter a frequência reduzida e foram reforçadas pela comunidade do cliente, procedimento este que também pode ser inicialmente aversivo mas que, a longo prazo, visaria seu bem-estar e melhora.

Ainda assim, seria interessante que a escolha das intervenções balanceasse o mínimo de aversividade com o máximo de benefícios. No caso clínico de Afonso, podemos hipotetizar que o próprio falar de si, na presença do clínico, pode ser aversivo, uma vez que implicaria em falar sobre problemas e que o cliente tenha pouco repertório para tal. Além disso, qualquer intervenção do clínico que procure aumentar a frequência dessas verbalizações também teria chance de ser aversiva. O clínico, portanto, precisaria ser hábil ao constituir-se como uma "audiência não punitiva", conforme definida anteriormente, e combinar as diversas intervenções aqui apresentadas como, por exemplo, *fading in* de assuntos aversivos e acolhimento e empatia para sua ocorrência, em um processo gradual (modelagem).

A última intervenção listada na Tabela 15.1, dentre as manipulações do termo da consequência, é a técnica de economia de fichas, que consiste na liberação de reforçador arbitrário[6] contingente à emissão da resposta que se pretende instalar, manter ou aumentar sua frequência. O termo "economia de fichas" é derivado do uso inicial da técnica, nas décadas de 50 e 60, pelos modificadores do comportamento em hospitais psiquiátricos, com fichas que funcionavam como reforço condicional, e sua soma era posteriormente trocada por outros itens. Destaca-se aqui a necessidade de se avaliar os benefícios e riscos do uso de reforço arbitrário. Embora este tipo de controle do comportamento seja comumente alvo de críticas, nossa posição aqui é que ele pode ser útil, caso seja avaliado que:

1. ele instalará mais rapidamente uma resposta para a qual, inicialmente, o reforço natural não existe ou é insuficiente para mantê-la;
2. ele se constitui em uma alternativa inicial de instalação de resposta, mas para a qual o clínico planeja outras alternativas futuras de manutenção por meio de reforços intrínsecos; e/ou
3. seu uso manterá respostas iniciais que não se manteriam somente pelo reforço natural, mas que são importantes porque sua execução produz novos S^{DS}, que se constituem em oportunidades de acesso a outros reforçadores (como reforço arbitrário para respostas de autocuidado em crianças pequenas e deficientes mentais que, se emitidas, aumentam a probabilidade destes se inserirem em grupos sociais).

Intervenções baseadas em modificação da resposta

É difícil descrever intervenções em termos de modificação de resposta, uma vez que se supõe que toda resposta tem uma função no ambiente. Em tese, nem seria possível dizer que uma intervenção modifica diretamente uma resposta, pois o que o clínico faz só pode ser antecedente ou consequente. Entretanto, destacamos aqui duas intervenções (*role-play* e modelação), e as classificamos como predominantemente modificadoras de resposta mais no sentido de que elas visam o manejo direto de sua topografia. Ain-

> Em tese, nem seria possível dizer que uma intervenção modifica diretamente uma resposta, pois o que o clínico faz só pode ser antecedente, ou consequente.

da assim, é necessária uma relação estreita com seus antecedentes (como quando se discute o contexto para o qual seria mais adequada a sua emissão) e suas consequências (o que a resposta com nova topografia produzirá no analista e nas demais pessoas de seu ambiente social, que pode até modificar sua função).

> A aprendizagem por modelação se trata de uma aprendizagem que ocorre a partir da observação de um modelo. Assim, não se restringe à imitação. Por exemplo, pode ser uma aprendizagem por "oposição", em que o sujeito emite uma resposta oposta à do modelo sob controle de produzir uma consequência diferente da produzida pelo modelo.
> Deste modo, pode-se dizer que imitação faz parte de modelação, todavia modelação abarca outros tipos de aprendizagem a partir do modelo, não se restringindo à imitação.

A modelação consiste na relação entre um modelo antecedente e a resposta de observá-lo e imitá-lo, o que, em geral, produz para o imitador consequências similares às do modelo. Nesse sentido, diz-se que a sensibilidade à imitação tem componentes filogenéticos, isto é, existiria uma tendência a imitar, mesmo que sem treino. Por conta disso, o clínico deve atentar para seu próprio comportamento, pois, independentemente de planejar isso, é um modelo para seu cliente.

Como método de ensino, a modelação pode ser programada e complementa outras intervenções, como o uso de regras, podendo ser feita concomitante ou como alternativa a este uso. Ao aliar a modelação à modelagem, o indivíduo pode ser reforçado em duas habilidades: a emissão da resposta imitada e a resposta de imitar, em si. O imitar generalizado, neste último caso, é considerado como uma classe de comportamento de ordem superior.

O *role-play* é uma técnica que corresponde ao uso da modelação, planejado e sinalizado pelo clínico. Neste uso, analista e cliente podem interpretar diversos papéis. O clínico pode, por exemplo, desempenhar o papel do cliente e solicitar que ele desempenhe o papel de seu chefe, colega, parceiro, etc., e, em seguida, trocar os papéis para observar e consequenciar o desempenho subsequente do cliente. Esta técnica também pode ser aliada à descrição das respostas imitadas, para uma suplementação verbal da contingência e, frequentemente, auxilia na dessensibilização de componentes respondentes, associados a esta interação, que poderiam estar suprimindo sua ocorrência. Com o *role-play*, o clínico aproxima, para a situação imediata, variáveis presentes em contingências fora da sessão, e pode manejar direta e imediatamente tais variáveis, em vez de se restringir ao relato verbal sobre estas.

> Com o *role-play*, o clínico aproxima, para a situação imediata, variáveis presentes em contingências fora da sessão, e pode manejar direta e imediatamente essas variáveis ao invés de se restringir ao relato verbal sobre as mesmas.

→ INTERVENÇÕES PREDOMINANTEMENTE SOBRE COMPORTAMENTO RESPONDENTE

Usualmente, certos respondentes (como os envolvidos em comportamentos entrelaçados e complexos, comumente conhecidos como sentimentos, tais quais raiva, culpa, ansiedade e medo) são descritos pelos clientes como causa dos problemas que os levam à busca de terapia. Por esse e outros motivos, os clínicos precisam atentar para o relato sobre respondentes e sua manifestação na própria sessão. Assim, o papel dos respondentes sobre as dificuldades do cliente é que estes causam sofrimento, podem alterar o operante (suprimir a resposta ou exacerbá-la) ou levar o indivíduo a tentar controlá-los, o que muitas vezes só os agravam.

As intervenções realizadas sobre os respondentes dependem de uma análise cuidadosa sobre a relação operante-respondente que usualmente se estabelece. Nesse sentido, não só o respondente pode alterar o operante como o contrário também ocorre. Um indivíduo, por exemplo, pode sentir ansiedade em uma situação social aversiva, trazendo implicações para a resposta operante de "conversar". Entretanto, pode também gaguejar enquanto conversa, e produzir a condescendência de seu interlocutor, o que, se for reforçador, coloca a gagueira sob controle operante. O clínico também deve atentar para os relatos e expressões de sentimentos como auxiliares para fazer uma avaliação funcional, como, por exemplo, quando o relato de "alívio" sugere uma contingência de retirada de reforçamento negativo.

A partir dessa análise, o clínico pode escolher entre diversos caminhos de intervenção. Algumas técnicas se constituem em ferramentas disponíveis para reduzir respondentes, como a dessensibilização sistemática, a exposição, o relaxamento muscular progressivo de Jacobson e o treino de respiração. A racional dessas técnicas é que a diminuição dos respondentes seria importante e necessária para a redução de respostas de esquiva e o enfrentamento de estimulação aversiva. Entretanto, outros caminhos de intervenção incluem a modificação de regras a respeito dos sentimentos, como no caso da Terapia de Aceitação e Compromisso – ACT, proposta pelo pesquisador americano Steven C. Hayes, em que, em vez de tentar reduzir a ansiedade, o cliente é levado a descrevê-la como inevitável (aceitação) e a se comportar diante dos estímulos aversivos apesar dos sentimentos que eles eliciam (compromisso).

→ CONSIDERAÇÕES FINAIS

Clínicos analítico-comportamentais, talvez por suas origens históricas como modificadores de comportamento e por suas bases experimentais, têm sido referidos, erroneamente, como "meros aplicadores de técnicas" usualmente voltadas para a eliminação de respostas pontuais. Procuramos, neste capítulo, demonstrar não apenas as razões para as quais esta atribuição é infundada, mas também qual é o papel das técnicas dentro do contexto das atividades do clínico analítico-comportamental e algumas maneiras de escolhê-las e utilizá-las. Conforme Skinner (1974),

> A coleção de fatos é apenas o primeiro passo em uma análise científica. Demonstrar as relações funcionais é o segundo. [...] No caso presente, controle significa terapia. Uma ciência do comportamento adequada deveria dar talvez uma contribuição maior para a terapia do que para o diagnóstico. [...] Os passos que devem ser dados para corrigir uma determinada condição de comportamento seguem-se diretamente de uma análise dessa condição. Se podem ser efetivados depende, é claro, de se saber se o terapeuta tem controle sobre as variáveis relevantes (p. 204).

Nesse sentido, nossa posição é a de que, embora a intervenção não se reduza à aplicação de técnicas, a *elaboração* destas vai ao encontro da afirmação de Skinner a respeito da contribuição da ciência do comportamento à terapia. Ocorre que, conforme ele esclarece, sua *utilização* deve estar atrelada à coleta de dados e ao estabelecimento de relações funcionais. Em outras palavras, aplicar a "técnica pela técnica" é *aquiescência*; é colocar o comportamento do clínico mais sob controle de uma regra do que das contingências que ocorrem ao longo das sessões; é restringir as possibilidades de ação. Já aplicar a técnica a partir da análise de contingências é *rastreamento*,[7] combinando as vantagens de uma regra de conduta (a técnica) com a riqueza e a complexidade das variáveis presentes em um processo terapêutico.

→ NOTAS

1. A classificação das intervenções proposta neste capítulo, e a discussão sobre o seu uso, são derivadas de reflexões realizadas para a elaboração de aulas da disciplina "Estratégias de Avaliação e Intervenção na Clínica Analítico-Comportamental", do curso de Especialização em Clínica Analítico-Comportamental do Núcleo Paradigma, ministradas pelas autoras.
2. *Bullying* é a agressão física e/ou verbal feita repetidamente e intencionalmente contra um ou mais colegas incapazes de se defender. Para saber mais, leia Del Prette (2008).
3. Comportamento clinicamente relevante 1 (CRB1), segundo Tsai, Kohlenberg, Kanter, Kohlenberg, Follette e Callaghan (2009), é o comportamento do cliente, na própria sessão, similar ao comportamento-alvo fora da sessão. Os autores ainda classificam CRB2 como comportamento de melhora e CRB3 como interpretações sobre o seu próprio comportamento ou de terceiros.
4. Usualmente, mantemos as siglas em inglês, cujos significados são: DRO, "reforçamento diferencial de outros comportamentos"; DRA, "reforçamento diferencial de comportamento alternativo", e DRI, "reforçamento diferencial de comportamento incompatível".
5. Relações do tipo "dizer-fazer" e "fazer-dizer" são estudadas por diversos pesquisadores. Para saber mais, sugerimos a leitura de Ribeiro (1989), Pergher (2002), Sadi (2002), Beckert (2005), Hübner, Almeida e Faleiros (2006).
6. Reforçador arbitrário, ou extrínseco, é aquele que tem uma relação arbitrária com as respostas que o produzem, em contraponto com o reforçador natural ou intrínseco, que é aquele naturalmente relacionado às respostas que o produzem (Catania, 1999).
7. Aquiescência (*pliance*) é se comportar sob controle de uma regra e da aprovação por segui-la; rastreamento (*tracking*) é aquele comportamento sob controle das consequências ambientais que não o reforço por seguir regras.

→ REFERÊNCIAS

Beckert, M. E. (2005). Correspondência verbal/não verbal: Pesquisa básica e aplicações na clínica. In J. Abreu-Rodrigues, & M. R. Ribeiro (Orgs.), *Análise do comportamento: Pesquisa, teoria e aplicação* (pp. 229-244). Porto Alegre: Artmed.

Catania, A. C. (1999). *Aprendizagem: Comportamento, linguagem e cognição*. São Paulo: Artmed. (Trabalho original publicado em 1998)

Del Prette, G. (2008). Lucas, um intruso no formigueiro: Filme infantil aborda *bullying* e relações hostis na infância. *Boletim Paradigma, 3,* 42-44.

Hübner, M. M. C., Almeida, P. E., & Faleiros, P. B. (2006). Relações entre comportamento verbal e não verbal: Ilustrações a partir de situações empíricas. In H. J. Guilhardi, & N. C. de Aguirre (Orgs.), *Sobre comportamento e cognição* (vol. 18, pp. 191-219). Santo André: ESETec.

Pergher, N. K. (2002). *De que forma as coisas que nós fazemos são contadas por outras pessoas? Um estudo de correspondência entre comportamento não verbal e verbal*. Dissertação de mestrado, Pontifícia Universidade Católica de São Paulo, São Paulo.

Ribeiro, A. F. (1989). Correspondence in children's self-report: Tacting and manding aspects. *Journal of the Experimental Analysis of Behavior, 51*(3), 361-367.

Sidman, M. (2003). *Coerção e suas implicações*. Campinas: Livro Pleno. (Trabalho original publicado em 1989)

Skinner, B. F. (1974). *Ciência e comportamento humano*. São Paulo: Edart. (Trabalho original publicado em 1953)

Tsai, M. T., Kohlenberg, R. J., Kanter, J. W., Kohlenberg, B., Follette, W. C., & Callaghan, G. M. (2009). *A guide to functional analytic psychotherapy: Awareness, courage, love and behaviorism*. New York: Springer.

Zamignani, D. R. (2007). *O desenvolvimento de um sistema multidimensional para a categorização de comportamentos na interação terapêutica*. Tese de doutorado, Universidade de São Paulo, São Paulo.

16 O papel da relação terapeuta-cliente para a adesão ao tratamento e à mudança comportamental

Regina C. Wielenska

ASSUNTOS DO CAPÍTULO

→ Aspectos da relação terapêutica aos quais o clínico deve atentar.
→ Avaliação funcional da relação terapêutica.
→ Comportamentos clinicamente relevantes – CRBs.
→ As cinco regras do trabalho com CRBs.

Os resultados da terapia analítico-comportamental dependem, intrinsecamente, da relação que se estabelece entre um cliente e seu terapeuta. No trabalho de Skinner (1953/1978), podemos situar a base dessa discussão, pertinente até os dias atuais. Segundo o autor, um cliente está em condição de estimulação aversiva ao começar a terapia. Se o terapeuta demonstra, de modo direto ou indireto, geralmente de modo verbal, ser capaz de modificar aquele sofrimento, tem início a construção de uma relação reforçadora entre o cliente e seu terapeuta. Skinner, em sua análise do papel do terapeuta, afirma que a primeira tarefa do terapeuta é conseguir tempo, criar meios do contato ter continuidade e de se tornar reforçador, por se mostrar efetivamente terapêutico. Trata-se de estabelecer um relacionamento de escuta não punitiva, que permita a livre expressão do cliente, o relato isento de censura de aspectos clinicamente relevantes.

No consultório, a queixa é ponto de partida para o entendimento dos problemas do cliente. Nessa fase, o clínico atua de modo a favorecer que o cliente permaneça na terapia e experiencie alguma redução no sofrimento que o motivou a buscar auxílio profissional. Enquanto o clínico visa tornar significativa sua relação com o cliente, ele também se dedica à coleta de dados, de forma a compreender as variáveis que atuam sobre o comportamento do cliente. O clínico partilha com o cliente sua visão inicial do caso e, juntos, definem metas que façam sentido a ambos. A partir daí, o terapeuta seleciona e implementa as primeiras estratégias

> No consultório, a queixa é ponto de partida para o entendimento dos problemas do cliente.

terapêuticas, compatíveis com os objetivos. Resumindo, cabe ao profissional facilitar a coleta dos dados necessários à avaliação funcional do caso de seu cliente e criar condições para aplicar um ou mais procedimentos que julgar necessários (preferencialmente, os que a literatura sinaliza como sendo menos aversivos, mais eficazes e minimamente intrusivos).

Ao longo destas tantas etapas (aqui descritas como se ocorressem em separado, de modo estanque), o clínico observa também os possíveis efeitos do relacionamento terapêutico sobre o processo de mudança do cliente. O andamento do processo depende, entre outros fatores, dessas sucessivas interações entre os participantes. Assim, precisamos identificar aspectos do cliente e/ou terapeuta que afetariam a construção e manutenção da relação entre eles e as consequências desta sobre os resultados do tratamento. A título de ilustração, poderíamos nos perguntar se a idade do clínico exerceria alguma influência sobre a aceitação do cliente quanto às suas falas. Outra possível indagação seria se o fato de o profissional expressar empatia traz algum efeito sobre algum comportamento do cliente na sessão, ou fora dela. Essas questões, na maioria de suas vertentes, revelam o interesse de clínicos e pesquisadores em entender por quais mecanismos o clínico se torna fonte de influência, intervindo, direta ou indiretamente, sobre os comportamentos do cliente, dentro e fora da sessão. Analisar funcionalmente a relação terapeuta-cliente é tarefa da qual não podemos nos furtar, pelo fato de ser poderosa ferramenta de mudança.

A interação entre o terapeuta e seu cliente exerce múltiplas funções para ambos os participantes. Comportamentos do primeiro funcionam como reforçadores para certas respostas do segundo (por exemplo, com apoio do profissional, o cliente consegue falar sobre sua história de vida, relatando até mesmo episódios difíceis e aversivos). Outra possível função para comportamentos ou atributos do terapeuta é a de estes assumirem a função de estímulos condicionados eliciadores de sensações de bem-estar (seria o caso do cliente que relata que a voz do terapeuta já lhe acalma um pouco). Ou, ainda, respostas deste podem ser estímulos discriminativos para a emissão de respostas (do cliente) mais favoráveis à mudança de comportamento, dentro ou fora do consultório. Há clientes que relatam que estavam em uma situação difícil em seu cotidiano e se perguntaram: "O que meu terapeuta me diria agora?", e que, assim, encontraram respostas aos problemas enfrentados. Respondentes do cliente, desde que acessíveis ao clínico (por exemplo, rubor ou contrações musculares), podem, de algum modo, exercer controle sobre emoções e decisões do profissional. O mesmo, certamente, vale para os operantes verbais e não verbais emitidos pelo cliente. Imaginem uma sessão na qual as indagações do clínico estão perigosamente tangenciando um tema provavelmente aversivo à cliente. Ela responde laconicamente, e parte de imediato para outro tema, polêmico, o qual de fato desvia os participantes de seu rumo original. Pessoalmente, nas ocasiões em que consigo perceber tal esquiva da cliente e não embarco no trem da falsa polêmica, posso responder-lhe que me senti como se estivesse em um rodeio ou tourada. No embate entre o animal e o homem, o pano vermelho e os *cowboys* vestidos de palhaços servem para que o animal se distraia com outras coisas, e não ataque diretamente o toureiro ou vaqueiro. Um tema difícil, doloroso, foi trazido pelo terapeuta, a cliente lhe oferece em troca um tema chamativo, similar ao pano balouçante. Isso impede ambos de abordar o que talvez fosse clinicamente rele-

> Precisamos identificar aspectos do cliente e/ou terapeuta que afetariam a construção e manutenção da relação entre eles e as consequências desta sobre os resultados do tratamento.

vante e bastante doloroso, ou motivo de constrangimento. Quando nos tornamos touro ou toureiro na sessão, os papéis precisam ser revistos. A meta não é um ou outro sair vitorioso de um embate mortal, visto que os participantes deveriam, outrossim, estar a serviço da transformação da relação conturbada entre o cliente e seu mundo. Essa interpretação redefine para a cliente a função das falas do clínico sobre aquele tema tão difícil. Afasta-se a ideia de que ferir, dominar e destruir o cliente seria função das ações do clínico. Tal reação operante da cliente deve ter sido a melhor resposta que pôde aprender ao longo da vida como proteção contra o que seria potencialmente doloroso. Um animal ferido ataca até aquele que tenta lhe tratar. É possível negociar formas para a cliente sinalizar, na sessão, o quanto está disposta a abordar tal assunto. Se os limites forem definidos e respeitados pelo profissional, a cliente provavelmente se sentirá menos ameaçada e será capaz de se aproximar, em um futuro próximo, do que lhe é particularmente aversivo e clinicamente de interesse.

Frente a essa amplitude de possibilidades, um clínico deve ser especificamente treinado para analisar aspectos do relacionamento terapêutico, reconhecendo seus mecanismos de funcionamento e seus múltiplos efeitos sobre os participantes, no intuito de ampliar a chance de sucesso da terapia. Ferster (1966, 1967, 1979) foi um dos primeiros analistas do comportamento a desenvolver a análise funcional das intervenções psicoterapêuticas, partindo da observação direta do trabalho clínico, tanto de linha psicodinâmica quanto comportamental. Em sua análise, Ferster considerou a ênfase dada ao comportamento individual como uma característica comum entre o trabalho de pesquisa em um laboratório de condicionamento operante e os procedimentos clínicos. Para Ferster, o experimentador atua de modo similar ao clínico, visto que precisa observar detalhes do comportamento do pombo, seu sujeito único, e ajustar suas ações às peculiaridades da ave. O controle sobre o comportamento do sujeito seria demonstrado pela maestria de quem o condiciona. A capacidade de modificar o comportamento de um cliente, utilizando-se os princípios do condicionamento operante, estabeleceria, para Ferster (Ferster, Culbertson e Perrot-Boren, 1968/1978, p. 283), a fronteira entre a ciência natural e a prática clínica. A esse respeito, Ferster afirmou ser difícil afirmar o quanto da terapia é governado pela teoria que lhe dá sustentação ou pela interação e descoberta com o paciente.

Ferster propôs que a análise das variáveis das quais o comportamento é função, a chamada avaliação funcional, colocaria em termos objetivos a experiência clínica e refinaria suas práticas, viabilizando compreender diferentes modalidades de psicoterapia. Para o clínico, a vantagem da descrição comportamental seria tornar visível e cientificamente comunicável cada pequeno componente da interação. O clínico atuaria de modo similar ao pesquisador no laboratório, facilitando a ocorrência de um comportamento do cliente, que precisará ser mantido, no contexto natural, por consequências não mediadas pelo terapeuta. Referindo-se ao papel da relação terapeuta-cliente na terapia infantil, Ferster afirmou que

> a terapia seria uma interação na qual o reforçamento do comportamento do terapeuta, advindo dos progressos no repertório da criança, é um componente tão importante quanto os desempenhos da criança reforçados pelas contingências ou instruções arranjadas pelo próprio terapeuta (Ferster, Culbertson e Perrot-Boren,1968/1978, p. 291).

Como se vê, Ferster atribuiu papel importante ao comportamento verbal na psicoterapia e salientou ser a relação terapeuta-cliente uma estrada de duas vias, colocando o foco sobre a influência recíproca entre os participantes. Segundo ele, o primeiro objetivo do estudo do comportamento aplicado à prática clínica seria identificar como o clínico e cliente modificam o comportamento um do outro no exato momento da interação. O segundo objetivo, segundo Ferster, seria explicar como os novos comportamentos verbais, produtos da terapia, trariam efetivos benefícios ao cliente. Para alcançar o primeiro objetivo, Ferster sugere ao clínico rever como o reforçamento verbal ocorre na sessão. Enquanto operante, o comportamento verbal não se define por sua topografia, mas pelo reforçador que o mantém. Nesse sentido, na sessão, o ouvinte (terapeuta ou cliente) faz um contraponto ao falante. Propriedades estáveis do repertório do clínico forneceriam reações que sustentam e modelam a fala do cliente, a qual reflete, em especial no início do tratamento, o controle exercido pela sua história passada e individual. A reatividade diferencial do clínico, que é um ouvinte e falante especialmente treinado, teria a capacidade potencial de remediar partes do discurso do cliente. Estabelece-se, assim, o controle estrito entre ouvinte e falante. A dupla cliente-terapeuta cria uma situação na qual os reforçadores são naturais e mantidos pelas propriedades estáveis dos repertórios de ambos. O repertório inicial do cliente seria relativamente insensível às reações do clínico, por ser um operante negativamente reforçado, um comportamento verbal controlado pela história de intensa privação e estimulação aversiva, um aspecto anteriormente salientado por Skinner. Mediadas pelas ações verbais do clínico, que reage seletivamente ao cliente, queixas generalizadas se transformam em desempenhos novos. Esse contexto da sessão, provavelmente mais protegido do que outros nos quais o cliente vive, modelaria, segundo Ferster, novos comportamentos, os quais modificariam a interação do cliente com outras pessoas, fora do consultório. A fala do cliente seria, primariamente, um desempenho reforçado por fazer o terapeuta entender (Ferster, Culbertson e Perrot-Boren, 1968/1978, p. 299).

Assim, um dos objetivos do processo terapêutico seria facilitar ao cliente o relato de seus comportamentos encobertos, criando condições para que ele atente para aspectos antes desconhecidos e passe a identificar seus prováveis antecedentes funcionais. As análises funcionais do terapeuta sobre as interações ocorridas na sessão, e também sobre outros relatos do cliente, ensinariam o cliente a identificar alternativas para seu comportamento fora do consultório. Essa habilidade, ensinada pelo clínico, de amplificar as contingências em vigor através do comportamento verbal, seria, por fim, utilizada pelo cliente para formas públicas de seu comportamento em contextos fora da sessão. Assim, ocorreria o aumento da frequência de reforçamento positivo e redução do controle aversivo.

> As análises funcionais do terapeuta, sobre as interações ocorridas na sessão, e também sobre outros relatos do cliente, ensinariam o cliente a identificar alternativas para seu comportamento fora do consultório.

Profunda e ampla, a análise de Ferster sinalizou a possibilidade de se investigar sistematicamente qualquer relação terapêutica. Ferster demonstrou, através de estudos observacionais em situação natural (Ferster e Simmons, 1966; Ferster, Culbertson e Perrot-Boren, 1968/1978), a existência de sutis relações de controle recíproco entre uma terapeuta psicodinâmica, Jeanne Simmons, e sua cliente, Karen, uma criança autista. A análise do comportamento enfatiza a metodologia de caso único como forma de produção de conhecimento, e, naquela ocasião, os progressos de uma criança submetida à terapia de orientação psicanalítica puderam ser explicados, de modo concreto e inequívoco, com base nos princípios do comportamento como reforçamento positivo e extinção, um trabalho pioneiro acerca da análise comportamental de uma relação terapêutica.

Nos últimos 15 anos, a Terapia Analítica Funcional, conhecida pelas iniciais de seu nome em inglês, FAP, foi desenvolvida por Kohlenberg e Tsai (1997, 1991/2001) e tornou-se inequívoca fonte de influência sobre a comunidade de clínicos analítico-comportamentais, pelas suas contribuições acerca da análise da relação terapeuta-cliente como instrumento para mudança de comportamentos clinicamente relevantes.

Na FAP, subjaz uma perspectiva contextualista, e, tal como afirmam Tsai, Kohlenberg, Kanter, Folette e Callaghan (2009), perceber a realidade é um comportamento que decorre do contexto no qual esse mesmo perceber ocorre. Pela avaliação funcional, deciframos as interações entre os participantes da sessão, identificando-se processos de reforçamento, controle de estímulos e eliciação de respostas.

> Pela avaliação funcional, deciframos as interações entre os participantes da sessão, identificando-se processos de reforçamento, controle de estímulos e eliciação de respostas.

Clínicos treinados em FAP aprendem a ser controlados na sessão por cinco diretrizes norteadoras de quando e como seus comportamentos podem ser naturalmente reforçadores na sessão para respostas do cliente. Essa forma de trabalhar se aplica mais precisamente aos comportamentos-problema do cliente que já ocorram na sessão ou nos que possam engenhosamente ser evocados pelo clínico. A FAP nomeia esses dois tipos de respostas de "comportamentos clinicamente relevantes". No Brasil, consagrou-se o uso da sigla CRB, a mesma usada em inglês.

São denominados como CRB1 todas as ocorrências, na sessão, de instâncias do repertório do cliente que constituem seus problemas de relacionamento com amigos, família ou outras pessoas. Em uma terapia bem-sucedida, essa ampla classe de respostas, geralmente relacionadas a contingências de controle aversivo, deveria sofrer redução de sua frequência.

Em paralelo, na medida em que os CRB1 reduzirem de frequência, provavelmente o terapeuta irá se deparar com instâncias de CRB2, ou seja, respostas que sinalizam a mudança na direção desejada. Ocorrem novas respostas na sessão, que serão modeladas e reforçadas diferencialmente pelo clínico, e que depois deverão ser reforçadas em situação natural. Um cliente muito tímido, inassertivo, que consiga pedir ao terapeuta que mude seu horário habitual para a próxima sessão, ou que expressa desagrado ou discordância, está emitindo respostas que são sinais de claro progresso. As novas respostas precisam ser naturalmente reforçadas. Em um caso, com o atendimento da solicitação; em outro, pelo reconhecimento do erro cometido, acompanhado por um verdadeiro pedido de desculpas, por parte do clínico, contingentemente à reclamação do cliente.

> Os Comportamentos Clinicamente Relevantes (CRBs) são assim divididos:
> CRB1 – comportamento-problema que deve reduzir de frequência ao longo do processo clínico;
> CRB2 – comportamentos diferentes dos CRBs1 que indicam "melhora", que devem aumentar de frequência ao longo do processo clínico;
> CRB3 – análise de contingências feitas pelo cliente sobre seu próprio comportamento.

Os CRB3, por sua vez, são explicações funcionalmente mais precisas que o cliente faz de seu próprio comportamento, algumas vezes acompanhadas de relatos de efetiva mudança ocorrida fora do consultório. Comportamento verbal desse tipo constitui uma parcela significativa do que ocorre na sessão.

Além dos CRBs, ocorre na sessão a avaliação dos outros comportamentos do cliente emitidos fora da sessão. Na nomenclatura da FAP, estes são os Os, subdivididos em O1, quando deverão ser alvo de intervenção, e

O2, quando constituem um ponto favorável do repertório do cliente. Para ilustrar a ponte entre CRBs e Os, podemos imaginar um terapeuta, por exemplo, que informe ao cliente que se sentiu "assim-e-assado" após determinado comportamento ser emitido pelo cliente, e lhe perguntar se lá fora, no mundo de origem do cliente, outras pessoas pareceram reagir assim na hora em que se comportou com eles de modo similar.

Como recurso adicional para avaliação do cliente, Callaghan (2006) propõe o *Functional Idiographic Assessment Template* (FIAT), instrumento composto por um questionário e uma entrevista estruturada, que tentam avaliar cinco classes de respostas importantes no contexto interpessoal: expressão assertiva de necessidades, comunicação bidirecional, conflito, autorrevelação e proximidade interpessoal, expressão e experiência emocional.

Clínicos de FAP são treinados a agir sob controle de cinco regras:

> As cinco regras que o clínico deve estar sob controle para trabalhar com CRBs são: atentar para ocorrência de CRBs; evocar CRBs; reforçar naturalmente CRBs2; observar comportamentos do clínico que podem exercer função reforçadora para os comportamentos do cliente; e interpretar o comportamento do cliente, visando facilitar generalizações.

a) atentar para a ocorrência de CRBs;
b) evocar CRBs, o que exige uma pitada de ousadia e coragem por parte do clínico;
c) reforçar naturalmente, de um modo terapeuticamente empático e compassivo, os CRB2;
d) observar os efeitos potencialmente reforçadores do comportamento do terapeuta sobre o do cliente;
e) fornecer ao cliente informações analisadas funcionalmente, promovendo estratégias de generalização (tais como interpretar e generalizar).

Sem dúvida, a discussão do tema da relação terapeuta-cliente é um projeto sem fim. Aqui, foram sugeridas ferramentas iniciais, contextualizando melhor a relevância do tema e favorecendo ao leitor apropriar-se da vasta literatura a respeito, produzida por clínicos e pesquisadores da abordagem analítico-comportamental, tanto no cenário brasileiro quanto em outros países.

→ REFERÊNCIAS

Callaghan, G. (2006). The functional idiographic assessment template (FIAT) system. *The Behavior Analyst Today, 7*, 357-398.

Ferster, C. B. (1967). Transition from animal laboratory to clinic. *The Psychological Record, 17*(2), 145-150.

Ferster, C. B. (1979). Psychotherapy from the standpoint of a behaviorist. In J. D. Kheen (Org.), *Psychopathology in animals: Research and clinical implications* (pp. 279-303). New York: Academic Press.

Ferster, C. B., & Simmons, J. (1966). Behavior therapy with children. *The Psychological Record, 16*(1), 65-71.

Ferster, C. B., Culbertson, S, & Boren, M. C. P. (1977). *Princípios do comportamento*. São Paulo: Hucitec. (Trabalho original publicado em 1968)

Kohlenberg, R. J., & Tsai, M. (1987). Functional analytic psychotherapy. In N. S. Jacobson (Org.), *Psychotherapists in clinical practice: Cognitive and behavioral perspectives* (pp. 388-443). New York: Guilford.

Kohlenberg, R. J., & Tsai, M. (2001). *Psicoterapia analítica funcional: Criando relações terapêuticas intensas e curativas*. Santo André: ESETec. (Trabalho original publicado em 1991)

Skinner, B. F. (1978). *Ciência e comportamento humano* (4. ed.) São Paulo: Martins Fontes. (Trabalho original publicado em 1953)

Tsai, M., Kohlenberg, R. J., Kanter, J. W., Kohlenberg, B., Folette, W. C., & Callaghan, G. M. (2009). *A Guide to functional analytic psychotherapy: Awareness, courage, love, and behaviorism*. New York: Springer.

17 A modelagem como ferramenta de intervenção

Jan Luiz Leonardi
Nicodemos Batista Borges

ASSUNTOS DO CAPÍTULO

→ Modelagem como produto de contingências cotidianas ou procedimento de intervenção.
→ Os critérios para se falar de modelagem.
→ Como planejar e implementar um procedimento de modelagem.
→ Limitações do procedimento de modelagem.

Modelagem é um processo gradativo de aprendizagem em que o responder é modificado gradualmente por meio de reforçamento diferencial de aproximações sucessivas de uma resposta-alvo final. Ela pode ocorrer de forma completamente acidental nas contingências cotidianas ou como um procedimento planejado por um analista do comportamento.

Dois são os critérios para se falar em modelagem:

1. o reforçamento diferencial, que consiste no reforço de algumas respostas e não de outras;
2. as aproximações sucessivas, que é a mudança gradual de critério para reforço.

Os critérios para reforçamento, geralmente, baseiam-se em propriedades das respostas, tais como topografia, força, duração, latência, direção, etc. A modelagem como procedimento começa com o reforçamento de respostas que possuem alguma semelhança com a resposta-alvo ou que sejam pré-requisito para ela. Os critérios para reforçamento mudam conforme o responder vai se tornando mais próximo da resposta-alvo final. O reforço de uma resposta produz um espectro de respostas com maior ou menor grau de proximidade da resposta a ser modelada. Reforçar as que forem mais próximas vai resultar na emissão de outras respostas, algumas ainda mais semelhantes à resposta-alvo do que outras. Dessa forma, o reforço vai paulatinamente selecionando respostas até que a final ocorra e seja, finalmente, reforçada.

> Dois são os critérios para se falar em modelagem: o reforçamento diferencial, que consiste no reforço de algumas respostas e não de outras e as aproximações sucessivas, que é a mudança gradual de critério para reforço.

É importante observar que é a variabilidade comportamental que torna possível o processo de modelagem: é apenas quando o responder varia ao longo de dimensões apropriadas que temos a oportunidade de reforçar as variações que se aproximam da resposta-alvo final. Nesse sentido, Catania (1999) explica que "a modelagem é uma variedade de seleção que seria o paralelo ontogenético da seleção filogenética que ocorre na evolução biológica" (p. 130). O analista do comportamento, ao selecionar conscientemente as respostas que serão ou não reforçadas, direciona o processo evolutivo de construção e modificação do repertório operante de um indivíduo (Glenn e Field, 1994).

> O reforço de uma resposta produz um espectro de respostas com maior ou menor grau de proximidade da resposta a ser modelada. Reforçar as que forem mais próximas vai resultar na emissão de outras respostas, algumas ainda mais semelhantes à resposta-alvo do que outras.

> O analista do comportamento, ao conscientemente selecionar as respostas que serão ou não reforçadas, direciona o processo evolutivo de construção e modificação do repertório operante de um indivíduo.

Como procedimento, a modelagem é uma ferramenta bastante útil para a prática clínica, na medida em que pode ocasionar dois tipos de mudança comportamental: a aquisição de novas respostas e o aprimoramento de um repertório preexistente. No primeiro caso, trata-se de uma possibilidade de instalar repertórios que, de outro modo, poderiam nunca ocorrer por serem de grande complexidade. A modelagem também permite o aprimoramento de um repertório comportamental preexistente, no qual respostas cada vez mais complexas são geradas e mantidas. É a contingência de reforçamento diferencial, contingente às respostas específicas, a responsável pela modificação do comportamento e, consequentemente, da instalação do comportamento "novo".

A modelagem foi introduzida por Skinner em experimentos que investigaram a aquisição e a diferenciação de respostas simples por sujeitos não humanos pouco complexos. Um exemplo prototípico é a instalação da classe de respostas de bicar um disco por pombos. Um pombo privado de alimento é colocado dentro de uma caixa experimental onde há um comedouro. Inicialmente, o alimento é liberado quando o animal se volta em direção ao disco, a despeito de sua posição naquele momento, o que aumenta a frequência dessa resposta. Depois de reforçar duas ou três vezes essa resposta, o critério exigido para reforçamento passa a ser qualquer pequeno deslocamento para próximo do disco, o que novamente altera a frequência relativa das respostas. Com isso, o pombo fica mais perto do disco, na medida em que movimentos e posições sucessivamente mais próximos do disco foram reforçados. Em seguida, movimentos do bico para a frente são reforçados sucessivamente e, a cada três ou quatro respostas reforçadas, movimentos mais amplos são necessários para produzir o alimento. Finalmente, bicadas completas são emitidas até que uma delas atinge o disco e, então, apenas respostas de bicar o disco são reforçadas.

> Como procedimento, a modelagem é uma ferramenta bastante útil para a prática clínica, na medida em que pode ocasionar dois tipos de mudança comportamental: a aquisição de novas respostas e o aprimoramento de um repertório pré-existente.

Para que um procedimento de modelagem seja efetivamente aplicado, ele deve ser planejado. Inicialmente, é necessário definir precisamente a resposta-alvo final, descrevendo-a em termos de topografia, duração, magnitude, etc. Com isso, o analista do compor-

Para que um procedimento de modelagem seja efetivamente aplicado, ele deve ser planejado e seguir os seguintes passos:
1) Definir precisamente a resposta-alvo final;
2) Selecionar o estímulo reforçador que será utilizado;
3) Escolher a primeira resposta a ser reforçada respeitando dois critérios a resposta precisa ser emitida com uma frequência mínima e deve ter alguma dimensão em comum com a resposta-alvo final;
4) Confeccionar uma lista hierárquica de respostas, começando pela primeira resposta a ser reforçada e terminando com a resposta-alvo, desenvolvendo assim um continuum de respostas possíveis entre estes dois pontos;
5) Determinar o número de vezes que cada resposta da lista será reforçada;
6) Começar o procedimento de reforçamento diferencial;
7) Mudar de critério a cada vez que a resposta em questão tiver sido reforçada o número de vezes estabelecido;
8) Reforçar continuamente, quando a resposta-alvo final for emitida.

tamento pode estruturar cada passo de sua intervenção e, ao final, determinar se e quando o comportamento está devidamente instalado. Além disso, para que o procedimento possa ser realizado, é essencial selecionar o estímulo reforçador que será utilizado. Em seguida, deve-se confeccionar uma lista hierárquica de respostas, começando por identificar a primeira resposta a ser reforçada, a resposta-alvo e o continuum de respostas possíveis entre estes dois pontos, ou seja, uma lista que contenha diversas respostas com pequenas variações na direção da resposta-alvo. Para a escolha da primeira resposta, dois critérios são empregados: a resposta precisa ser emitida com uma frequência mínima e deve ter alguma dimensão em comum com a resposta-alvo final. Com base nessa identificação, o próximo passo é determinar o número de vezes que cada resposta da lista será reforçada. É importante observar que reforçar muitas vezes uma mesma resposta pode fortalecê-la em demasia e, assim, impedir que novas variações mais próximas da resposta-alvo final ocorram. Por outro lado, reforçar pouquíssimas vezes uma mesma resposta pode desarranjar todo o processo. A cada mudança do critério de reforçamento para uma nova resposta da lista, deixa-se de reforçar as respostas anteriores, isto é, aquelas que estão mais distantes da resposta-alvo final; caso contrário, estará sendo ensinado um distanciamento da resposta-alvo final. Note que, algumas vezes, respostas mais próximas da resposta-alvo final (ou até mesmo ela própria) ocorrem por acaso durante o processo de modelagem. Nesses casos, tais respostas devem sempre ser reforçadas, e, caso não voltem a ocorrer, a lista de respostas de aproximações sucessivas à resposta-final deve ser retomada. Finalmente, quando a resposta-alvo final for emitida, ela precisa ser reforçada continuamente para que seja efetivamente instalada e mantida no repertório comportamental do indivíduo. Aqui, uma advertência se faz necessária: a imediaticidade do reforço é um fator crítico de todas as etapas da modelagem. Todo reforço deve ser entregue assim que a resposta terminar de ser emitida. Caso haja algum atraso, outra resposta pode ocorrer no intervalo e, desse modo, o reforço ficar contíguo à última resposta, aumentando a frequência desta em detrimento da outra.

Em humanos, o procedimento de modelagem pode ser utilizado para a instalação de inúmeras classes de respostas e para a diferenciação de várias dimensões do comportamento, tais como: topografia (p. ex., refinar a ação motora do escrever cursivo), frequência (p. ex., diminuir a quantidade de respostas de autolesão), latência (p. ex., diminuir o tempo entre a solicitação de uma tarefa e sua execução), duração (p. ex., aumentar a quantidade de tempo que um indivíduo permanece correndo) e magnitude (p. ex., aumentar o volume da voz de um fóbico social). Portanto, a modelagem é um método de intervenção que pode ser empregado para o manejo de excessos e déficits comportamentais de todos os tipos.

A modelagem é bastante profícua porque possibilita ensinar/modificar respostas sem que seja necessário esperar que elas apareçam em sua forma final para serem selecionadas por suas consequências, o que poderia demorar muito tempo ou até mesmo nunca ocorrer, como no caso de respostas com alto grau de complexidade. Além disso, a modelagem é um meio vantajoso de modificar o repertório comportamental por ser completamente baseada em reforço positivo,[1] o que evita os efeitos colaterais e o contracontrole tipicamente envolvidos nos procedimentos de cunho aversivo. Por fim, é importante notar que a modelagem pode ser empregada em conjunto com outros procedimentos de instalação e modificação de comportamento (encadeamento, regras, entre outros). Contudo, como apontam Cooper, Heron e Heward (2007), a modelagem possui algumas limitações importantes, das quais se destacam:

> A modelagem possui algumas limitações importantes.

a) Modelar alguns tipos de comportamento pode levar tempo demais – quando muitas aproximações sucessivas seriam necessárias até a emissão da resposta-alvo final – ou trazer riscos ao indivíduo.
b) Tendo em vista que as transformações no responder não ocorrem de forma linear, a habilidade do analista do comportamento em observar e reforçar as mínimas mudanças em direção à resposta-alvo é crítica para o sucesso da modelagem. Por um lado, se tais mudanças não forem reforçadas, podem passar a acontecer cada vez com menor frequência, corrompendo todo o processo. Por outro lado, se elas forem demasiadamente reforçadas, podem ocorrer com muita frequência, impedindo o progresso para respostas mais próximas à resposta-alvo final.
c) A modelagem requer o constante monitoramento de todo o processo para que as variações comportamentais mais próximas da resposta-alvo sejam reforçadas, o que raramente é exequível. Vale notar que esse limite pode ser superado se a resposta-alvo final selecionada for passível de ser modelada durante o período de tempo disponível – por exemplo, uma sessão de terapia.
d) Comportamentos danosos ou perigosos para o próprio indivíduo e para a sociedade podem ser modelados inadvertidamente quando profissionais e cuidadores desconhecem o efeito das consequências sobre o comportamento.

Para que o leitor compreenda a notabilidade do procedimento de modelagem, um exemplo clínico será apresentado a seguir. Em um trabalho clássico, Isaacs, Thomas e Goldiamond (1960) empregaram a modelagem para reinstalar a resposta de falar em um paciente com diagnóstico de esquizofrenia do tipo catatônico, que havia passado os últimos 19 anos internado em um hospital psiquiátrico sem pronunciar uma única palavra. Em uma sessão de terapia em grupo, na qual o paciente nunca esboçou qualquer sinal de comunicação, um chiclete caiu acidentalmente do bolso da terapeuta. O paciente movimentou os olhos em direção ao chiclete, reação esta que nunca havia sido vista antes pelos profissionais do hospital. A partir da hipótese de que o chiclete poderia ter função de estímulo reforçador, os pesquisadores utilizaram a resposta de olhar para o chiclete como a primeira aproximação à resposta de falar, apesar da enorme dissimilaridade topográfica entre estas duas respostas; afinal, esta era a única resposta observável que o paciente já apresentava em seu repertório. Após a resposta de movimentar os olhos em direção ao chiclete ter sido reforçada por seis sessões, o reforçamento foi interrompido até que pequenos movimentos dos lábios ocorressem. Assim, a variabilidade comportamental foi induzida ao se colocar em extinção a resposta anteriormente reforçada (olhar), permitindo que uma nova resposta (movimentar os lábios), mais próxima do ato de falar, fosse reforçada. Posteriormente, o reforço passou a ser liberado contingente à emissão de qualquer vocalização do paciente e, gradativamente, a sons cada vez mais próximos da palavra "chiclete". Finalmente, o paciente aprendeu a falar "chiclete, por favor" e a responder perguntas sobre seu nome e idade.

O Quadro 17.1 a seguir resume o planejamento do procedimento de modelagem empregado por Isaacs, Thomas e Goldiamond (1960).

Em conclusão, o procedimento de modelagem é um meio eficaz de gerar novas respostas ou modificar respostas preexistentes no repertório de um indivíduo. Em vez de esperar que uma nova resposta ocorra por acaso para reforçá-la, o analista do comportamento a produz, reforçando gradual e sucessivamente respostas cada vez mais próximas desta. A modelagem pode ser empregada em todas as áreas em que há comportamento: desde a clínica psicológica tradicional aos mais variados ambientes.

→ **NOTA**

1. Embora seja possível utilizar-se de reforçamento negativo e punição para modificar o repertório comportamental, os presentes autores defendem o uso preferencial do reforço positivo, devido aos subprodutos envolvidos em todas as práticas coercitivas.

→ **REFERÊNCIAS**

Catania, A. C. (1999). *Aprendizagem: Comportamento, linguagem e cognição* (4. ed.). Porto Alegre: Artmed.

Glenn, S. S., & Field, D. P. (1994). Functions of the environment in behavioral evolution. *The Behavior Analyst, 17*(2), 241-259.

Cooper, J. O., Heron, T. E., & Heward, W. L. (2007). *Applied behavior analysis* (2. ed.). Upper Saddle River, NJ: Pearson Prentice Hall.

Isaacs, W., Thomas, J., & Goldiamond, I. (1960). Application of operant conditioning to reinstate verbal behavior in psychotics. *Journal of Speech and Hearing Disorders, 25*(1), 8-15.

→ **QUADRO 17.1**
Sumarização dos passos empregados no procedimento de modelagem do caso apresentado por Isaacs, Thomas e Goldiamond (1960)

1. **Resposta-alvo final:** falar "chiclete" com boa dicção.
2. **Reforçador:** uma unidade de chiclete.
3. **Resposta inicial que o indivíduo já emitia:** movimentar os olhos.
4. **Hierarquia de aproximações sucessivas:**
    a) movimentar os olhos em direção ao chiclete;
    b) movimentar os lábios;
    c) emitir qualquer vocalização;
    d) emitir sons próximos à palavra "chiclete" ("chh", "et", "chic");
    e) emitir sons ainda mais próximos à palavra "chiclete" ("cilete", "chilete", "chicete");
    f) falar a palavra "chiclete".
5. **Reforçar continuamente a emissão da resposta vocal "chiclete".**

Considerações conceituais sobre o controle por regras na clínica analítico--comportamental[1]

18

Dhayana Inthamoussu Veiga
Jan Luiz Leonardi

ASSUNTOS DO CAPÍTULO

→ Comportamento governado por regras ou governado verbalmente.
→ Comportamento modelado por contingências.
→ Regras.
→ O uso de regras como procedimento de intervenção.
→ Vantagens do uso de regras no estabelecimento de novos comportamentos.
→ Contingências envolvidas nos comportamentos verbalmente governados.
→ Funções de estímulo que a regra exerce sobre comportamentos.

Muitos clínicos já devem ter se perguntado se (e como) o que é dito para um cliente durante as sessões de atendimento afeta o que ele faz em sua vida cotidiana fora da clínica. Sem dúvida, o questionamento acerca da extensão da terapia verbal na produção de mudanças em comportamentos clinicamente relevantes destaca um dos aspectos centrais dos processos envolvidos na clínica analítico-comportamental: o *comportamento governado por regras* ou *comportamento governado verbalmente* (Catania, 1999; Skinner, 1963/1969, 1966/1969).

Skinner (1963/1969, 1966/1969) cunhou o termo *regra* para se referir aos estímulos verbais antecedentes que descrevem uma contingência[2] (relação entre o responder e os eventos ambientais antecedentes e consequentes).

Por exemplo, após um cliente relatar uma discussão que teve com um de seus professores, seu analista diz: "Você percebeu que quase sempre que alguém fala com você em um tom de voz 'autoritário' (situação antecedente), você reage de tal forma (resposta) que as pessoas acham que você está brigando? Parece-me que elas ficam um pouco intimidadas com a sua reação e, pelo que você me falou agora há pouco, ficam muito irritadas (consequências)". Nesse caso,

> O termo *regra* se refere aos estímulos antecedentes que descrevem uma contingência. Assim como o termo *autorregras* refere--se a estímulos com as mesmas características tendo como único diferencial que a regra foi formulada pela própria pessoa.

pode-se afirmar que o clínico apresentou uma regra ao seu cliente, descrevendo algumas das condições sob as quais o seu comportamento usualmente ocorre.

Por meio da regra, é possível aprender uma resposta completamente nova sem que seja necessário viver diretamente as contingências. Muito do que as pessoas fazem depende daquilo que elas foram instruídas a fazer. O comportamento determinado principalmente por antecedentes verbais é chamado de *comportamento governado verbalmente* (ou *comportamento governado por regras*) e suas propriedades são diferentes das do comportamento modelado pelas consequências (Catania, 1999). Portanto, um clínico pode ensinar ao cliente uma resposta verbal ou não verbal nunca antes emitida sem recorrer à modelagem ou à modelação. Produzir uma nova resposta a partir de uma descrição verbal é vantajoso devido a três aspectos: economiza tempo na geração da resposta, evita possíveis danos da exposição direta às contingências e instala ou mantém respostas cujas consequências são atrasadas ou opostas às consequências imediatas. Além disso, a descrição de contingências por parte do clínico pode auxiliar e/ou complementar o controle de respostas que foram aprendidas por outros meios (Sério, 2004; Skinner, 1963/1969, 1966/1969, 1974/1976; Thomaz e Nico, 2007).

> Pode-se dividir os comportamentos em duas categorias: governados verbalmente ou modelados por consequências. Os primeiros são comportamentos aprendidos através de regras como estímulos antecedentes e os últimos se referem aos comportamentos desenvolvidos através de procedimentos de modelagem ou modelação.

Uma regra completa descreve, pelo menos, os três elementos constitutivos de uma contingência: estímulo antecedente, resposta e estímulo consequente. Portanto, um clínico pode falar como e quando emitir determinadas respostas e quais são as consequências envolvidas. Por exemplo, em vez de modelar diretamente o responder de seu cliente em uma situação cotidiana, um clínico pode dizer "quando você chegar à festa (situação antecedente), procure olhar para as pessoas ao seu redor (resposta). Dessa forma, vai conseguir perceber se alguém está olhando para você (consequência)".

> Produzir uma nova resposta a partir de uma descrição verbal é vantajoso devido a três aspectos: economiza tempo na geração da resposta, evita possíveis danos da exposição direta às contingências e instala ou mantém respostas cujas consequências são atrasadas ou opostas às consequências imediatas.

Entretanto, a descrição de uma contingência pode ser parcial, explicitando apenas a resposta, a resposta e a situação na qual esta deve ser emitida, a resposta e sua consequência, etc. Mesmo fragmentos de descrições de contingências podem acelerar a aquisição de comportamentos ou facilitar o aparecimento de comportamentos que deixaram de ser emitidos (Skinner, 1966/1969). No exemplo apresentado, o clínico poderia apenas dizer "procure olhar para as pessoas ao seu redor (resposta) quando for à festa (situação antecedente)", e a descrição ainda ser capaz de alterar, em algum grau, a probabilidade do olhar para as pessoas durante a festa. Vale ressaltar que, uma vez que essa resposta tenha produzido reforço, não é possível afirmar que ela esteja apenas sob controle da regra apresentada pelo clínico.

> Pode-se dizer que uma regra pode ser mais ou menos descritiva, a depender dos elementos constitutivos nela contida. Uma regra completa é aquela que descreve toda a relação de contingência, por exemplo: estímulo discriminativo, resposta e reforçador.

Skinner (1963/1969) enfatiza que os efeitos que uma regra produz não podem ser confundidos com os efeitos da exposição direta à contingência descrita pela regra. As variáveis de controle envolvidas em cada um dos casos não são as mesmas, o que torna diferentes o comportamento governado por regras e o modelado por contingências, apesar da semelhança topográfica que possa haver entre eles (Skinner, 1963/1969). Uma pessoa pode olhar para os convidados de uma festa como resultado da recomendação de seu clínico durante a sessão, enquanto outra pode fazê-lo porque, em sua história, isso produziu reforçadores sociais e, consequentemente, estabeleceu a condição antecedente "festa" como estímulo discriminativo para a resposta de olhar.

É importante observar que uma regra, como qualquer outro estímulo, não exerce controle apenas por sua simples presença. Para isso, é necessário que haja uma história de reforçamento que a estabeleça como estímulo antecedente. Seguir uma regra (isto é, emitir a resposta especificada na descrição) pode ser reforçado pela mudança ambiental produzida diretamente pela resposta ou pela reação do indivíduo que emitiu a regra (falante). No primeiro caso, o comportamento depende fundamentalmente da correspondência entre a regra e as contingências vividas por segui-la; no segundo caso, do reforço social por obedecer a regra (Hayes, Zettle e Rosenfarb, 1989). Essas variáveis estão dentre as responsáveis pela determinação do seguimento de regras, apresentadas mais adiante.

> Seguir regras trata-se de um comportamento como qualquer outro. Assim, para que ocorra é preciso uma história de reforçamento que estabeleça regras como estímulo antecedente.

Conforme discutido até o momento, o comportamento governado por regras pode ser representado da seguinte forma: S^{ant} (descrição da contingência) – R (resposta especificada na descrição) – SR (alterações ambientais produzidas diretamente pela resposta especificada na descrição ou pela reação do indivíduo que emitiu a regra).

As variáveis envolvidas no controle por regras têm sido amplamente estudadas por analistas do comportamento nos últimos 30 anos. Quatro delas são apresentadas a seguir.

Uma primeira variável que afeta a seleção e a manutenção do responder sob controle de regras é a existência de uma história de correspondência entre a descrição e os eventos do ambiente a que ela se refere (Albuquerque, 2005; Catania, 1999; Catania, Matthews e Shimoff, 1990; Matos, 2001). É necessário que haja correspondência entre, pelo menos, certos eventos e o comportamento verbal do falante, entre o comportamento verbal do falante e certos comportamentos do ouvinte ou entre certos comportamentos do ouvinte e certos eventos no ambiente (Matos, 2001). Sem que ao menos uma dessas correspondências exista, o controle por regras se torna menos provável.

Outra fonte de controle diz respeito à presença de variáveis sociais (Albuquerque, 2005; Albuquerque, Paracampo e Albuquerque, 2004; Catania, Matthews e Shimoff, 1990; Hayes, Zettle e Rosenfarb, 1989; Matos, 2001). Segundo Matos (2001), grande parte das contingências que operam sobre o seguir regras é de natureza social ou cultural, pois depende diretamente da aquisição de uma "linguagem" e do desenvolvimento do controle por reforçadores sociais. Em termos comuns, o controle do seguimento de regras por variáveis sociais está implícito quando se diz que alguém foi aprovado pelos membros de sua comunidade por ser obediente e/ou reprovado por ser desobediente.

Uma terceira variável que interfere no responder sob controle de regras refere-se aos ganhos e perdas envolvidos em sua emissão e não emissão. É necessário analisar as consequências produzidas quando uma pessoa segue uma regra, isto é, o que ela ganha ao fazer o que lhe é dito ou o que perde quando deixa de segui-la (Galizio, 1979). Por exemplo, um clínico pode alertar sua cliente que, caso continue a se comportar de forma excessivamente ciumenta, é muito provável que seu namorado termine o relacionamento. Neste caso, seguir a regra evita a perda de um reforçador positivo.

Finalmente, o responder sob controle de regras também deve ser analisado com base em sua relação com os eventos antecedentes, que pode ser entendida partindo-se de dois aspectos. Um deles é o fato de que a influência que o falante tem sobre o ouvinte no momento em que a regra é apresentada interfere na probabilidade de controle do comportamento do ouvinte (Albuquerque, Paracampo e Albuquerque, 2004; Capovilla e Hineline, 1989). Por exemplo, uma criança que costuma obedecer às solicitações feitas por sua mãe pode não atender àquelas feitas por seu irmão, mesmo que elas sejam as mesmas. Em uma situação semelhante, um cliente pode seguir as instruções dadas por seu médico, mas não as de seu analista.

O segundo aspecto a ser considerado sobre os eventos antecedentes que determinam o seguimento de regras é a *função de estímulo* que a própria regra exerce. Existe um longo debate na literatura sobre as possíveis explicações para o controle exercido por regras, o que tem gerado a publicação de artigos que discutem as diferentes explicações oferecidas para esse fenômeno (p. ex., Albuquerque, 2001, 2005; Blakely e Schlinger, 1987; Braam e Malott, 1990; Catania, Matthews e Shimoff, 1990; Cerutti, 1989; Matos, 2001; Schlinger e Blakely, 1987; Schlinger, 1990, 1993). Entretanto, apesar da atenção voltada para o assunto, não há consenso entre os analistas do comportamento sobre as funções de estímulo que as regras podem ter. A seguir, são apresentadas três possibilidades: função discriminativa, função alteradora da função de estímulos e função motivadora.

> As regras podem exercer diferentes funções numa relação comportamental. Algumas de suas possibilidades são: função discriminativa, função motivadora e função alteradora da função de estímulos.

Ao definir regra, Skinner (1963/1969, 1966/1969) propõe que estímulos verbais que especificam contingências são estímulos discriminativos (S^{DS}) para o comportamento do ouvinte, ou seja, estão correlacionados com uma maior probabilidade de que a resposta especificada pela regra produza reforço quando emitida.[3] Ao longo dos anos, essa posição foi criticada por diversos autores que propuseram interpretações alternativas à função de S^D para explicar casos de seguimento de regras que não atendiam aos critérios necessários para caracterizar esta função.

Para Cerutti (1989), uma regra não pode ser considerada um S^D, especialmente quando se trata de um estímulo que nunca foi apresentado ao ouvinte antes e, portanto, sem haver uma história de reforçamento diferencial na presença/ausência da regra, critério essencial para a constituição de um S^D. Contudo, uma regra pode exercer função discriminativa quando a descrição até então desconhecida pelo ouvinte é composta por elementos (trechos da descrição) na presença dos quais o responder do ouvinte já foi reforçado em outros momentos. Um exemplo disso é quando uma criança que já aprendeu a atender pedidos como "pegue a bola" e "empurre a caixa" é capaz de seguir as instruções "pegue a caixa" e "empurre a bola", nunca proferidas antes em sua história. Cerutti (1989) defende que recombinações desse tipo possibilitam a emissão de "respostas novas" sob controle de "regras novas", processo que designou como *formação de classes discriminativas generalizadas*.

Embora esta interpretação possibilite a explicação de diversos tipos de situações em que o controle por regras ocorre, sua transposição para o contexto clínico parece deixar algumas lacunas. Tendo em vista que os critérios temporais comumente aplicados ao controle discriminativo (alteração imediata e momentânea da frequência de respostas) não são atingidos, como explicar a emissão de respostas controladas pela regra fora do contexto em que ela foi apresentada?

Alguns autores (p. ex., Blakely e Schlinger, 1987; Schlinger e Blakely, 1987; Schlinger, 1990, 1993) defendem que, em muitos casos, a regra em si não evoca as respostas do ouvinte (tal como um S^D faria), mas sim altera a função de estímulos do ambiente que são descritos na regra. Estes estímulos, por sua vez, passam a funcionar como estímulos discriminativos, evocando respostas[4]. Esta contingência pode ser representada da seguinte forma: S^{ant} (descrição da contingência), S^D (estímulos descritos na regra que evocam a resposta especificada) – R (resposta especificada na descrição) – SR (alterações ambientais produzidas diretamente pela resposta especificada na descrição ou pela reação do indivíduo que emitiu a regra).

O efeito da regra, delineado anteriormente, é decorrente do que os autores chamaram de *função alteradora da função de estímulos* (Blakely e Schlinger, 1987; Schlinger e Blakely, 1987; Schlinger, 1990, 1993). Um exemplo desse efeito pode ser observado quando um clínico, durante a sessão, diz a seu cliente: "Toda vez que ela tocar nesse assunto, você pode começar a falar de outros assuntos ou, ainda, mostrar-se pouco interessado na conversa", e, dias depois, o cliente muda de assunto ou se mostra pouco interessado no momento em que sua namorada fala sobre aquele assunto. Dentro dessa perspectiva, é possível afirmar que são as próprias respostas da namorada que evocam o referido responder do cliente e não a regra dada pelo clínico, uma vez que adquiriram propriedade discriminativa.

Uma terceira possibilidade levantada é que as regras podem exercer *função motivadora* (Albuquerque, 2001; Hayes, Zettle e Rosenfarb, 1989; Malott, 1989; Sundberg, 1993). Uma operação motivadora é definida como um evento do ambiente, operação ou condição de estímulo que altera momentaneamente a eficácia de reforçadores ou punidores e a frequência de classes de resposta operantes relacionadas àquelas consequências (Laraway, Snycerski, Michael e Poling, 2003). Segundo Malott (1989), uma regra pode estabelecer a eficácia reforçadora de estímulos que sejam produzidos pela resposta especificada ou o valor aversivo de estímulos resultantes da não emissão da resposta ("desobedecer"). Por exemplo, uma mãe pode dizer ao seu filho: "Ai de você, se não fizer a lição de casa!", ou "Faça a sua lição, senão... já sabe!". Hayes, Zettle e Rosenfarb (1989) também afirmam que regras podem ter função motivadora, propondo o uso do termo *augmental* ("que aumenta") para se referir a elas. Os autores apontam que o *augmental* está entre as mais sutis, embora mais importantes, formas de controle por regra. No entanto, apesar da importância do fenômeno, não há clareza sobre como essa forma de controle funciona.

Assim como a função discriminativa, a função motivadora afeta momentaneamente um organismo.[5] Isto quer dizer que muitas das mudanças comportamentais que ocorrem fora da clínica, supostamente resultantes da regra fornecida pelo clínico na sessão, não podem ser atribuídas a essa função de estímulo. Nesse sentido, só é possível levantar a possibilidade de que uma regra tenha função motivadora nos casos em que as mudanças comportamentais produzidas por ela sejam observadas na sessão de atendimento, logo após a sua apresentação. Portanto, para os casos em que a regra produz efeitos ocorridos fora da clínica, a interpretação da função alteradora da função de estímulos parece ser mais adequada.

Por fim, é importante destacar que muitas das considerações feitas pelos autores que discutem a função motivadora de regras (e também por aqueles que discutem as demais funções) sugerem análises predominantemente interpretativas pouco respaldadas por dados experimentais, o que dificulta sua extrapolação para o contexto clínico.

Com base no que foi apresentado no presente capítulo, destaca-se como sendo de extrema importância que os clínicos analítico-comportamentais estejam atentos para as diversas possibilidades de interpretação dos fenômenos relacionados ao controle por regras na clínica. Esse cuidado deve ser tomado devido ao caráter essencialmente multideterminado do controle por regras, o qual deve ser considerado durante todo o processo terapêutico. Por isso, antes que uma ou outra interpretação conceitual seja adotada pelo clínico ao analisar contingências, é necessário avaliar se as diversas fontes do controle por regras foram apropriadamente examinadas.

→ NOTAS

1. Os autores agradecem imensamente à profª. Drª. Tereza Maria de Azevedo Pires Sério (*in memorian*) pelas valiosas sugestões para a elaboração deste texto.
2. Blakely e Schlinger (1987), Glenn (1987, 1989), Schlinger e Blakely (1987) e Schlinger (1990) sugerem o uso do termo *estímulos especificadores de contingência* (*contingency-specifying stimuli*) para se referir a estímulos verbais tradicionalmente chamados de *regras*.
3. O responder de um organismo ocorre mais vezes na presença de um S^D do que em sua ausência, pois a presença do S^D foi correlacionada com uma maior produção de reforçador, com a produção de reforçador de maior qualidade e/ou com a produção de reforçador de menor atraso (Michael, 1980).
4. Apesar da ênfase dada por Skinner (1963/1969) sobre a função discriminativa das regras, o autor também apresenta a possibilidade de que elas estabeleçam novos estímulos discriminativos.
5. Para discussão sobre efeitos momentâneos/evocativos e duradouros/alteradores de repertório, veja Capítulos 3 e 7.

→ REFERÊNCIAS

Albuquerque, L. C. (2001). Definições de regras. In H. J. Guilhardi, M. B. B. P. Madi, P. P. Queiroz, & M. C. Acoz (Orgs.), *Sobre comportamento e cognição: Expondo a variabilidade* (vol. 7, pp. 132-140). Santo André: ESETec.

Albuquerque, L. C. (2005). Regras como instrumento de análise do comportamento. In L. C. Albuquerque (Org.), *Estudos do comportamento* (pp.143-176). Belém: Edufpa.

Albuquerque, N. M. A., Paracampo, C. C. P., & Albuquerque, L. C. (2004). Análise do papel de variáveis sociais e de consequências programadas no seguimento de instruções. *Psicologia: reflexão e crítica, 17*(1), 31-42.

Blakely, E., & Schlinger, H. D. (1987). Rules: Function-altering contingency specifying stimuli. *The Behavior Analyst, 10*(2), 183-187.

Braam, C., & Malott, R. W. (1990). "I'll do it when the snow melts": The effects of deadlines and delayed outcomes on rule-governed behavior in preschool children. *The Analysis of Verbal Behavior, 8*, 67-76.

Capovilla, F. C., & Hineline, P. N. (1989). Efeitos da fonte da instrução, do formato da instrução e das relações entre as demandas da instrução e da tarefa. *Anais da Reunião Anual de Psicologia da Sociedade de Psicologia de Ribeirão Preto, 19*, 87.

Catania, A. C. (1999). *Aprendizagem: Comportamento, linguagem e cognição* (4. ed.). Porto Alegre: Artmed.

Catania. A. C., Matthews, B. A., & Shimoff, E. H. (1990). Properties of rule-governed behavior and their implications. In D. E. Blackman, & H. Lejeune (Orgs.), *Behavior analysis in theory and practice: Contributions and controversies* (pp. 215-230). Hillsdale: Erbaum.

Cerutti, D. T. (1989). Discrimination theory of rule-governed behavior. *Journal of the Experimental Analysis of Behavior, 51*(2), 259-276.

Galizio, M. (1979). Contingency-shaped and rule-governed behavior: Instructional control of human loss avoidance. *Journal of the Experimental Analysis of Behavior, 31*(1), 53-70.

Glenn, S. S. (1987). Rules as environmental events. *The Analysis of Verbal Behavior, 5*, 29-32.

Glenn, S. S. (1989). On rules and rule-governed behavior: A reply to Catania's reply. *The Analysis of Verbal Behavior, 7*, 51-52.

Hayes, S. C., Zettle, R., & Rosenfarb, I. (1989). Rule-following. In S. C. Hayes (Org.), *Rule governed behavior: Cognition, contingencies, and instructional control* (pp. 191-220). Reno: Context Press.

Laraway, S., Snycerski, S., Michael, J., & Poling, A. (2003). Motivating operations and terms to describe them: Some further refinements. *Journal of Applied Behavior Analysis, 36*(3), 407-414.

Malott, R. W. (1989). The achievement of evasive goals: Control by rules describing contingencies that are not direct acting. In S. C. Hayes (Org.), *Rule governed behavior: Cognition, contingencies, and instructional control* (pp. 269-322). Reno: Context Press.

Matos, M. A. (2001). Comportamento governado por regras. *Revista Brasileira de Terapia Comportamental e Cognitiva, 3*(2), 51-66.

Michael, J. (1980). The discriminative stimulus or S^d. *The Behavior Analyst, 3*(1), 47-49.

Michael, J. (1983). Evocative and repertoire-altering effects of an environmental event. *The Analysis of Verbal Behavior, 2*, 19-21.

Schlinger, H. D. (1990). A reply to behavior analysts writing about rules and rule-governed behavior. *The Analysis of Verbal Behavior, 8*, 77-82.

Schlinger, H. D. (1993). Discriminative and function-altering effects of verbal stimuli. *The Behavior Analyst, 16*(1), 9-23.

Schlinger, H. D., & Blakely, E. (1987). Function-altering effects of contingency-specifying stimuli. *The Behavior Analyst, 10*(2), 41-45.

Sério, T. M. A. P. (2004). Comportamento verbal e o controle do comportamento humano. In T. M. A. P. Sério, M. A. P. A. Andery, P. S. Gioia, & N. Micheletto (Orgs.), *Controle de estímulos e comportamento operante: Uma (nova) introdução* (pp. 139-164). São Paulo: Educ.

Skinner, B. F. (1969). An operant analysis of problem solving. In B. F. Skinner (Org.), *Contingencies of reinforcement: A theoretical analysis* (pp. 133-171). New York: AppletonCentury-Crofts. (Trabalho original publicado em 1966)

Skinner, B. F. (1969). Operant behavior. In B. F. Skinner (Org.), *Contingencies of reinforcement: A theoretical analysis* (pp. 105-132). New York: Appleton-Century-Crofts. (Trabalho original publicado em 1963)

Skinner, B. F. (1976). *About behaviorism*. New York: Vintage Books. (Trabalho original publicado em 1974)

Sundberg, M. L. (1993). The application of establishing operations. *The Behavior Analyst, 16*(2), 211-214.

Thomaz, C. R. C., & Nico, Y. C. (2007). Quando o verbal é insuficiente: Possibilidades e limites da atuação clínica dentro e fora do consultório. In D. R. Zamignani, R. Kovac, & J. S. Vermes, *A clínica de portas abertas: Experiências e fundamentação do acompanhamento terapêutico e da prática clínica em ambiente extraconsultório* (pp. 47-75). Santo André: ESETec/Paradigma.

19 O trabalho com relatos de emoções e sentimentos na clínica analítico-comportamental

João Ilo Coelho Barbosa
Natália Santos Marques

ASSUNTOS DO CAPÍTULO

→ Emoções e sentimentos como "respostas emocionais".
→ Cuidados em relação à avaliação baseada em relatos.
→ A variação de respostas emocionais em um *continuum*.
→ Funções que as respostas emocionais podem exercer em uma relação comportamental.

O relato de queixas e problemas em um atendimento psicoterápico frequentemente faz referências a emoções e sentimentos. Embora esses eventos tenham a mesma natureza de outras respostas presentes no repertório humano, diferenciando-se apenas em relação à acessibilidade, sua valorização social e seu caráter privado podem resultar em uma percepção de estados emocionais como eventos particularmente importantes. Culturalmente, somos treinados a valorizar o que sentimos como uma parte constituinte de nossa própria subjetividade (Tourinho, 2006).

> Culturalmente, somos treinados a valorizar o que sentimos como uma parte constituinte de nossa própria subjetividade.

Em uma perspectiva analítico-comportamental, emoções e sentimentos costumam ser chamados, em conjunto, de "respostas emocionais" (Darwich e Tourinho, 2005), e são tratados como fenômenos complexos, envolvendo componentes respondentes e operantes (verbais e não verbais). Isso se dá em razão de que diferentes tipos de respostas podem ocorrer simultaneamente, sob controle de contingências ambientais comuns. Assim, um único evento pode controlar uma resposta motora e diferentes respostas privadas, como pensar, sentir uma emoção ou uma sensação corporal.

> Em uma perspectiva analítico-comportamental, emoções e sentimentos costumam ser chamadas, em conjunto, de "respostas emocionais", e são tratadas como fenômenos complexos, envolvendo componentes respondentes e operantes (verbais e não verbais).

De acordo com Skinner (1989/1991), relatos sobre estados emocionais podem ser tão úteis quanto a descrição daquilo que as pessoas fazem, na medida em que podem fornecer pistas sobre o ambiente presente e passado do indivíduo. Sua investigação, portanto, é terapeuticamente relevante e particularmente valiosa quando condições ambientais passadas ainda controlam o comportamento presente do cliente. Essa situação, recorrente na prática clínica, ocorre, por exemplo, quando o cliente fala dos momentos difíceis vividos ao perder um ente querido. Embora possam ter se passado alguns anos do fato, o espaçamento temporal entre o momento presente e as contingências passadas não o impede de descrevê-las em meio a choro intenso, relatando ainda sentir profunda tristeza.

> Relatos sobre estados emocionais podem ser tão úteis quanto a descrição daquilo que as pessoas fazem, na medida em que podem fornecer pistas sobre o ambiente presente e passado do indivíduo.

Porém, embora seja útil para a terapia, a análise dos relatos dos clientes sobre estados emocionais merece cuidados, visto que alguns problemas advêm da utilização de relatos verbais como a principal fonte de informação sobre as contingências inacessíveis à observação do clínico. Em primeiro lugar, descrições verbais costumam apresentar imprecisões quando o evento descrito está ausente, pois, nesse caso, o controle do relato não é tão preciso como aquele sob controle direto das características de um objeto ou situação presente.

> Embora seja útil para a terapia, a análise dos relatos dos clientes sobre estados emocionais merece cuidados, visto que alguns problemas advêm da utilização de relatos verbais como a principal fonte de informação sobre as contingências inacessíveis à observação do clínico.

Um segundo problema se refere às características do comportamento verbal. A despeito do contato tão próximo do sujeito com as alterações em seu próprio corpo, tateá-las e nomeá-las depende de um processo de aprendizagem conduzido pela comunidade verbal. Portanto, o desenvolvimento desse processo pode ser um fator limitante da capacidade do cliente de descrever seus sentimentos. Um repertório autodescritivo pobre, desse modo, sugere um ambiente verbal insuficiente para a aprendizagem de descrições sob controle de condições corporais privadas.

> A despeito do contato tão próximo do sujeito com as alterações em seu próprio corpo, tateá-las e nomeá-las depende de um processo de aprendizagem conduzido pela comunidade verbal.

Também é importante salientar que o comportamento de relatar respostas emocionais, enquanto um operante verbal do tipo *tato*, está sujeito às variáveis que afetam o controle de estímulos sobre esse operante (tais como a presença de reforços não generalizados contingentes ao relato ou a punição do comportamento verbal), o que pode resultar em um relato distorcido, não correspondente aos eventos descritos.

Assim, considerando a relevância e as dificuldades envolvidas na análise de respostas emocionais na clínica, faz-se necessário discutir aspectos relativos a essa tarefa, tais como a observação de respostas emocionais e a identificação das suas funções.

→ A OBSERVAÇÃO DAS RESPOSTAS EMOCIONAIS

Tomando a observação como a primeira atividade do clínico para o desenvolvimento de uma intervenção efetiva, é necessário que ele esteja atento às diferentes formas como as respostas emocionais podem se apresentar. Estas podem variar em um *continuum* cujos extre-

> As respostas emocionais podem variar em um *continuum* cujos extremos são os respondentes eliciados de forma quase automática e respostas verbais que descrevem para um ouvinte aquilo que está ocorrendo privadamente ao sujeito, com a participação de poucos respondentes ou de outros operantes publicamente observáveis.

mos são os respondentes eliciados de forma quase automática (p. ex., olhos arregalados e contração dos músculos da face diante de uma ameaça à sua integridade física) e respostas verbais que descrevem para um ouvinte aquilo que está ocorrendo privadamente ao sujeito, com a participação de poucos respondentes ou de outros operantes publicamente observáveis.

A observação, por parte do clínico, de respondentes e operantes não verbais envolvidos no comportamento emocional do cliente é dificultada por uma razão básica: várias destas respostas são privadas. Mesmo quando parte destas respostas é publicamente acessível, podem ser de difícil discriminação, pois nem sempre caracterizam uma alteração brusca no comportamento público do cliente.

Assim, para conseguir relacionar respondentes ou operantes específicos a uma mudança emocional do cliente, o clínico precisa estar constantemente avaliando a variabilidade comportamental apresentada, lançando mão da comparação com o repertório do cliente previamente observado em outros momentos, seja na mesma sessão ou em situações anteriores. Detalhes sutis, como a mudança no ritmo e tom da voz, formação de lágrimas ou o aumento de gestos motores do cliente podem ser os únicos indicativos da presença de uma resposta emocional.

> Para conseguir relacionar respondentes ou operantes específicos a uma mudança emocional do cliente, o clínico precisa estar constantemente avaliando a variabilidade comportamental apresentada, lançando mão da comparação com o repertório do cliente previamente observado em outros momentos na mesma sessão ou em situações anteriores.

Por outro lado, a observação dos aspectos topográficos de respondentes e operantes não verbais não garante, por si só, a discriminação da resposta emocional relacionada a tais respostas, já que diferentes emoções podem produzir mudanças corporais parecidas. Contrações do rosto, por exemplo, podem estar relacionadas à sensação de dor ou tristeza; e uma maior gesticulação acompanhada de voz alta pode, às vezes, sinalizar eventos discriminados como raiva e, em outras vezes, indicar a presença de ansiedade.

> A observação dos aspectos topográficos de respondentes e operantes não verbais não garante, por si só, a discriminação da resposta emocional relacionada a tais respostas, já que diferentes emoções podem produzir mudanças corporais parecidas.

Para uma caracterização do comportamento emocional vigente, o clínico precisa relacionar a presença de respostas emocionais ao contexto verbal no qual elas estão ocorrendo. A confrontação do relato com as respostas observadas pode sugerir a ocorrência de uma emoção específica. Quando as verbalizações do cliente sobre seu estado emocional estão de acordo com as mudanças corporais observadas, o clínico pode conferir uma maior confiabilidade às suas observações. De outra forma, a não concordância entre o comportamento verbal e o não verbal precisa ser investigada.

Uma possível razão para a inconsistência entre comportamento verbal e não verbal pode estar na falta de um repertório verbal adequado de discriminação e/ou descrição do que ocorre privadamente ao cliente. Caso se confirme ser esta a dificuldade do cliente, cabe ao clínico planejar contingências capazes de modelar tatos autodescritivos. Um re-

> Uma possível razão para a inconsistência entre o comportamento verbal e não verbal pode estar na falta de um repertório verbal adequado de discriminação e/ou descrição do que ocorre privadamente ao cliente.

curso terapêutico interessante para essa finalidade são filmes que evidenciam relações entre contingências específicas vivenciadas por um personagem e as respostas emocionais derivadas dessa interação do sujeito com o ambiente. Estratégia parecida pode ser adotada na análise e discussão de poemas ou outras produções artísticas, que poderão ter ainda maior valor terapêutico quando abordam temas próximos aos problemas trazidos pelo cliente.

O clínico também pode suspeitar que o problema não esteja na falta de um repertório autodescritivo, e sim na participação de outras variáveis de controle das verbalizações do cliente. Seria o caso de sentimentos socialmente punidos, os quais o cliente frequentemente se esquiva em tatear acuradamente, o que resulta na emissão de relatos não correspondentes ao comportamento não verbal do falante. Nesse caso, o terapeuta precisa sinalizar ao cliente a ausência de condições aversivas no contexto terapêutico, constituindo-se no que Skinner (1953/1965) chamou de audiência não punitiva.

→ IDENTIFICANDO AS FUNÇÕES DAS RESPOSTAS EMOCIONAIS

As relações comportamentais que determinam a função de uma resposta são complexas, pois, em uma cadeia comportamental, cada elemento pode desempenhar diferentes funções em relação a elementos subsequentes e antecedentes. Como um exemplo, a negativa do pai ao pedido do filho de comer um chocolate pode alterar a frequência da classe de respostas que a antecedeu (por exemplo, a resposta de fazer solicitações ao pai). O mesmo evento também pode eliciar respondentes aversivos, como a raiva, e ainda interferir na emissão de outros operantes, como a resposta de agredir o pai.

> As relações comportamentais que determinam a função de uma resposta são complexas, pois, em uma cadeia comportamental, cada elemento pode desempenhar diferentes funções em relação a elementos subsequentes e antecedentes.

Para que o clínico não se limite a uma intervenção restrita frente às possíveis funções desempenhadas pelas respostas emocionais apresentadas pelo cliente, é preciso ampliar a análise daqueles eventos, procurando identificar os componentes respondentes e operantes verbais e não verbais do comportamento emocional, e entender como esses componentes se relacionam entre si e com o ambiente. Algumas funções comportamentais possivelmente desempenhadas por respostas emocionais serão discutidas a seguir.

Respostas emocionais enquanto comportamento respondente

Estudos comparativos de emoções foram fundamentais para a concepção de emoção enquanto um comportamento respondente. Após 34 anos de pesquisas com inúmeros animais, Darwin (1872/2000) comparou e demonstrou que certas expressões emocionais humanas correspondiam a outras observadas em animais, argumentando que tais comportamentos estariam relacionados a aspectos filogenéticos.

Para Darwin, o processo de seleção natural estabeleceu e manteve no repertório humano um conjunto de "emoções básicas", assim como outras características filogeneticamente herdadas, comuns a indivíduos de diferentes culturas e sociedades.

Watson (1930/1990) partilhava da crença de Darwin em um conjunto de emoções primárias: a raiva, o medo e a alegria. Todas as demais emoções humanas, segundo o autor, seriam derivadas destas, descritas a partir de padrões complexos de respondentes específicos.

Embora não pareça conveniente limitar a resposta emocional a um padrão respondente, a investigação das relações de controle em tal resposta pode levar terapeuta e cliente a reconhecerem a existência de condições ambientais eliciadoras de emoções, favorecendo uma explicação externalista e, portanto, mais consistente com os princípios da análise do comportamento para tais fenômenos.

Função reforçadora das respostas emocionais

> Por serem naturalmente eliciados pelo próprio comportamento do indivíduo, estados emocionais constituem-se em estímulos potencialmente reforçadores ou punidores.

Por serem naturalmente eliciados pelo próprio comportamento do indivíduo, estados emocionais constituem-se em estímulos potencialmente reforçadores ou punidores. Nos casos de excessos comportamentais, como no uso abusivo de álcool e de outras drogas, no jogar ou no comer de forma compulsiva, emoções e estados corporais eliciados podem manter o responder em alta frequência e mais resistente à extinção.

Além de exercer a função de reforçador positivo, estados emocionais também podem reforçar negativamente uma resposta. Isso ocorre quando, por exemplo, clientes com transtornos de ansiedade realizam rituais, os quais são mantidos pela redução no nível de ansiedade. A ansiedade, nesse caso, exerce controle sobre um conjunto de respostas de fuga e esquiva da própria condição emocional sentida.

Função discriminativa das respostas emocionais

Uma vez que emoções específicas podem anteceder e acompanhar a apresentação de consequências reforçadoras ou punitivas, é possível que futuras ocorrências dessas emoções, mesmo que desacompanhadas do mesmo contexto ambiental, possam exercer controle discriminativo sobre outros operantes. Isto pode ser observado quando o cliente relata ansiedade ou tristeza sem motivo aparente, e emite respostas que, em situações anteriores, foram reforçadas na presença desses sentimentos, tais como pedir ajuda ou tomar um medicamento.

> Clientes com um padrão de comportamento evitativo podem ficar exageradamente sensíveis ao seu estado emocional, aumentando a frequência de respostas de fuga ou esquiva mesmo em ocasiões em que não haja nenhum estímulo ambiental externo que sinalize a ocorrência de condições aversivas.

O clínico precisa estar atento à possibilidade de existência do controle discriminativo exercido por variáveis emocionais, pois tal controle pode estar envolvido na manutenção de uma alta frequência de "comportamentos-problema". Clientes com um padrão de comportamento evitativo podem ficar exageradamente sensíveis ao seu estado emocional, aumentando a frequência de respostas de fuga ou esquiva mesmo em ocasiões em que não haja nenhum estímulo ambiental externo que sinalize a ocorrência de condições aversivas.

Além das respostas emocionais não verbais, componentes verbais a respeito das emoções sentidas também podem adquirir uma função discriminativa. Uma das possibilidades de intervenção frente ao relato de respostas emocionais enquanto estímulo discriminativo foi proposta por Wilson e Hayes (2000). Esses autores valorizam os aspectos verbais descritivos das condições privadas auto-observadas, e acreditam que, da mesma forma que os eventos privados afetam a forma como o cliente os descreve, o inverso também pode ocorrer. Dessa forma, ao promover uma reestruturação do discurso do cliente sobre seus sentimentos e emoções, o clínico teria, em determinadas condições, a oportunidade de alterar a função daquelas respostas emocionais, mesmo que não tivesse acesso direto às contingências que estabeleceram o controle discriminativo presente.

Entretanto, outros analistas do comportamento, embora considerem a possibilidade de respostas verbais controlarem parcialmente respostas não verbais subsequentes, criticam um modelo de intervenção comportamental voltada prioritariamente para os aspectos verbais das emoções. De acordo com esses autores, tal modelo de intervenção corre o risco de valorização exagerada das autodescrições em detrimento da investigação externalista de contingências ambientais na determinação do comportamento (Tourinho, 1997).

Respostas emocionais enquanto operações motivadoras

> Respostas emocionais podem interferir em toda a cadeia comportamental subsequente, aumentando ou diminuindo a efetividade das consequências reforçadoras de uma resposta, além de potencializar ou reduzir o controle de estímulos discriminativos sobre esta.

Quando respostas emocionais anteriores a outra resposta não foram diretamente relacionadas a consequências específicas, mas interferem na forma como o cliente interage com os eventos ambientais a sua volta, podemos tratá-las como variáveis motivadoras (cf. Catania, 1998/1999; Michael, 1993).

Assim como ocorre com as condições de privação, respostas emocionais (como, por exemplo, as discriminadas como raiva, medo ou ansiedade) podem interferir em toda a cadeia comportamental subsequente, aumentando ou diminuindo a efetividade das consequências reforçadoras de uma resposta, além de potencializar ou reduzir o controle de estímulos discriminativos sobre esta. Como produto dessa interferência, tais condições emocionais alteram a probabilidade de ocorrência da resposta subsequente.

Como um exemplo de condições emocionais com função motivadora, Holland e Skinner (1961/1975) apontaram a presença da ansiedade, que, ao potencializar a efetividade das consequências de respostas de fuga e/ou esquiva, aumenta a probabilidade de ocorrência destes comportamentos. Esse exemplo de ansiedade com função motivadora se diferencia das demais referências à ansiedade, discutidas previamente, em termos do tipo de controle que esta resposta emocional exerce sobre as demais respostas. Nesse caso, observa-se a função moduladora dessa emoção, enquanto, nos demais casos, discutiram-se as funções evocativa e reforçadora.

> Alguns analistas do comportamento dirão que neste caso não se falaria de uma função de operação motivadora, mas sim de uma função alteradora de função de estímulo.

Eventos que eliciam reações emocionais fortes frequentemente funcionam como operações motivadoras com efeitos a longo prazo, tais como a morte de alguém amado, um estupro ou um acidente grave. O efeito estabelecedor de tais eventos pode persistir até que seja eventualmente suplantado ou modificado por outros eventos.

Na clínica, frequentemente a verbalização do cliente acerca de eventos passados traumáticos é acompanhada de uma intensa reação emocional[1] que pode potencializar o efeito aversivo daqueles eventos, bem como evocar comportamentos de fuga ou esquiva em relação a eles. A intervenção terapêutica adequada, neste caso, requer o oferecimento de um contexto seguro para a observação e descrição dos estados emocionais aversivos relacionados a tais eventos, de forma a enfraquecer o efeito dessas condições motivadoras sobre os antecedentes e consequentes da resposta.

> Cabe ao clínico manter-se sensível às variações emocionais apresentadas pelo cliente ao longo do processo terapêutico, sendo capaz de identificá-las e analisá-las a partir do repertório comportamental do cliente e do seu contexto ambiental.

Tendo em vista tais condições, pode-se afirmar que a sensibilidade do clínico às respostas emocionais do cliente e às variações apresentadas por essas respostas é um fator contingente ao sucesso da terapia e, portanto, qualquer planejamento de intervenção comportamental deve levar em conta os efeitos emocionais que as mudanças planejadas possam produzir.

→ NOTA

1. Este fenômeno ocorre em razão do que Sidman (1994) designou como "formação de classes de equivalência de estímulos", o que possibilitaria aos estímulos verbais adquirirem as funções dos eventos aos quais eles se referem.

→ CONSIDERAÇÕES FINAIS

A multiplicidade de formas de participação dos eventos emocionais nas relações comportamentais conferem relevância à investigação e intervenção dos analistas do comportamento frente aos estados emocionais, especialmente na prática clínica, em que tais eventos são mais evidentes. Assim, conhecer os mecanismos pelos quais as respostas emocionais se relacionam com outros comportamentos humanos é fundamental para a elaboração de uma análise e intervenção clínica adequadas.

Além de participarem de diversas relações comportamentais, respostas emocionais podem desempenhar uma variedade de funções. Por esse motivo, cabe ao clínico manter-se sensível às variações emocionais apresentadas pelo cliente ao longo do processo terapêutico, sendo capaz de identificá-las e analisá-las a partir do repertório comportamental do cliente e do seu contexto ambiental.

→ REFERÊNCIAS

Catania, A. C. (1999). *Aprendizagem: Comportamento, linguagem e cognição*. Porto Alegre: Artmed. (Trabalho original publicado em 1998)

Darwich, R. A., & Tourinho, E. Z. (2005). Respostas emocionais à luz do modo causal de seleção por consequências. *Revista Brasileira de Terapia Comportamental e Cognitiva, 7*(1), 107-118.

Darwin, C. (2000). *A expressão das emoções nos homens e nos animais*. São Paulo: Companhia das Letras. (Trabalho original publicado em 1872)

Holland, J. G., & Skinner, B. F. (1975). *A análise do comportamento*. São Paulo: EPU. (Trabalho original publicado em 1961)

Kohlenberg, R. J., & Tsai, M. (1991). *Functional analytic psychotherapy*. New York: Plenum.

Michael, J. (1993). Establishing operations. *The Behavior Analyst, 16*, 191-206.

Sidman, M. (1994). *Equivalence relations and behavior: A research story*. Boston: Authors Cooperative.

Skinner, B. F. (1965). *Science and human behavior*. New York: Free Press. (Trabalho original publicado em 1953)

Skinner, B. F. (1991). *Questões recentes na análise comportamental*. Campinas: Papirus. (Trabalho original publicado em 1989)

Skinner, B. F. (1994). *Ciência e comportamento humano* (9. ed.). São Paulo: Martins Fontes. (Trabalho original publicado em 1994)

Tourinho, E. Z. (1997). Eventos privados em uma ciência do comportamento. In R. A. Banaco (Org.), *Sobre comportamento e cognição: Aspectos teóricos, metodológicos e de formação em análise do comportamento e terapia comportamental* (vol. 1, pp. 174-187). São Paulo: Arbytes.

Tourinho, E. Z. (2006). *Subjetividade e relações comportamentais*. Tese para concurso de professor titular. Programa de Pós-Graduação em Teoria e Pesquisa do Comportamento, Universidade Federal do Pará, Belém.

Watson, J. B. (1990). *Behaviorism*. New York: W. W. Norton & Company. (Trabalho original publicado em 1930)

Wilson, K. G., & Hayes, S. C. (2000). Why it is crucial to understand thinking and feeling: An analysis and application to drug abuse. *The Behavior Analyst*, *23*(1), 25-43.

20 A clínica analítico-comportamental em parceria com o tratamento psiquiátrico

Maria das Graças de Oliveira

ASSUNTOS DO CAPÍTULO

→ Evidências científicas em psiquiatria e neurociências da função do ambiente sobre os "transtornos psiquiátricos": *emoção expressa* e *eventos de vida estressantes*.
→ Uma visão psiquiátrica da utilidade da clínica analítico-comportamental: prevenção e reabilitação psiquiátrica.
→ A necessidade de integração das práticas psiquiátrica e analítico-comportamental na clínica.

→ EVIDÊNCIAS CIENTÍFICAS

Felizmente, foi-se o tempo em que os profissionais de saúde mental tinham o direito de defender ideias relativas à superioridade do tratamento psiquiátrico sobre a psicoterapia ou vice-versa. À época em que a literatura científica pertinente ainda não era suficientemente consistente, não faltavam ardorosos defensores do que hoje, graças ao avanço científico no campo da saúde mental, não passam de ideias obsoletas e preconceitos associados ao desconhecimento.

Graças a estudos nos campos da psiquiatria social e da análise do comportamento, construiu-se um sólido corpo de conhecimentos acerca da estreita relação entre ambiente e sofrimento psíquico, com importantes contribuições para a compreensão dos processos etiológico e prognóstico dos transtornos mentais.

O modelo explicativo que melhor integra a soma dos resultados alcançados, até o momento, é o modelo de estresse-vulnerabilidade, segundo o qual a doença mental seria determinada pela relação entre estressores ambientais e vulnerabilidade, geneticamente herdada ou adquirida, durante o desenvolvimento psicossocial e neurofisiológico do indivíduo.

> Graças a estudos nos campos da psiquiatria social e da análise do comportamento, construiu-se um sólido corpo de conhecimentos acerca da estreita relação entre ambiente e sofrimento psíquico, com importantes contribuições para a compreensão dos processos etiológico e prognóstico dos transtornos mentais.

Na área da psiquiatria social, existem basicamente dois grandes campos de pesquisa envolvendo o papel dos estressores ambientais no adoecimento psíquico: as pesquisas sobre níveis de emoção expressa e as investigações sobre os eventos de vida estressantes.

Emoção expressa

As reformulações nas políticas de saúde mental no Reino Unido, na década de 1950, favoreceram uma mudança de foco na terapêutica dos pacientes psiquiátricos, que, até então, era centrada na hospitalização. Com a mudança de perspectiva para o tratamento na comunidade, verificou-se que aquelas pessoas com diagnóstico de esquizofrenia que voltavam a viver com seus familiares tinham mais recaídas e recidivas que aqueles que viviam sozinhos ou em lares protegidos. Após identificar que a piora na evolução clínica daqueles pacientes não se devia à maior gravidade em suas condições psicopatológicas, George Brown e colaboradores (1962) chegaram à conclusão de que havia algo na relação familiar que estava favorecendo um pior prognóstico da esquizofrenia.

Estas observações levaram a uma série de estudos sobre os relacionamentos entre familiares e pessoas com esquizofrenia, permitindo identificar padrões comportamentais estressantes para o paciente, os quais, em conjunto, receberam a designação de *emoção expressa*. Assim, o conceito de *emoção expressa*, que engloba criticismo, hostilidade e grau de superenvolvimento emocional do familiar em relação ao paciente, mostrou-se preditor de uma evolução clínica menos favorável.

Eventos de vida estressantes

O conceito de evento de vida estressante refere-se a um acontecimento no ambiente do indivíduo que implique em mudanças e que possa ser identificado no tempo.

As investigações sobre a associação entre os eventos de vida e diversos diagnósticos psiquiátricos não deixam dúvidas quanto ao impacto deste tipo de estressor no processo etiológico e prognóstico de inúmeros transtornos mentais, como depressão, transtorno bipolar e até mesmo a esquizofrenia.

A evolução metodológica dos estudos sobre o tema permitiu identificar também que determinados grupos de pacientes, como, por exemplo, pessoas que já apresentaram episódio depressivo maior, parecem expor-se mais a eventos estressores que a população geral e que o impacto dos eventos de vida sobre o psiquismo do indivíduo depende do grau de imprevisibilidade e da avaliação do sujeito quanto aos recursos próprios para lidar com a situação.

> A evolução metodológica dos estudos permitiu identificar também que determinados grupos de pacientes parecem expor-se mais a eventos estressores que a população geral e que o impacto dos eventos de vida sobre o psiquismo do indivíduo depende do grau de imprevisibilidade e da avaliação do sujeito quanto aos recursos próprios para lidar com a situação.

De fato, as pesquisas em neurociências vêm demonstrando o papel do hipocampo como centro integrador de informações necessárias à emissão de comportamentos de autoproteção. Entretanto, por ironia do destino, o cortisol, hormônio liberado e sustentado em níveis mais altos, nas situações de estresse continuado, produz danos aos neurônios hipocampais que, a depender da duração da resposta ao estresse, podem tornar-se irreversíveis. Dessa forma, pode-se compreender por que pessoas com humor normal, mas que já apresentaram quadros depressivos, tendem a expor-se mais a eventos de vida estressantes que aquelas que nunca apresentaram depressão.

Na verdade, é possível supor que, nessa população de pacientes, os eventos de vida tenham uma participação na cronificação do

> O conjunto da produção científica em psiquiatria e neurociências vem abrindo uma nova avenida para a pesquisa sobre os complexos fenômenos subjacentes ao modelo estresse-vulnerabilidade, qual seja a influência do ambiente na expressão gênica.

transtorno depressivo, já que mais de 80% dos episódios depressivos estão associados à ocorrência de eventos estressantes nos seis meses anteriores ao início dos sintomas.

Assim, e para além do exposto, o conjunto da produção científica em psiquiatria e neurociências vem abrindo uma nova avenida para a pesquisa sobre os complexos fenômenos subjacentes ao modelo estresse-vulnerabilidade, qual seja, a influência do ambiente na expressão gênica.

→ IMPLICAÇÕES CLÍNICAS

Nesta perspectiva, não é difícil compreender por que a clínica analítico-comportamental propicia contribuições tão significativas no tratamento dos pacientes psiquiátricos. Como abordagem que, por princípio epistemológico e excelência, privilegia o ambiente, a Análise do Comportamento oferece recursos para a compreensão das relações que se estabelecem entre a pessoa com sofrimento mental e seu ambiente, com a feliz possibilidade de extensão ao paciente que se submete à psicoterapia. Além disso, graças ao forte embasamento experimental subjacente ao referencial teórico dessa abordagem, é possível planejar e propor intervenções implementáveis pelo próprio paciente, no sentido de favorecer um maior controle sobre as variáveis ambientais, diminuindo o sentimento de desamparo e aumentando o repertório comportamental para lidar com os estressores.

> A análise do comportamento oferece recursos para a compreensão das relações que se estabelecem entre a pessoa com sofrimento mental e seu ambiente, com a feliz possibilidade de extensão ao paciente que se submete à psicoterapia.

Assim, a clínica analítico-comportamental reúne possibilidades reais de intervenção na prevenção dos transtornos mentais e na reabilitação psiquiátrica.

Prevenção

Uma enorme quantidade de dinheiro e trabalho vem sendo investida, ao redor do mundo, para identificar preditores para as doenças mentais, ou seja, sinais ou características que se apresentem no período pré-mórbido e que sejam capazes de nos avisar que, em algum momento, o transtorno mental irromperá, tal qual a ausência de iodo na dieta é capaz de predizer a ocorrência de bócio endêmico.

Dada a complexidade do fenômeno, a despeito de tantos esforços, são muito poucos os fatores de risco com valor preditivo positivo suficientemente consistentes a ponto de justificar a implementação de medidas de caráter preventivo nas políticas de saúde pública. Entretanto, apesar de escassas, as pistas existem e não deveriam ser ignoradas no âmbito do cuidado individual em saúde mental. Vejamos algumas.

> O principal preditor para a esquizofrenia, por exemplo, é ser filho de esquizofrênico. Assim, do ponto de vista prático, estas crianças deveriam receber uma atenção especial ao longo do seu crescimento, com ênfase no desenvolvimento de habilidades de enfrentamento de situações estressantes e resolução de problemas, e diminuição dos níveis de emoção expressa nos relacionamentos interpessoais com seus pais, cuidadores e irmãos.

O principal preditor para a esquizofrenia, por exemplo, é ser filho de esquizofrênico. Assim, do ponto de vista prático, essas crianças deveriam receber uma atenção especial ao longo do seu crescimento, com ênfase no desenvolvimento de habilidades de enfrentamento de situações estressantes e resolução de problemas, e diminuição dos níveis de *emoção expressa* nos relacionamentos interpessoais com seus pais, cuidadores e irmãos.

Outra situação que merece atenção, principalmente em função das altas taxas de prevalência e sofrimento emocional, é o transtorno depressivo do humor. Estudos em neuropsicologia mostram que pessoas com traços cognitivos depressivos, isto é, que se fixam mais a aspectos "negativos", estão mais propensas a desenvolverem episódios depressivos, assim como pessoas com altos níveis de exigência pessoal e perfeccionismo.

Desta forma, além do desenvolvimento de recursos que permitam às pessoas que já apresentaram algum episódio depressivo perceberem estímulos discriminativos para situações potencialmente ameaçadoras, seria necessário investir na reabilitação neuropsicológica desses pacientes, um novo campo de pesquisa e prática no qual a clínica analítico-comportamental certamente tem muito a oferecer.

Reabilitação psiquiátrica

O objetivo da reabilitação em psiquiatria é ajudar pessoas com prejuízos em seus funcionamentos emocional, social e/ou intelectual a conviverem, serem capazes de aprender novas habilidades e trabalharem na comunidade com o menor apoio profissional possível.

As abordagens fundamentais da reabilitação psiquiátrica concentram-se em dois grupos estratégicos de intervenção. O primeiro reúne as intervenções centradas no indivíduo e tem por objetivo desenvolver habilidades que o auxiliem a enfrentar os estressores ambientais. O segundo é fundamentalmente ecológico e diretamente voltado ao desenvolvimento de recursos ambientais destinados à redução de potenciais estressores.

> O objetivo da reabilitação em psiquiatria é ajudar pessoas com prejuízos em seus funcionamentos emocional, social e/ou intelectual a conviverem, serem capazes de aprender novas habilidades e trabalharem na comunidade com o menor apoio profissional possível.

Do ponto de vista do impacto dos estressores psicossociais no prognóstico dos transtornos mentais graves, técnicas que desenvolvam habilidades de previsão de desfechos estressantes e de enfrentamento de circunstâncias aversivas e abordagens que possibilitem a prevenção de situações potencialmente ameaçadoras possibilitariam ao paciente o desenvolvimento de um repertório comportamental de autoproteção.

Quanto às estratégias ecológicas, vale citar os estudos sobre o impacto "positivo" do apoio social no prognóstico de vários transtornos mentais, incluindo depressão, transtorno bipolar e esquizofrenia. Entretanto, apoio social não é uma condição inata, como a cor dos olhos. Ainda que determinados tipos de temperamento sejam mais propensos à sociabilidade, uma rede de apoio social qualitativamente boa depende de habilidades que, se não se instalaram adequadamente durante a terceira infância e adolescência, podem ser aprendidas em etapas posteriores do desenvolvimento.

Outro importante objeto de intervenção ambiental, para o analista do comportamento que atua em parceria com o psiquiatra, é o *nível de emoção expressa* em parentes próximos de pacientes com esquizofrenia, uma vez que sua orientação teórica abrange recursos eficazes para o desenvolvimento de intervenções adequadas a este fim.

→ INTEGRAÇÃO DAS PRÁTICAS PSIQUIÁTRICA E ANALÍTICO-COMPORTAMENTAL NA CLÍNICA

É uma pena que muitos colegas psiquiatras e terapeutas ainda tenham, nos dias de hoje, tanta dificuldade em se comunicarem. Perdem todos porque o enriquecimento profissional e humano que as discussões clínicas interdisciplinares, em saúde mental, propiciam é inestimável, para não falar nos claros benefícios ao paciente. Mal comparando, é como se um engenheiro e um arquiteto se dispusessem a construir uma casa sem conversar ou com rápidas trocas de ideias, por telefone. É possível? É, mas eu não gostaria de construir a minha casa assim.

As múltiplas facetas e contextos multidimensionais implicados na trama da qual faz parte o transtorno psiquiátrico não permitem ao psiquiatra a ingenuidade de achar que, com um belo diagnóstico e o medicamento de última geração, fará uma mágica xamânica capaz de "curar" seu paciente. Da mesma forma que não autoriza o psicoterapeuta a achar que o cérebro e os neurônios não tomam parte no sofrimento psíquico com o qual estão tentando lidar. Em outras palavras, ali, no campo de batalha, se não formos juntos e na mesma direção, corremos o risco de perder a guerra ou sofrer baixas desnecessárias.

> As múltiplas facetas e contextos multidimensionais implicados na trama da qual faz parte o transtorno psiquiátrico não permite ao psiquiatra a ingenuidade de achar que, com um belo diagnóstico e o medicamento de última geração, fará uma mágica xamânica capaz de "curar" seu paciente.

Do ponto de vista operacional, recomendo a prática regular de reuniões clínicas interdisciplinares para a discussão dos projetos terapêuticos de cada paciente, com avaliação de resultados, identificação de riscos e obstáculos ao tratamento e delineamento de estratégias conjuntas para a superação das dificuldades.

Profissionais mais experientes sabem que, não raro, por trás da refratariedade ao tratamento existe uma função à qual os sintomas atendem e, enquanto assim for, não adianta tentar as mais ousadas combinações psicofarmacológicas, pois o transtorno não vai ceder, ou, pelo menos, não cederá como poderia, caso o paciente desenvolva um repertório comportamental capaz de atender suas necessidades emocionais de forma mais adaptativa.

Por outro lado, todos gostaríamos de fórmulas mágicas que pudessem resolver nossos problemas por nós; sem dúvida, daria bem menos trabalho, além do que seria ótimo mesmo, se realmente existisse. O problema é que, se elegermos como objetivo a remissão dos sintomas, a prevenção de recaídas ou recidivas e, ainda por cima, o aumento da qualidade de vida, teremos que implicar o paciente no processo porque, como vimos, algumas mudanças ambientais terão que ocorrer.

Infelizmente, tenho visto pacientes adoecerem por se submeterem a estilos de vida altamente estressantes, além das possibilidades naturais de restauração do organismo. Sem a possibilidade de refletir por que ou por quem fazem isso, sofrem ainda o agravante de ser socialmente reforçados a

> Urge que nós, profissionais de saúde mental, possamos incluir, nas nossas agendas e práticas, o hábito de refletir sobre estes determinantes, inclusive nas nossas vidas, sob pena de não sermos capazes de atuar eficazmente em favor de nossos pacientes, mas apenas colaboradores de um sistema "patologizante".

manterem-se neste torvelinho. Essa é uma discussão que está na interface com as ciências sociais e, apesar de não ser o escopo deste texto, eu penso que vale, ao menos, sua citação. Urge que nós, profissionais de saúde mental, possamos incluir, nas nossas agendas e práticas, o hábito de refletir sobre estes determinantes, inclusive nas nossas vidas, sob pena de não sermos capazes de atuar de maneira eficaz em favor de nossos pacientes, mas apenas colaboradores de um sistema "patologizante". Mas isso já seria assunto para outro capítulo.

→ REFERÊNCIA

Brown, G. W., Monck, E. M., Carstairs, G. M., & Wing, J. K. (1962). Influence of family life on the course of schizophrenic illness. *British Journal of Preventive and Social Medicine, 16*, 55-68.

21 Considerações da psicofarmacologia para a avaliação funcional

Felipe Corchs

ASSUNTOS DO CAPÍTULO

→ Psicofarmacologia.
→ Dicotomização mente *versus* corpo.
→ Fármacos como possíveis variáveis de controle de comportamento.
→ Dopamina e sensibilidade ao reforçamento.
→ Serotonina e sensibilidade a estímulos aversivos.
→ Controle contextual encoberto e medicações.

Segundo o psiquiatra Francisco Guimarães (1999), "o estudo dos efeitos das drogas sobre funções psicológicas, com ênfase particular nas alterações de humor, emoções e habilidade psicomotora, sobretudo em humanos, é realizado pela psicofarmacologia" (p. 1).

Entretanto, para uma teoria monista como o Behaviorismo Radical, a delimitação do objeto de estudos da psicofarmacologia dentro da grande área farmacologia já não parece tão fácil quanto poderia sugerir o termo. *Grosso modo*, psicofarmacologia pode ser considerada a disciplina da farmacologia que estuda os fármacos que tenham efeitos sobre os processos comportamentais psicologicamente relevantes.

> *Grosso modo*, psicofarmacologia pode ser considerada a disciplina da farmacologia que estuda os fármacos que tenham efeitos sobre os processos comportamentais psicologicamente relevantes.

Apesar de essa tentativa de delimitação poder soar um preciosismo, o desconhecimento da inexistência de uma linha divisória precisa entre questões comportamentais psicologicamente relevantes e não relevantes, ou mesmo entre questões biológicas e psicológicas, pode gerar confusões. Um dos inúmeros exemplos está na consideração frequente, porém precipitada, de que questões "biológicas" são tratadas com medicações e questões "psicológicas", com psicoterapias. Difícil negar que, até certo ponto, tal raciocínio seja, em si, uma herança da dicotomização mente *versus* corpo.

> Ainda há uma forte herança da dicotomização mente X corpo na nossa cultura. Por vezes, ela gera confusões, por exemplo quando, precipitadamente, afirma-se que questões "biológicas" são tratadas com medicações e "psicológicas" com psicoterapia.

Para o behaviorista radical, comportamento é a interação de um *organismo* com seu *ambiente* e, portanto, qualquer variável que afete o comportamento está afetando essa relação, independentemente de essa variável ser um agente farmacológico ou um clínico em um gabinete psicológico. De fato, inúmeras são as evidências de que os fármacos podem ser entendidos como novas variáveis inseridas nas complexas relações comportamentais que vemos na prática. Olhando dessa forma, os fármacos em uso por um determinado paciente/cliente são uma variável a mais a ser considerada pelo clínico em sua avaliação funcional.

A depender de cada droga e de como participa de cada contingência, os fármacos têm, por um lado, sua função farmacológica primária incondicionada, que, com frequência, envolve as funções consequenciadoras de respostas e/ou função modificadora da função de outros estímulos. Além disso, todas as evidências apontam para o potencial que as drogas têm de adquirirem funções condicionadas, inclusive entrando em relações mais complexas como as equivalências de estímulos (p. ex., DeGrandpre, Bickel e Higgins, 1992).

Muitas vezes, o que se observa é que uma determinada substância apresenta múltiplas funções. Um exemplo de ordem prática vem dos estudos com placebo, que mostram que um importante componente do seu efeito é a relação médico-paciente (Kaptchuk et al., 2008). Dados os processos de condicionamentos possivelmente envolvidos nesse fenômeno, é provável que, no caso das substâncias farmacologicamente ativas, estas adquiram funções *condicionadas* relacionadas ao pareamento com o médico, além dos seus efeitos farmacológicos *incondicionados primários*. Não cabendo aqui citar todas, foram escolhidas algumas informações de maior relevância dentro do tema, pela frequência com que são vistas na clínica e pela influência sobre processos comportamentais básicos e essenciais para esta prática.

→ DOPAMINA E SENSIBILIDADE AO REFORÇAMENTO

Um dos principais efeitos dos fármacos que vem sendo estudado ultimamente se refere ao seu efeito *modificador do valor de outros estímulos*. Um caso clássico dessa proposta está no efeito sobre o valor de reforçadores positivos causado por substâncias que agem sobre o sistema dopaminérgico (revisado em Gonçalves e Silva, 1999). É sabido que drogas com elevado potencial pró-dopaminérgico, como a cocaína e as anfetaminas, têm valor reforçador primário quando apresentadas contingentes a uma resposta, evidenciando a potencial função de consequência que uma droga pode exercer. Mas, além disso, essas mesmas drogas têm a propriedade de aumentar o valor de outros reforçadores quando sob efeito destes. De forma inversa, os bloqueadores dos receptores dopaminérgicos do tipo 2 (D_2), como os antipsicóticos de primeira geração (Tabela

21.1), mostram-se potentes abolidores dos efeitos de reforçadores. Uma vez que drogas de abuso e/ou substâncias como anfetaminas e antipsicóticos são frequentemente usadas por pessoas em processo psicoterápico, a importância destas informações parece clara.

Importante dizer que, já para os antipsicóticos de segunda geração (Tabela 21.1), estes efeitos não são tão evidentes, tendo sido sugerido inclusive o aumento do valor reforçador de outros estímulos com estas substâncias, o que está de acordo com os achados clínicos que demonstram que estas drogas são potentes potencializadores dos efeitos de drogas antidepressivas.

→ SEROTONINA E SENSIBILIDADE A ESTÍMULOS AVERSIVOS

Apesar de parecer óbvio, faltam evidências claras de que alterações como as descritas no subtítulo anterior participam dos efeitos terapêuticos das drogas em questão. No caso dos quadros depressivos e ansiosos, entretanto, algumas evidências começam a aparecer. Uma avaliação funcional desses quadros tem revelado uma importante participação de contingências aversivas, com provável aumento na frequência de respostas de fuga/esquiva e/ou diminuição na frequência de respostas mantidas por reforçamento positivo, em maior ou menor grau (Ferster, 1973; Zamignani e Banaco, 2005). Em concordância com essas análises, uma linha de pesquisas emergente tem apresentado fortes evidências de que os efeitos antidepressivos e ansiolíticos de drogas como os inibidores seletivos de recaptura da serotonia (ISRSs, Tabela 21.1) envolvem, ao menos em parte, a diminuição do valor de estímulos "aversivos" e um possível aumento do valor de estímulos "positivos"[1] (revisado em Harmer, 2008). Nessa linha de pesquisas, bem como em diversas outras semelhantes, tem-se observado que o aumento agudo de serotonina no organismo, através da administração de um ISRS, leva a uma diminuição no valor de alguns tipos de estímulos aversivos. De forma inversa, a diminuição abrupta desta substância causa aumento dessa mesma sensibilidade.

Curiosamente, tais mudanças foram detectáveis em procedimentos laboratoriais mesmo quando não puderam ser percebidas e relatadas verbalmente pelo sujeito experimental e nem pelas escalas clássicas de avaliação de ansiedade e humor. Entretanto, tais alterações, quando ocorriam, prediziam resposta antidepressiva duas semanas depois. Estes dados sugerem que drogas como antidepressivos atuam, ao menos em parte, mudando a sensibilidade do organismo a algumas formas de estímulos aversivos, e, possivelmente, a estímulos apetitivos, e esta modificação é o que leva, posteriormente, a uma mudança detectável no humor e ansiedade.

Não é à toa que a grande maioria das drogas utilizadas para tratamento dos quadros psiquiátricos de ansiedade e depressão envolve, com maior ou menor especificidade, o sistema serotonérgico.

Todavia, a serotonina não é o único neurotransmissor envolvido nos quadros ansiosos e depressivos. Antidepressivos com ação nos sistemas da noradrenalina, da dopamina e, mais recentemente, da melatonina

TABELA 21.1 → Síntese das principais informações relacionadas aos fármacos citados neste capítulo

Classe farmacológica	Principais representantes	Principal mecanismo de ação	Principais efeitos colaterais e cuidados
Antipsicóticos de primeira geração[1]	Haloperidol, trifluoperazina, periciazina, levomepromazina, pimozida, tioridazina, perfenazina, flufenazina, zuclopentixol, sulpirida e clorpromazina.	Bloqueio de receptores dopaminérgicos D_2.	Efeitos EPs/parkinsonismo como tremores, rigidez, hipocinesia, instabilidade postural/marcha e acatisia. Sedação, ganho de peso, hipotensão arterial, efeitos anticolinérgicos e hiperprolactinemia. Risco de alteração na condução cardíaca e síndrome neuroléptica maligna. Anedonia e sintomas "negativos-like" (atípicos).
Antipsicóticos de segunda geração	Ziprazidona, olanzapina, risperidona, paliperidona, quetiapina, clozapina, amisulprida e aripiprazol.	Diversos. Menos dependentes de bloqueio D_2 + envolvimento de outros NTs.	
Inibidores seletivos de recaptura de 5HT	Fluoxetina, sertralina, paroxetina, citalopram, fluvoxamina e escitalopram.	Inibe a recaptura da 5HT da fenda sináptica.	Disfunção sexual, náuseas e diarreia (paroxetina: constipação), síndrome serotonérgica (raro).
Inibição dupla de recaptura de 5HT e NE	Venlafaxina, desvenlafaxina, duloxetina.	Inibe a recaptura da 5HT e NE da fenda sináptica.	Ganho de peso, hipertensão arterial, sudorese, insônia/sedação, náuseas.
Tricíclicos	Nortriptilina, clomipramina, imipramina, amitriptilina.	Inibe a recaptura da 5HT, NE e DA (menor grau) da fenda sináptica.	Hipotensão postural, ganho de peso, disfunção sexual, constipação, boca seca. Risco de bloqueio de condução cardíaca, hipotensão grave.
Inibidores da monoamino-oxidase	Tranilcipromina, mocobemida.	Inibe a metabolização da 5HT, NE e DA.	Disfunção sexual, fadiga, ganho de peso, hipotensão postural, sedação/insônia, tontura. Evitar alimentos com tiramina (queijos, vinhos, etc.) e medicações vasoativas, como inaladores para asma, descongestionantes nasais, etc., pelo risco de arritmias cardíacas e hipertensão arterial grave.
Outros antidepressivos e ansiolíticos	Agomelatina: antidepressivo. Atua estimulando receptores da melatonina e 5HT.		
	Bupropiona: antidepressivo. Ajuda a interromper o tabagismo. Melhora da disfunção sexual, ganho de peso e sedação causados por outros psicofármacos. Inibidor da recaptura da dopamina e noradrenalina. Pode causar ansiedade e insônia.		
	Mirtazapina: efeitos antidepressivos e ansiolíticos. Atua principalmente sobre NE e 5HT. Ganho de peso e sedação importantes.		
	Reboxetina: efeitos antidepressivos e ansiolíticos. Inibe seletivamente a recaptura de NE da fenda sináptica.		

5HT – serotonina; DA – dopamina; EP – extrapiramidais; NE – noradrenalina; NTs – neurotransmissores; receptores D_2 – receptores dopaminérgicos do tipo 2.

também apresentam potencial antidepressivo e ansiolítico marcados. Essa observação não enfraquece a observação anterior por diversos motivos. Em primeiro lugar, esses sistemas são altamente integrados, de forma que mudar um causa alterações significativas nos outros. Além disso, como visto anteriormente, um aumento de respostas de fuga/esquiva não é a única modificação envolvida nos quadros depressivos e ansiosos. Uma importante diminuição da frequência de respostas mantidas por reforçamento positivo é também observada com frequência, e neurotransmissores como a dopamina estão mais diretamente envolvidos neste processo (Gonçalves e Silva, 1999).

Seguindo esse raciocínio, é também possível especular sobre algumas questões frequentes não respondidas em psicofarmacologia. A primeira delas se refere à observação comum de pacientes com o diagnóstico de um quadro ansioso, especialmente o transtorno de ansiedade generalizada. Não é infrequente que a pessoa relate que, apesar de estar muito menos ansiosa após o início da medicação de ação serotonérgica (que, em tese, diminui o valor de alguns aversivos), não faz muitas coisas, está mais parada e "preguiçosa". Hipotetiza-se que isso ocorra, ao menos em parte, em um sujeito que passou boa parte da vida respondendo pela evitação de aversivos, normalmente em frequências consideravelmente elevadas. Uma vez reduzido o valor de grande parte dos aversivos com a medicação, ocorre uma diminuição global da frequência desses comportamentos de fuga/esquiva, situação que contrasta com a condição anterior de "superprodutividade". Além disso, principalmente com aquelas pessoas que tiveram um início muito precoce do respectivo quadro clínico, especula-se um déficit no repertório comportamental global mantido por reforçamento positivo. Nas palavras de um cliente, "passei tanto tempo da minha vida, e desde criança, aprendendo a resolver problemas e tentando garantir que não ocorressem no meu futuro que não aprendi a me divertir" (sic). Nesse momento, a experiência clínica de alguns grupos tem mostrado que o papel do clínico é essencial no sentido de instalar novos comportamentos positivamente reforçados. Deve ficar claro que essa colocação é baseada em observação clínica com extensão de dados laboratoriais para a clínica, mas que ainda não foram estudados de forma controlada na prática.

Um dos maiores interesses da farmacologia hoje é conhecer variáveis que predigam resposta a um determinado fármaco. A título de ilustração, seria de grande utilidade para o psiquiatra saber antecipadamente se aquele paciente em particular responderia melhor a um ou outro fármaco. Até o momento, pouco se sabe sobre o assunto, sendo que as principais variáveis preditoras de resposta são de cunho genético (Malhotra, Murphy e Kennedy, 2004). Mas este provavelmente não é o único fator relevante, principalmente quando falamos na escolha da classe medicamentosa.

Tomando como exemplo o caso da depressão e as observações laboratoriais de aumento do valor de estímulos apetitivos por medicações dopaminérgicas, e de diminuição no valor de aversivos com medicações serotonérgicas, anteriormente citadas, faz sentido crer que, em alguns casos, uma avaliação funcional de cada sujeito poderia ajudar a guiar a escolha do grupo de fármacos, nesse sentido. A título de ilustração, sujeitos deprimidos nos quais predomina uma diminuição de respostas mantidas por reforçamento positivo poderiam se beneficiar mais de uma droga dopaminérgica, como a bupropiona, do que de uma droga serotonérgica, como os ISRSs (Tabela 21.1). Essa última, em tese, teria maior efeito sobre pessoas nas quais as alterações comportamentais são predominantemente relacionadas a um excesso de comportamentos de fuga/esquiva, mesmo que essas sejam "passivas". Na prática, poderíamos dar o exemplo de um deprimido que deixa de ver os amigos muito mais por esquiva do que por uma diminuição do valor reforçador desses amigos. Apesar de aparentar bons resultados na prática clínica, não existem, até o momento, estudos clínicos suportando diretamente esta hipótese, mas algumas evidências preliminares parecem apoiar indiretamente esta ideia (Nutt et al., 2007).

→ CONTROLE CONTEXTUAL ENCOBERTO E MEDICAÇÕES

Outro ponto relevante para o clínico vem das implicações do fato de uma droga poder adquirir propriedades condicionadas. A partir desse momento, a droga passa a ser um estímulo ambiental a mais inserido na contingência, e toda a análise de contingências passa a envolvê-las. *Grosso modo*, é como dizer que *além dos* seus efeitos incondicionados, a droga adquire propriedades condicionadas como qualquer outro estímulo. Sendo frequente o uso de drogas, com fins terapêuticos ou não, durante um processo psicoterápico, aliado ao fato de que as drogas tendem a variar em dose e tipo ao longo deste processo, o conhecimento e a consideração dessas variáveis na análise feita pelo clínico parecem altamente relevantes. Essa observação ganha importância com estudos demonstrativos do caráter contexto-dependente de processos comportamentais como a extinção, e o fato de que drogas e outros estímulos "internos" podem ter função de contexto tanto quanto qualquer estímulo público (revisado em Bouton, 2002).

Tomando como exemplo o processo de extinção para entender a implicação prática deste fenômeno, os estudos revisados por Bouton (2002) deixam claro que uma resposta extinta em um dado contexto reaparece quando o organismo é retirado deste contexto, e que isso ocorre mesmo quando a mudança no contexto é interna, por exemplo, sob efeitos de benzodiazepínicos e álcool. Novamente, a importância dessas informações para o clínico é clara, uma vez que comportamentos extintos (ou instalados) sob efeito de uma droga podem reaparecer (ou desaparecer) em sua ausência. Esse fenômeno provavelmente explica, ao menos em parte, outros como a menor taxa de recaída de quadros psiquiátricos que estão em processo psicoterápico quando da retirada da medicação, bem como o problema relacionado ao prejuízo causado por benzodiazepínicos quando utilizados durante a aplicação de técnicas de dessensibilização sistemática e exposição (ver Bouton, 2002, para mais detalhes).

> Comportamentos extintos (ou instalados) sob efeito de uma droga podem reaparecer (ou desaparecer) em sua ausência.

→ CONSIDERAÇÕES FINAIS

O presente capítulo tem por objetivo chamar a atenção para um fato importante no manejo dos problemas do comportamento, mas, surpreendentemente, negligenciado até o momento. Pouco se sabe sobre a interação de fármacos com processos comportamentais e grande parte desse conhecimento vem de pesquisas experimentais, de forma que o conhecimento clínico é ainda mais complicado. O processo de tomadas de decisões em psiquiatria ilustra bem esta situação. Para escolher uma medicação, o psiquiatra se baseia inicialmente no diagnóstico, e erros diagnósticos são uma das principais causas de falha terapêutica conhecidas. Considerando um diagnóstico "correto", os critérios utilizados envolvem o uso preferencial de drogas com menores efeitos colaterais e riscos para o paciente. Deve-se considerar, portanto, outras potenciais interações medicamentosas e a presença de comorbidades que contraindiquem uma ou outra substância. Daí a preferência por drogas como os ISRSs e os antipsicóticos de segunda geração (Tabela 21.1), uma vez que, com pouquíssimas exceções, drogas prescritas para o diagnóstico "correto" têm eficácia terapêutica comparável.

É altamente provável, entretanto, que existam variáveis que predigam, caso a caso, quem responderia melhor a cada fármaco em particular e/ou poderia se prejudicar ou beneficiar do seu uso. Variáveis genéticas se mostram muito importantes nesse quesito, mas, na prática atual, o máximo de ajuda que se obtém de tais informações é a maior probabilidade de resposta a um determinado fármaco se já houve resposta satisfatória com esta droga, em primeiro lugar, pelo próprio paciente ou, em segundo, de um parente consanguíneo o mais próximo o possível. Outro critério de escolha envolve os efeitos colaterais "a favor" do paciente. Em um paciente deprimido, por exemplo, pode-se usar uma medicação que cause sonolência, caso este apresente insônia, ou aumento de apetite, caso exista grande inapetência.

Apesar de atualmente serem muito pouco consideradas, as evidências sugerem que o profissional envolvido no tratamento de uma pessoa em uso de fármacos, lícitos ou ilícitos, leve em consideração em suas análises e intervenções comportamentais as alterações nas contingências de reforçamento causadas pela introdução, modificação e/ou retirada das substâncias envolvidas.

→ NOTAS

1. Estes estudos envolvem estímulos considerados "aversivos" ou "positivos" pela literatura da área, mas que, nos estudos em questão, não foram testados pelos métodos definidores de reforçadores (positivos e negativos) segundo a teoria analítico-comportamental. Ainda assim, outros estudos mostram propriedades reforçadoras para estes estímulos em humanos, e estudos com animais sobre os efeitos da serotonina no comportamento operante permitem a extensão do raciocínio proposta no presente texto.

→ REFERÊNCIAS

Bouton, M. E. (2002). Context, ambiguity, and unlearning: Sources of relapse after behavioral extinction. *Biological Psychiatry, 52*(10), 976-986.

DeGrandpre, R. J., Bickel, W. K., & Higgins, S. T. (1992). Inergent equivalence relations between interoceptive (drug) and exteroceptive (visual) stimuli. *Journal of Experimental Analysis Behavior, 58*(1), 9-18.

Ferster, C. B. (1973). A functional analysis of depression. *American Psychologist, 28*, 857-870.

Gonçalves, F. L., & Silva, M. T. (1999). Mecanismos fisiológicos do reforço. In R. R. Kerbauy, & R. C. Wielenska (Orgs.), *Sobre Cognição e Comportamento* (vol. 4, pp. 272-281). Santo André: ESETec.

Guimarães, F. S. (1999). Bases farmacológicas. In F. G. Graeff, & F. S. Guimarães (Orgs.), *Fundamentos de psicofarmacologia*. São Paulo: Atheneu.

Harmer, C. J. (2008). Serotonin and emotional processing: does it help explain antidepressant drug action? *Neuropharmacology, 55*(6), 1023-1028.

Kaptchuk, T. J., Kelley, J. M., Conboy, L. A., Davis, R. B., Kerr, C. E., Jacobson, E. E., et al. (2008). Components of placebo effect: Randomised controlled trial in patients with irritable bowel syndrome. *British Medical Journal, 336*(7651), 999-1003.

Malhotra, A. K., Murphy, G. M., Jr., & Kennedy, J. L. (2004). Pharmacogenetics of psychotropic drug response. *American Journal Psychiatry, 161*(5), 780-796.

Nutt, D., Demyttenaere, K., Janka, Z., Aarre, T., Bourin, M., Canonico, P. L., et al. (2007). The other face of depression, reduced positive affect: The role of catecholamines in causation and cure. *Journal of Psychopharmacology, 21*(5), 461-471.

Zamignani, D. R., & Banaco, R. A. (2005). Um panorama analítico-comportamental sobre os transtornos de ansiedade. *Revista Brasileira de Terapia Comportamental e Cognitiva, 7*(1), 77-92.

22 Considerações sobre valores pessoais e a prática do psicólogo clínico

Vera Regina Lignelli Otero

ASSUNTOS DO CAPÍTULO

→ A importância do autoconhecimento para o clínico.
→ Aspectos que influenciam na formação e no desempenho do clínico e que transcendem a base teórica: vida pessoal, religião, etnia familiar, práticas culturais.

Escolher uma profissão é sempre uma tarefa muito difícil. Cada um de nós percorreu um caminho para identificar uma carreira. Quanto a mim, e provavelmente a você que lê este texto, chegamos à psicologia, uma área do conhecimento com várias possibilidades de atuação. Depois, fechamos um pouco mais as opções e chegamos à área clínica. Nessa trajetória, passamos por várias fases que elegemos, ou nos indicaram como essenciais e importantes, para preparar-nos para o desempenho da profissão selecionada. Nela, muitos de nós nos submetemos à própria análise clínica, fazemos cursos específicos que complementam nossa formação teórica e aprimoram nossa prática, além de buscarmos supervisão com profissionais mais experientes. Esses são apenas alguns exemplos dos caminhos percorridos em direção a um bom desempenho como clínicos. A análise do exercício da profissão de terapeuta requer como ponto de partida que se examine o papel da pessoa do profissional no processo terapêutico de seus clientes.

A relação terapêutica é, antes de tudo, uma relação pessoal. Trata-se do cliente, como pessoa, interagindo com a pessoa do profissional. Para ilustrar essa afirmação, relato a seguir um diálogo que ocorreu, por telefone, com uma pessoa que eu já conhecia socialmente e com quem não tinha nenhuma proximidade. Ela havia me procurado na semana anterior pedindo atendimento profissional 'urgente'. Naquele primeiro contato, informei-lhe que sairia de férias dentro de uma hora e só poderia vê-la pessoalmente quando eu voltasse ao trabalho. Sugeri, na ocasião, que naquele mesmo dia procurasse um psiquiatra para uma avaliação e eventual medicação. Durante minhas férias, entrei em contato, por telefone, para saber como ela estava. Ouvi, literalmente, o seguinte: "Nossa, estou muito feliz e surpresa com o seu telefonema. Não sei se você me telefonou profissionalmente ou por já nos conhecermos anteriormente, isto é, como pessoa. Como será que você me telefonou?". Eu lhe respondi: "Eu não sei, e não tenho como separar o que sou como pessoa do que sou como psicoterapeuta. Como todos os profissionais de qualquer área, exerço a minha profissão 'através' da minha pessoa".

A atuação como psicoterapeutas nos coloca diante de nós mesmos como pessoas e pode nos trazer lembranças das nossas histórias de vida. Todos sabemos que histórias de vida, inclusive as nossas, podem conter experiências que se encaixam em um contínuo que vai de vivências de acontecimentos "positivos", agradáveis, até ao outro extremo, no qual se encontram acontecimentos bastante "negativos". A frequência e a intensidade de cada um deles ou de todos eles nos forjaram como pessoas. As nossas "lembranças" também. Todas as nossas experiências "moldaram" nossos conceitos e os nossos preconceitos sobre a vida e o viver.

Sejam quais forem os caminhos que um clínico tenha percorrido até tornar-se profissional, ele é sempre produto de sua história de vida, que o levou a ser quem e como é, com suas facilidades, dificuldades e peculiaridades. Na atuação clínica, ele traz consigo seus sentimentos, valores de vida, conceitos e, muitas vezes, seus preconceitos. O clínico não é, e não poderia ser, insensível. O clínico não é uma pessoa neutra, como acreditam alguns. Para compreender e analisar funcionalmente seu desempenho profissional, é necessário que se inclua nesta análise seus próprios sentimentos, pensamentos e opiniões a respeito do que seu cliente lhe relata. Assim como o clínico precisa estar atento aos vários eventos indicativos de mudanças 'subjetivas' de seu cliente, deverá também ficar atento aos seus próprios comportamentos encobertos que ocorrem durante cada atendimento. Conhecer suas próprias emoções e pensamentos relacionados ao conteúdo que lhe traz o cliente interfere, favoravelmente, no processo de atendimento que conduz. Nessa tarefa, há cuidados a serem observados no sentido de identificar os componentes "embutidos", que podem estar "invisíveis", para ele, em cada momento do atendimento: quais são os "dados" do cliente e quais são os do profissional? Há, em cada uma dessas interações, o encontro das duas pessoas 'inteiras' com tudo aquilo que pode ser chamado de individualidade, que é particular, próprio, íntimo, de cada uma delas; há a história de aprendizagem de ambas. Neste encontro, (pretensamente terapêutico) como em todos os outros, cada um de nós é modificado e modifica o outro no "aqui e agora" do processo clínico. Nessa situação, torna-se tarefa fundamental e constante para o clínico prestar muita atenção aos sentimentos que experimenta durante o atendimento, de alguma maneira, evocados pelo cliente. Tais sentimentos sobre seus "pontos cegos", certamente, contêm informações valiosas para o seu autoconhecimento. Desconsiderá-las poderá comprometer a discriminação entre "o que é seu" e "o que é do cliente". Examiná-las poderá transformar tais dados em vantagens terapêuticas.

Dessa maneira, como afirmamos anteriormente, as intervenções de um profissional contêm elementos das duas histórias de vida: ao fazer hipóteses sobre o que ocorre com o cliente, o profissional está sob o controle das informações providas pelo cliente (queixas e relatos) e das contingências pessoais que vigoram ou vigoraram sobre ele, clínico.

> Na atuação clínica ele traz consigo seus sentimentos, valores de vida, conceitos e muitas vezes seus preconceitos.

> Na interação terapêutica torna-se tarefa fundamental e constante para o clínico, prestar muita atenção aos sentimentos que experimenta durante o atendimento, de alguma maneira, evocados pelo cliente. Tais sentimentos sobre seus "pontos cegos", certamente, contêm informações valiosas, para o seu autoconhecimento.

Na tentativa de contribuir com a análise dessas possíveis interferências, partilho com o leitor algumas reflexões sobre um conjunto de aspectos mais específicos, separados apenas didaticamente, que acredito serem determinantes na formação e no desempenho do profissional da área clínica, ao lado, evidentemente, de uma sólida base teórica.

> As intervenções de um profissional contêm elementos das duas histórias de vida: ao fazer hipóteses sobre o que ocorre com o cliente o profissional está sob o controle das informações providas pelo cliente (queixas e relatos) e das contingências pessoais que vigoram ou vigoraram sobre ele, clínico.

→ PRÁTICAS EDUCATIVAS

Todas as famílias, quer tenham consciência ou não, conduzem a educação de seus filhos segundo determinadas normas, regras ou valores provenientes de diversas agências controladoras existentes nas 'comunidades' em que vivem e/ou pertencem. Cada família, também ela uma agência controladora enquanto "instituição", informa e forma seus filhos, posicionando-se maleável ou rigidamente, clara ou dissimuladamente sobre determinadas questões da vida e do jeito de viver. "Educa" seus filhos! Um exemplo a ser citado neste sentido refere-se às frequentes dificuldades apresentadas pelas famílias na educação sexual de seus filhos. Questões referentes a sexo, eventualmente aventadas pelas crianças, das mais elementares às mais complexas, como as que explícita e diretamente envolvem valores ditos morais, geralmente são evitadas, negadas, distorcidas, punidas, raramente respondidas com naturalidade pelos pais. Por estes caminhos 'ensinam' aos filhos como "devem" compreender e, possivelmente, "viver a própria sexualidade".

> Cada família informa e forma seus filhos, posicionando-se maleável ou rigidamente, clara ou dissimuladamente, sobre determinadas questões da vida e do jeito de viver.

Os diferentes posicionamentos assumidos pelas famílias, sob controle das mais diversas variáveis, estabelecem e determinam as tarefas e funções de cada um de seus membros. Delineiam, por exemplo, o papel da mulher e do homem na família e na vida de um modo geral; "ensinam" como deve ser a interação entre eles, quem exercerá a autoridade e segundo quais modelos de atitude de vida. Algumas famílias escolherão o caminho do controle do comportamento pelo uso de práticas aversivas. Serão severas, depreciativas e "distantes", afetivamente. Outras conduzirão a educação dos filhos predominantemente através de práticas não coercitivas, apontando seus acertos, utilizando-se de elogios, respeitando diferenças individuais, com carinho e proximidade afetiva. Algumas valorizarão os sentimentos e os validarão. Outras punirão manifestações de sentimentos, invalidando-os. Evidentemente, entre o branco e o preto há uma imensidão de tons. Ainda bem!

> Os diferentes posicionamentos assumidos pelas famílias, sob controle das mais diversas variáveis, estabelecem e determinam as tarefas e funções de cada um de seus membros.

É relevante, portanto, que o clínico considere que traz consigo os modelos de controle de comportamento aos quais foi exposto em sua família de origem, assim como carrega consigo os "efeitos" que estes produziram no seu modo de ser. Ressalto novamente

> É relevante, portanto, que o clínico considere que traz consigo os modelos de controle de comportamento aos quais foi exposto em sua família de origem, assim como carrega consigo os "efeitos" que estes produziram no seu modo de ser.

que o clínico sempre estará diante de histórias de vida: a do cliente e a sua. A sua história pessoal poderá ter alguma semelhança com a do cliente ou mesmo poderá ser a sua antítese. Não importa. O alerta é para que o clínico fique atento, durante todo o atendimento, para manter-se sempre sob controle das variáveis relacionadas ao cliente, e não às suas próprias.

→ ETNIA FAMILIAR

Este tópico merece destaque especial. Cada etnia tem seus próprios valores, expressos em um rol de regras existentes nas condutas de seus membros e que dirigem o funcionamento da família, especialmente a educação dos filhos. Há famílias que conservam rigidamente os costumes próprios de suas origens, como, por exemplo, seus símbolos e vestimentas. Outras são maleáveis e se adaptam às realidades nas quais passam a viver; assimilam e integram novos costumes e valores, novas formas de viver. Há famílias que identificam e respeitam diferenças culturais. Outras tem dificuldades nessa prática. De alguma maneira, trazemos os conceitos advindos das "culturas" de nossas famílias. Eles nos dão referências em várias situações de vida: tipos de interações pessoais, (algumas permitidas, outras não); convivência com pessoas de diferentes classes sociais, possibilidades de vivências sexuais, práticas e valores religiosos, etc. É preciso considerar que este referencial está em cada um de

> De alguma maneira trazemos os conceitos advindos das "culturas" de nossas famílias. Eles nos dão referências em várias situações de vida: tipos de interações pessoais, (algumas permitidas outras não); convivência com pessoas de diferentes classes sociais, possibilidades de vivências sexuais, práticas e valores religiosos, etc.

nós. Enquanto psicoterapeutas, não podemos transformá-lo em "regras" de julgamento do comportamento do outro, especialmente dos nossos clientes.

Na clínica, recebemos para atendimento pessoas das mais diferentes origens étnicas, com valores de vida e modos de viver que poderão ser bastante diversos dos nossos. Precisamos ter clareza sobre nossos costumes e valores, assim como conhecer costumes e valores de culturas diferentes da nossa, para podermos compreendê-los. Nem sempre é fácil lidar com diferenças, inclusive, para nós, clínicos. Observemo-nos.

→ RELIGIÃO

Qualquer que seja o nosso posicionamento pessoal a respeito de religião, ele se constitui em um tópico que também requer uma especial atenção com relação à atuação do clínico. Religião, como uma das mais antigas instituições na história da humanidade, é uma forte e poderosa agência controladora de atitudes. Essa, como todas as agências, transmite conjuntos de valores de vida que são incorporados, assimilados, seguidos, respeitados, total ou parcialmente, por seus fiéis. As religiões têm práticas, rituais e cerimônias próprias. Algumas práticas e princípios religiosos, aos olhos de seguidores de outras crenças, ou mesmo para aqueles que dizem não ter religião, poderão parecer esdrúxulos, infundados, coercitivos, enganadores, punitivos, absurdos ou qualquer outra qualificação que se queira dar. Seja qual for o posicionamento do clínico em relação à religião, o papel do profissional requer que respeite e aponte para seu cliente as possíveis

> Qualquer que seja nosso posicionamento pessoal a respeito de religião, ele se constitui em um tópico que também requer uma especial atenção com relação à atuação do clínico.

implicações de suas concepções e práticas religiosas, sem juízo de valor, especialmente se as dificuldades apresentadas se relacionarem a estas, direta ou indiretamente. Como exemplo de eventuais dificuldades, consideremos uma subcultura religiosa que desenvolveu regras verbais sobre cura pela fé as quais proíbem seus adeptos de procurarem assistência médica para doenças que ameaçam a vida. Também como exemplo, vale lembrar que, de um modo geral, as religiões têm concepções criacionistas sobre o universo e, consequentemente, rejeitam a ideia evolucionista sobre o homem. As concepções fundamentadas pela fé, obviamente, não têm e não necessitam de comprovação, mas têm implicações diretas na vida das pessoas. Considerando o saber acumulado pela ciência, o clínico, com respeito e isenção de seus posicionamentos pessoais, tem que analisar as concepções religiosas do cliente, assim como apontar os possíveis desdobramentos destas na vida dele. Religião, muitas vezes, é uma paixão, e como tal pode comprometer nossa razão!

→ VALORES DE VIDA

Nós, clínicos, e nossos clientes também, assimilamos, valores éticos ou morais nos mais diversos contextos e situações de vida: famílias de origem, igrejas, escolas, famílias de amigos, leituras, filmes ou peças de teatro que assistimos, dentre outros. Às vezes, os nossos valores e os deles são coincidentes; às vezes, não.

Se nos fosse possível, a cada um, assistir hoje, como em um filme, a tudo o que já vivemos, esporádica ou frequentemente, veríamo-nos, certamente, participando de alguma maneira das mais diversas situações. Assistiríamos a "cenas" pautadas pelo respeito ao próximo e a si mesmo, por desrespeitos vários, contextos e interações diversas, incluindo atitudes de consideração, desconsideração, compreensão, incompreensão, agressão verbal e, ou física, acolhimento ou rejeição, dentre outras.

É impossível esgotar todas as questões que poderiam e deveriam ser feitas para examinarmos os nossos valores de vida, a nossa formação como pessoa. Nossas vivências, incluindo os contextos nos quais estas ocorreram, foram seguramente determinantes no processo de elaboração das nossas concepções sobre a vida e, portanto, na nossa maneira de ser, de avaliar pessoas, de julgar algo, alguém ou situações. É importante que sejamos capazes de ter critérios honestos, claros e objetivos para selecionarmos o que aprendemos e nos construiu como pessoas.

> Somos todos seres em construção modificando o mundo em que vivemos e sendo modificados por ele. Ao clínico impõem-se considerar e respeitar sempre os valores apresentados pelo cliente, apontando-lhe as possíveis consequências dos mesmos.

O que deve ser sempre ressaltado é que nossa maneira de ser e nossos valores pessoais tiveram como ponto de partida, como alicerce, as nossas histórias de vida. Os nossos clientes também. Histórias de vida devem ser examinadas em profundidade. As dos nossos clientes e as nossas. Somos todos seres em construção, modificando o mundo em que vivemos e sendo modificados por ele. Ao clínico, impõe-se considerar e respeitar sempre os valores apresentados pelo cliente, apontando-lhe as possíveis consequências destes.

→ CONSIDERAÇÕES FINAIS

Somos clínicos com nossas emoções, sentimentos, conceitos e preconceitos sobre a vida

> Na tentativa de aprimoramento pessoal e na busca de uma atuação profissional que beneficie o cliente, nós clínicos tentamos ampliar nossos conhecimentos e limites, de forma que estes não constituam empecilhos, ao contrário, possam facilitar a condução do processo clínico, que é a nossa principal tarefa.

e o viver. Todos temos nossas histórias de aprendizagem que nos tornaram o que somos. Na tentativa de aprimoramento pessoal e na busca de uma atuação profissional que beneficie o cliente, nós, clínicos, tentamos ampliar nossos conhecimentos e limites, de forma que estes não se constituam empecilhos; ao contrário, que possam facilitar a condução do processo clínico, que é a nossa principal tarefa. Essa trajetória passa, necessariamente, pela análise pessoal do clínico, pela expansão de sua cultura pessoal no sentido mais amplo, pelas trocas com outros profissionais, pelo contato com outras áreas do saber que não a psicologia. Enfim, a partir de uma base teórica sólida, são inúmeros os caminhos que levam ao aprimoramento pessoal e profissional.

Considerarmos determinante o papel das práticas educativas das nossas famílias de origem, costumes étnicos, posicionamentos frente à religião, valores éticos e morais presentes na nossa formação pessoal é o que nos leva a ter atitudes cuidadosas quanto à interferência desses fatores (que também nos constituem como pessoas) nas análises que fazemos sobre as questões da vida dos clientes. O encontro terapêutico dá-se entre pessoas diferentes, e, nesse encontro, o benefício buscado deve ser para o cliente, embora (e felizmente!) possamos aprender tanto com eles.

23 Subsídios da prática da pesquisa para a prática clínica analítico-comportamental

Sergio Vasconcelos de Luna

ASSUNTOS DO CAPÍTULO

→ Funções e limites da metodologia.
→ A proposta de sujeito como seu próprio controle.
→ Análise estatística *versus* análise de sujeito como seu próprio controle.
→ Os controles sobre o comportamento do pesquisador e do clínico.

Em 1998, ministrei uma palestra, posteriormente publicada (Luna, 1998), em que procurava responder a uma pergunta feita pelos propositores da atividade: o terapeuta é um cientista? A convite da professora Martha Hübner – então presidente da ABPMC –[1], Dênis Zamingnani e eu ministramos, na reunião de 2008 dessa associação, um minicurso revendo a questão 20 anos depois da referida publicação.

Não retomarei as questões lá tratadas, já que meu objetivo aqui é outro. No entanto, julgo pertinente a leitura delas, pois, dessa forma, o leitor poderá entender mais claramente ao que me refiro quando falo em pesquisar. Em particular, em que condições acredito que os trabalhos do pesquisador e do clínico se aproximam e se separam.

→ FUNÇÕES E LIMITES DA METODOLOGIA

A adesão a qualquer proposta de geração de conhecimento, em qualquer área, implica a adoção de pressupostos sobre o seu objeto de estudo, como, por exemplo, sobre a sua natureza e sua relação com outros fenômenos, sobre a noção de causalidade, sobre o que significa explicação. Em qualquer caso, pressupostos e princípios estarão por trás da ado-

> A adesão a qualquer proposta de geração de conhecimento, em qualquer área, implica a adoção de pressupostos sobre o seu objeto de estudo, como, por exemplo, sobre a sua natureza e sua relação com outros fenômenos, sobre a noção de causalidade, sobre o que significa explicação.

ção/desenvolvimento de práticas que controlarão o comportamento daqueles que produzem conhecimento. Pelo menos parte do que está dito aqui integra aquilo que se denomina paradigma.

Como não poderia deixar de ser, a prática do analista do comportamento em sua atividade de pesquisa básica, aplicada ou mesmo de aplicação, também é regida por uma noção de ciência que impõe limites à sua atuação e cobra dele uma atividade sob controle estrito dos dados. Pesquisadores básicos e/ou aplicados/profissionais do atendimento terapêutico[2] que somos, não devemos/podemos nos colocar como uma autoridade cujo julgamento seja posto acima do que os dados demonstram. Pelo menos no que diz respeito à ciência do comportamento – referencial que adoto aqui –, fazer isso implica muito mais do que ser ético. Significa, por exemplo, não ceder à tentação de olhar seletivamente para os dados que falam a favor de hipóteses preferidas, mesmo que isso implique não poder oferecer resposta no momento ao problema sob investigação. Essa é uma lição difícil de aprender, tanto para o pesquisador básico quanto para o profissional que intervém na realidade, mas é possível que a pressão pela solução seja mais forte para este último. Trata-se, de fato, de uma lição tão mais difícil se lembrarmos que a/uma metodologia não tem *status* próprio, mas deve ser sempre entendida como uma lógica, um raciocínio de que nos valemos para, a qualquer momento, tomar decisões sobre os próximos passos. Tanto os ensinamentos de Skinner (1953 e 1956, por exemplo), quanto os de Sidman (em particular, 1960) parecem ter retirado de nós todos – analistas do comportamento – o chão que a ciência experimental – leia-se, a psicologia experimental "clássica" – nos ensinara. Como decidir que uma resposta ainda não é apropriada e que, portanto, deve-se suspender o julgamento e esperar por outra melhor? Qual o melhor critério para se mudar o experimento de fase? Como lidar com os sujeitos cujo desempenho se afasta muito da "média" dos demais sujeitos?

> Não devemos/podemos nos colocar como uma autoridade cujo julgamento seja posto acima do que os dados demonstram.

Eu vou me valer dessas questões como ponto de partida para ilustrar três aspectos importantes, que listo a seguir.

a) Como os pressupostos e princípios assumidos e defendidos pela análise do comportamento mudaram substancialmente a prática consagrada pela psicologia experimental?
b) Como essas alterações forçaram (e devem continuar a forçar) o desenvolvimento de delineamentos de pesquisa e de procedimentos de controle experimental?
c) Como o controle exercido sobre o comportamento do pesquisador (básico/aplicado) estende-se igualmente ao clínico, na medida em que diz respeito ao estudo e à compreensão do comportamento e das suas relações com o seu ambiente?

→ COMO OS PRESSUPOSTOS E PRINCÍPIOS ASSUMIDOS E DEFENDIDOS PELA ANÁLISE DO COMPORTAMENTO MUDARAM SUBSTANCIALMENTE A PRÁTICA CONSAGRADA PELA PSICOLOGIA EXPERIMENTAL?

Controle estatístico *versus* controle experimental

Grosso modo, o grande problema do psicólogo experimental (leia-se, do experimentador em geral) sempre esteve resumido a uma questão: como decidir se a introdução da(s) variável(eis) experimental(ais) produziu(ram) mudança confiável sobre a variável dependente e, por extensão, o que poderia ser considerado como uma diferença confiável? Em outras palavras, que magnitude de diferença entre os resultados obtidos por sujeitos do grupo experimental e os de controle devem ser aceitos como produzidos pela VI? Dito de outra forma, quanto das diferenças obtidas não pode ser explicado pelo acaso?

A resposta estava em submeter os resultados a testes estatísticos[3] que, sob determinadas condições, ofereceriam, como resposta, a probabilidade de que as diferenças encontradas se devessem ao acaso ou pudessem ser atribuídas à manipulação experimental.

E, aqui, entra o conceito central para nossa discussão. A grande maioria dos testes estatísticos – e dos delineamentos experimentais que confiam no controle estatístico – baseia-se no controle/eliminação do grande vilão: a variabilidade! Esta se manifesta em vários aspectos da pesquisa, mas interessa-me concentrar a discussão em um deles: a variabilidade comportamental intra/entre sujeitos, e é nesse sentido que discutirei a questão doravante.

Se meu delineamento implica introduzir um tratamento experimental (digamos, o controle do tabagismo) a um grupo de pessoas e não a outro, como forma de comparar diferenças nos resultados, é crucial – para efeitos do controle estatístico – que eu possa:

a) impedir que certos fatores importantes variem entre indivíduos (por exemplo, que o número de cigarros fumados por dia varie entre indivíduos de cada grupo), tomando como amostra pessoas que fumem, há aproximadamente o mesmo período, um número muito igual (ou equivalente) de cigarros; ou
b) randomizar esta variável entre os grupos, de modo que, entre os que receberam o tratamento e os que não o receberam, haja variabilidade homogênea quanto ao número de cigarros fumados e o tempo durante o qual fumaram até então.

No primeiro caso, diz-se que a variabilidade foi "eliminada"; no segundo, que ela foi colocada sob controle estatístico, já que, na média, os efeitos dela terão sido "controlados".

Antes de prosseguir nesta análise, vamos considerar dois conjuntos de argumentos. Do ponto de vista da análise do comportamento, diferenças individuais são decorrentes da história de interações de cada um com seu ambiente físico e social, e o produto dessas interações responde pela sensibilidade ou não de cada um a determinadas contingências, além de dar conta de seu repertório comportamental. Desse ponto de vista, encontrar variabilidade entre indivíduos submetidos a um "mesmo" tratamento (ou variável, como no exemplo que estou relatando) apenas reafirma que diferentes histórias de vida interagiram (ou não) de modo diferente com esse tratamento experimental. Se quisermos ganhar conhecimento/controle sobre a maneira como uma variável afeta diferentes indivíduos, é necessário entender como a história de cada um interage com ela. A esse propósito, Sidman (1960) foi bastante ilustrativo ao demonstrar que o controle estatístico não "cancela" uma variável, mas a esconde de forma que seus efeitos não sejam "visíveis". Skinner manifestou-se a respeito disso em diferentes momentos, mas seu exemplo mais eloquente

> Do ponto de vista da análise do comportamento, diferenças individuais são decorrentes da história de interações de cada um com seu ambiente físico e social e o produto destas interações responde pela sensibilidade ou não de cada um a determinadas contingências, além de dar conta de seu repertório comportamental.

> Para Skinner, um programa de ensino preparado para média da classe não atenderá à diversidade de histórias de vida fazendo com que os mais fracos sejam "perdidos" ao longo do curso, enquanto que os mais avançados nada ganharão. Em outras palavras, o programa só servirá a um grupo médio de alunos.

(ainda que menos técnico) ocorre em *Tecnologia do Ensino* (1968), ao referir-se à individualização do ensino. Para ele, um programa de ensino preparado para a média da classe não atenderá à diversidade de histórias de vida (e, portanto, à diversidade de repertórios acadêmicos), fazendo com que os mais fracos sejam "perdidos" ao longo do curso, enquanto os mais avançados nada ganharão. Em outras palavras, o programa só servirá a um grupo médio de alunos.

Do controle estatístico para o controle experimental

Estas considerações expressas nas citações de Skinner e de Sidman evidenciaram que o analista do comportamento precisava de uma nova lógica de planejamento de pesquisa, com delineamentos que respeitassem os princípios e pressupostos aceitos e defendidos pela análise do comportamento e pelo Behaviorismo Radical como sua filosofia.[4] Já na década de 1960,[5] analistas do comportamento de orientação aplicada começaram a publicar pesquisas que evidenciavam duas tendências que representavam a resposta que a análise do comportamento passaria a dar ao delineamento estatístico (em oposição ao controle estatístico): o delineamento em que cada sujeito funcionava como seu próprio controle e as respectivas formas de controle experimental (e não mais estatístico), representadas por reversões, linhas de base múltiplas, critérios móveis, etc.[6] Em vez de resultados de testes estatísticos para a tomada de decisão quanto a mudanças, propunha-se o estudo de mudanças nas tendências observadas no comportamento (critérios de estabilidade, por exemplo).

Mas várias outras mudanças ousadas foram sendo introduzidas, embora nem sempre reconhecidas ou apontadas. Transformar a variabilidade de "vilão" em "mocinho" implicava deixar de varrê-la para debaixo da terra, e *ressaltá-la* para poder ser estudada. Um experimento com diferentes sujeitos, em que alguns mostram-se "díspares" quanto aos resultados, não deveria ser encerrado com o lamento de que nem todos respondiam "como esperado". Ao contrário, deveria ser continuado de modo que se descobrisse sob que condições aquele procedimento poderia ser eficaz com os sujeitos que, a princípio, não ficaram sob controle dele. O fato de que alguns sujeitos não respondiam a uma dada consequência reforçadora não significava que eles não

> O fato de que alguns sujeitos não respondiam a uma dada consequência reforçadora não significava que eles não eram controlados por consequências; apenas, que não eram controlados por *aquelas consequências*.

eram controlados por consequências, apenas que não eram controlados por *aquelas consequências*. Em outras palavras, tratava-se de trocar a semelhança física dos estímulos e procedimentos por funcionalidade.

Notem que estas mudanças provocaram duas outras alterações na condução habitual dos experimentos com delineamentos experimentais clássicos. Em primeiro lugar, era possível (corriqueiro, eu diria), nesses casos, que um experimento fosse conduzido até seu termo para, então, analisarem-se seus resultados. Em nenhuma situação o pesquisador deveria produzir alterações nas variáveis experimentais ao longo do experimento. Isso deixava de ser possível (pelo menos desejável) nos delineamentos de sujeito como seu próprio controle. Por um lado, porque era necessário analisar contínua e permanentemente o desempenho de cada sujeito, já que era o seu comportamento que definiria como o pesquisador se conduziria a cada sessão/etapa da pesquisa. Ao mesmo tempo, uma vez identificados prováveis elementos de controle sobre o comportamento do sujeito (que não a variável experimental inicialmente prevista), caberia ao pesquisador mostrar controle experimental ao produzir alterações que comprovassem sua análise.

→ COMO ESSAS ALTERAÇÕES FORÇARAM (E DEVEM CONTINUAR A FORÇAR) O DESENVOLVIMENTO DE DELINEAMENTOS DE PESQUISA E DE PROCEDIMENTOS DE CONTROLE EXPERIMENTAL?

Para analistas do comportamento formados, digamos, de 20 anos para cá, as transformações que elenquei talvez não representem uma revolução porque podem já ter sido incorporadas ao que se poderia chamar de "uma ciência normal dentro da análise do comportamento". No entanto, elas constituíram uma enorme revolução e foram (talvez ainda sejam) causa de descrédito quanto à seriedade da análise do comportamento.

Em 1960, a leitura do texto de Sidman, já aqui mencionado, escandalizou-me (eu vinha, então, de uma formação no delineamento experimental clássico, com direito a tratamentos estatísticos)! Ao fazer a crítica ao controle estatístico, Sidman acabou propondo que o pesquisador usasse a maturidade de seu julgamento (como profundo conhecedor do comportamento que estudava), o qual, por sua vez, seria julgado pela comunidade de pesquisadores! Levou muitos anos para que eu entendesse que aquele critério proposto por Sidman não era melhor, nem pior, do que o critério estatístico. Ambos eram probabilísticos (e não verdadeiros por definição) e sempre dependeriam de replicação, fidedignidade, generalidade do critério maior proposto por Skinner: funcionalidade. Como ele disse uma vez, Robinson Crusoe não dependia de que alguém concordasse ou não com ele; ele precisava era ganhar habilidade em lidar cada vez melhor com a natureza.

> Robinson Crusoe não dependia de que alguém concordasse ou não com ele; ele precisava era ganhar habilidade em lidar cada vez melhor com a natureza.

A extrema complexidade do comportamento e a imensa área de fenômenos a serem ainda entendidos por nós sobre ele nos obrigam a aprender a ficar sob controle dos dados e a buscar procedimentos e delineamentos que nos ofereçam melhor controle experimental, para não termos de depender (unicamente, digamos) da probabilidade indicada pelos resultados dos testes estatísticos.

→ COMO O CONTROLE EXERCIDO SOBRE O COMPORTAMENTO DO PESQUISADOR (BÁSICO/APLICADO) ESTENDE-SE IGUALMENTE AO CLÍNICO, NA MEDIDA EM QUE DIZ RESPEITO AO ESTUDO E À COMPREENSÃO DO COMPORTAMENTO E DAS SUAS RELAÇÕES COM O SEU AMBIENTE?

A pesquisa básica tem amplas condições para levar a cabo experimentos em que variáveis são exploradas em detalhes e combinadas segundo diferentes parâmetros. Se retomarmos as transformações que o Behaviorismo Radical acabou promovendo – mais do que isso, exigindo –, as quais me referi, poderemos dizer que as condições controladas do laboratório e, no caso de sujeitos animais, as facilidades oferecidas por organismos, cuja história de vida pode ser razoavelmente bem controlada, facilitaram o desenvolvimento de uma criatividade que tornasse flexíveis procedimentos e delineamentos, concorrendo para a concretização do programa de previsão e controle de nosso comportamento.

Em mais de uma oportunidade ouvi colegas não analistas do comportamento (mas, também, não xenófobos) reconhecerem a inequívoca qualidade profissional de alunos formados em análise do comportamento ou que, pelo menos, tiveram bons cursos de Análise Experimental do Comportamento – AEC. Segundo eles, esses profissionais mostravam grande capacidade de ler, discutir e interpretar resultados, mesmo que fora do âmbito da AEC.

Por outro lado, o programa de Skinner, que, segundo Andery (1990), desde o seu início foi proposto como uma ferramenta para a compreensão do homem, não chegaria a bom termo se não dialogasse continuamente com os que – dedicados à intervenção e/ou à pesquisa básica – fossem capazes de interpretar os resultados da pesquisa básica e retroalimentá-los com seus próprios resultados, com adaptações de procedimentos e com críticas construtivas.

> A pesquisa básica e as práticas aplicadas, entre elas a clínica, devem trabalhar numa via de mão dupla, em que os dados obtidos em uma funcionem como informações úteis para o trabalho da outra.

Óbvio ou não, quero dizer que a interlocução deve ter mão dupla, ou seja, ser mesmo uma interlocução.

→ NOTAS

1. Associação Brasileira de Psicoterapia e Medicina Comportamental (ABPMC).
2. O leitor interessado nestas distinções poderá encontrar um detalhamento delas em Luna (1997).
3. Não cabe discutir esta questão agora, mas é necessário registrar que um pesquisador competente toma as decisões sobre testes estatísticos a serem empregados junto com as demais decisões referentes ao delineamento experimental, não depois delas.
4. O espaço não me permite aprofundar a questão, mas, para quem está interessado, recomendo a leitura de Skinner (1956).
5. Como referência histórica, lembro que o primeiro número do *Jounal of Apllied Behavior Analysis* foi publicado em 1968.
6. Jamais gostei das expressões "delineamento de sujeito único" e "delineamento N=1" para exprimirem o delineamento de sujeito como seu próprio controle porque, a meu ver, por um lado, informam mal (não sou obrigado a estudar apenas um sujeito em cada experimento) e, por outro, deixam escapar a questão central: o fato de que, nesse delineamento, cada sujeito funciona como seu próprio controle.

→ REFERÊNCIAS

Andery, M. A. A. (1990). *Uma tentativa de (re)construção do mundo: A ciência do comportamento como ferramenta de intervenção*. Tese de doutoramento, Pontifícia Universidade Católica de São Paulo, São Paulo.

Luna, S. V. de (1997). O terapeuta é um cientista? In R. A. Banaco (Org.), *Sobre comportamento e cognição: Aspectos teóricos, metodológicos e de formação em análise do comportamento e terapia cognitiva* (vol. 1, pp. 305-313). Santo André: Arbytes.

Sidman, M. (1960). *Tactics of scientific research: Evaluating experimental data in Psychology*. New York: Basic Books.

Skinner, B. F. (1953). *Science and human behavior*. New York: Free Press.

Skinner, B. F. (1956). A case history in scientific method. *American Psychologist, 11*, 221-223.

Skinner, B. F. (1968). *The technology of teaching*. New York: Appleton-Century-Crofts.

PARTE III
Especificidades da clínica analítico-comportamental

SEÇÃO I | **A clínica analítico-comportamental infantil**

24 Clínica analítico-comportamental infantil: a estrutura
Joana Singer Vermes

25 As entrevistas iniciais na clínica analítico-comportamental infantil
Jaíde A. G. Regra

26 O uso dos recursos lúdicos na avaliação funcional em clínica analítico-comportamental infantil
Daniel Del Rey

27 O brincar como ferramenta de avaliação e intervenção na clínica analítico-comportamental infantil
Giovana Del Prette e Sonia Beatriz Meyer

28 A importância da participação da família na clínica analítico-comportamental infantil
Miriam Marinotti

SEÇÃO II | **A clínica analítico-comportamental e os grupos**

29 O trabalho da análise do comportamento com grupos: possibilidades de aplicação a casais e famílias
Maly Delitti e Priscila Derdyk

SEÇÃO III | **A atuação clínica analítico-comportamental em situações específicas**

30 O atendimento em ambiente extraconsultório: a prática do acompanhamento terapêutico
Fernando Albregard Cassas, Roberta Kovac e Dante Marino Malavazzi

31 Desenvolvimento de hábitos de estudo
Nicolau Kuckartz Pergher, Filipe Colombini, Ana Beatriz D. Chamati, Saulo de Andrade Figueiredo e Maria Isabel Pires de Camargo

32 Algumas reflexões analítico-comportamentais na área da psicologia da saúde
Antonio Bento A. Moraes e Gustavo Sattolo Rolim

24 Clínica analítico-comportamental infantil: a estrutura

Joana Singer Vermes

ASSUNTOS DO CAPÍTULO

→ Os primeiros encontros de um trabalho clínico com criança: com quem fazê-los e o que levantar.
→ Primeiras sessões com a criança: objetivo e condução.
→ O decorrer do trabalho clínico.
→ Objetivos de um trabalho clínico com criança.
→ Quando e como fazer o encerramento de um trabalho clínico com criança.

Para um melhor aproveitamento deste capítulo, devemos, inicialmente, caracterizar o seu objetivo central. Quando se fala em estrutura de um processo, está-se referindo a um formato específico do fazer, ou a uma determinada ordem de uma prática. Neste trabalho, pretende-se oferecer um roteiro geral sobre a trajetória de uma terapia infantil de cunho analítico-comportamental.

No contato com clínicos recém-formados, residentes de psiquiatria e graduandos de psicologia, observa-se que, mesmo entre aqueles que apresentam uma consistente base teórica e um largo domínio das técnicas, é comum que haja inúmeras dúvidas em relação ao processo clínico. Algumas das questões mais apresentadas são: com quem devem ser as primeiras sessões? Com que frequência os familiares são atendidos? Quais são os requisitos necessários para que uma criança receba "alta" da terapia? Essas e muitas outras questões compõem aquilo que chamaremos aqui de "estrutura do processo terapêutico na clínica analítico-comportamental infantil" e têm como objetivo final proporcionar instrumentos para que o profissional possa conduzir de forma eficaz um processo que leve à melhora na qualidade de vida da criança.

Inicialmente, é fundamental salientarmos que consideramos o trabalho clínico um processo delineado a partir de uma demanda individual (em concordância com a perspectiva de que o indivíduo é único). Dessa forma, falar em "estrutura" requer parcimônia, destacando que apenas uma análise cuidadosa do caso trará informações para que o trabalho seja organizado de forma eficaz.

Outro aspecto que deve ser aqui considerado é que existem, entre as abordagens da psicologia e mesmo entre diferentes profissionais da mesma abordagem, diferentes formas de se conceber o trabalho clínico. Assim, o leitor deve levar em conta que as propostas apresentadas neste capítulo foram formuladas a partir da formação teórica e técnica e da história pessoal e profissional da autora.

→ O PRIMEIRO CONTATO

Tradicionalmente, na psicologia, é comum a associação entre as primeiras sessões de terapia e um psicodiagnóstico. Concebe-se, nesta proposta, que, antes de qualquer forma de intervenção, é necessária a coleta de dados e a formulação de um diagnóstico, ainda que não seja dentro dos parâmetros da psiquiatria. No trabalho clínico de orientação analítico-comportamental, que tem como base teórica o Behaviorismo Radical, entende-se que o comportamento é fluido e determinado por diversas interações entre indivíduo e ambiente, que se modificam constantemente. Sob essa perspectiva, avaliar um comportamento significa submetê-lo a uma série de condições e observar quais são as mudanças apresentadas. Conforme Millenson (1967), a própria noção de "processo" se aproxima desse entendimento: "Processo comportamental é o que acontece no tempo com os aspectos significativos do comportamento à medida que se aplica um procedimento" (p. 56).

Na abordagem analítico-comportamental, portanto, não há uma separação entre uma fase de avaliação e outra de intervenção; em lugar disso, à medida que atividades, brincadeiras, jogos, conversas e leituras são propostos, o clínico avalia os comportamentos (no sentido de compreendê-los em relação às condições nas quais eles ocorrem) e procura intervir sobre os mesmos. Por exemplo: a condução de um jogo da memória pode fornecer dados sobre determinadas habilidades, possíveis dificuldades da criança em perder uma partida ou, ainda, em seguir regras. Ao mesmo tempo, o clínico se utiliza de estratégias para intervenção sobre esses mesmos comportamentos, tais como: proposições de regras, reforçamento diferencial, reforçamento arbitrário contingente às respostas esperadas, etc. A partir dessas intervenções, o profissional observa seus efeitos e compara com as condições anteriores. Configura-se, a partir desta prática, uma indissociabilidade entre avaliação e intervenção propriamente dita.

A primeira fase do trabalho clínico com criança consiste em uma entrevista com os pais[1] e/ou outros familiares. Vale mencionar que essa entrevista pode ocorrer em uma sessão, mas, frequentemente, estende-se para duas ou três sessões.

É muito comum que clínicos que iniciam seus trabalhos com as crianças questionem sobre quem deve estar presente na entrevista inicial. De fato, não há um único modo de se conduzir esta decisão, observando-se algumas diferenças entre profissionais. Em nosso grupo de profissionais, a escolha sobre quem é convocado a esse encontro depende de uma série de fatores: idade da criança, tipo de queixa, de onde e de quem partiu o encaminhamento, entre outros elementos. Entretanto, de maneira geral, tem-se decidido por convidar apenas os pais e/ou responsáveis nesse primeiro encontro.

A escolha por excluir a criança da entrevista inicial se justifica por uma série de fatores. Em primeiro lugar, os motivos pelos quais os adultos procuram um profissional, muitas vezes, envolvem uma série de elementos, histórias e dados que não poderiam ser apresentados de forma clara na presença da criança (seja devido à adequação do tema para a faixa etária, seja por envolver aspectos familiares sobre os quais a criança ainda não pode ou não deve ter acesso).

O segundo aspecto se refere ao fato de que faz parte dos objetivos do primeiro encontro o estabelecimento do contrato clínico, que inclui os horários, honorários, o modo de se conduzir faltas e férias, a apresentação sobre a forma de trabalhar do profissional, componentes éticos, entre outros. A explanação desses elementos pode não condizer com as expectativas dos pais, que podem decidir não contratar o serviço. Nesse caso, pode ser frustrante para a criança ter que repetir todo o procedimento com um segundo profissional, além de gerar um desgaste desnecessário para todos os envolvidos.

O terceiro elemento importante que justifica a ausência da criança na primeira entrevista se relaciona ao fato de que, muitas vezes, o profissional avalia que o trabalho psicoterápico com a criança não é necessário, e, em alguns casos, é até contraproducente. Frequentemente, a partir do primeiro contato, o profissional opta pelo trabalho de orientação familiar e, às vezes, pelo encaminhamento a outro tipo de serviço (fonoaudiólogo, psicopedagogo ou até um colega com maior especialidade em determinados problemas infantis). Nesses casos, também se considera desnecessária a presença da criança no consultório para a primeira entrevista.

Na primeira fase do processo, o clínico tem como objetivo central a coleta de dados sobre a criança. Basicamente, procura-se levantar as seguintes informações: o motivo para a busca pela terapia; os tratamentos anteriores e em andamento para a solução do problema; os hábitos da criança; diversos dados gerais sobre sua história de vida, incluindo saúde, relações familiares, vida escolar, sono, alimentação e relações com outras crianças. Procura-se, ainda, obter os primeiros dados que comporão a análise sobre as queixas. Algumas das questões mais importantes, que devem ser realizadas nesse primeiro momento, são: desde quando o problema é apresentado; em quais contextos o comportamento indesejado socialmente ou pelos pais costuma aparecer; com quais pessoas o problema se mostra mais ou menos intenso; quais são as condutas habituais das pessoas para tentar lidar com a situação, entre outras perguntas. Vale dizer que diversas questões surgem, ainda, a partir do tipo de caso apresentado, sendo importante que o profissional obtenha os principais dados que permitirão dar início ao trabalho. Conhecendo algumas informações relevantes sobre a criança, o clínico pode planejar as primeiras sessões, tendo em vista examinar o aparecimento das queixas em sessão.

Também faz parte dos primeiros contatos com os pais a apresentação sobre a forma de trabalho, o que inclui contar a eles sobre o que acontecerá nas sessões. Frequentemente, os pais têm dúvidas acerca do que se faz em uma sala de terapia infantil. É importante esclarecer sobre o uso de diversos recursos (conversas, brincadeiras, jogos, desenhos, livros, material escolar, etc.) como parte do trabalho. Apresenta-se também, brevemente (podendo haver um aprofundamento caso seja interesse dos pais), alguns elementos sobre a clínica analítico-comportamental, incluindo a visão de homem, e quais são os seus procedimentos e técnicas derivados.

É bastante frequente os pais conceberem o processo clínico da criança como a "saída mágica" para todos os problemas. Dessa forma, os adultos podem, equivocadamente, supor que, uma vez que a criança está submetida a esse serviço, podem se despreocupar em relação à promoção de mudanças. Na realidade, os encontros com a criança permitem que o profissional estabeleça algumas relações funcionais sobre o problema e intervenha sobre várias delas, trazendo, de fato, algumas mudanças. Entretanto, são nos contextos naturais (família, escola, etc.) que novas relações podem ser desenvolvidas, alterando efetivamente o repertório comportamental da criança. Dessa maneira, é fundamental explicitar para os pais a importância da presença deles nesse processo, frequentando as sessões de orientação familiar, experimentando novas formas de agir com a criança a partir das orientações do profissional e, ainda, fornecendo dados que ajudem o clínico na condução do caso. Assim, nesses primeiros encontros com os pais, é combinada a frequência e o formato das sessões de orientação.

> É fundamental explicitar para os pais a importância da presença dos mesmos nesse processo, frequentando as sessões de orientação familiar, experimentando novas formas de agir com a criança a partir das orientações do profissional e, ainda, fornecendo dados que ajudem o clínico na condução do caso.

Também faz parte do primeiro contato o preparo da primeira sessão entre o clínico e a criança. Para isso, deve-se investigar o que a criança sabe sobre a terapia e, muitas vezes, orientar os pais sobre como eles podem explicar a ela sobre esse tipo de trabalho, de forma simples e realista. Uma opção é apresentar para a criança da seguinte maneira: "Você vai conhecer um psicólogo, que é uma pessoa que ajuda as pessoas a tentarem resolver seus problemas e serem mais felizes. Lá você vai conversar, brincar, desenhar para ele te conhecer melhor e te ajudar".

> Também faz parte do primeiro contato, o preparo da primeira sessão entre o clínico e a criança. Para isso, deve-se investigar o que a criança sabe sobre a terapia e muitas vezes orientar os pais sobre como os mesmos podem explicar a ela sobre esse tipo de trabalho, de forma simples e realista.

Por fim, são nestes primeiros encontros que o clínico combina com os pais as questões práticas, incluindo horários, honorários, frequência das sessões, férias, etc. Os acordos variam de acordo com o caso e com a forma do profissional trabalhar.

→ PRIMEIRAS SESSÕES COM A CRIANÇA

Para planejar o primeiro contato com a criança, é salutar que o clínico considere o estabelecimento de uma boa relação, composta por interações gratificantes como um dos principais objetivos.

> Uma das maiores preocupações do clínico, nos encontros inciais com a criança, deve ser o estabelecimento do vínculo, o que ocorre a partir de um contexto acolhedor e promotor de interações gratificantes.

De fato, no trabalho clínico com adultos, via de regra, são eles os próprios interessados no serviço e, portanto, em geral é a pessoa que faz o primeiro contato com o profissional. No caso do público infantil, a solicitação pelo trabalho costuma partir de adultos que se relacionam com a criança – pais, profissionais de escola, pediatras, pedagogos, entre outros. A importância de se considerar este aspecto se relaciona, principalmente, com a preocupação que o clínico deve ter com a construção de um bom vínculo com a criança, uma vez que, a princípio, o interesse pelo trabalho não advém dela.

Para atender a essa demanda, o profissional tem como desafio a união das seguintes tarefas: criar um contexto agradável para a criança, que a faça querer retornar às sessões; estabelecer algumas regras (como, por exemplo, impedir que ela mexa em objetos pessoais do profissional) e, ainda, observar seus comportamentos tendo em vista a formulação das primeiras hipóteses funcionais.

> Alguns aspectos que o clínico deve atentar nos encontros iniciais com a criança: criar um contexto agradável, aumentando a probabilidade da criança querer retornar; estabelecer regras, visando o bom andamento dos encontros; observar os comportamentos da criança, na busca por informações importantes para a formulação de hipóteses funcionais, o que inclui eventos que podem ser utilizados como reforçadores posteriormente.

Na primeira sessão com a criança, sugere-se que o profissional possibilite interações leves, buscando informações sobre os seus gostos, alguns hábitos e assuntos de seu interesse (para isso, é fundamental o prévio conhecimento sobre estes a partir da entrevista com os pais). Atividades envolvendo desenho, massinha de modelar e pintura são aceitas pela maioria das crianças e podem ser facilitadoras na apresentação de algumas informações sobre elas. Por exemplo: em um primeiro desenho da família, M., uma menina de 6 anos, representou o pai do lado de fora da casa. Quando questionada sobre o que ele estava fazendo lá, a criança respondeu: "Voltando do bar". Esta informação, aliada a outras coletadas em entrevistas com os pais, fortaleceu a hipótese da profissional sobre um possível alcoolismo do pai e a pouca proximidade deste com a filha.

Também neste primeiro momento com a criança é importante explicar o que é o trabalho clínico, quais são seus objetivos, o que será feito nas sessões, alguns aspectos éticos, entre outras informações solicitadas pela criança. Ainda, é muito importante que o clínico procure levantar quais são os elementos da vida que trazem incômodo para a criança (o que, muitas vezes, não coincide com as demandas dos pais).

> Também nesse primeiro momento com a criança, é importante explicar o que é o trabalho clínico, quais são seus objetivos, o que será feito nas sessões, alguns aspectos éticos, entre outras informações solicitadas pela criança.

Para facilitar esta conversa, podem ser utilizados livros como *O Primeiro livro da criança sobre psicoterapia* (Nemiroff e Annunziata, 1995).

Por fim, vale destacar o seguinte ponto em relação às primeiras sessões com a criança: embora as primeiras sessões devam se constituir como contextos agradáveis, gratificantes e pouco aversivos, é fundamental que as principais regras sejam apresentadas desde o início. Exemplos dessas regras são: na primeira parte da sessão, é o profissional quem escolhe a atividade; os brinquedos devem ser guardados antes de outros serem retirados; etc. O grande risco de deixar que essas regras sejam apresentadas apenas quando o vínculo está bem consolidado é que a criança se sinta enganada ou, ainda, associe a profundidade da relação com regras que possam conter algum grau de aversividade.

→ O DECORRER DO TRABALHO CLÍNICO

O trabalho clínico com crianças guarda características peculiares a cada caso atendido, assim como se verifica no trabalho com adultos. Por isso, as regras envolvidas, as características das sessões, as atividades utilizadas, o tipo e a periodicidade de contato entre o profissional e os pais e/ou outros profissionais são elementos que podem variar bastante entre diferentes crianças atendidas.

Ainda assim, é possível sistematizar algumas práticas mais comuns no decorrer do trabalho clínico com crianças em uma orientação analítico-comportamental. Apresentaremos algumas das práticas adotadas, com a ressalva de que não estão cobertos todos os elementos aos quais o clínico deve atentar. Para informações complementares e bastante ricas sobre o assunto, sugere-se a leitura de Conte e Regra (2000), bem como os demais capítulos desta seção do livro.

Em relação à administração de número de sessões e do tempo da sessão, observa-se que, em geral, clínicos analítico-comportamentais infantis adotam a prática de uma a duas sessões por semana com a criança. A decisão pela frequência depende da necessidade do caso e da disponibilidade da criança e seus familiares para o atendimento. Na maioria dos casos, as sessões têm duração de 50 minutos.

Cada sessão é organizada de forma particular, mas um formato bastante comum contém uma primeira parte (com duração média de 35 minutos) que é planejada e envolve atividades escolhidas pelo profissional, conforme os objetivos terapêuticos. A segunda parte (os últimos 15 minutos) é, em geral, dedicada a uma atividade ou brincadeira escolhida pela criança. É importante destacar que, no caso do trabalho com criança, é fundamental que haja, realmente, uma parte planejada e organizada pelo clínico. Caso contrário, tem-se como risco uma sessão recheada de brincadeiras e diversão, mas sem um claro propósito de coleta de dados e/ou intervenção. É evidente que, dependendo do caso e da queixa, não só é possível, como necessário estabelecer que a maior parte ou até mesmo toda a sessão seja de escolha da criança. Entretanto, esta decisão deve ser tomada com base no plano clínico, a partir de discussões, supervisão ou uma boa análise do caso.

Outro ponto importante referente ao processo clínico no trabalho com crianças diz respeito ao contato com os pais e outras pessoas ligadas a elas. Novamente, cada caso deverá fundamentar uma prática única, mas, via de regra, o encontro com os pais costuma acontecer pelo menos uma vez por mês. Em muitos casos, observa-se a necessidade de encontros quinzenais ou até semanais. Não raramente, em algum momento, opta-se por maximizar as sessões com os pais e diminuir o número de encontros com a criança.

O contato com o pessoal da escola e outros profissionais deve ser feito à medida que os problemas da criança estejam relacionados à educação e/ou a questões que envolvam esses outros profissionais. É importante destacar que a criança deve estar ciente desses contatos, de forma a se preservar a relação terapêutica.

Mais um elemento a ser considerado nesta análise do que compõe um processo clínico infantil diz respeito ao material utilizado nas sessões. Embora parte do material para análise advenha da interação verbal, quase

> As sessões com criança exige planejamento por parte do clínico, caso contrário pode se tornar um contexto de brincadeiras e diversão sem propósito terapêutico.

> Pessoas ligadas à criança são frequentemente convidadas a participar do processo clínico.

sempre são necessários outros recursos, tanto para investigação quanto para intervenção sobre os comportamentos. Esses recursos são compostos por desenhos, livros infantis, material escolar, bonecos, jogos, argila, filmes, desenhos animados, fantoches, bichos de pelúcia, sucatas e mais uma infinidade de materiais. É importante salientar que cabe ao clínico a escolha e utilização de materiais que possibilitem a observação e intervenção dos comportamentos clinicamente relevantes. Por exemplo: para uma criança com dificuldades de se comunicar com adultos, pode ser mais interessante a escolha por brincadeiras que exijam algum tipo de fala do que aquelas atividades mais silenciosas.

> É importante salientar que cabe ao clínico a escolha e a utilização de materiais que possibilitem a observação e intervenção dos comportamentos clinicamente relevantes.

Ainda em relação às brincadeiras, é fundamental que o profissional planeje antes da sessão quais delas serão utilizadas e com qual objetivo. Dessa maneira, evita-se que a atividade tenha um valor puramente recreativo, mesmo que seja conduzida de forma muito agradável e divertida. Mesmo na parte da sessão na qual a criança pode escolher a brincadeira, é importante que o clínico não perca o foco dos objetivos do trabalho, afinal, todos os comportamentos, verbais e não verbais, apresentados na sessão podem trazer informações importantes.

Ainda em relação ao processo clínico, é importante destacar quais são os objetivos gerais (válidos para a maioria dos casos) que, uma vez alcançados, podem conduzir o profissional a encerrar o trabalho com a criança:

1. identificar as principais variáveis envolvidas nos comportamentos-alvo da criança, o que significa compreender quais são as condições que desencadeiam, fortalecem e mantêm o "problema";
2. habilitar os pais e, se possível, a própria criança, a realizar tais análises, de forma que detenham maior conhecimento sobre os comportamentos;
3. ensinar à criança repertórios alternativos àqueles considerados problemáticos, de forma que ela tenha maiores oportunidades de reforçamento e que, ao mesmo tempo, possa constituir-se como uma fonte de reforçamento para as pessoas que com ela se relacionam;
4. orientar os pais para que possam lançar mão de condutas mais saudáveis e efetivas. Considera-se, em última análise, que é papel do clínico utilizar seus conhecimentos teóricos e técnicos para contribuir ao desenvolvimento de uma criança que apresente menos sofrimento e que tenha melhor qualidade de vida.

> Os objetivos gerais num trabalho clínico com criança são: identificar as principais variáveis envolvidas nos comportamentos-alvo da criança; habilitar os pais e, se possível, a própria criança, a realizar tais análises; ensinar à criança repertórios alternativos àqueles considerados problemáticos; e orientar os pais para que possam lançar mão de condutas mais saudáveis e efetivas.

→ O ENCERRAMENTO DO TRABALHO CLÍNICO INFANTIL

No subtópico anterior, foram apresentados os objetivos gerais mais importantes a serem buscados no trabalho clínico analítico-comportamental infantil. Em um trabalho muito bem-sucedido, é possível que o profissional possa assumir que foi possível cumprir tais objetivos. Pode-se afirmar que, idealmente, o trabalho clínico deve ser encerrado quando esse alcance foi concretizado. Isto não significa, obviamente, ter-se como finalidade uma criança livre de problemas e limites – o que seria, na realidade, impossível, mas sim ter-se como objetivo uma criança que, diante de uma série de condições do ambiente, possa apresentar comportamentos que a levem para uma vida mais saudável.

Infelizmente, em muitos casos, o trabalho clínico é finalizado sem que os objetivos maiores sejam alcançados, e é importante que o profissional possa identificar o momento no qual isso deve acontecer.

Uma das razões que justificam o término do trabalho diz respeito à constatação de que os repertórios do profissional para ajudar a criança foram esgotados; ou seja: mesmo com o acompanhamento de um supervisor, de estudo e dedicação, não se observam avanços significativos, podendo indicar a necessidade da condução do caso por outro profissional.

Outro motivo para o encerramento do trabalho com a criança relaciona-se à consideração de que os benefícios do trabalho para a criança, de alguma forma, foram esgotados. Nesses casos, é fundamental avaliar as seguintes possibilidades:

1. a indicação de um trabalho de orientação parental/familiar, descolado do trabalho clínico infantil, ou
2. o encaminhamento a outros serviços que possam preencher objetivos não contemplados pelo trabalho clínico, tais como fonoaudiólogos, pedagogos, médicos, etc.

Assim como na análise clínica com adultos, o desligamento não deve, dentro do possível, ser feito de maneira abrupta. Deve-se considerar que o encerramento do trabalho envolve uma separação da criança com uma pessoa que provavelmente tornou-se importante em sua vida. Por isso, é salutar que a criança e os familiares possam ter a chance de perceber que, gradativamente, vão precisando menos da ajuda profissional. Para isso, o espaçamento entre as sessões é bastante oportuno. A cada encontro, é interessante que o clínico avalie a experiência desse desligamento gradual, junto à criança e seus pais.

> O desligamento não deve, dentro do possível, ser feito de maneira abrupta. Deve-se considerar que o encerramento do trabalho envolve uma separação da criança com uma pessoa que provavelmente tornou-se importante em sua vida.

As sessões que antecedem o término do trabalho envolvem, via de regra, retomar os elementos principais, desenvolvidos no decorrer do processo clínico, e planejar estratégias para manutenção dos ganhos. Por fim, cabe ao profissional encerrar o processo de forma agradável, aumentando as futuras chances de procura da criança e dos pais por ajuda profissional, quando for novamente necessário.

> As sessões que antecedem o término do trabalho envolvem, via de regra, retomar os elementos principais, desenvolvidos no decorrer do processo clínico e planejar estratégias para manutenção dos ganhos.

→ NOTA

1. É bastante comum que avós, tios, padrastos, agregados, babás e irmãos adultos assumam o papel que tradicionalmente é desempenhado pelos pais. Também é comum a presença de apenas um dos pais. Entretanto, para facilitar a comunicação, doravante será usado o termo "pais" em referência a qualquer uma das configurações apresentadas aqui.

→ REFERÊNCIAS

Conte, F. C., & Regra, J. A. (2000). A psicoterapia comportamental infantil: Novos aspectos. In E. Silvares (Org.), *Estudos de caso em psicologia clínica comportamental infantil* (vol. 2). Campinas: Papirus.

Millenson, J. R. (1967). *Princípios de análise do comportamento*. Brasília: Coordenada.

Nemiroff, M. A., & Annunziata, J. (1995). *O primeiro livro da criança sobre psicoterapia*. Porto Alegre: Artmed.

As entrevistas iniciais na clínica analítico-comportamental infantil

25

Jaíde A. G. Regra

ASSUNTOS DO CAPÍTULO

→ Entrevistas iniciais com os pais: objetivos e fases.
→ Aspectos formais da entrevista inicial com os pais.
→ Aspectos relacionados ao conteúdo: levantamento de dados.
→ Exemplos de entrevistas iniciais.
→ Entrevistas iniciais com a criança: objetivos e fases.

Na clínica analítico-comportamental infantil, a criança é trazida para atendimento clínico pelos pais, e ambos são clientes. A entrevista inicial é feita com os pais e depois é agendada a entrevista inicial da criança. Alguns pais separados optam por fazer a entrevista juntos.

Outra maneira de fazer a entrevista inicial é solicitar a vinda de todos os membros da família no primeiro atendimento. É mais fácil de se realizar uma entrevista familiar em clínica-escola onde há estagiários. São necessários dois profissionais ou duas duplas de estagiários supervisionados. Este modelo foi usado em hospital por Fernández (1987/1990) e adaptado à clínica analítico-comportamental com alunos do 5º ano de Psicologia, supervisionados (Regra, 1997). A entrevista inicial é feita com todos os membros da família, por aproximadamente meia hora, com quatro estagiários. Decorrida meia hora, formam-se dois subgrupos: dois estagiários atendem o casal, na entrevista de pais, e dois estagiários fazem a sessão fraterna, observando a interação entre os irmãos. Após 30 minutos, os irmãos são conduzidos para a sala de espera e a dupla atende a criança individualmente. Outro estagiário pode fazer atividade recreativa com os irmãos na sala de espera. Esse formato de entrevista proporciona uma riqueza de dados, levantados em um período de aproximadamente 1 hora e meia. É uma maneira interessante de obter informações sobre os problemas trazidos, diluindo a queixa da criança através de todos os membros da família. Mostra-se à criança selecionada pela família, enquanto "aquela que tem problemas", e ao grupo familiar que cada um pode mudar um pouco para favorecer o trabalho terapêutico do grupo familiar e da criança.

→ ENTREVISTA INICIAL COM O CASAL

Objetivos da entrevista inicial com os pais:

1. levantamento de dados com descrição dos comportamentos-queixa;
2. levantamento de hipóteses, das mais prováveis às menos prováveis, sobre as variáveis que podem estar favorecendo a ocorrência dos comportamentos-alvo – o levantamento de hipóteses dirige o comportamento do clínico na tomada de decisão sobre as próximas questões a serem feitas;
3. levantamento das hipóteses mais prováveis sobre as variáveis que podem estar dificultando a ocorrência dos comportamentos-queixa – as respostas dadas pelos pais tornam algumas hipóteses mais prováveis e outras, menos prováveis;
4. apresentação da proposta de trabalho, mostrando, através da análise do comportamento, como os comportamentos podem ser aprendidos e como ocorre a interação do organismo com o ambiente;
5. orientação inicial de situações simples selecionadas para agilizar o processo de mudança e dar início a exercícios de observação do comportamento do filho em casa – orientar a aplicação de procedimentos simples para testar a habilidade dos pais nessa tarefa e dar início ao processo de mudança;
6. fechamento do contrato terapêutico.

A entrevista inicial com os pais pode ser dividida em oito fases, não necessariamente nesta ordem:

a) Registro dos dados formais: nome completo dos pais e da criança (idade e data do nascimento), primeiro nome dos irmãos e idade; nome da escola; endereço da família; telefones; período da escola; nome da coordenadora.

b) Queixa livre: nos primeiros 20 minutos, ocorre um resumo do histórico dos problemas da criança. Há pais com necessidade de prolongar esse período e pais que resumem as informações.

c) Relato dos pais, dirigido: com perguntas direcionadas para obter dados relevantes. Friedberg e McClure (2001/2004) mostram a importância de se ajudar os pais a definirem problemas e a observarem e identificarem se suas expectativas em relação aos objetivos terminais são realistas. Para isso, utilizam-se do mapa de frequência de comportamentos, com o registro das situações em que ocorre cada um dos comportamentos observados e os horários correspondentes. Isso facilita ao clínico fazer a análise dos comportamentos envolvidos e elaborar procedimentos para alterar os comportamentos-alvo. Nessa investigação através de perguntas, o clínico é conduzido ao levantamento das hipóteses mais prováveis.

d) Esclarecimentos da proposta de trabalho: explicar aos pais sobre o trabalho desenvolvido pelo atendimento clínico analítico-comportamental, explicando como um comportamento pode ser aprendido – que é possível usar estratégias e procedimentos para que a criança "desaprenda" (emita o comportamento em frequência muito baixa) os comportamentos que são prejudiciais ao seu desenvolvimento e aprenda outros comportamentos funcionais que deveriam ser emitidos em contextos semelhantes.

e) Análise dos dados iniciais: através das hipóteses mais prováveis às menos prováveis, descrever como alguns dos comportamentos–alvo podem ter sido aprendidos através da história de vida da criança. Descrever algumas possíveis soluções que possam produzir um efeito tranquilizador e favorecer a adesão ao tratamento.

f) Orientação inicial: pode ter a função de agilizar o processo terapêutico e de um

teste para o comportamento dos pais em relação ao seu repertório de entrada para seguir a orientação proposta.
g) Identificar a expectativa dos pais frente ao trabalho.
h) Efetuar o contrato terapêutico. Ferreira (1997) analisa as contingências específicas envolvidas nessa relação, em que o clínico deve descrever as regras nas quais as relações terapêuticas serão baseadas. Deve especificar o número de sessões por semana (em geral, uma sessão semanal com a criança), a duração da sessão de 50 minutos, a inclusão de uma sessão mensal de orientação de pais ou sessão familiar com todos os membros; especificar as regras sobre faltas e férias, a possibilidade de ocorrer uma sessão fraterna ou de se fazer sessão compartilhada mãe/criança ou pai/criança e, finalmente, conversar sobre os valores, qual o custo mensal e a forma de pagamento. A maneira como os pais se comportam frente às regras fornece amostras de seu comportamento em cada uma das situações.

→ ASPECTOS FORMAIS DA ENTREVISTA

a) Operacionalizando os termos – são feitas perguntas para se obter descrições comportamentais de relatos obscuros. Exemplo:
Mãe: Meu filho é muito nervoso.
Terapeuta: Como é esse nervoso? O que a senhora observa seu filho fazendo quando acha que ele está nervoso? Dê um exemplo de uma situação em que ele fica nervoso.
b) Tornando mais claros os termos ambíguos: "Dê um exemplo que descreva a situação e o comportamento".
c) Eliminando perguntas que sugiram respostas de escolha: Exemplo: "Seu filho costuma desobedecer ou ele é obediente?"
Um outro modo de perguntar: "O que seu filho faz quando vocês lhe dizem que não pode fazer algo?".
d) Eliminar perguntas que possam induzir as respostas: "A senhora se sente culpada quando acontece isso?".
Um outro modo de perguntar: "Como a senhora se sente nessa situação?".
e) Durante a queixa livre, os pais são solicitados a informar sobre os motivos que os trouxeram à consulta. Costumam fazer um relato livre. Durante este relato, anotam-se pontos a serem esclarecidos depois.
f) Questionamento para esclarecer e completar pontos que foram mencionados no relato livre.

→ ASPECTOS RELACIONADOS AO CONTEÚDO: LEVANTAMENTO DE DADOS

a) Variáveis organísmicas: identificar as condições físicas do passado e atuais, uso de medicamentos; doenças, idade em cada uma delas e graus de febre; problemas neurológicos, endócrinos e outros (Conte e Regra, 2000).
b) Queixa atual: quando perceberam o aparecimento dos primeiros "problemas"; o que os pais e as outras pessoas costumavam fazer; o que já fizeram para resolver o "problema"; como a queixa afeta a vida da criança e de cada membro da família; frequência de ocorrência em uma semana ou em um mês. Durante a queixa livre, os pais são solicitados a informar sobre os motivos que os trouxeram à consulta. Costumam fazer um relato livre. Histórico de desenvolvimento da criança: como era o sono em bebê; por quem era cuidado; se houve mudanças de cuidadores e em que época; como foi ensinado o treino

de toalete; como foi o primeiro dia na escola. Especificar a frequência de ocorrência em um dia, em uma semana ou mês do comportamento-alvo; lista de comportamentos "adequados" e "inadequados". Durante o relato dos pais, são levantadas hipóteses sobre as possíveis variáveis entrelaçadas que podem estar controlando os comportamentos-alvo da criança. É importante levantar muitas hipóteses, das mais prováveis às menos prováveis. São essas hipóteses formuladas que norteiam o levantamento de dados.

c) Contexto atual: obter a descrição da rotina da família: o horário em que a criança se levanta, como é acordada e por quem; como são os hábitos de higiene após levantar-se; se necessita de ajuda para isso ou é capaz de fazê-lo sozinha; como é o café da manhã, quem está presente, como a criança come e o que come; os comportamentos que se seguem ao café da manhã; descrição do almoço; ida para a escola, volta da escola, com quem faz a lição e de que forma, se é lenta ou rápida, se tem prazer pela aprendizagem ou se apresenta recusas para fazer as tarefas acadêmicas; como é o jantar, o que ocorre após o jantar; quando o pai e a mãe chegam, o que fazem juntos e como é o preparo para ir dormir; horário em que deita e dorme. Em todas as situações, é importante obter a informação sobre a interação entre os membros da família. Solicitar exemplos de situações de interação entre os irmãos. Como é na escola, o que a professora fala sobre a criança; habilidades sociais na escola e em casa. Tipos de dificuldades e de habilidades.

d) Exemplos de comportamentos-alvo com descrição do antecedente (o que acontece antes do comportamento), a descrição do comportamento e o consequente (o que ocorre depois do comportamento, o que as pessoas fazem e falam quando a criança se comporta desse modo).

e) Levantamento dos reforçadores.

f) Expectativa que os pais têm da terapia e dos comportamentos de seus filhos. Que tipo de crenças eles aprenderam sobre ser uma "boa mãe" e sobre ser "um bom pai".

g) Compartilhar com os pais as hipóteses levantadas pelo clínico a partir dos dados coletados, identificando aquelas que são mais prováveis e as menos prováveis. Mostrar que as primeiras hipóteses norteiam a investigação através de novos levantamentos de dados, os quais poderão conduzir a informações que irão descartar algumas hipóteses e fortalecer outras.

h) Contrato terapêutico: discutido ao final da entrevista.

→ EXEMPLOS DE ENTREVISTAS INICIAIS EM UM CONTEXTO CLÍNICO

Caso 1: Entrevista com os pais de uma menina de 4 anos – possível diagnóstico de transtorno alimentar

Queixa livre: Os pais relatam que a criança sempre foi mandona, com gênio muito forte e tinham que fazer tudo do jeito que ela queria, senão era muito estressante e ocorriam muitas brigas. Mesmo fazendo tudo como a criança queria, ainda assim ela achava formas de confrontar. Apresentava dificuldades de relacionamento com outras crianças. Com adultos, relacionava-se melhor. Procurava muitas vezes fazer o contrário do que lhe era solicitado, querendo sempre dar a última palavra. Atualmente, na hora da refeição, diz que não quer comer e fecha a boca. "Obrigamos que ela coma de várias formas: ora brigando, ora conversando e fazendo brincadeiras, ora deixando sem comer" (sic). Ao pedir leite, costuma-se dá-lo, para que ela não fique com fome. Quando come, seleciona os alimentos e não gosta de quase nada. Atualmente, só come salsicha com arroz e batatas fritas. Para ampliar a variedade de alimentos, os pais lhe perguntam se quer experimentar algo novo, e a criança diz que não quer; então, servem-lhe salsicha com arroz e batatas porque, pelo menos isso, ela come.

É importante levantar dados sobre a evolução dos sintomas-queixa; da evolução dos padrões de comportamento que fazem parte da classe "formas de alimentar-se".

Após o levantamento dos dados referentes aos itens anteriores mencionados, é feita, junto aos pais, a análise das possíveis variáveis que podem estar controlando os comportamentos da criança, ou seja, quais os possíveis efeitos da interação mãe-criança, pai-criança e cuidadores-criança.

Perguntas que o clínico deve fazer a si mesmo: de onde vem esta classe de comportamentos? Quais hipóteses procuram explicar como esses comportamentos surgiram e como eles se mantêm?

Possíveis controles imediatos: atenção dada contingente à recusa em comer, aumento da preocupação dos pais quando a criança não come.

Primeiras hipóteses:

a) A criança pode receber atenção mínima quando come e apresenta outros comportamentos "adequados". Quando se recusa a comer, todos dão atenção para o comportamento de recusa. Esse comportamento aumentará de frequência.
b) A criança recebia atenção muito frequente tanto para os comportamentos "adequados" como para os comportamentos "inadequados". Aprendeu que os pais, babá e avós cedem quando ela tem uma birra e, dessa forma, consegue as poucas coisas que não lhe estavam disponíveis. Nesse contexto, nasce o irmão e parte das atenções recebidas pela criança se volta para ele. Quando a criança se recusa a comer, impede que a rotina da casa ocorra sem estresse, recebe muito mais atenção e seu novo e bonzinho irmão pode ser deixado um pouco de lado.

Ao se solicitar um registro simples dos comportamentos ocorridos durante a refeição e orientar os pais a dar atenção diferencial aos comportamentos, ou seja, ignorar as recusas para o comer e ampliar as atenções quando a criança coloca a comida na boca, mastiga e engole, ter-se-á um início do processo de mudança no comportamento dos pais que produzirá efeitos sobre o comportamento da criança.

Caso 2: Entrevista com os pais de um menino de 5 anos – possível diagnóstico de Transtorno Opositor Desafiador

Queixa livre: Apresenta problemas de comportamento na escola; é agressivo e bate nas crianças. Quer tudo na hora, é imediatista, impõe autoridade e tem reação explosiva. Antes, ocorriam brigas diárias com ataques de fúria. Já mudou três vezes de escola, sempre com as queixas de agressividade, de não fazer as tarefas e de apresentar dificuldade em ficar sentado. Ao entrar na escola atual, pegou um amigo pelo pescoço. Tem acessos de raiva (uma a duas vezes ao dia), e na escola as agressões são diárias. O psiquiatra supõe que tem Transtorno Opositor Desafiador com comportamentos explosivos intermitentes, mas prefere aguardar 4 meses de terapia analítico-comportamental para rever a criança e analisar os dados. A criança tem dificuldades para lidar com situações de perdas. Não se socializa com outras crianças e apresenta bom relacionamento com adultos, desde que concordem com ela. Fica irritada quando se altera uma sequência de comportamentos a qual estava habituada. Mostra-se inflexível. Quer ser a primeira da fila e se atraca com a criança que estiver na frente, para arrancá-la daquela posição. Perde coisas e mostra-se desorganizada.

Exemplo de questões relevantes:

a) Pede-se aos pais que descrevam os comportamentos do filho, nomeados como "agressivos".

Descrição dos pais: "Ele bate nas crianças, chuta, pega pelo pescoço, senta sobre a mão da criança e demora para sair de cima e diz que foi sem querer, pisa na mão de uma criança que está brincando no chão, joga pedrinhas em criança pequena no

→ **QUADRO 25.1**
Descrição dos comportamentos-alvo da criança e dos eventos que os antecedem e os sucedem.

Contexto (o que ocorre antes)	Comportamentos da criança	Consequente (o que ocorre depois)
1. A professora dá uma tarefa que (C) não consegue fazer.	(C) anda pela sala sem fazer a tarefa.	Colega (J) diz para a professora que (C) não está fazendo a lição.
2. A professora manda (C) se sentar.	(C) continua andando.	A professora fica brava com (C).
3. A professora coloca (C) sentado.	(C) fica emburrado e não faz a tarefa.	(C) consegue se esquivar de enfrentar uma tarefa difícil.
4. No recreio, brincando na areia.	(C) pisa na mão de (J), que estava sentado no chão, (J) grita e (C) demora para tirar o pé e diz que foi sem querer.	A professora faz (C) pedir desculpas para (J).
5. Outro colega (M) pegou um brinquedo.	(C) agarra o brinquedo.	(M) segura o brinquedo e não solta.
6. (M) se solta de (C).	(C) agarra (M) pelo pescoço e arranca o brinquedo.	A professora separa (C) e o leva para conversar com a Orientadora.
7. No parque, vendo uma criança pequena sendo acariciada pela babá.	Joga pedrinhas na criancinha.	A babá protege a criancinha e a mãe de (C) conversa com ele, dizendo que não pode fazer isso e que tem que pedir desculpas.
8. (C) não pede desculpas e anda de bicicleta.	Tenta atropelar a mesma criancinha (na qual havia jogado pedrinhas).	A mãe conversa com ele, dizendo que não pode fazer isso porque machuca, e a criança é tão boazinha e não está fazendo nada de mal.
9. O irmão se sentou no sofá.	(C) arranca o irmão do lugar, gritando que esse é o lugar dele, e bate no irmão.	A mãe bate em (C), que grita muito e avança na mãe com crise de fúria.

playground, tenta atropelar as crianças com sua bicicleta, etc."
b) O que a criança está fazendo antes de dar início aos comportamentos-alvo e o que acontece depois de se iniciarem os comportamentos descritos anteriormente?
É importante compartilhar com os pais as hipóteses levantadas e a análise de comportamento efetuada inicialmente.

Análise de uma sequência hipotética de comportamentos emitidos pela criança, fundamentada pela descrição de comportamentos dos pais:

Situação 1: A professora dá uma tarefa para a classe que a criança (C) não consegue fazer → (C) se sente desconfortável, com medo de errar e de se expor → anda pela sala sem fazer tarefa → colega (J) conta para a professora que (C) não está fazendo a lição → (C) sente raiva de (J) → a professora manda (C) se sentar → (C) sente raiva da professora, que se uniu a (J), e continua andando pela sala e fazendo ao contrário do que a professora lhe pede → a professora fica brava com (C) e sente irritação por não ser obedecida e ser desafiada em sua autoridade e coloca (C) sentado → (C) fica emburrado e não faz a tarefa → (C) consegue se esquivar de enfrentar uma tarefa difícil e continua desafiando a professora e fazendo o contrário do que lhe foi solicitado.

Neste contexto, o primeiro comportamento de "andar pela sala" tinha a função de evitar o enfrentamento de uma tarefa difícil. Quando (J) conta para a professora sobre (C), (C) sente raiva de (J) e da professora, que não compreendeu sua dificuldade; comporta-se de forma opositora (é difícil obedecer a pessoa pela qual se está sentindo raiva) e a professora o obriga a se sentar. Mesmo sentado, (C) mantém seu comportamento opositor, recusando-se a fazer a tarefa; esse comportamento pode estar sendo mantido pela redução do desconforto que ocorre quando enfrenta algo que não consegue fazer.

Orientações iniciais:
Desenvolver habilidades acadêmicas para que (C) possa alcançar a programação da classe e consiga fazer as tarefas de classe em casa. Paralelamente, desenvolver habilidades para lidar com as emoções de raiva; a professora não deveria dar atenção àqueles que contam coisas erradas dos colegas; poderia fazer brincadeiras em que os alunos recebem incentivos quando permanecem sentados fazendo as tarefas; dar tarefas diferenciadas para (C), somente aquelas que seja capaz de fazer, com aumentos graduais de dificuldades.

Situação 2: Brincando na areia → (C) observa (J) brincando e apoiando a mão no chão → (C) pisa na mão de (J) → (J) grita → (C) demora para tirar o pé e diz que foi sem querer → a professora exige que (C) peça desculpas.

Supondo que (C) teve dificuldades em lidar com a emoção de raiva com (J) na sala de aula, ele espera no recreio uma situação favorável para pisar na mão de (J), dizendo que foi sem querer. A professora exige que (C) peça desculpas. Dizer que foi sem querer é um padrão de comportamento aprendido que tem como função se livrar de uma bronca ou qualquer tipo de punição, quando a criança ainda não aprendeu a fazer escolhas e prever as consequências.

Ao fazer a criança pedir desculpas, tanto a professora como os pais podem produzir vários efeitos inesperados sobre os comportamentos dela: o que realmente se está ensinando nessa situação?

A criança classifica seus comportamentos inadequados como "maus". (C) está desenvolvendo um autoconceito negativo em relação a ser mau porque muitos de seus comportamentos são classificados como maus e seguidos de broncas e punições. Quem pede desculpas é bonzinho; quem pede desculpas sendo obrigado a fazê-lo continua sendo mau e sentindo muita raiva de ter que pedir desculpas contra sua vontade. A professora está emparelhando uma emoção muito desconfortável com o comportamento de desculpar-se. Isso poderá reduzir a probabilidade futura de (C) vir a se desculpar "espontaneamente" e de reduzir a frequência do comportamento agressivo.

Quando (C) agredir o colega, deve ter sua atividade recreativa suspensa e permanecer em situação neutra, sem atenção. Após acalmar-se, conversar com (C) sobre outra maneira de lidar com a raiva sem machucar o coleguinha poderá ajudá-lo a descrever comportamentos alternativos para o mesmo contexto. Ensiná-lo a encontrar uma solução para lidar com a situação: (C) pode dizer a (J) que não gosta que conte coisas suas para a professora, e a professora pode introduzir uma regra na classe: "cada um deve tomar conta de si mesmo". Quando aprender a lidar com a raiva sem machucar o outro, (C) pode ser ensinado a pedir desculpas "espontaneamente", sem ser forçado para isso.

Situação 3: No parque, vendo uma criança pequena sendo acarinhada e cuidada pela babá; joga pedrinhas na criança e diz que não gosta dela.

Parece que ver o outro recebendo atenção elicia em (C) algum desconforto emocional: sente ciúmes (sentimento que pode ocorrer ao ver alguém recebendo atenção e ele sem nenhuma atenção). Dizer que não gosta da criança é uma forma de descrever seu desconforto, mesmo que não compreenda porque não gosta dela. Quando sua babá afirma que é feio fazer isso, e que não pode se comportar dessa maneira, está reafirmando que seus comportamentos são feios e maus e os comportamentos da outra criança são bons. (C) pode estabelecer novas relações: se eu sou mau, então não sou amado, e se ela é boa, então ela é amada. Isto pode aumentar o desconforto e ampliar o "ciúme". Dymond e Barnes (1994) efetuaram uma análise de comportamento mostrando como a criança pode estabelecer relações complexas que levam a distorções sobre as contingências em vigor.

Quando a criança começou a jogar pedrinhas na outra criança, poderia ser retirada imediatamente do parque e levada para casa. Quando estiver mais tranquila, pode-se conversar com ela sobre alternativas de comportamento para encontrar soluções.

Na próxima vez que forem ao parque, fazer combinados antecipados, descrevendo os comportamentos com as regras e ensinando comportamentos de fazer escolhas pela consequência: se brincar de modo adequado (descrever qual), fica brincando o tempo que quiser, e, quando subir, irão jogar ou fazer uma brincadeira agradável; se agredir alguém, física ou verbalmente, deverá voltar imediatamente para casa e perde, naquela manhã, o direito de ver TV e usar o computador.

Através dos comportamentos relatados pelos pais, foram descritas formas de análise de comportamento e procedimentos que podem ser aplicados em casa, pelos pais e cuidadores.

Ao descrever formas alternativas de lidar com os comportamentos da criança, os pais podem identificar soluções para os problemas, o que pode ser redutor do estresse familiar. Visualizam assim uma saída para a difícil situação em que se encontram.

A criança pode ter aprendido a se opor por imitação do modelo ou por outras variáveis ambientais. Nessa condição, não haverá necessidade de medicação. Quando está medicada e com diagnóstico de Transtorno do Comportamento Opositor, também apresenta comportamentos aprendidos que podem ser função das variáveis ambientais.

Oferecer aos pais maior clareza sobre os fatores que afetam os comportamentos da criança pode acarretar maior adesão ao tratamento e alívio da ansiedade, embora devam ser informados sobre as dificuldades em aplicar os procedimentos propostos.

→ ENTREVISTA INICIAL COM A CRIANÇA

Objetivos:

1. formar vínculo com o clínico;
2. compreender o que é terapia;
3. compreender a importância de se trabalhar o grupo familiar e que cada um pode mudar um pouco;
4. identificar alguns comportamentos que queira mudar;
5. compreender o sigilo;
6. fazer combinados através do contrato terapêutico.

É importante a criança ser informada pelos pais sobre os objetivos da terapia, pois isso pode favorecer um maior envolvimento com o processo terapêutico e a adesão ao trabalho.

Se uma criança apresenta comportamentos agressivos e bate no irmão, pode ter uma expectativa de que os pais a levaram para a terapia para ficar boazinha para seu irmão, do qual sente raiva e ciúmes. Pode acreditar que está fazendo terapia para melhorar a vida do irmão e dos pais. Nessa condição, não haverá envolvimento no processo psicoterápico.

Fases da entrevista inicial com a criança:

a) Nos primeiros 15 minutos, falar com a criança sobre os objetivos da terapia. Descrever a forma de trabalho, mostrando que a família deve participar porque cada um pode mudar um pouco os seus comportamentos. É importante mostrar para a criança que ela terá espaço para se colocar em relação aos comportamentos dos irmãos que a desagradam e também dos pais. Isso dilui sua queixa e também favorece o envolvimento com o trabalho.
b) Escolher uma atividade lúdica com a criança, como desenho livre ou em quadrinhos. Promover uma interação muito agradável enquanto a criança desenha. Observar os comportamentos da criança durante as atividades. A formação de vínculo com o terapeuta é fundamental.
c) Conversar sobre o desenho e seus personagens.
d) Nos 10 minutos finais, fazer um jogo para observar "o ganhar e o perder" e outros comportamentos da criança durante a atividade. O objetivo é criar situações muito agradáveis na relação terapêutica.

→ CONSIDERAÇÕES FINAIS

A entrevista inicial com os pais tem a função de levantar dados sobre os comportamentos-queixa da criança, obter informações sobre o funcionamento da família e sobre a interação que ocorre entre os cuidadores e a criança. A entrevista familiar, embora ofereça informações relevantes, pode ser adaptada a situações em que se dispõe de apenas um clínico.

No primeiro contato com os pais, é importante descrever as formas de trabalho com a criança e com a família para possibilitar a tomada de decisão dos pais em relação à continuidade do trabalho clínico. Essa adesão pode ser favorecida pela compreensão dos procedimentos que poderão ser úteis para a mudança dos comportamentos-queixa e pela identificação da existência de formas alternativas que poderão reduzir o estresse familiar.

A entrevista inicial com a criança tem como objetivos a formação de vínculo, dar esclarecimentos à criança sobre o que é terapia, levá-la a identificar que a terapia deve favorecer o seu bem-estar e o de sua família e mostrar-lhe as formas lúdicas através das quais poderá interagir com o clínico.

→ REFERÊNCIAS

Conte, F. C. S., & Regra, J. A. G. (2000). A psicoterapia comportamental infantil: Novos aspectos. In E. F. M. Silvares (Org.), *Estudos de caso em psicologia clínica comportamental infantil* (vol. 1, pp. 79-136). Campinas: Papirus.

Dymond, S., & Barnes, D. (1994). A transfer of self-discrimination response functions through equivalence relations. *Journal of the experimental analysis of behavior, 62*, 251-267.

Fernández, A. (1990). *A inteligência aprisionada: Abordagem psicopedagógica clínica da criança e sua família*. Porto Alegre: Artmed. (Trabalho original publicado em 1987)

Ferreira, L. H. S. (1997). O que é contrato em terapia comportamental? In M. Delitti (Org.), *Sobre comportamento e cognição: A prática da análise do comportamento e da terapia cognitivo-comportamental* (vol. 3, pp. 104-106). Santo André: Arbytes.

Friedberg, R. D., & McClure, J. M. (2004). *A prática clínica de terapia cognitiva com crianças e adolescentes*. Porto Alegre: Artmed. (Trabalho original publicado em 2001)

Regra, J. A. G. (1997). Habilidade desenvolvida em alunos de psicologia no atendimento de crianças com problemas de escolaridade e suas famílias. In M. Delitti (Org.), *Sobre comportamento e cognição: A prática da análise do comportamento e da terapia cognitivocomportamental* (vol. 3, pp. 104-106). Santo André: Arbytes.

O uso dos recursos lúdicos na avaliação funcional em clínica analítico-comportamental infantil

Daniel Del Rey

ASSUNTOS DO CAPÍTULO

→ Avaliação funcional no trabalho clínico com crianças.
→ Estratégias para identificação de comportamentos-alvo na clínica infantil.
→ Estratégias para identificação de possíveis reforçadores na clínica infantil.
→ Estratégias lúdicas para identificação da história de vida e condições atuais.
→ Identificação e caracterização de controle por regras pré-estabelecidas.

Ao se propor uma intervenção comportamental infantil, é fundamental que se estruture uma avaliação funcional. Isso significa fazer um levantamento de comportamentos que serão alvos da intervenção e elaborar hipóteses sobre as variáveis que evocam ou eliciam determinadas respostas e sobre as consequências que as mantêm. É importante destacar, a princípio, uma distinção entre os termos *análise funcional* e *avaliação funcional*. Enquanto a análise funcional manipula variáveis antecedentes e consequentes à resposta em questão, para que as hipóteses sejam testadas, a avaliação funcional tem uma abordagem mais hipotética em relação a tais relações. Embora sempre se busque uma manipulação controlada dessas variáveis antes do início da intervenção, nem sempre é possível realizá-la, principalmente quando as respostas investigadas são encobertas ou quando variáveis de controle não foram identificadas ou não podem ser manipuladas. Nesses casos, o termo avaliação funcional se torna mais adequado.

A avaliação funcional, usualmente priorizada no início do contato com o cliente, servirá como base para a organização da intervenção. É importante destacar que essa avaliação continuará ao longo de todo o processo terapêutico, a fim de monitorar progressos alcançados, identificar novas demandas

> A avaliação funcional permitirá a formulação do caso e o planejamento de intervenções. Ela deve ocorrer ao longo do processo clínico, pois é através dela que se verificará os progressos e/ou necessidades de ajuste nos procedimentos.

e ajustar os procedimentos adotados. Sturmey (1996), ao caracterizar as propostas de avaliações comportamentais recentes, destaca que não há restrição a nenhum método específico de avaliação ou de *setting,* mas retoma a utilidade dessa avaliação em sedimentar o processo de geração e teste de hipóteses, além de guiar a intervenção seguinte.

A avaliação funcional na terapia infantil tem alguns objetivos bem definidos:

a) identificar déficits, excessos comportamentais e/ou variabilidade comportamental;
b) identificar controle de estímulos deficitários;
c) detectar sensibilidade a diferentes consequências;
d) levantar aspectos relevantes da história de vida pregressa;
e) identificar e caracterizar o controle por regras pré-estabelecido;
f) identificar estímulos reforçadores ou aversivos condicionados, e
g) identificar condições de estimulação e aprendizagem propiciadas pelo ambiente em que a criança está inserida.

Este capítulo tem como objetivo destacar diferentes estratégias lúdicas que facilitem ao terapeuta alcançar essas metas, visto a importância que o brincar tem na história das crianças e as diferentes funções de estímulo que este pode adquirir. Gil e De Rose (2003) destacam essa importância, uma vez que as brincadeiras parecem ser, ao mesmo tempo, parte do repertório social das crianças e oportunidade para exercitá-lo, ampliando e sofisticando a competência, as capacidades e as habilidades sociais. Skinner (1989/1995) também destaca a relevância dos jogos e brincadeiras, especificamente por propiciarem um contexto com regras arbitrárias e inventadas a serem seguidas.

→ **IDENTIFICAÇÃO DE DÉFICIT, EXCESSO E/OU VARIABILIDADE COMPORTAMENTAL E CONTROLE DE ESTÍMULOS**

Grande parte das questões que os psicólogos são solicitados a analisar em seus consultórios envolvem respostas que não deveriam ser emitidas ou que estão ocorrendo com uma frequência maior do que seria desejável, ou, ao contrário, indicam a ausência ou baixa ocorrência de respostas tipicamente esperadas. Cabe aos clínicos levantar quais são as variáveis que mantêm ou dificultam a ocorrência de tais respostas.

> Grande parte das questões que os psicólogos são solicitados a analisar, em seus consultórios, envolvem respostas que não deveriam ser emitidas ou que estão ocorrendo com uma frequência maior do que seria desejável, ou, ao contrário, indicam a ausência ou baixa ocorrência de respostas tipicamente esperadas.

Uma fonte de dados acerca do problema é o relato verbal de pessoas envolvidas. Em algumas ocasiões, a topografia das respostas, o contexto onde estas ocorrem e as consequências que as seguem são facilmente identificados: os próprios clientes, seus pais ou a escola são capazes de nos trazer essas informações. Outras vezes, o relato é incompleto, com foco apenas no que a criança faz ou deixa de fazer, sem apresentar relação com eventos circunstanciais ou importantes na história de vida do cliente, situação em que o clínico procurará modelar a descrição, a fim de obter informações necessárias à caracterização e análise do caso.

Além das informações obtidas através de relato verbal da criança ou dos pais, é necessário também que o clínico obtenha dados diretos do comportamento, seja observando-o no ambiente natural (cotidiano), seja criando si-

> Parte da coleta de dados no trabalho com crianças é feito através de relatos verbais. Todavia, faz-se necessário planejar situações em que seja possível, também, a observação natural dos comportamentos-alvo, seja em ambiente natural, seja no contexto clínico.

tuações no consultório que propiciem a ocorrência de comportamentos relevantes, tais como atividades lúdicas.[1]

Esse tipo de atividade é bastante útil, pois permite ao clínico ter acesso a dados que seriam de difícil obtenção através de relato verbal, seja porque a criança não dispõe de repertório verbal para fornecê-los, seja porque se esquiva de fazê-lo.

Por exemplo, jogos e brincadeiras que envolvam competição, cooperação ou organização permitem que o clínico analise se o cliente tem repertório suficiente para participar desses momentos, como lida com situações de frustração, se apresenta variação comportamental para alcançar o objetivo proposto e se persiste na atividade quando não é reforçado continuamente.

Outras queixas que chegam ao consultório do clínico infantil envolvem respostas que só são classificadas como inadequadas em função do contexto em que aparecem. Alguns exemplos disso são o cliente conversando em sala de aula, uso de palavrões em ambientes inoportunos, modulação inadequada do tom de voz, etc.

A maioria das estratégias que podem ajudar o clínico a identificar contextos e ocasiões onde há controle de estímulos deficitários envolve simulações de situações cotidianas em que esses comportamentos ocorrem, tais como: dramatização, elaboração de histórias e fantasias, desenhos, etc. Em geral, tais situações especialmente arranjadas não só permitem essa identificação como também se tornam recursos importantes para a intervenção.

Eventualmente, pode ser interessante a participação de outras crianças em situações deste tipo, especialmente quando há inadequações na convivência com colegas (agressividade, timidez, etc.).

> A maioria das estratégias que podem ajudar o clínico a identificar contextos e ocasiões onde há controle de estímulos deficitários envolve simulações de situações cotidianas em que esses comportamentos ocorrem.

→ IDENTIFICAÇÃO DE SENSIBILIDADE A DIFERENTES CONSEQUÊNCIAS

É fundamental dentro de um processo de intervenção comportamental que o clínico, a família, a escola e outros familiares ou profissionais que convivem com a criança estejam capacitados a:

1. consequenciar por reforço positivo determinados comportamentos cuja frequência se deseja aumentar e
2. não fazê-lo em relação aos comportamentos que se pretende eliminar ou ter sua frequência reduzida.

Para tal finalidade, não se deve supor que determinado elogio, brincadeira, passeio, atividade, etc., seja um reforçador; é necessário que investiguemos o valor funcional de diferentes consequências. Muitas vezes, o próprio cliente será capaz de descrever o impacto motivacional de tal evento; outras vezes, será preciso avaliar o valor reforçador de determinado estímulo ou atividade.

> Não se deve supor que determinado elogio, brincadeira, passeio, atividade, etc. seja um reforçador; é necessário que investiguemos o valor funcional de diferentes consequências.

Em geral, o clínico infantil tem um vasto "arsenal" de brinquedos, jogos, materiais para atividades plásticas ou gráficas (desenho, pintura, modelagem, recortes, dobraduras, etc.), propostas de fantasias, histórias, dramatizações, bonecos, animais e personagens especialmente selecionados para aumentar a responsividade do cliente a atividades mais monótonas, formais ou aversivas, ou, ainda, para evocar respostas importantes que não vinham aparecendo de outra forma. A escolha ou solicitação verbal do cliente por determinado item, na maioria das vezes, já sinaliza que essa seria uma boa consequência para reforçar respostas-alvo. Em outras situações, especialmente com crianças com desenvolvimento atípico ou repertório verbal muito limitado, teremos que observar a frequência de respostas emitidas a fim de inferir quais consequências tiveram valor reforçador. Ou seja, se a apresentação sistemática de determinado estímulo aumentou sua frequência após a emissão de uma resposta escolhida, pode-se supor que este teve um efeito reforçador sobre a mesma.

É importante, também, relembrar que o valor reforçador de determinados estímulos é afetado diretamente por operações motivadoras, que alteram o valor reforçador de estímulos consequentes. Um exemplo disso é a privação de determinado item (jogo, brinquedo, livro infantil, etc.): se tal atividade for restrita ao ambiente da terapia e for disponibilizada apenas em situações específicas (por exemplo, após uma resposta de alto custo), provavelmente, a motivação para conquistá-la será maior.[2] Tais operações são mais facilmente manipuladas em situações que envolvem reforçamento primário, por exemplo, quando se trabalha com crianças com desenvolvimento atípico, caso tais crianças ainda não se mostrem sensíveis a reforçadores condicionados.

→ LEVANTAMENTO DE ASPECTOS RELEVANTES DA HISTÓRIA DE VIDA E DE CONDIÇÕES ATUAIS

Muitas vezes, o contexto de interação verbal (conversar) é aversivo para a criança, principalmente se o relato esperado envolver uma situação muito desagradável ou se o relatar for passível de punição. Nessas situações, o clínico pode usar estratégias, tais como fantasia, sonhos, histórias e fantoches, para evocar situações reveladoras sobre a história passada ou sobre o momento atual da criança. São ocasiões em que respostas relevantes podem ser evocadas e eliciadas, sem que o cliente se esquive de respondê-las. Provavelmente, se tal levantamento fosse realizado através de questionamento, a criança não responderia ou poderia vir a distorcer os fatos em função da aversividade ou ameaça envolvida. Por exemplo, se a criança foi punida por determinado comportamento na escola ou em casa, dificilmente ela traria essa informação espontaneamente na sessão, principalmente se o contato com o clínico for recente ou se este houver punido alguma outra resposta sua em outra ocasião.

→ IDENTIFICAÇÃO E CARACTERIZAÇÃO DO CONTROLE POR REGRAS PRÉ-ESTABELECIDO

Grande parte das queixas que acompanham as crianças diz respeito ao não seguimento de instruções. Tal problema pode ter origens distintas:

a) as regras passadas às crianças não condiziam com as consequências apresentadas em sua vida, isto é, a relação entre a descrição de eventos para a criança não correspondeu ao que sua história de vida mostrava na prática;
b) as regras esperadas socialmente não foram ensinadas, a criança não teve essa parte da aprendizagem por falta de bons instrutores; ou
c) ocorreu dificuldade de discriminação em função de ambiente caótico, que não apresentava consistência entre o seguimento de instruções e as consequências que se seguiam.

Em todos os casos anteriormente listados, podemos avaliar o repertório de seguir instruções destas crianças de duas formas distintas. A primeira seria criar situações de interação com regras específicas bem definidas e observar como a criança se comporta, como, por exemplo, em situação de jogos ou atividades que exijam combinação prévia em relação à sua dinâmica. Outra abordagem seria a partir da exposição a diferentes histórias infantis, dramatizações ou desenhos, questionar a criança sobre partes específicas dessas atividades, escolhidas especialmente por apresentarem um conteúdo polêmico (p. ex., criança desobedecendo à professora).

→ IDENTIFICAÇÃO DE ESTÍMULOS AVERSIVOS CONDICIONADOS

Ao longo de sua vida, as crianças, assim como todo indivíduo, são expostas a situações aversivas, de intensidade variável. Em alguns casos, esses "traumas" acabam se estendendo para além da situação específica em que ocorreram, e estímulos particulares acabam adquirindo valor aversivo condicional. Tal processo acontece por uma relação de condicionamento respondente, em que um evento inicialmente neutro passa a eliciar respostas reflexas por ter sido pareado com um estímulo eliciador aversivo.[3] Além desse processo respondente, é muito comum que respostas operantes de esquiva e fuga também se estabeleçam, com a função de eliminar a estimulação aversiva.

Em geral, a esquiva desses estímulos é tão evidente ou topograficamente atípica que a família recorre ao clínico para tentar eliminá-la. Durante a avaliação funcional, é possível levantarem-se algumas informações importantes:

a) quais são esses estímulos;
b) se eles formam uma classe de estímulos equivalentes entre si; e
c) qual seria a hierarquia de aversividade entre eles.

Filmes, livros, fotos, músicas, etc., podem ser estímulos usados nessa investigação.

→ CONSIDERAÇÕES FINAIS

O intuito deste capítulo foi destacar a importância de alguns tópicos recorrentes dentro da clínica analítico-comportamental infantil, apontando para possibilidades do uso de recursos lúdicos na avaliação funcional. Não foi objetivo esgotar as possibilidades técnicas, nem definir regras para a atuação profissional. Todo caso merece ser analisado individualmente, cabendo ao bom profissional usar os recursos apropriados.

Os recursos lúdicos têm outras funções importantes que não foram abordadas neste capítulo. Por exemplo, o seu papel sobre a motivação das crianças. Regra (2001) descreve esse recurso como uma operação motivadora a qual, momentaneamente, altera a efetividade de outros eventos, além de alterar a probabilidade de comportamentos relevantes relacionados àquelas consequências. Em outras situações, a própria atividade, identificada como estímulo reforçador, pode ser utilizada como consequência para determinadas respostas que apareceram ao longo da sessão, a fim de aumentar a frequência destas.

Além da avaliação lúdica, é fundamental que outros recursos sejam utilizados para a identificação de variáveis relevantes, tais como:

a) entrevista e observação da relação entre os pais com a criança;
b) contato com a escola;
c) instrumentos destinados à avaliação de repertórios específicos (por exemplo, repertório acadêmico);
d) contato com outros profissionais que acompanham a criança (por exemplo: psiquiatra, neurologista, fonoaudiólogo, fisioterapeuta, psicopedagogo e terapeuta ocupacional) e outros recursos necessários ao caso em questão.

→ NOTAS

1. Estamos utilizando o termo "lúdico" de forma bastante abrangente, englobando atividades plásticas e gráficas, jogos, brincadeiras, dramatizações, etc.
2. Para maior compreensão sobre operações motivadoras, sugere-se ler o Capítulo 3.
3. Para maior aprofundamento, sugere-se a leitura do Capítulo 1.

→ REFERÊNCIAS

Gil, M. S. A., & De Rose, J. C. C. (2003). Regras e contingências sociais na brincadeira de crianças. In M. Z. S. Brandão (Org.), *Sobre comportamento e cognição* (vol. 11, pp. 383-389). Santo André: ESETec.

Regra, J. A. G. (2001). A integração de atividades múltiplas durante o atendimento infantil, numa análise funcional do comportamento. In H. J. Guilhardi (Org.), *Sobre comportamento e cognição* (vol. 8, pp. 373-385). Santo André: ESETec.

Skinner, B. F. (1995). *Questões recentes na análise comportamental.* Campinas: Papirus. (Trabalho original publicado em 1989)

Sturmey, P. (1996). Functional analysis in clinical psychology. Chichester: John Wiley & Sons.

O brincar como ferramenta de avaliação e intervenção na clínica analítico--comportamental infantil

27

Giovana Del Prette
Sonia Beatriz Meyer

ASSUNTOS DO CAPÍTULO

→ O brincar e sua importância para o desenvolvimento infantil.
→ Brincar como comportamento e como procedimento de intervenção.
→ Formas de interação analista-criança.
→ O brincar na contrução de uma relação terapêutica favorável.
→ O brincar como estratégia de avaliação.
→ O brincar como estratégia de intervenção.
→ Técnicas comportamentais aplicadas a partir do brincar: modelação, *fading*, modelagem, bloqueio de esquiva.

A definição de "comportamento de brincar" é alvo de muita discordância entre os teóricos que investigam essa temática. Conforme De Rose e Gil (2003), a maioria das definições enfatiza a espontaneidade e o prazer deste ato. Brincar, por meio de jogos ou brincadeiras, estruturados ou não, é a atividade mais comum da criança e é crucial para o seu desenvolvimento, além de ser uma forma de comunicação. Del Prette e Del Prette (2005, p. 100) ressaltam que o jogo é utilizado em todas as tradições culturais "com objetivos educacionais distintos como socialização, transmissão de valores e desenvolvimento de autonomia".

A importância dos jogos vem sendo enfatizada por pesquisadores e teóricos como uma maneira pela qual a criança aprende a controlar o ambiente e fortalecer suas habilidades sociais e de raciocínio (Goldstein e Goldstein, 1992). O jogo, nesse sentido, intensifica os contatos da criança com o mundo, fornece a oportunidade de fazer e manter amizades e ajuda a criança a desenvolver uma autoimagem adequada. Para os autores, o faz--de-conta da criança pequena a ajuda a desenvolver fundamentos básicos de socialização.

> Brincar, por meio de jogos ou brincadeira, estruturados ou não, é a atividade mais comum da criança e é crucial para o seu desenvolvimento, além de ser uma forma de comunicação.

As ações da criança, em contexto de brincadeira, muitas vezes expressam sentimentos, desejos e valores que ela não consegue, ainda, expressar por meio de relatos verbais, devido às limitações próprias de seu estágio de desenvolvimento em linguagem. Possivelmente por suas diferentes funções e importância, o brincar passou a fazer parte das práticas de psicoterapia infantil (inicialmente em abordagens como a psicanálise, a psicologia humanista, a *Gestalt*-terapia e, mais recentemente, na abordagem analítico-comportamental). Convém salientar que essa atenção dada ao brincar não constitui propriamente uma novidade na abordagem analítico-comportamental. Já na década de 60, Ferster (1966) descreveu e analisou funcionalmente o atendimento de uma menina autista de 4 anos de idade e ressaltou o papel do uso do brinquedo como um facilitador da interação criança-analista.

→ DEFINIÇÃO

O brincar é um comportamento que, segundo De Rose e Gil (2003, p. 376), "implica estímulos discriminativos, modelos, instruções e consequências, de tal modo que a criança pode, a partir de seu repertório inicial, refinar seus comportamentos e aprender novos".

Skinner (1991) distingue, na brincadeira, o *jogo do brincar livre*, definindo o jogar como uma atividade que envolve contingências de reforçamento planejadas, isto é, regras pré-estabelecidas. Por outro lado, o brincar livre, por não ter regras estabelecidas na cultura, pode ser considerado menos controlado pelo ambiente social imediato. A brincadeira é "um meio efetivo de construir o *rapport*[1] e reduzir demandas verbais feitas para a criança e [...] um meio para amostragem do conteúdo das cognições da criança" (Kanfer, Eyberg e Krahn, 1992, p. 50). O brincar em terapia pode ser compreendido como um conjunto de procedimentos que utilizam atividades lúdicas (jogo ou brinquedo) como mediadoras da interação clínico-cliente.

→ COMO CLASSIFICAR O *BRINCAR* EM TERAPIA ANALÍTICO--COMPORTAMENTAL INFANTIL

Algumas possibilidades de uso clínico do brincar são apresentadas a seguir:

a) **Brincar (BRC):** Episódios verbais de interação lúdica, com conteúdo restrito às falas próprias do brinquedo, brincadeira ou jogo. As falas incluídas nessa categoria podem se referir à leitura do jogo, à execução da atividade definida pelo jogo, aos comentários sobre o andamento da brincadeira, à preparação dos objetos e às peças da brincadeira.

Critérios de inclusão:
a) a interação deve ser lúdica.
Critérios de exclusão:
a) a ação ou verbalização não apresenta conteúdo de fantasia;
b) a ação ou verbalização não se refere ao cotidiano da criança.

b) **Fantasiar (FNT):** Episódios verbais de interação lúdica, com conteúdo de fantasia. Entende-se por fantasia as ações ou verbalizações que extrapolam os limites físicos do brinquedo, brincadeira ou jogo por meio de representação de papéis, imaginação, simulação, faz-de-conta, etc. As falas incluídas nessa categoria podem se referir a: animismo a objetos, elaboração de histórias, incorporação de personagens, desempenho de papéis, etc.

Critérios de inclusão:
a) a interação deve ser lúdica;
b) a ação ou verbalização deve apresentar conteúdo de fantasia;
c) se o fantasiar fizer parte de uma atividade em sessão, categoriza-se Fantasiar (FNT), e não Fazer Atividades (ATV).

Critérios de exclusão:
a) a ação ou verbalização não deve se referir ao cotidiano da criança.

c) **Fazer Exercícios (FEX):** Episódios verbais de interação em que a criança realiza exercícios em sessão junto com o terapeuta ou sob a supervisão deste. A diferença entre o "exercício" e o "brincar" consiste no primeiro se referir a atividades, normalmente programadas pelo terapeuta, para serem feitas durante a sessão, como, por exemplo, caligrafia, escrever uma história, desenhar de acordo com um tema proposto pelo terapeuta, fazer as tarefas da escola em sessão. A própria criança diferencia o exercício do brincar, exemplificado quando, não raro, ela questiona com frases como "depois que terminarmos aqui, podemos ir brincar?".

Critérios de exclusão:
a) se o fantasiar fizer parte de um exercício em sessão, categoriza-se Fantasiar (FNT), e não Fazer Exercícios (FEX);
b) se, durante a atividade, o terapeuta conduzir o diálogo para fazer relações entre variáveis desta atividade e o cotidiano da criança, categoriza-se Conversar Decorrente (CDE);
c) se, durante a atividade, o terapeuta conduzir diálogos paralelos sobre o cotidiano da criança, categoriza-se Conversar Paralelo (CPA).

d) **Conversar Decorrente (CDE):** Episódios verbais (sobre eventos dentro ou fora da sessão, ou abstratos/conceituais) com tema associado a alguma variável do brinquedo, brincadeira, jogo ou atividade em curso. Nesse caso, é possível que o terapeuta e a criança continuem brincando enquanto conversam, ou que o brincar/fazer atividade seja interrompido por alguns instantes. Quando o brincar/fazer atividade é interrompido, pode-se retornar a este depois da conversa, ou não. As falas incluídas nessa categoria referem-se a associações entre, por exemplo, brincar de escolinha e conversar sobre a professora ou o desempenho escolar da criança; brincar com "família de bonecos" e comportamentos dos familiares em relação à criança; brincar com um jogo qualquer e questionar com qual coleguinha a criança joga esse jogo.

Critérios de exclusão: se o tema da conversa mudar e tornar-se um tema diferente daquele relacionado ao brincar/fazer atividades, passa-se a categorizar Conversar Paralelo (CPA), se a díade ainda estiver brincando ou fazendo atividades, ou Conversar Outros (COU), se a díade não estiver brincando nem fazendo atividades.

e) **Conversar Paralelo (CPA):** Episódios de interação em que o brincar/fazer atividades está apenas temporalmente relacionado ao conversar, mas os temas são diferentes e, portanto, independentes. O brincar/fazer atividades é ação (geralmente motora) que ocorre paralelamente a uma interação verbal sobre diferentes temas não pertinentes a tais ações. As falas incluídas nessa categoria se referem, por exemplo, a conversar sobre a escola enquanto se brinca de modelar argila; conversar sobre a família enquanto se colore um desenho não associado à família; conversar sobre atividades da semana durante o jogo de damas.

Critério de exclusão: se a díade interrompe a brincadeira para conversar sobre um tema não relacionado, categoriza-se Conversar Outros (COU).

f) **Conversar sobre Brincar (CBR):** Episódios verbais de interação não lúdica com conteúdo referente a brinquedo, brincadeira ou jogo. As falas incluídas nessa categoria podem se referir a: comentários sobre brincadeira já encerrada; planejamento de brincadeiras posteriores; comentários sobre os brinquedos da sala; relatos sobre brincadeiras do cotidiano da criança.

Critérios de exclusão: se a díade conversar sobre brincadeiras do cotidiano da criança, mas o relato da criança incluir sua interação com crianças ou adultos, categoriza-se Conversar Paralelo (CPA) ou Conversar Outros (COU).

g) **Conversar Outros (COU):** Episódios verbais de interação não lúdica com ações ou verbalizações referentes a quaisquer temas, exceto brinquedo, brincadeira ou jogo. As falas incluídas nessa categoria se referem, por exemplo, a: apresentar-se, fornecer informações sobre a terapia, dialogar sobre o que a criança está aprendendo na escola ou sobre a rotina da semana, etc.

Critérios de exclusão: se o tema da conversa for decorrente de uma brincadeira ou atividade que a díade estava realizando na sessão, categoriza-se Conversar Decorrente (CDE).

A organização dos diferentes usos do brincar, nas categorias apresentadas, demonstra ao clínico a possibilidade de realizar diversas escolhas baseadas não apenas em quais brinquedos encontram-se disponíveis na sala, mas no que ele pode fazer com cada um. Alguns brinquedos, com regras menos estruturadas (como bonecos, massinha e desenhos) favorecem o uso da imaginação, em interações do tipo *Fantasia*. Outros são mais estruturados (como jogos de tabuleiro e de cartas), em que vários comportamentos podem ser observados e manejados, e favorecem interações do tipo *Brincar*. Tanto em jogos estruturados quanto em atividades mais livres, o clínico pode estabelecer relações entre o brincar e o cotidiano da criança (ou ensinar a criança a fazê-lo), em interações do tipo *Conversar Decorrente*. Além disso, pode conversar sobre o cotidiano enquanto brinca (*Conversar Paralelo*) ou conversar com a criança sem brincar (*Conversar sobre Brincar*, ou *Conversar Outros*).

Porém, os tipos de interação não se restringem ao jogo escolhido: o clínico hábil pode aproveitar oportunidades para transitar pelas diversas categorias em praticamente qualquer atividade que realize com a criança. Suas escolhas ocorrem em função de uma combinação de fatores:

a) a construção de uma relação terapêutica favorável;
b) os objetivos gerais e específicos de cada sessão de atendimento à criança; e
c) as estratégias de intervenção que o clínico pretende utilizar. O brincar é uma atividade importante em cada um desses itens, conforme será discutido a seguir.

→ O BRINCAR NA CONSTRUÇÃO DE UMA RELAÇÃO TERAPÊUTICA FAVORÁVEL

A situação lúdica também pode ser entendida como promotora de aliança terapêutica efeti-

> O brincar pode ser utilizado como estratégia clínica visando estabelecer e/ou fortalecer a relação terapêutica ou o engajamento no processo clínico.

va porque se constitui em uma atividade altamente reforçadora para a criança (Guerrelhas, Bueno e Silvares, 2000). Brincar pode contribuir, por essa via, para o engajamento da criança no processo e, portanto, para a efetividade da terapia.

De uma forma ou de outra, brincar é um comportamento observado em crianças nos mais diversos contextos, como o escolar, o familiar e na interação com seus pares. Em sessões de terapia analítico-comportamental infantil, o brincar pode colaborar na promoção de uma relação clínico-criança altamente reforçadora. Em outras palavras, a criança se mantém engajada nesse tipo de atividade e, por essa via, engaja-se na interação com o clínico. Quando tal engajamento ocorre, pode-se observá-lo por meio de seus comportamentos durante o brincar, especialmente pelas falas de exclamação e humor (denotativas de prazer), e também pelas solicitações, bastante comuns, para que continuem a brincar ou para que voltem a escolher os brinquedos já utilizados. Esse dado sugere maior probabilidade de adesão e de boa qualidade do relacionamento, que são pré-requisitos e preditores de bons resultados.

Às vezes, o clínico pode até mesmo dedicar parte do tempo da sessão para brincar com a criança com jogos ou atividades que não são necessariamente úteis para fazer intervenções sobre os principais problemas que a levaram à terapia. Contudo, são úteis para promover uma boa relação terapêutica no sentido aqui apresentado. Geralmente, correspondem às brincadeiras que a criança mais escolhe (suas preferidas) e em que mais se diverte, com pouco risco de incidentes indesejáveis.

O clínico pode dedicar a parte inicial da sessão (ou até mesmo algumas sessões inteiras) a estas brincadeiras para "quebrar o gelo"

quando a criança aparenta resistência à terapia. Ou seja, tais brincadeiras facilitariam uma interação que produz sentimentos e sensações agradáveis (alegria, prazer, entusiasmo, interesse), incompatíveis com os de desconfiança, medo, irritação, dentre outros.

Outra opção, que não exclui a anterior, é utilizar as brincadeiras "mais divertidas" no final da sessão. Supondo que o brincar seja reforçador, a criança procurará repeti-lo, mas só poderá fazê-lo na semana seguinte, o que se traduz em maior motivação para retornar a cada semana.

Ressaltamos, contudo, que as brincadeiras não devem se restringir somente ao objetivo de produzir uma relação boa com a criança. Muitas vezes, os estagiários ou clínicos pouco experientes têm dificuldade para perceber os outros usos do brincar, e, não raro, relatam a sensação de que brincaram somente para "entreter" a criança. A aprendizagem do uso do brincar para a avaliação funcional e a intervenção, de fato, pode ser difícil, pois envolve a observação e o manejo de muitas variáveis (algumas sutis), além de habilidades terapêuticas mais específicas ao relacionamento com a criança.

> As brincadeiras não devem se restringir somente ao objetivo de produzir uma relação boa com a criança.

→ O BRINCAR COMO ESTRATÉGIA DE AVALIAÇÃO

Primeiramente, destacamos aqui que a avaliação funcional, na clínica analítico-comportamental, é realizada durante todo o processo terapêutico. Essa avaliação pode se dar por meio da interação com a criança, com os pais (em sessões de orientação), com vários membros da família (a criança acompanhada dos pais e/ou irmãos) ou mesmo com outros significantes (professores, diretor da escola, médico).

De certa maneira, podemos dizer que, nas primeiras sessões de atendimento, o clínico observa e manipula variáveis com o objetivo principal de *avaliar* a criança em vários aspectos (além do objetivo já referido de promover uma boa relação terapêutica). Aos poucos, quanto mais sólidas forem suas hipóteses, essa manipulação de variáveis passa gradativamente a objetivar também intervenções para *modificar* comportamentos, sem abandonar a avaliação (inclusive sobre os efeitos da intervenção).

Um aspecto básico avaliado pelo clínico no início de um atendimento é o nível de desenvolvimento da criança, incluindo a sua alfabetização. Isso é importante para comparar os comportamentos observados com o que seria esperado para a faixa etária da criança e, também, para ajustar a escolha dos brinquedos nas sessões seguintes. Outro aspecto avaliado é o repertório inicial de comportamentos da criança, incluindo o repertório para brincadeiras e também para interações mais semelhantes àquelas que ocorrem entre o clínico e o cliente adulto.

Ao brincar com a criança, o clínico pode manipular variáveis (de modo assistemático, diferentemente do pesquisador) e avaliar como a criança reage. Ele pode, por exemplo, ganhar propositalmente em um jogo e então observar se a criança desiste, se reage de maneira agressiva, se solicita ajuda ou se tenta jogar melhor. De todo modo, algumas reações, mais assertivas ou mais criativas, podem ser tomadas como indicadores dos recursos comportamentais da criança, ao passo que outras reações, passivas ou agressivas, indicariam necessidade de intervenção sobre esses comportamentos.

> Através de manipulações nas atividades o clínico é capaz de identificar comportamentos socialmente desejados ou não, inclusive utilizando-se do mesmo recurso para modificar tais comportamentos.

A escolha de quando e como o clínico deve procurar utilizar o brincar em sessões com a criança varia principalmente em função de:

a) objetivos do clínico com cada cliente;
b) nível de desenvolvimento da criança;
c) variações da preferência dos clientes por uma ou outra brincadeira.

> A escolha de quando e como o clínico deve procurar utilizar o brincar em sessões com a criança varia principalmente em função de: objetivos do clínico com cada cliente; nível de desenvolvimento da criança e variações da preferência dos clientes por uma ou outra brincadeira.

Basicamente, podemos afirmar que o clínico brinca com a criança porque, em geral, ela não é tão capaz de relatar eventos do cotidiano tal qual o faz o adulto, e, ao brincar, poder-se-á observar e intervir sobre certos padrões de comportamento.

O brincar é um procedimento que facilita a observação direta sobre o modo como a criança interage com o brinquedo e com o parceiro da brincadeira (no caso, o analista). Incluem-se aqui as evidências quanto ao modo como as crianças reagem às situações propostas pelo clínico, à necessidade de se adequar às regras do jogo e às solicitações para que expresse seus sentimentos. Alguns dos padrões de comportamentos observados podem ser análogos aos problemas responsáveis por ela necessitar de atendimento. Uma criança encaminhada à terapia devido a sua "timidez", por exemplo, pode esquivar-se de escolher a brincadeira, mesmo quando solicitada. Outra, com problemas de "agressividade" e "comportamento opositor", pode tentar burlar as regras do jogo ou representar interações agressivas com bonecos.

Na situação lúdica, a criança revela e descobre seus sentimentos, pensamentos, intuições e fantasias, possibilitando ao clínico

> O brincar pode ser utilizado com objetivos de avaliação do repertório da criança, permitindo o acesso indireto a seus pensamentos e sentimentos e o acesso mais direto às suas respostas abertas, em relação com variáveis de controle ambientais.

obter dados importantes para o conhecimento de sua história de vida (Windholz e Meyer, 1994). Desse modo, o brincar pode ser utilizado com o objetivo de avaliação do repertório da criança, permitindo o acesso indireto a seus pensamentos e sentimentos e o acesso mais direto às suas respostas abertas, em relação a variáveis de controle ambientais.

Além de obter informações observando padrões de comportamento da criança ao brincar, o clínico também pode coletar dados sobre o cotidiano dela por meio de perguntas *durante* as brincadeiras (categorias *Conversar Decorrente* e *Conversar Paralelo*). Algumas dessas informações talvez fossem obtidas com mais dificuldade, caso não houvesse a brincadeira concomitante. Às vezes, os clínicos se deparam com crianças excessivamente caladas, que emitem apenas respostas monossilábicas quando algo lhes é perguntado diretamente. Em geral, isso ocorre porque a criança não possui suficiente repertório verbal para esse tipo de interação ou também porque, em sua história de vida, diálogos com adultos podem ter se tornado uma interação aversiva (como quando pais conversam para fazer cobranças ou repreensões). Assim, a aversividade pode se generalizar, fazendo a criança se esquivar desse tipo de interação mesmo com outros adultos. É preciso considerar, também, se a recusa em relatar eventos se deve à aversividade do *conteúdo* relatado, como, por exemplo, quando o clínico pergunta sobre a escola, onde ela é zombada pelos seus colegas, e então ela não dá as informações solicitadas.

A alternativa de se fazer perguntas à criança durante a brincadeira constitui uma maneira de facilitar a obtenção do relato. Isso pode acontecer devido a uma combinação de fatores, que vão desde a redução do contato olho a olho (quando o clínico e a criança estão olhando e manuseando brinquedos) à redução da semelhança entre essa interação e as conversas mais "sérias" que usualmente a criança tem com adultos, ou mesmo o fato do brincar produzir sensações de prazer, incompatíveis com as sensações desagradáveis que podem estar associadas a certos relatos mais difíceis sobre o cotidiano. Além desses motivos, relatos da criança que comparem situações do cotidiano com o brincar podem ser mais fáceis por se tornarem tatos[2] parcialmente sob controle de estímulos presentes, como, por exemplo, em: "Eu não jogo damas com meu irmão do jeito que eu jogo aqui, porque, com ele, a gente acaba brigando".

> A alternativa de fazer perguntas à criança durante a brincadeira constitui uma maneira de facilitar a obtenção do relato. Isso pode acontecer devido a uma combinação de fatores.

Conforme a classificação apresentada, o *Fantasiar* é uma das possibilidades do brincar e seu uso na avaliação é útil para identificar comportamentos encobertos e manifestos da criança (por exemplo, Regra, 1997; Penteado, 2001). A inclusão de estratégias lúdicas e de fantasia na avaliação (e também na intervenção direta com a criança) propicia a ampliação das relações, que passam a se dar não apenas entre a criança e o clínico como também entre eles e os personagens das brincadeiras (Conte e Regra, 2002).

Na fantasia, a criança atribui funções e características a objetos e personagens para além daquelas que poderiam ser observadas na realidade. Por exemplo, um pino de madeira se torna o "irmãozinho"; um boneco de massinha pode "falar e andar"; o desenho de um patinho evoca uma longa história sobre esse personagem. Nesse sentido, a fantasia equivale à noção de Skinner a respeito de formação de imagens. Segundo Skinner (1989/1991, 1953/1994), "formar imagens", isto é, ver na ausência da coisa vista, é uma visão condicionada que explica a tendência que se tem de ver o mundo de acordo com a história prévia.

No processo clínico, o fantasiar poderia ser considerado uma estratégia de avaliação e intervenção (Regra, 2001), na qual é possível identificar comportamentos e contingências de vida do cliente (Regra, 1997). A fantasia enriquece o ambiente terapêutico, pois, ao "ver na ausência da coisa vista", a criança adiciona elementos que não estão presentes; ela inventa e recria personagens, multiplicando diálogos e, ao imaginar, é como se inserisse outras pessoas na sala de atendimento. Desse modo, o clínico, em vez de observar somente o comportamento da criança, também observa como a criança vê sua interação com outros significantes de sua vida. E, assim, ele também pode intervir de modo a modificar padrões da criança e também dos personagens imaginados. Novamente, aqui, a criança que fantasia pode ter mais facilidade em demonstrar as interações de seu dia a dia do que relatá-las.

→ A BRINCADEIRA COMO ESTRATÉGIA DE INTERVENÇÃO

Além de procedimento para facilitar a *coleta* de dados sobre a criança, o brincar é também *estratégia* de intervenção do clínico para a melhora dos comportamentos da criança. É relativamente comum observarmos estagiários ou alunos recém-formados (que estão iniciando sua prática como clínicos comportamentais infantis) tentando, de todas as formas, fazer com que a criança relate tudo o que ele "precisaria saber" para ter uma avaliação completa do caso e, só então, começar uma suposta intervenção. Trata-se de uma tentativa de encaixar o atendimento à criança no modelo tradicional de atendimento ao adulto. Entretanto, a maior riqueza do uso do brincar em sessão é que, embora muitas vezes o clínico não consiga fazer com que a criança relate, *isso não necessariamente seria um pré-requisito para a terapia acontecer*. Em outras palavras, ao mesmo tempo em que o clínico observa e avalia os comportamentos da criança na brincadeira, ele já intervém diretamente sobre eles.

> Além de procedimento para facilitar a *coleta* de dados sobre a criança, o brincar é também *estratégia* de intervenção do clínico para a melhora dos comportamentos da criança.

Na abordagem analítico-comportamental, o brincar tem sido considerado um procedimento favorável ao manejo de comportamentos clinicamente relevantes na terapia com crianças (Conte e Brandão, 1999). O brincar, no ensino de novos comportamentos, conforme De Rose e Gil (2003, p. 375), é um "meio para ensinar outros comportamentos ou como uma condição na qual novos comportamentos [podem] ser adquiridos". O brincar é um contexto particularmente rico de oportunidades para ensinar comportamentos alternativos à criança por meio de procedimentos característicos da análise do comportamento.

> O brincar pode ser um procedimento clínico para ensinar novos comportamentos ou modificar comportamentos já existentes no repertório da criança.

A seguir, vamos apresentar quatro procedimentos de intervenção: modelação, esvanecimento (*fading*), modelagem e bloqueio de esquiva. Esses procedimentos foram selecionados pela experiência das autoras (como clínicas e supervisoras); a combinação deles se constitui em uma das principais bases de intervenção com crianças.

Modelação

Uma vez que a criança esteja exposta à presença do clínico, isso significa que, a todo momento, suas respostas podem funcionar como antecedentes para a criança imitá-las, mesmo que ele não tenha planejado isso. Tendo este ponto em vista, o clínico precisa atentar para como deve se portar diante da criança, pois pode modificar contingências via modelação.

> O clínico precisa atentar para como deve portar-se diante da criança, pois pode modificar contingências via modelação.

Sua postura, longe de ser estanque, varia em função de características de cada criança que está sendo atendida. Ao brincar com uma criança com dificuldades para perder no jogo, por exemplo, o clínico, ao perder, pode dar um modelo do tipo: "Que raiva! Eu odeio perder! Vamos jogar de novo? Quero uma revanche...". Assim, valida os sentimentos correlatos dessa contingência (a raiva), mas demonstra uma reação diferente da agressividade ou da birra (o tentar novamente). Em outro caso, ao atender uma criança com TOC, excessivamente organizada e limpa, ele pode, propositalmente, sujar-se com tintas, esquecer os brinquedos jogados "para juntar depois", e assim por diante.

Esvanecimento (*fading*)

O princípio do esvanecimento é o acréscimo e/ou a retirada gradual de estímulos antecedentes em uma contingência, com vistas a transferir o controle de uma resposta de um estímulo para outro. Esse princípio deve ser lembrado constantemente pelo clínico infantil, porque minimiza a probabilidade de esquiva da criança frente a temas ou interações mais aversivos, quando colocados gradualmente.

Uma criança com dificuldades de aprendizagem, por exemplo, pode recusar-se a fazer tarefas escolares em sessão, mas pode aceitar mais facilmente jogos que contenham algumas letras, que, aos poucos, podem ser substituídos por desenhos com frases explicativas, e estes pelo uso de uma lousinha para brincar, até o ponto em que se engaje nestas tarefas em seu caderno, com o clínico. A resposta de engajar-se em atividades escolares passa do controle do estímulo "brinquedo" para o estímulo "caderno".

Modelagem

O esvanecimento dos estímulos antecedentes é uma estratégia que não deve ser desvinculada da modelagem. O principal requisito para um bom processo de modelagem é a habilidade do clínico para atentar para respostas adequadas da criança. Parece fácil, mas, não raro, essas respostas ocorrem em baixa frequência, ou, ainda, pertencem à classe de comportamentos que se pretende instalar, mas não correspondem exatamente ao comportamento final esperado.

Vamos supor uma criança opositora que quase não relata eventos do cotidiano – isso costuma ser um desafio para o clínico. Mas, eventualmente, ela emitirá pequenos e breves relatos. Ainda que não relate sobre seus problemas, seus sentimentos e seus relacionamentos (resposta final esperada), ela poderá falar algo bastante simples, como "eu tinha um carrinho como esse, mas quebrou", durante uma brincadeira. Essa pequena fala pertence à classe geral de "relatos", e, se o clínico estiver atento e ficar sob controle desta análise, poderá reagir à tal fala de modo diferente.

Outra questão que se coloca na modelagem diz respeito a qual consequência o clínico apresenta na tentativa de reforçar respostas da criança. Elogios devem ser emitidos com muita ressalva, pois não necessariamente são reforçadores, além de serem excessivamente artificiais. O clínico pode testar a eficácia (pela reação da criança) de diversas consequências, como, por exemplo: um olhar mais atento, uma simples interjeição exclamativa, rir com a criança, fazer uma autorrevelação concordando com ela, descrever de forma autêntica seus sentimentos ou simplesmente deixar as consequências intrínsecas agirem. Sobre este último item, por exemplo, se uma criança ajuda a guardar os brinquedos, a consequência intrínseca é ter a sala arrumada; se uma criança conversa, a consequência intrínseca é o interlocutor manter-se interessado e ouvindo.

Bloqueio de esquiva

O bloqueio de esquiva, ao mesmo tempo em que se constitui em uma consequência para as esquivas da criança, é estímulo discriminativo para a emissão de respostas alternativas que seriam, então, reforçadas na modelagem. Na brincadeira, o clínico pode bloquear as esquivas da criança de forma direta e clara, ou por meios mais criativos e/ou sutis. No primeiro caso, quando uma criança desiste de uma brincadeira difícil, ele pode dizer: "Não vale desistir. Eu te ajudo, você vai conseguir". Ou pode reexplicitar certas regras, como: "Nós só podemos jogar o próximo jogo se terminarmos esse, lembra?". No segundo caso, ele pode desafiar a criança ("Duvido que você jogue de novo!"), utilizar fantasia ("O meu bonequinho não desistiu... vou perguntar se o seu quer jogar mais... 'você quer jogar mais?'... olha, acho que ele quer..."), e assim por diante.

No bloqueio de esquiva, o clínico não pode deixar de atentar para o nível de dificuldade da atividade. Ora, se a criança está se esquivando, é porque:

> No bloqueio de esquiva, o clínico não pode deixar de atentar para o nível de dificuldade da atividade.

a) está na presença de um estímulo que é, de alguma forma, aversivo (e esquivar-se é reforçado negativamente) e/ou
b) no dia a dia, ela é reforçada positivamente pelas suas tentativas de livrar-se de atividades (caso receba, por isso, mais atenção), e está repetindo esta resposta.

Em ambos os casos, a princípio, o clínico pode diminuir o nível de exigência da atividade, ajudando a criança a completá-la, o que já seria uma resposta alternativa a ser reforçada.

→ CONSIDERAÇÕES FINAIS

Conforme exposto, os principais objetivos do brincar em terapia poderiam ser resumidos em:

a) promover uma boa relação terapêutica;
b) realizar a avaliação funcional dos comportamentos da criança, ao identificar variáveis relevantes no aparecimento e manutenção da queixa;
c) estabelecer procedimentos de intervenção que fortaleçam certos comportamentos e enfraqueçam outros.

Não há uma regra ou padrão fixo a respeito do tempo que o clínico deva gastar em interações lúdicas. Com algumas crianças, o clínico pode optar por utilizar mais jogos estruturados (cujas falas, com maior probabilidade, corresponderiam a *Brincadeira-Lúdico*). Com outras, pode engajar-se em atividades de fantasia com bonecos (*Fantasia-Lúdico*). Com outras, ainda, pode investir em interações verbais sem recurso do brincar (*Não Lúdico*), podendo inclusive não brincar em nenhum momento – embora talvez isso seja mais raro. Se uma criança "brinca muito" ou "brinca pouco", nenhum dos padrões é certo

> Os principais objetivos do brincar em terapia poderiam ser resumidos em promover uma boa relação terapêutica; realizar a avaliação funcional dos comportamentos da criança, ao identificar variáveis relevantes no aparecimento e manutenção da queixa e estabelecer procedimentos de intervenção que fortaleçam certos comportamentos e enfraqueçam outros.

ou errado em si, mas a depender da análise funcional realizada.

Ao brincar, são estabelecidas oportunidades para a criança emitir comportamentos clinicamente relevantes, no sentido definido por Kohlenberg e Tsai (2001). Estabelecer a relação entre o brincar e os comportamentos clinicamente relevantes da criança é útil para a compreensão de particularidades das sessões de atendimento (Conte e Brandão, 1999). Assim, a ocorrência de "comportamentos-queixa" e "comportamentos de melhora" parece ser mais frequente durante momentos de brincadeira, na terapia. A brincadeira é, possivelmente, uma situação mais próxima ao contexto natural de vida fora da sessão e também de emissão dos comportamentos-alvo, o que permite ao clínico agir diretamente e de forma contingente sobre estas relações.

Por fim, queremos destacar que o clínico infantil não deve minimizar a importância de interações sem brincar com a criança. Assim como ensinar a brincar (em geral, é importante para a criança interagir dessa forma com colegas e amigos), ensinar a conversar também é importante, por se constituir em um repertório indispensável para a interlocução especialmente com adultos (pais, professores e outros), que têm grande poder de reforçar ou punir suas respostas. É provável que muitas crianças apresentem diversos problemas de comportamento, em parte porque não estão sendo capazes de dialogar – seja porque não aprenderam esse repertório, seja porque esse repertório não é suficientemente reforçado no contexto em que elas vivem.

Sendo assim, ensinar a criança a brincar e também a "simplesmente conversar" podem ser objetivos básicos e gerais de qualquer atendimento em clínica infantil.

→ NOTAS

1. *Rapport*, do francês, significa "harmonia", "confiança", "segurança", "compreensão". Construir o *rapport*, portanto, significa que o clínico deve se comportar de modo que sua relação com o cliente, desde o início de um processo de terapia, alcance essas características.
2. Tatos são respostas verbais, ocasionadas por estímulos antecedentes não verbais, que produzem como consequência um reforço generalizado. Para mais, veja o Capítulo 6.

→ REFERÊNCIAS

Conte, F. C. S., & Brandão, M. Z. S. (1999). Psicoterapia analítica funcional: A relação terapêutica e a análise comportamental clínica. In R. R. Kerbauy, & R. C. Wielenska (Orgs.), *Sobre comportamento e cognição: Psicologia comportamental e cognitiva: Da reflexão teórica à diversidade da aplicação* (vol. 4, pp. 134-148). Santo André: ESETec.

Conte, F. C. S., & Regra, J. (2002). A psicoterapia comportamental infantil: Novos aspectos. In E. F. M. Silvares (Org.), *Estudos de caso em psicologia clínica comportamental infantil* (vol. 1, pp. 79-136). São Paulo: Papirus.

De Rose, J. C. C., & Gil, M. S. C. A. (2003). Para uma análise do brincar e de sua função educacional. In M. Z. S. Brandão (Orgs.), *Sobre comportamento e cognição: A história e os avanços, a seleção por consequências em ação* (vol. 11, pp. 373-382). Santo André: ESETec.

Del Prette, G., Silvares, E. F. M., & Meyer, S. B. (2005). Validade interna em 20 estudos de caso comportamentais brasileiros sobre terapia infantil. *Revista Brasileira de Terapia Comportamental e Cognitiva, 7*(1), 93-105.

Del Prette, Z. A. P., & Del Prette, A. (2005). *Psicologia das habilidades sociais na infância: Teoria e prática*. Petrópolis: Vozes.

Ferster, C. B. (1967). Transition from animal laboratory to clinic. *The Psychological Record, 17*(2), 145-150.

Goldstein, S., & Goldstein, M. (1992). *Hiperatividade: Como desenvolver a capacidade de atenção da criança* (2. ed.). São Paulo: Papirus.

Guerrelhas, F., Bueno, M., & Silvares, E. F. M. (2000). Grupo de ludoterapia comportamental x Grupo de espera recreativo infantil. *Revista brasileira de terapia comportamental e cognitiva, 2*(2), 157-169.

Kanfer, R., Eyberg, S., & Krahn, G. (1992). Interviewing strategies in child assessment. In M. C. Roberts, & C. E. Walker (Orgs.), *Handbook of clinical child psychology* (2nd ed., pp. 49-62). New York: John Wiley & Sons.

Kohlenberg, R. J., & Tsai, M. (2001). *Psicoterapia analítica funcional: Criando relações terapêuticas intensas e curativas.* Santo André: ESETec. (Trabalho original publicado em 1991)

Penteado, L. C. P. (2001). Fantasia e imagens da infância como instrumento de diagnóstico e tratamento de um caso de fobia social. In R. C. Wielenska (Org.), *Sobre comportamento e cognição: Questionando e ampliando a teoria e as intervenções clínicas e em outros contextos* (vol. 6, pp. 257-264). Santo André: ESETec.

Regra, J. A. G. (1997). Fantasia: Instrumento de diagnóstico e tratamento. In M. Delitti (Org.), *Sobre comportamento e cognição: A prática da análise do comportamento e da terapia cognitivo-comportamental* (vol. 2, pp. 107-114). Santo André: ESETec.

Regra, J. A. G. (2001). A fantasia infantil na prática clínica para diagnóstico e mudança comportamental. In R. C. Wielenska (Org.), *Sobre comportamento e cognição: Questionando e ampliando a teoria e as intervenções clínicas e em outros contextos* (vol. 6, pp. 179-186). Santo André: ESETec.

Skinner, B. F. (1991). *Questões recentes na análise comportamental.* Campinas: Papirus. (Trabalho original publicado em 1989)

Skinner, B. F. (1994). *Ciência e comportamento humano* (9. ed.). São Paulo: Martins Fontes. (Trabalho original publicado em 1953)

Windholz, M. H., & Meyer, S. B. (1994). Terapias comportamentais. In F. B. Jr. Assumpção (Org.), *Psiquiatria da infância e da adolescência* (pp. 543-547). São Paulo: Santos/Maltese.

A importância da participação da família na clínica analítico-comportamental infantil

28

Miriam Marinotti

ASSUNTOS DO CAPÍTULO

→ Objetivos da inclusão da família no processo clínico da criança.
→ A coleta de dados junto à família.
→ A participação dos pais na elaboração da avaliação funcional.
→ As sessões com a família visando mediar conflitos.
→ Desafios e limites do trabalho com a família.

Um dos postulados básicos da análise do comportamento assume que o comportamento dos indivíduos é produto da interação organismo-ambiente, sendo ambos constantemente mutáveis e sujeitos a influências recíprocas. Assim sendo, qualquer que seja o contexto em que o analista do comportamento atue, ele sempre buscará identificar e alterar essas relações a fim de atingir os objetivos a que se propõe: formativos (educação); remediativos e/ou preventivos (saúde), através do estabelecimento e/ou alteração das contingências de reforçamento.

Decorrente desse pressuposto, o atendimento clínico a crianças sempre incluiu intervenção direta junto à família e/ou junto a outros cuidadores[1] ligados à criança, uma vez que parte fundamental do ambiente em que esta se encontra inserida é a própria família. Entretanto, o modo de inserção da família no processo clínico da criança tem variado consideravelmente.

As primeiras intervenções junto à população infantil adotavam, predominantemente, o denominado "modelo triádico" de intervenção, segundo o qual o terapeuta comportamental (modificador de comportamento, conforme nomenclatura predominante na época) tinha contato direto exclusiva ou prioritariamente com a família e demais agentes que conviviam com a criança (avós, babás, etc.); o trabalho se desenvolvia através do treinamento desses agentes para que, em seu contato com a criança, manipulassem variá-

> Por acreditar que comportamento é a relação entre organismo e ambiente, o atendimento clínico de crianças inclui intervenções com familiares e/ou cuidadores, uma vez que estes são parte constituinte do ambiente mantenedor dos comportamentos da criança.

veis relevantes para a modificação dos comportamentos-alvo da intervenção. Nesse modelo, era frequente o profissional não ter contato direto com a criança e ter acesso aos dados através de relatos e registros feitos pelos "mediadores".[2]

Entretanto, esse modelo mostrou-se limitado em vários casos e passou-se a intervir diretamente junto à criança (em consultório e/ou ambiente natural), sem, entretanto, abrir mão do contato frequente e sistemático com os pais e demais pessoas relevantes para a evolução do caso.

> Há várias razões pelas quais o contato direto do profissional com a criança se mostra fundamental, devido à capacitação técnica desse profissional para:
> 1. identificar sentimentos, repertórios e variáveis relevantes para o caso, dados esses fundamentais, inclusive, para a orientação aos pais;
> 2. estabelecer um ambiente diferenciado e não punitivo que facilitará a redução/eliminação de comportamentos "inadequados" e a instalação de novos repertórios, sob condições (predominantemente) positivas;
> 3. planejar, implementar e avaliar sequências de ensino para repertórios específicos, como, por exemplo, repertórios cognitivos, verbais, motores ou acadêmicos.

De um modo geral, podemos dizer que a natureza e intensidade do envolvimento da família têm variado à medida que a área se desenvolveu e dependem das peculiaridades do caso em questão.

Os objetivos, estratégias, desafios e cuidados mais comuns envolvidos no contato com os pais são descritos a seguir. Não seria possível tratar do assunto de forma exaustiva, ou mesmo aprofundada, no espaço deste capítulo. Assim sendo, limitar-nos-emos a destacar aqueles aspectos mais comuns e generalizáveis do atendimento à família. Muitas situações particulares, tanto relativas à criança quanto à constituição e dinâmica familiares, exigem abordagens específicas que não poderão ser contempladas neste trabalho.

→ OBJETIVOS

O papel da família no processo terapêutico da criança será definido a partir de objetivos comuns a qualquer processo terapêutico, bem como das peculiaridades do caso em questão.

Ao abordar o processo terapêutico, Skinner (1974/1995) afirma: "A terapia bem-sucedida constrói comportamentos fortes, removendo reforçadores desnecessariamente negativos e multiplicando os positivos" (p.114-115).

Para chegar a esse resultado, necessitamos, dentre outras coisas:

a) identificar e minimizar contingências aversivas;
b) promover variabilidade comportamental;
c) desenvolver um repertório de comportamentos alternativos desejáveis sob controle de contingências basicamente positivas.

Assim sendo, a orientação à família deverá, de alguma forma, auxiliar-nos nesta tarefa.

Coleta de dados

O contato com a família nos fornece inúmeros dados relevantes ao longo de todo o processo.

Inicialmente, levantamos junto à família a queixa e o histórico do "problema": origem; atribuições feitas pelos membros da família e pela criança (por exemplo: que hipóte-

> É importante lembrar que a queixa apresentada pela família muitas vezes não coincide com o "problema" propriamente dito. Ou seja, a avaliação feita pelo clínico frequentemente revela aspectos não identificados pela família, aspectos estes que podem complementar a queixa inicial, ou mesmo indicar que as questões básicas diferem significativamente do que a família concebe como "problema".

ses/concepções os diferentes membros da família têm acerca da origem e manutenção do "problema"; se os pais apresentam o problema como localizado na criança e têm uma expectativa de que o processo envolverá apenas a ela ou se se consideram inseridos na situação); tentativas de solução já implementadas, etc. Buscamos, então, descrições mais detalhadas das situações em que os comportamentos-queixa ocorrem:

1. quais as consequências para a criança e demais pessoas envolvidas,
2. bem como identificação de situações em que esses comportamentos não ocorrem e/ou nas quais comportamentos alternativos adequados são observados.

Com isso, já podemos ter uma primeira ideia de quão sensíveis os pais estão ao comportamento da criança: eles identificam e consequenciam instâncias "positivas" ou apenas reagem a comportamentos-problema? Levantamos, ainda, as expectativas que os pais apresentam em relação à terapia: ambos concordam que existe um problema e reconhecem a terapia como um recurso legítimo para tentar solucioná-lo? Já participaram ou acompanharam processos terapêuticos de outras pessoas? Como imaginam que transcorra tal processo? A partir desse conjunto de informações, poderemos estimar a disponibilidade dos pais para se engajarem no processo e liberarem consequências "positivas" contingentes a comportamentos desejáveis da criança, como reações de aceitação, aprovação, etc.

Também devemos utilizar as primeiras sessões com os pais para pesquisar dados de gestação e parto; desenvolvimento da criança, considerando diferentes repertórios: motor, cognitivo, verbal, socioemocional, acadêmico, etc. Solicitamos, ainda, informações acerca de fatos "marcantes" que possam ter ocorrido com a família e/ou com a criança, como nascimento de irmãos; mudanças: separação dos pais, mudanças de escola ou cidade; doenças e/ou mortes na família; alterações financeiras bruscas; acesso ou perda abrupta ou acentuada de reforçadores. No caso de crianças que já frequentam a escola, é importante pesquisar o histórico escolar: com que idade a criança foi pela primeira vez para a escola; quais razões levaram os pais a optar por determinada escola e pelo momento de ingresso na mesma; como foi a adaptação da criança (tanto social quanto pedagogicamente); mudanças de escola: motivos, participação da criança na decisão, reação da criança à(s) nova(s) escola(s); condição da criança na escola atual, etc.

Hábitos, rotina, valores e práticas familiares também são aspectos que devem ser pesquisados: qual a rotina da criança; critérios e práticas disciplinares: o que lhe é permitido, o que é considerado inadequado ou inadmissível; práticas disciplinares: como os pais reagem a comportamentos que julgam adequados ou inadequados; práticas punitivas utilizadas; concordâncias e discordâncias entre os pais relativas ao que deve ser permitido, estimulado ou coibido; concordâncias e discordâncias em relação a práticas punitivas ou de consequenciação positivamente reforçadoras; como são administradas as discordâncias entre os pais, em especial no que se refere à educação dos filhos, etc.

Por outro lado, a manutenção do contato com a família durante todo o processo provê informações complementares acerca dos aspectos até aqui discutidos ou acerca de outros ainda não abordados, ao mesmo tempo em que nos informa sobre a intervenção e seus possíveis resultados: aplicação de procedimentos sugeridos; alterações observadas; necessidade de alteração nos procedimentos ou inclusão de novas variáveis, etc.

Avaliação funcional

A intervenção propriamente dita será baseada na avaliação funcional do caso em questão. Essa avaliação ocorrerá durante todo o processo terapêutico, originando hipóteses que serão testadas, bem como procedimentos a serem implementados, avaliados, reformulados e/ou substituídos, a depender dos resultados obtidos.

A participação dos pais nesse processo é fundamental: progressos terapêuticos, bem como sua manutenção e generalização, dependerão, em grande parte, de modificações na interação direta dos pais com a criança, bem como de alterações que estes promovam em sua rotina, condições de estimulação e esquemas de reforçamento.

> Progressos terapêuticos, bem como sua manutenção e generalização dependerão, em grande parte, de modificações na interação direta dos pais com a criança, bem como de alterações que estes promovam em sua rotina, condições de estimulação e esquemas de reforçamento.

Para tanto, é importante que o clínico não se limite a instruir os pais sobre como devem proceder. A orientação de pais que se restringe a fornecer instruções a serem seguidas por eles apresenta várias limitações, dentre elas:

a) desconhecendo a fundamentação subjacente à intervenção proposta, os pais terão maior dificuldade em seguir as instruções do clínico;
b) mesmo que consigam seguir as instruções, eles provavelmente não estarão sob controle da *função* de seus comportamentos e dos comportamentos da criança (mas sim de sua topografia), o que impede uma atuação eficiente de sua parte; e
c) os pais tendem a ficar muito dependentes do clínico para lidar com situações novas e imprevistas, o que retarda o avanço do caso, dificulta a generalização dos ganhos e a prevenção de novos problemas.

Pelos motivos listados anteriormente, consideramos fundamental que os pais participem ativamente da avaliação funcional, juntamente com o clínico. Não é nossa pretensão torná-los especialistas em análise do comportamento, porém, é necessário que compreendam os princípios com os quais trabalhamos e a relação destes com os procedimentos propostos. Além disso, é importante que participem, com o clínico, das decisões tomadas durante o processo, maximizando, desta forma, a probabilidade de encontrarmos alternativas de intervenção com as quais os pais concordem e nas quais se engajem.

> Os pais são convidados a participarem ativamente da avaliação funcional e das decisões clínicas, pois "a orientação de pais que se restringe a fornecer instruções a serem seguidas por eles apresenta várias limitações.

Em síntese, ao trabalhar com os pais, pretendemos mais do que levá-los a seguir instruções mecanicamente; nossa pretensão inclui torná-los melhores observadores, colocá-los sob controle discriminativo mais eficiente e desenvolver habilidades de solução de problemas e de tomada de decisão que facilitem o ma-

> Ao trabalhar com os pais, pretendemos mais do que levá-los a seguir instruções mecanicamente; nossa pretensão inclui torná-los melhores observadores, colocá-los sob controle discriminativo mais eficiente e desenvolver habilidades de solução de problemas e de tomada de decisão que facilitem o manejo de situações relativas à educação de seus filhos.

nejo de situações relativas à educação de seus filhos.

Para tanto, as sessões com os pais tendem a abordar aspectos bastante diversos, tais como: refinamento de habilidades de observação; aprimoramento da descrição de situações cotidianas, priorizando o discurso externalista (identificação das relações indivíduo-ambiente) sobre o mentalista (atribuição do comportamento a eventos internos: vontade, sentimentos, traços de personalidade, etc.); identificação de contingências controladoras do comportamento da criança, bem como do comportamento dos próprios pais, irmãos, professores e demais pessoas relevantes; proposição de intervenções a serem implementadas e monitoração das mesmas; aprimoramento de habilidades de comunicação (pais-clínico; pais-criança; mãe-pai); aprimoramento do controle discriminativo (vide o exemplo descrito no próximo parágrafo); modelagem e modelação de comportamentos adequados aos objetivos e evolução do caso, etc.

A formação do clínico, juntamente com o tipo de relação propiciado pelo contexto terapêutico (sigilo; ambiente não punitivo; o fato de o clínico não fazer parte das relações cotidianas da criança, etc.), favorece a identificação de variáveis sutis relacionadas ao comportamento do cliente, variáveis essas de difícil detecção por parte dos pais. Assim, parte do que fazemos em nosso contato com os pais é "traduzir" para eles sentimentos, necessidades, dificuldades ou avanços da criança, de forma que possam compreender a análise realizada ou a intervenção sugerida/implementada. Para ilustrar: é comum que as crianças exibam progressos na direção desejada pela intervenção sem que pais ou professores se deem conta disso, pelo fato de os avanços serem ainda discretos em relação ao que é esperado. Por exemplo, uma criança que se encontra em atendimento devido a dificuldades escolares pode apresentar avanços relativos a seu repertório acadêmico sem que estes, ainda, reflitam-se em suas notas. Ou, para uma criança hiperativa, o fato de conseguir terminar as atividades, apesar de a qualidade ainda deixar muito a desejar, já constitui um avanço que merece ser notado e consequenciado. É importante que o clínico esteja atento e possa mostrar aos pais os progressos ocorridos, explicitando que, embora muito aquém do desejado, esses já constituem passos na direção estabelecida e devem ser valorizados.

Analogamente, é frequente o clínico ter acesso a necessidades da criança que os pais ignoram. Quando o clínico julgar relevante discutir este assunto com os pais, poderá fazê-lo, desde que observando cuidados éticos relativos ao sigilo e proteção da criança.

> Parte do que fazemos em nosso contato com os pais, é "traduzir" para eles sentimentos, necessidades, dificuldades ou avanços da criança, de forma que possam compreender a análise realizada ou a intervenção sugerida/implementada.

> É frequente o clínico ter acesso a necessidades da criança que os pais ignoram. Quando o clínico julgar relevante discutir este assunto com os pais, poderá fazê-lo, desde que observando cuidados éticos relativos ao sigilo e à proteção da criança.

Mediação de conflitos e tomada de decisão

As sessões com a família tendem a variar bastante, a depender das características da criança e da família; o momento do processo terapêutico; objetivos específicos daquela sessão, etc. Assim, podem ser realizadas sessões com ambos os pais ou somente com o pai ou com a mãe; da mesma forma, outros membros da família (irmãos, avós) podem ser convocados, com a anuência da criança e dos pais; além disso, a criança também poderá estar presente em alguma destas sessões, se houver indicação para tanto.

A realização de uma sessão conjunta – criança e algum(ns) membro(s) de sua família – pode atender a propósitos tais como: a criança contar ou dizer alguma "coisa difícil" para esta outra pessoa, com o auxílio do clínico; facilitar um acordo entre a criança e alguém de sua família em situações de impasse ou muito desfavoráveis para a criança, etc.

A ocorrência destas sessões poderá surgir a partir de solicitação da própria criança, dos pais ou por sugestão do clínico. Para que tais encontros tenham alta probabilidade de serem bem-sucedidos, é fundamental que:

a) estejam claros, para todos os participantes, os objetivos do encontro;
b) todos os participantes concordem com o mesmo;
c) o clínico considere que o encontro tem alta probabilidade de ser bem-sucedido;
d) o clínico tenha segurança de que a criança não corre qualquer risco ao se expor a este encontro;
e) o clínico prepare a criança informando, antecipadamente, qual o conteúdo a ser discutido, qual a melhor postura a ser adotada pela criança e o tipo de intervenção que o clínico se propõe a fazer ou não.

De um modo geral, o papel do clínico nesse tipo de sessão é o de mediador, buscando facilitar a comunicação entre a criança e o seu interlocutor, evitando que a discussão derive para brigas ou ofensas e direcionando a discussão a fim de se chegar a um acordo ao final da sessão. Sessões conjuntas com a criança, membros de sua família e clínico podem significar um ganho importante para o processo, pois modelam repertórios de interação mais adequados e direcionados à resolução de conflitos que podem ser generalizados para o cotidiano da família.

> A ocorrência de sessões conjuntas entre a criança e algum(ns) membro(s) do convívio da criança poderá surgir a partir de solicitação da própria criança, dos pais ou por sugestão do clínico.

> Sessões conjuntas com a criança, membros de sua família e clínico podem significar um ganho importante para o processo, pois modelam repertórios de interação mais adequados e direcionados à resolução de conflitos que podem ser generalizados para o cotidiano da família.

→ DESAFIOS E LIMITES DO TRABALHO COM A FAMÍLIA

Se, por um lado, o acesso que o clínico infantil tem a componentes fundamentais do ambiente da criança (como a família e a escola) constitui uma vantagem da intervenção terapêutica com crianças em relação ao trabalho clínico com adultos, por outro lado, tal fato nos coloca diante de questões e desafios consideráveis.

Um primeiro desafio é o clínico ganhar a confiança da criança e de cada um de seus pais, ao se iniciar o processo. Segundo Skinner:

> O poder inicial do terapeuta como agente controlador se origina do fato de que a condição do paciente é aversiva e de que, portanto, qualquer promessa de alívio é negativamente reforçadora [...] As promessas de auxílio, vários indícios que tornam essas promessas eficazes, o prestígio do terapeuta, relatos de melhora em outros pacientes, ligeiros sinais de melhora no próprio paciente, tudo entra no processo [...] Tudo considerado, entretanto, o poder inicial do terapeuta não é muito grande. Como o efeito que ele deve conseguir requer tempo, sua primeira tarefa é assegurar-se de que haverá tempo disponível (Skinner, 1953/1994, p. 349).

Ou seja, nossa primeira tarefa é fazer com que os clientes se mantenham no atendimento. No caso da clínica infantil, isso significa que o clínico deverá se tornar reforçador, simultaneamente, para a criança e para seus pais. Considerando-se que, via de regra, não é a criança quem busca o atendimento, mas sim seus pais (eventualmente "pressionados" pela escola e/ou por outros profissionais, como médicos, fonoaudiólogos ou professores particulares), nem sempre essa é uma tarefa fácil por envolver indivíduos que tendem a estar sob controle de aspectos diferentes, quando não antagônicos, da situação.

> Nossa primeira tarefa é fazer com que os clientes se mantenham no atendimento. No caso da clínica infantil, isso significa que o clínico deverá se tornar reforçador, simultaneamente, para a criança e para seus pais.

É comum existirem divergências quanto à existência e/ou natureza do problema e quanto aos recursos que cada um considera válidos como tentativas de solução para o mesmo. Assim, por exemplo, os pais podem concordar com a necessidade de um atendimento psicológico a uma criança excessivamente tímida porque temem consequências de médio e longo prazos, se a criança continuar a exibir dificuldades de interação social; entretanto, a própria criança pode se posicionar contra o atendimento, porque o custo imediato de fazer frente às suas dificuldades se sobrepõe às eventuais dificuldades que já esteja encontrando ou venha a encontrar. Ou a mãe pode concordar com o atendimento e o pai considerar que o problema todo seria resolvido "se a mãe fosse menos mole com a criança", sem necessidade de intervenção profissional. Inúmeras outras situações poderiam ser citadas; o que elas têm em comum é a demanda de que o clínico cuide destas divergências em seu trabalho com a criança e sua família.

Do ponto de vista estratégico, o trabalho clínico com crianças também exige repertório diversificado do profissional. Estratégias verbais que poderão ser eficazes (ou suficientes) em seu contato com os pais, com frequência, mostrar-se-ão inapropriadas ou insuficientes no trabalho com a criança. Para programar intervenções eficientes junto à criança, é importante que o clínico considere seu nível de desenvolvimento (verbal, motor, cognitivo, acadêmico), bem como variáveis motivacionais. Atividades plásticas, gráficas, lúdicas, dramatizações, leitura e elaboração de histórias, discussão de desenhos e filmes, uso de fantasia, etc.[3], podem mostrar-se aliados úteis no trabalho com a criança, desde que o clínico as utilize tendo clareza do objetivo a que se prestam e que esteja familiarizado e à vontade com o seu uso.

> Para programar intervenções eficientes junto à criança, é importante que o clínico considere seu nível de desenvolvimento (verbal, motor, cognitivo, acadêmico), bem como variáveis motivacionais.

Conforme já apontado, o contato simultâneo com a criança e com seus pais impõe ao clínico cuidados éticos adicionais, que são importantes demais para não serem mencionados aqui, porém, impossíveis de se abordar em espaço tão restrito. Assim sendo, limitar-nos-emos a destacar o cuidado que o clínico deve ter em relação ao sigilo das informações obtidas junto às diferentes fontes, bem como ao esforço contínuo para evitar exposição da criança que a coloque em situação embaraçosa ou de risco.

Finalmente, é importante assinalar que, embora o trabalho com os pais constitua parte integrante do processo clínico da criança, nem sempre a orientação aos pais é suficiente para obtermos as mudanças desejadas. Dependendo das características e dificuldades apresentadas pelo casal e/ou pela família, trabalhos alternativos ou complementares podem ser indicados. Por exemplo, um casal que esteja passando por uma crise devido à infidelidade de um dos membros poderá ser

> Dependendo das características e dificuldades apresentadas pelo casal e/ou pela família, trabalhos alternativos ou complementares podem ser indicados.

melhor atendido no contexto de processo clínico de casal; a depender das características do caso, o processo clínico da criança pode ser mantido ou suspenso. Caso seja mantido, a orientação de pais continuará a ocorrer e terá sua eficácia potencializada se os dois profissionais (responsáveis pelo atendimento da criança e do casal) conseguirem integrar seu trabalho. Da mesma forma, se um dos membros do casal apresentar comprometimentos tais que o impeçam de se engajar no processo da criança, uma alternativa interessante será aliar o trabalho clínico individual do pai ou da mãe ao atendimento infantil. Há casos, ainda, em que o clínico pode julgar que o trabalho mais indicado envolveria o engajamento de toda a família, propondo, assim, um trabalho clínico familiar como alternativa ao trabalho apenas com a criança.

→ NOTAS

1. Boa parte das colocações apresentadas neste texto aplicam-se tanto aos pais quanto a outros cuidadores com quem a criança convive com frequência e/ou dos quais depende material, legal ou emocionalmente. Entretanto, para maior concisão do texto, optamos por mencionar apenas "família", deixando implícita a validade dos argumentos para outros adultos significativos de seu meio.
2. Para uma análise mais detalhada das mudanças históricas ocorridas na terapia comportamental infantil, ver o artigo publicado por Regra (2000).
3. Para esse assunto, sugere-se a leitura dos Capítulos 26 e 27.

→ REFERÊNCIAS

Regra, J. (2000). Formas de trabalho na psicoterapia infantil: Mudanças ocorridas e novas direções. *Revista Brasileira de Terapia Comportamental e Cognitiva*, *2*(1), 79-101.

Skinner, B. F. (1994). *Ciência e comportamento humano.* (9. ed.). São Paulo: Martins Fontes. (Trabalho original publicado em 1953)

Skinner, B. F. (1995). *Questões recentes na análise comportamental.* Campinas: Papirus (Trabalho original publicado em 1989)

O trabalho da análise do comportamento com grupos: possibilidades de aplicação a casais e famílias

Maly Delitti
Priscila Derdyk

ASSUNTOS DO CAPÍTULO

→ O trabalho clínico com grupos.
→ Modelação como forma de aprendizagem.
→ Modelação e ensaio comportamental como procedimentos de intervenção.
→ O trabalho clínico com casais.
→ O trabalho clínico com famílias.

Os nossos ancestrais obtinham alimentos (possíveis estímulos apetitivos) e fugiam ou se esquivavam dos perigos e intempéries da natureza (possíveis estímulos aversivos) de modo mais eficiente quando em grupo do que quando estavam sozinhos. A vida em grupo facilitou a sobrevivência para a espécie humana, isto é, os comportamentos relacionados a viver com outros indivíduos foram selecionados na história do homem. O modelo da análise de comportamento leva em consideração a interação como inerente à própria definição de comportamento. Sidman (1995) afirma que:

> O comportamento não ocorre em um vácuo. Eventos precedem e seguem cada uma de nossas ações. O que fazemos é fortemente controlado pelo que acontece a seguir – pelas consequências da ação. Provavelmente, a mais fundamental lei da conduta é: consequências controlam comportamentos.

Na situação de grupo terapêutico, a interação social entre os indivíduos promove auto-observação, autoconhecimento, mudanças nos indivíduos e, consequentemente, no próprio grupo. O processo clínico em grupo produz interações sociais cujo produto é uma mudança de comportamento estabelecida pela demanda dos próprios participantes. Nessas situações, trabalha-se para que o cliente aprenda a observar os determinantes de seus comportamentos, ou seja,

> Na situação de grupo terapêutico, a interação social entre os indivíduos promove auto-observação, autoconhecimento, mudanças nos indivíduos e, consequentemente, no próprio grupo.

de quais variáveis estes são função. O ambiente de grupo clínico é rico em estímulos diferentes, o que pode facilitar a emissão de comportamentos clinicamente relevantes – CRBs (Kohlenberg e Tsai, 2001), e, por ter maior semelhança com o ambiente natural,[1] a generalização também pode ser facilitada. O fato de os integrantes do grupo consequenciarem uns aos outros, e não só o clínico, e as possibilidades de aliança entre clientes são outros fatores que aumentam a probabilidade de eficácia do trabalho em grupo.

Uma característica da abordagem analítico-comportamental que aumenta sua eficácia e que fica evidente no trabalho com grupos é o seu aspecto pedagógico ou instrucional. O clínico pode ensinar a seus clientes sobre princípios do comportamento com o objetivo de torná-los capazes de identificarem as relações existentes entre seus comportamentos e consequências, descreverem contingências e construírem suas próprias regras. Na realidade, os resultados mais duradouros e generalizados são obtidos quando o cliente aprende a analisar as contingências envolvidas em suas queixas. Ensinar avaliação funcional ao cliente é um dos melhores procedimentos clínicos, já que o indivíduo que aprendeu a identificar o que controla seus comportamentos fica mais livre para analisá-los e modificá-los, independentemente de seu analista.[2] Cabe ressaltar, no entanto, que, para que essa estratégia seja efetiva, é necessário adequar a linguagem e utilizar exemplos da vida dos clientes, sem a preocupação de utilizar termos técnicos que podem ser de difícil entendimento para algumas pessoas. No grupo, as regras decorrentes da história de vida dos diferentes indivíduos podem ser evidenciadas, questionadas e utilizadas como modelos para desenvolvimento de novos repertórios.

Outra vantagem desta modalidade de atendimento decorre da possibilidade do reforçamento ser diversificado e imediato. Realmente, os membros do grupo são capazes de prover uma fonte adicional de reforçamento positivo social e uma preocupação com a melhora de desempenho dos membros do grupo. O clínico não é mais o único determinante do comportamento dos clientes. A situação grupal pode funcionar como um laboratório no qual se experimenta novos comportamentos e se desenvolvem novas formas de relacionamento. Os membros do grupo proveem um reforço imediato para aquilo que se constitui em um comportamento apropriado em dada situação. Além disso, os membros do grupo podem experimentar novas formas de comunicação com outras pessoas em situações que simulem mais proximamente o mundo real (ambiente natural). Há uma ampla base para modelação social em grupos, e os membros do grupo podem facilitar a aquisição e a manutenção de comportamentos socialmente aprovados. Em um grupo analítico-comportamental, cada participante tem a possibilidade de se comportar como líder ou de ensinar papéis para outros membros do grupo. Se um dos membros do grupo tem habilidades que são valorizadas por outros membros, pode ensiná-las para os outros integrantes; ele pode ser convidado a ajudá-los a obter as mesmas habilidades e, à medida que aprende os conceitos e procedimentos, pode dar modelo para outros participantes.

O primeiro passo em qualquer trabalho de aplicação consiste em fazer a avaliação inicial dos comportamentos. Muitos clientes começam um processo clínico em grupo relatando suas queixas de modo genérico, por exemplo: "fico nervosa", "sou retraído", etc. A tarefa do clínico será analisar tais queixas, descrevendo-as em termos de comportamentos específicos passíveis de observação (direta ou indireta) e de mudança. Além disso, a descrição das contingências permitirá que sejam identificadas as consequências advindas de tais comportamentos, quer para o próprio indivíduo, quer para as pessoas com quem ele interage. Dois tipos de problemas têm sido descritos na literatura: excessos e déficits comportamentais. Os excessos comportamentais se referem àqueles comportamentos que são emitidos em frequência, duração ou intensidade muito alta ou em situações socialmente inadequadas. Déficits de comportamento são os padrões de comportamento que não são emitidos na frequência, intensidade ou duração necessária, da forma socialmente apropriada ou fora de contextos reforçadores. Tanto os excessos quanto os déficits comportamentais podem ocorrer com comportamentos, abertos ou encobertos, verbais ou não verbais e, portanto, passíveis de análise e intervenção segundo os princípios da análise do comportamento. Em relação aos chamados encobertos – tais

> Tanto os excessos quanto os déficits comportamentais podem ocorrer com comportamentos abertos ou encobertos, verbais ou não verbais.

como pensamentos, sentimentos e respostas fisiológicas –, deve-se ressaltar que, na análise clínica do comportamento, esses são considerados comportamentos como quaisquer outros: a única diferença é o acesso que o observador externo tem a eles. Isto é, quando se conduz uma avaliação funcional, os encobertos são analisados de acordo com suas funções, examinando-se as variáveis de controle relevantes. Por exemplo, um cliente diz: "Penso que eu sou um fracasso completo!". Na perspectiva de análise comportamental, é preciso compreender a função deste pensamento e do relato do mesmo, examinando as contingências que o controlam. Quais são os antecedentes sob os quais este pensamento ocorre? O que acontece quando o cliente relata este pensamento? E, independentemente do relato, como este pensamento se relaciona com outros comportamentos e contingências da vida da pessoa? Em quais situações é mais frequente? Quais são as contingências de reforço que mantêm tal pensamento e tal relato?

Na análise clínica do comportamento, a *mensuração* e a *avaliação* fazem parte constante da prática e têm os seguintes objetivos:

a) identificar os comportamentos-alvo e as circunstâncias que mantêm tais comportamentos;
b) auxiliar na seleção de uma intervenção apropriada;
c) fornecer meios de monitoramento dos progressos do tratamento;
d) auxiliar na avaliação da eficácia de uma intervenção.

Após a avaliação inicial, o trabalho do clínico será criar condições que levem o cliente a identificar as classes de contingências de reforçamento na sua história de vida que o levaram a emitir aquele comportamento que como problema, incluindo-se aí padrões de fuga/esquiva. Finalmente, o clínico deve criar condições para que o cliente, através de controle por instruções ou regras, passe a emitir comportamentos que tenham grande probabilidade de serem reforçados no contexto social.

Para executar o seu trabalho, o clínico irá se utilizar dos princípios da análise do comportamento, ouvindo o relato verbal do cliente acerca das situações de sua vida cotidiana e observando e interpretando os comportamentos que são emitidos na sessão. Kohlenberg e Tsai (1991) afirmam que "a observação e interpretação de um terapeuta sobre um comportamento é uma função da história do terapeuta, que inclui também seu referencial teórico". O tipo específico de interpretação escolhido pelo clínico varia de acordo com o seu propósito e com o contexto da análise. Contingências da história de vida do próprio profissional também estarão sempre presentes, seus valores, regras e experiência de vida. O analista neutro ou "distante" é uma falácia do processo clínico. Entretanto, o clínico deve tomar cuidado para não transmitir seus próprios valores.

Tudo o que o cliente faz na sessão são comportamentos que foram aprendidos e ocorrem devido à similaridade funcional entre estímulos presentes na sessão e na situação de aprendizagem. Por exemplo, quando se sente irritado com um comportamento do cliente, o clínico deve se perguntar: será que esse comportamento do cliente é uma amostra de seu comportamento na situação natural e dos respondentes que evoca nas outras pessoas ou eu estou irritado porque estou cansado? Ao fazer esse autoquestionamento, o profissional estará procurando identificar se seus encobertos foram evocados pelo comportamento do cliente ou por contingências de sua história pessoal.

Outro aspecto que deve ser enfatizado é que a aplicação da análise do comportamento em situação de grupo propicia condições de aprendizagem tanto através de uma participação ativa como pela observação do comportamento dos outros. A modelação e o ensaio de comportamento são estratégias fundamentais para o trabalho em grupo.

Aprendizagem através de modelação

Modelação é uma forma pela qual o homem aprende, assim como modelagem e instrução. Todavia, ela também pode ser utilizada como um procedimento clínico de grande importância, principalmente quando trabalhamos com grupos. O comportamento do clínico é modelo para os integrantes do grupo, bem como os comportamentos dos demais integrantes podem também o ser uns para os outros.

Bandura (1969, 1971) foi um dos primeiros autores a pesquisar e analisar as evidências empíricas da aprendizagem por modelação, e demonstrou que a modelação pode ter três efeitos sobre os clientes: primeiro, os observadores podem adquirir novos padrões de comportamento; além disso, a modelação também pode fortalecer ou inibir respostas que já existem no repertório do observador, e estão reprimidas por contingências aversivas; e, finalmente, a modelação pode facilitar respostas que já existem no repertório do indivíduo, mas são emitidas em baixa frequência. Baum (1994/1999) afirma que os indivíduos nascem com uma sensibilidade específica para serem afetados por estímulos que vêm de outros seres humanos, estímulos esses essenciais para o desenvolvimento "normal", e que essa sensibilidade específica em relação a determinados estímulos é que o torna apto a aprender a partir do modelo.

Aprender com o modelo é fundamental para a existência de uma cultura, pois permite a reprodução e continuidade dos seus valores, economizando tempo de aprendizagem e aumentando a probabilidade de aquisição de comportamentos adaptativos à sobrevivência da espécie. Os indivíduos que aprendem, a partir do modelo, comportamentos provenientes de gerações anteriores, em contraposição àqueles que aprendem por si próprios através, por exemplo, de tentativas e erros, aumentam a probabilidade da sobrevivência e manutenção da cultura (Bandura, 1969/1971). De acordo com Baum (1999), "a imitação prové a base da aprendizagem operante" e pode ser não aprendida ou aprendida. O primeiro tipo (imitação não aprendida) não exige nenhuma experiência especial. A imitação não aprendida, combinada com a modelagem, é responsável pela aquisição do comportamento verbal. Já a imitação aprendida é uma forma de comportamento governado por regras. Quando alguém verbaliza para o outro "faça assim", e mostra como fazê-lo, essa pessoa será capaz de seguir esta instrução e este modelo, dependendo de sua história de reforçamento do comportamento de imitar no passado. A imitação permite que padrões de comportamento sejam passados para outras gerações, possibilitando a transmissão da cultura e aumentando a sua probabilidade de sobrevivência.

Os pais são os primeiros modelos a serem seguidos por seus filhos e servem de modelo para muitos comportamentos diferentes. Esses comportamentos podem ser mais aceitos socialmente, como, por exemplo, o comportamento amoroso, ou ser menos aceitos, como a imitação de comportamentos violentos por crianças que têm pais agressivos. Deve-se, entretanto, salientar que o que é adequado socialmente depende do contexto: o comportamento assertivo e cooperativo de uma criança pode ser adequado ou inadequado, isto é, trazer consequências "positivas" ou "negativas", dependendo do fato de ela viver em uma família de classe média ou alta, em um orfanato, um abrigo para menores, etc. Em geral, uma pessoa não copia só um modelo, mas sim vários, e também não copia a íntegra do comportamento do modelo, mas sim alguns aspectos desse comportamento. Conforme vai ficando exposto a novas contingências ou novos modelos, o comportamento aprendido por modelação pode ir mudando de aspecto, acrescido ou modificado. Essa possibilidade de mudança de padrões de comportamento é uma variável relevante no trabalho com grupos.

> É importante saber que *modelação* é aprendizagem a partir de um modelo e que *imitação* é um tipo de modelação, todavia existem outras formas de aprender a partir do modelo, por exemplo por oposição a ele.

> Em geral, uma pessoa não copia só um modelo, mas sim vários e também não copia a íntegra do comportamento do modelo, mas sim alguns aspectos desse comportamento.

> Há alguns fatores que facilitam a aprendizagem por modelação: a habilidade do indivíduo em observar e diferenciar determinados aspectos do comportamento do modelo; as características do modelo, suas similaridades em relação idade, raça, grupo social, etc. e as contingências nas quais o modelo se encontra ao ser apresentado ao observador.

Há alguns fatores que facilitam a aprendizagem por modelação: a habilidade do indivíduo em observar e diferenciar determinados aspectos do comportamento do modelo; as características do modelo, suas similaridades em relação à idade, etnia, ao grupo social, etc., e as contingências nas quais o modelo se encontra ao ser apresentado ao observador. Bandura (1969/1971) afirmou que, se um modelo tiver sua resposta reforçada na presença de um observador, a probabilidade da imitação por parte do observador é maior. Além disso, de acordo com esse autor, o papel do controle social sobre o comportamento do modelo deve ser lembrado. Isto é, o comportamento do modelo dependerá das regras sociais, e estas variam de cultura para cultura. Na situação natural, pode ocorrer, também, que alguém que desempenhe papel de modelo apresente um amplo repertório de esquiva, o que poderá impedir que o indivíduo entre em contato com inúmeras contingências. Na situação clínica, observa-se que pessoas com problemas de fobia ou de ansiedade "exagerada" relatam histórias de aprendizagem desses padrões ("meu pai e meu avô também eram como eu").

Outro aspecto a ser considerado é que a aprendizagem por modelação ocorre ainda que a relação de contingência não esteja explicitada. Por exemplo, comportamentos liberais em relação a sexo, cuidados com limpeza pessoal e a forma de administrar o dinheiro são aprendidas através dos anos em nosso ambiente social, ainda que as contingências não estejam explicitadas. Bandura (1969/1971) chamou de modelos simbólicos aqueles que não eram apresentados "ao vivo", como os personagens de filmes ou livros. Nesse sentido, as regras sociais podem ser consideradas um modelo importante. Baum (1999) ressaltou que a regra "imite o sucesso" faz parte da cultura. Assim, os indivíduos imitam ídolos da TV ou do esporte, que são modelos apresentados pela mídia em contingências de reforço identificadas como sucesso ou prestígio.

Na clínica, o estabelecimento de uma boa relação terapêutica pode significar que o clínico adquiriu propriedades de modelo, ou seja, o cliente poderá aprender a partir da observação dos comportamentos do clínico. No processo clínico em grupo, a variedade de modelos é maior, isto é, podem ser modelos os clínicos, outros membros do grupo e pessoas do ambiente natural dos clientes. Em suma, a modelação e o ensaio comportamental podem ser estratégias fundamentais no trabalho com grupos, sendo que o *ensaio comportamental* é a simulação de situações reais da vida do indivíduo, situações nas quais ele apresenta algum grau de dificuldade, e pode ser utilizado para avaliação e para intervenção.

> Ensaio comportamental é a simulação de situações reais da vida do indivíduo, situações nas quais ele apresenta algum grau de dificuldade, e pode ser utilizado para avaliação e para intervenção.

→ A MODELAÇÃO E O ENSAIO COMPORTAMENTAL COMO ESTRATÉGIA DE AVALIAÇÃO E INTERVENÇÃO

Na seção anterior, discutimos modelação como forma de aprendizagem. Nesta seção, discutiremos o uso de modelação, juntamente com ensaio comportamental ou não, como procedimento de intervenção.

> *Modelação* é uma das formas através das quais o homem aprende, sendo a *modelagem* e a *instrução* outras formas possíveis de aprendizagem humana. As três formas de aprendizagem podem ser utilizadas pelo clínico como *procedimentos de intervenção*, ou seja, utilizadas de forma planejada para ensinar um repertório específico.

Quando o indivíduo representa uma situação que tenha ocorrido em sua vida, pode-se observar seu comportamento verbal e não verbal, a topografia dos mesmos, tom de voz, gestos, entonação e postura. Essa observação costuma fornecer dados importantes para a análise das contingências. Assim, ensaios comportamentais podem facilitar ao clínico observar comportamentos que precisam ou não ser modificados, os quais, muitas vezes, seriam difíceis de se identificar apenas através do relato verbal.

A partir de modelação e ensaios comportamentais, é possível instalar ou alterar muitos comportamentos, desde o comportamento de observar a si e aos outros, analisar e descrever contingências, habilidades sociais, empatia, comunicação, autorrevelação, enfrentamento, etc.

Vale a pena salientar que os primeiros modelos de comportamentos que o clínico apresenta para os clientes são os autorrelatos, principalmente aqueles cujo conteúdo mostre empatia e aceitação social, isto é, o clínico se comporta visando servir como modelo de como os clientes podem liberar reforço social aos outros integrantes do grupo.

A modelação pode ser facilitada quando, por exemplo, durante um ensaio de comportamento no grupo, o clínico der uma instrução prévia oral ou escrita em cartões, levando os clientes a ficarem sob controle dos estímulos relevantes, dizendo, por exemplo: "Prestem atenção ao tom de voz e aos gestos do P nesta situação".

Uma variação de modelação ocorre quando o clínico atua como espelho, isto é, emite um comportamento (verbal ou não) similar a um comportamento emitido ou descrito pelo cliente para o grupo observar, reforçar diferencialmente e, se necessário e possível, emitir comportamentos alternativos. Além disso, pode ser feita a troca de papéis: o cliente troca de papel com outro participante da dramatização, seja ele clínico ou outro membro do grupo.

> Para que a modelação seja uma estratégia efetiva devem ser seguidos os seguintes passos: descrever a situação-problema, decompor a sequência comportamental (operacionalização), dar instruções ou modelo de desempenho, ensaio, dicas sobre o desempenho, inverter papéis, reensaiar, reavaliar o desempenho, programar a generalização, avaliar o desempenho na situação natural.

De qualquer forma, para que a modelação seja uma estratégia efetiva, devem ser seguidos os seguintes passos: descrever a situação-problema; decompor a sequência comportamental (operacionalização); dar instruções ou modelo de desempenho; ensaio; dicas sobre o desempenho; inverter papéis; reensaiar; reavaliar o desempenho; programar a generalização; avaliar o desempenho na situação natural.

Um processo clínico analítico-comportamental pode ser aplicado com eficácia a diferentes tipos de grupos. Algumas dessas possibilidades são grupos de:

a) autoconhecimento;
b) treino de habilidades sociais realizados no consultório ou em empresas;
c) mulheres: grupo temático com sessões dirigidas que discutem aspectos específicos da vida das mulheres;
d) asmáticos: para identificação de contingências relacionadas às crises e aprendizagem de padrões de respiração e relaxamento;
e) universitários com dúvidas profissionais;
f) *coaching* comportamental: para problemas em empresas;

g) casais;
h) famílias.

Desses grupos citados, os dois últimos, casais e famílias, serão foco de algumas reflexões.

→ O TRABALHO COM CASAIS

O processo clínico de casais, frequentemente chamado de terapia de casal, é uma das áreas de atuação mais desenvolvidas nas últimas décadas. A incidência de procura na clínica analítico-comportamental é muito alta. Embora os princípios da análise do comportamento sejam os mesmos para compreensão da aquisição e manutenção de comportamentos de diferentes indivíduos, não se pode pensar em um trabalho com casais como um modelo padronizado, ou como um conjunto de técnicas que sejam aplicáveis a todos os casais. Cada casal é único e tem sua história específica de relacionamento e, portanto, merecerá avaliações, estratégias e intervenções próprias.

Stuart (1969) foi dos primeiros analistas comportamentais a se dedicar a atender casais. Sua proposta era entender o casal como estando sob controle recíproco dos comportamentos um do outro, de modo geral o controle aversivo. Sua estratégia básica envolvia o "contrato de trocas de comportamentos", isto é, cada membro do casal escolhia um comportamento que gostaria que o outro desenvolvesse ou mudasse (frequência, topografia, intensidade). O treino em comunicação e em tomada de decisão e o estabelecimento de controle por reforçamento positivo entre os parceiros eram os aspectos básicos da proposta de Stuart (1969). Realmente, sabemos que algumas pessoas aprendem em sua história de vida a resolverem conflitos de forma não agressiva, conviverem com diferenças e ouvir outros pontos de vista. Uma história de vida que tenha tais características facilita a discussão de incompatibilidades e a solução de eventuais dificuldades surgidas no convívio mútuo, facilitando o trabalho junto ao casal.

Jacobson e Cristensen (1992) denominaram de Terapia Comportamental de Casal Integrativa uma proposta que, segundo os mesmos, integrava a terapia comportamental proposta por Stuart (1969) com a terapia de aceitação e compromisso (Hayes, 1997). Segundo este modelo, o clínico deve transformar os problemas em formas de se obter maior intimidade entre membros do casal e fazer com que estes parem de lutar para transformar o outro naquilo que eles desejam no casamento. O clínico deve ter a habilidade de remover o principal foco de problemas entre casais, isto é, o fato de cada um tentar mudar o outro, o que promoverá uma maior tolerância para com características indesejáveis do outro, modificando o ambiente de conflito e, assim, possibilitando mudanças. Além disso, o trabalho clínico visa aumentar a intimidade do casal, fazendo com que cada um passe a valorizar características "positivas" do parceiro, em vez de tentar mudar o que lhe desagrada no outro.

Na realidade, podemos entender as intervenções de aceitação emocional como a alteração dos aspectos da situação e a maximização da capacidade de cada um de responder receptivamente ao sofrimento do outro, através da mudança da função do estímulo antecedente.

Um princípio de análise do comportamento que é fundamental no atendimento de casais é a análise da coerção (Sidman, 1995). Quando procuram por ajuda de um profissional, os casais geralmente encontram-se sob controle de interações coercitivas: um cônjuge age exercendo função de estimulação aversiva até que o outro responda, reforçando-o, conforme ele atinge seus objetivos. O parceiro, por sua vez, também é reforçado, nesse

> Por vezes, as relações entre o casal são coercitivas, o que quer dizer que os padrões de comportamento usualmente estabelecidos entre ambos são: evitação mútua; interação negativa mútua e evitação e interação negativa.

caso negativamente, pois livra-se da coerção. A intermitência do reforço faz aumentar ainda mais a coerção. O parceiro inicialmente não coercitivo pode passar a usar coerção para se ver livre da estimulação aversiva inicial. Cria-se, assim, um ciclo vicioso. Nessas interações coercitivas, os padrões de comportamento que usualmente se estabelecem são:

a) evitação mútua: casais diante de incompatibilidades optam por ignorá-las para evitar o conflito (fuga/esquiva);
b) interação negativa mútua: ambos os cônjuges engajam-se em ataque ao outro (exercem efeitos coercitivos); e
c) evitação e interação negativa: um dos parceiros se engaja em interações coercitivas, enquanto o outro tenta evitar o conflito, esquivando-se.

Quaisquer dessas alternativas caracterizam interações aversivas que gradualmente vão tornando a relação fonte de sofrimento cada vez maior. Quando isso ocorre, o casal procura terapia.

Em suma, atender casais é uma atividade que pode ser frustrante para o clínico, pois este deverá lidar com relações aversivas eventualmente instaladas há muito tempo, o que demanda habilidades acuradas de expressão de afeto e, ao mesmo tempo, objetividade e neutralidade.

→ O TRABALHO COM FAMÍLIA

A família é um grupo de pessoas que interagem entre si, modelando comportamentos em cada indivíduo e, consequentemente, no grupo como um todo. Assim, responde ao critério de ser um grupo social. É na família que cada indivíduo começa a aprender a viver em sociedade. Essa aprendizagem é decorrente da interação recíproca entre os diversos membros, a qual resultará na instalação e fortalecimento de grande parte do repertório de cada um. Além disso, a família é o contexto em que seus membros costumam se expressar mais inteiramente em sua complexidade. Essa interação familiar é que será o foco do trabalho clínico (momento presente), bem como a história contada a partir de cada um (momento passado). A comunicação uns com os outros é feita por gestos, olhares, bem como por palavras.

O trabalho com família, a partir do enfoque da análise do comportamento, teve seu início com a aplicação dos princípios de análise do comportamento a problemas de comportamento infantil e orientação a pais (Patterson, 1972). Nessa época, Liberman (1970) enfatizou que as famílias só procuram atendimento após muito tempo de controle aversivo entre seus membros. Efetivamente, a atuação do analista clínico do comportamento em qualquer local e com qualquer indivíduo ou grupo sempre será decorrente do controle aversivo que existe na sociedade, e seu trabalho consiste em criar condições para que os indivíduos aprendam a lidar com este controle aversivo, alterando as contingências ou, se isso não for possível, desenvolvendo respostas de fuga/esquiva.

> A atuação do analista clínico do comportamento em qualquer local e com qualquer indivíduo ou grupo sempre será decorrente do controle aversivo que existe na sociedade e seu trabalho consiste em criar condições para que os indivíduos aprendam a lidar com este controle aversivo, alterando as contingências ou, se não for possível desenvolvendo respostas de fuga/esquiva.

A prática clínica atual baseia-se essencialmente na interação verbal, que é utilizada pelos clínicos para ter acesso aos comportamentos abertos e encobertos do cliente. O trabalho com família cria um contexto para as pessoas interagirem diretamente umas com as outras, podendo identificar-se os CRBs. Esse contexto deve ser cuidadosamente observado e analisado como uma situação na qual o próprio clínico faz parte das contingências.

O profissional ouve os temas, os relatos verbais e descreve o que está observando; por exemplo, onde as pessoas estão sentadas em relação umas às outras, se há a formação de alianças e/ou subgrupos. Além disso, devem ser observados outros comportamentos não verbais dos diferentes membros do grupo familiar, como trocas de olhares, mudanças de cada um em direção à aproximação ou afastamento do outro, toques ou manifestações de carinho.

De acordo com a proposta da abordagem analítico-comportamental, no atendimento a famílias os problemas são especificados de forma objetiva e concreta e as estratégias clínicas são planejadas com base em dados empíricos e submetidas à avaliação constante. Ao se estabelecerem os objetivos, procuram-se identificar expectativas e são coletados dados para a análise da história do problema – como os problemas começaram, que eventos estão relacionados à sua manutenção –, isto é, é feita a avaliação funcional. Entre os primeiros objetivos das sessões estão:

> Entre os primeiros objetivos das sessões [de terapia de família] estão: comprometer a família com o trabalho; estabelecer objetivos a serem alcançados por todos e por cada um; fazer uma análise comportamental das interações e desenvolver e implementar uma estratégia de intervenção.

a) comprometer a família com o trabalho;
b) estabelecer objetivos a serem alcançados individualmente e por todos;
c) fazer uma análise comportamental das interações; e
d) desenvolver e implementar uma estratégia de intervenção.

Outro cuidado que deve ser tomado após a implementação das estratégias de intervenção é o planejamento da generalização e/ou equivalência funcional – para que os ganhos da sessão se mantenham na vida cotidiana. Ambientes fisicamente diferentes podem ser funcionalmente semelhantes e, assim, controlarem o mesmo comportamento. A generalização e a equivalência são os conceitos que explicam a eficácia do trabalho clínico analítico-comportamental na vida cotidiana.

Para concluir, deve-se ressaltar que ser um analista de comportamento e trabalhar no consultório com pessoas individualmente ou com grupos (famílias, casais, etc.) é uma atividade complexa que depende de uma base teórica sólida, de estudos constantes e também de autoconhecimento.

→ NOTAS

1. Ambiente natural é um termo empregado para se referir àqueles contextos nos quais estamos inseridos no dia a dia e geralmente é utilizado para diferenciá-los do contexto clínico, que se propõe diferenciado.
2. Para ver uma discussão mais aprofundada sobre esta possibilidade de se tornar mais livre, ver Capítulo 8.

→ REFERÊNCIAS

Bandura, A. (1969). *Principles of behavior modification*. New York: Holt, Rinehart and Winston.

Baum, W. M. (1999). *Compreender o behaviorismo: Ciência, comportamento e cultura*. Porto Alegre: Artmed.

Hayes, S. C. (1987). A contextual approach to therapeutic change. In N. Jacobson (Org.), *Psychoterapists in clinical practice: Cognitive and behavioral perspectives* (pp. 221-240). New York: Guilford Press.

Jacobson, N. S., & Christensen, A. (1998). *Acceptance and change in couple therapy*. New York: W. W. Norton & Company.

Kohlenberg, R. J., & Tsai, M. (2001) *Psicoterapia analítico-funcional: Criando relações terapêuticas intensas e curativas*. Santo André: ESETec. (Trabalho original publicado em 1991)

Liberman, R. (1970). Behavioral approaches to family and couple therapy. *American Journal of Orthopsychiatry, 40*(1), 106-118.

Patterson, G. R. (1972). *Families: Applications of social learning to family life*. Champaign: Research Press.

Sidman, M. (1995). *Coerção e suas implicações*. São Paulo: Editorial Psy.

Skinner, B. F. (1989). *Ciência e comportamento humano*. São Paulo: Martins Fontes. (Trabalho original publicado em 1953)

Stuart, R. B. (1969). Operant: Interpersonal treatment for marital discord. *Journal of Consulting and clinical Psychology, 33*(6), 675-682.

Tharp, R. G., & Wetzel, R. J. (1969). *Behavior modification in the natural environment*. New York: Academic Press.

30 O atendimento em ambiente extraconsultório: a prática do acompanhamento terapêutico

Fernando Albregard Cassas
Roberta Kovac
Dante Marino Malavazzi

ASSUNTOS DO CAPÍTULO

→ O que é acompanhamento terapêutico.
→ Breve história do acompanhamento terapêutico na psicologia.
→ Acompanhante terapêutico e clínica analítico-comportamental.
→ O que faz o acompanhante terapêutico.
→ A relação terapêutica no acompanhamento terapêutico.

Atualmente, existe uma prática bem-estabelecida na psicologia, relacionada à intervenção clínica fora do consultório. Trata-se do acompanhamento terapêutico – AT, uma modalidade de atendimento caracterizada sobretudo por ocorrer no ambiente natural do cliente.[1]

Este capítulo tem por objetivo apresentar a prática do acompanhante terapêutico. A princípio, ela será brevemente contextualizada na história da psicologia. Em seguida, a proposta analítico-comportamental para tal modalidade de atuação clínica será ilustrada.

→ NA PSICOLOGIA

A literatura de psicologia atribui a origem do acompanhamento terapêutico a dois marcos históricos: o movimento antipsiquiátrico (associado às práticas de psicanalistas e fenomenólogos) e a modificação do comportamento (vinculada à atuação de analistas do comportamento), ambos iniciados na década de 1960.

O movimento antipsiquiátrico contestou a visão de que a doença mental era produto exclusivo de uma disfunção orgânica, defendendo a influência de fatores psíquicos, sociais e políticos na gênese dos chamados *distúrbios psicológicos*. Isso

> Afinal, se a origem do transtorno mental envolvia também elementos de natureza psíquica, social e política, a mera internação do indivíduo acometido pela patologia (medida recorrente naquela época) tornava-se insuficiente. Curá-lo exigiria, em vez disso, uma ação direta sobre o seu ambiente.

implicou uma mudança significativa na abordagem psiquiátrica aos problemas de comportamento. Afinal, se a origem do transtorno mental envolvia também elementos de natureza psíquica, social e política, a mera internação do indivíduo acometido pela patologia (medida recorrente naquela época) tornava-se insuficiente. Curá-lo exigiria, em vez disso, uma ação direta sobre o seu ambiente (Schneeroff e Edelstein, 2004).

Essa concepção fundamenta, ao menos em parte, o atual hospital-dia – instituição na qual o paciente permanece apenas um período, retornando para casa no final do dia. Como se vê, o movimento psiquiátrico alertou para a necessidade de estender a intervenção clínica à rede social do enfermo, levando os profissionais da área a interagir com a família e até mesmo com os colegas do paciente, a fim de ampliar a chance de sucesso do tratamento.

Inicialmente, esse tipo de atendimento destinou-se a indivíduos internados há muito tempo (i.e., cerca de 10 anos) em instituições psiquiátricas, a fim de promover situações de ressocialização. Para isso, era preciso retirá-los do hospital e colocá-los em contato com o mundo exterior. Nessas situações, os pacientes eram acompanhados por profissionais, responsáveis por auxiliá-los a planejar, treinar e avaliar eventuais interações sociais no ambiente externo. Em última análise, a intervenção buscava aumentar a probabilidade de os indivíduos internados serem bem-sucedidos ao restabelecer o convívio com familiares e colegas de outrora.

> Os pacientes eram acompanhados por profissionais, responsáveis por auxiliá-los a planejar, treinar e avaliar eventuais interações sociais no ambiente externo. Em última análise, a intervenção buscava aumentar a probabilidade dos indivíduos internados serem bem sucedidos ao restabelecer o convívio com familiares e colegas de outrora.

No Brasil, o desenvolvimento da prática clínica em ambiente extraconsultório remonta ao início da década de 1970, quando profissionais de diferentes nacionalidades (p. ex., argentinos) vieram ao país compartilhar suas experiências. A partir de então, cada abordagem da psicologia orientou a reflexão sobre o acompanhamento terapêutico de acordo com seus próprios pressupostos filosóficos e conceituais.

Na psicanálise, por exemplo, os profissionais que atuam como acompanhantes terapêuticos são definidos como "especialistas em poder estar pessoalmente nas relações – estabelecer transferências e suportar essas transferências, estando sempre referenciados a um grupo – equipe e instituição" (Carrozzo, 1997, p. 15). Em outras palavras, são pessoas habilitadas a participar diretamente do dia a dia do paciente e estabelecer relações transferenciais com ele, de modo a ajudá-lo a curar enfermidades psíquicas.

Nessa abordagem, o trabalho do AT é definido da seguinte maneira:

> Práticas de saída pela cidade, com a intenção de montar um "guia" que possa articular o paciente na circulação social, através de ações, sustentado por uma relação de vizinhança do acompanhante com o louco e a loucura, dentro de um contexto histórico (Porto e Sereno, 1991, p. 30).

Excluído do grupo social, o paciente contaria com o apoio do acompanhante terapêutico para reinseri-lo na sociedade por meio do caminhar pelas ruas da cidade. Caberia ao AT, segundo a concepção psicanalítica, tratar de um indivíduo acometido por alguma enfermidade psíquica e lhe oferecer ajuda para reconstituir-se psíquica e socialmente.

Uma outra vertente dessa modalidade de atendimento foi influenciada pela chamada *modificação do comportamento*. Após um grupo de analistas do comportamento aplicar o conhecimento herdado da análise experimental do comportamento (AEC) à prática clínica de gabinete, diversas críticas apontaram as limitações inerentes ao atendimento restrito ao consultório. Ali, o clínico analítico-comportamental não teria acesso às contingências em vigor no cotidiano do cliente, mas apenas ao relato verbal sobre elas – o que comprometeria a qualidade da avaliação funcional realizada. Por outro lado, o psicólogo que estivesse ao lado do cliente em situações cotidianas – a exemplo dos modificadores do comportamento nas décadas de 1950 a 1970 – teria informações mais fidedignas sobre as variáveis de controle dos comportamentos-alvo. Assim, o termo *acompanhante terapêutico* (ou terapeuta em ambiente natural) alude ao fato de esse profissional participar de algumas situações que definem a queixa do cliente, condição supostamente privilegiada para proceder à avaliação funcional (Guerrelhas, 2007).

> Para os clínicos analítico-comportamentais, o termo *acompanhante terapêutico* (ou terapeuta em ambiente natural) alude ao fato de esse profissional participar de algumas situações que definem a queixa do cliente, condição supostamente privilegiada para proceder à avaliação funcional.

Ao longo da década de 1980, porém, a prática dos modificadores do comportamento também sofreu críticas severas por não considerar todas as variáveis de controle dos comportamentos-alvo, fato que gradualmente restringiu seu campo de atuação. Nessa época, uma parcela dos analistas do comportamento resgatou o trabalho clínico no consultório.

No Brasil, na década de 1990, a terapia de gabinete de base analítico-comportamental conviveu com algumas novas experiências de atendimento extraconsultório (Guedes, 1993; Zamignani, 1997) que trouxeram o analista do comportamento para o contato com o ambiente natural. Além disso, essas primeiras práticas levaram a uma atuação que, atualmente, configura-se de uma forma bem diferente dos modificadores de comportamento. Mais à frente será descrito o modo pelo qual o atendimento extraconsultório tem acontecido na abordagem analítico-comportamental.

→ A INTERVENÇÃO ANALÍTICO-COMPORTAMENTAL DO ACOMPANHANTE TERAPÊUTICO

Conforme postula Skinner (1989/2005), "comportamentos perturbados são causados por contingências de reforçamento perturbadoras, não por sentimentos ou estados da mente perturbadores, e nós podemos corrigir a perturbação corrigindo as contingências" (p. 102). Ou seja, qualquer "problema comportamental"[2] decorre de uma relação entre o indivíduo e o ambiente.

Portanto, a responsabilidade por determinado "problema" de comportamento não deve incidir apenas sobre o cliente em busca de terapia. Ao mesmo tempo, vale destacar que a conduta do indivíduo em sofrimento não resulta de uma patologia mental. O que ele faz (ou deixa de fazer) está diretamente relacionado às consequências de suas ações. Sendo assim, a análise de uma determinada queixa também requer a investigação do ambiente do cliente.

> A responsabilidade por determinado "problema" de comportamento não deve incidir apenas sobre o cliente em busca de terapia. Ao mesmo tempo, vale destacar, que a conduta do indivíduo em sofrimento não resulta de uma patologia mental. O que ele faz (ou deixa de fazer) está diretamente relacionado às consequências de suas ações.

Por esse motivo, as intervenções clínicas nesta abordagem costumam exigir alterações não apenas no comportamento do indivíduo em terapia, mas também em seu entorno social (p. ex., família e amigos). Isso porque a eficácia do tratamento dependerá da mudança (ou não) na relação do cliente com seu ambiente.

Até aqui, nenhuma diferença com a terapia de gabinete. Porém, se a "perturbação" do comportamento resulta de contingências igualmente "perturbadoras", acessá-las diretamente no ambiente natural do indivíduo em sofrimento parece potencializar a análise e a intervenção do profissional. Eis a marca distintiva entre o atendimento clínico no consultório e fora dele. Enquanto no primeiro caso o acesso às contingências se dá "apenas" de modo indireto (via relato verbal), no segundo caso prevalece a observação direta, método de coleta de dados por excelência na análise do comportamento.

A esse respeito, diz Holland (1978): "A solução para um problema comportamental não pode se restringir a contingências especialmente arranjadas no ambiente particular da clínica. Se o problema tem de ser corrigido, é necessário modificar as contingências do ambiente natural" (p. 166).[3] Logo, ir ao ambiente natural amplia não apenas a capacidade de análise do comportamento-alvo, mas principalmente a probabilidade de sucesso do tratamento.

→ O QUE FAZ O ACOMPANHANTE TERAPÊUTICO

Assim como no consultório, o atendimento clínico em ambiente natural envolve pelo menos quatro etapas:

1. avaliação inicial (formulação da hipótese funcional);
2. planejamento da intervenção;
3. intervenção propriamente dita; e
4. avaliação dos resultados.

A fim de ilustrar esse processo, um caso fictício será descrito a seguir. Maria, mãe de Luís, de 16 anos, busca atendimento para o filho, apresentando como queixa problemas na escola.

> "O atendimento clínico em ambiente natural envolve pelo menos quatro etapas: avaliação inicial (formulação da hipótese funcional); planejamento da intervenção; intervenção propriamente dita; e avaliação dos resultados.

Avaliação inicial

Em primeiro lugar, os familiares do cliente costumam ser entrevistados no consultório. Em geral, antes de dar início ao atendimento, o terapeuta também entra em contato com os demais profissionais envolvidos no caso (p. ex., professores e psiquiatra). As primeiras entrevistas buscam identificar, entre outros, padrões de interação familiar e dados necessários ao planejamento da intervenção.

Em um segundo momento, o terapeuta encontra pessoalmente o cliente (no consultório ou fora dele), a fim de iniciar o estabelecimento de um vínculo e levantar mais informações sobre o caso.

De posse desses dados, ele elabora uma hipótese funcional. Isso significa definir o comportamento-problema (i.e., atitudes do cliente que implicam sofrimento tanto para ele como para os demais a sua volta) e identificar as possíveis variáveis de controle (p. ex., o que a família ou os amigos fazem para manter tal conduta). O principal desafio clínico é assegurar ao indivíduo atendido o que é importante para ele e para aqueles ao seu redor, mas de uma maneira socialmente mais adequada. Dito de outra forma, não basta eliminar um determinado comportamento-problema sem garantir às partes envolvidas as mesmas consequências anteriormente produzidas de modo "problemático", por envolver prejuízos de natureza diversa.

No caso ilustrado neste capítulo, a primeira iniciativa do clínico foi entrevistar Maria, a professora de Luís, a coordenadora pedagógica da escola e o psiquiatra responsável pelo tratamento farmacológico do cliente. Segundo eles, o garoto dormia a maior parte do tempo em sala de aula e no intervalo. O médico, por sua vez, informou a administração de antidepressivos ao garoto. Após coletar esses dados, o psicólogo foi à escola observar o comportamento de Luís, onde constatou boa capacidade de concentração apenas no início das aulas. Porém, quando era solicitado a realizar tarefas acadêmicas (sobretudo aquelas com nível de dificuldade mais elevado), o cliente mostrava sonolência até adormecer. Ao sair para o recreio, Luís não interagia com os colegas e acabava dormindo próximo à cantina.

A observação direta em ambiente natural (p. ex., escola) permitiu ao profissional elaborar a seguinte hipótese funcional: diante de uma demanda para a qual Luís não parecia estar preparado, seja um dever escolar ou uma interação social mais elaborada, o cliente evitava enfrentá-la ao adormecer na sala ou fora dela. De certa forma, embora comprometesse a aprendizagem acadêmica e o desenvolvimento do repertório social, a sonolência se revelava "adaptativa", pois Luís não saberia lidar com as situações descritas.

Admitindo que a hipótese do profissional estivesse correta, a intervenção apropriada visaria não apenas a eliminar os cochilos do garoto, mas sobretudo desenvolver seu repertório acadêmico e social, para ele não ter de fugir de situações semelhantes no futuro. Mais do que isso, permitiria a Luís beneficiar-se do rico aprendizado fornecido pelo ambiente escolar, tanto em termos de conteúdo quanto de relacionamentos interpessoais.

Planejamento da intervenção

Para alcançar o resultado previsto, seria possível adotar diferentes procedimentos. Entre eles, reforçamento diferencial, extinção, modelagem, modelação, ensaio comportamental, dessensibilização sistemática e exposição com prevenção de respostas.

O psicólogo de Luís privilegiou o treinamento de atividades acadêmicas e habilidades sociais.

Intervenção

Planejamento traçado, teve início o ensaio comportamental. O procedimento incluiu a simulação de conversas com colegas de sala, discutindo temas e abordagens teoricamente mais adequadas. Em paralelo, o profissional auxiliou Luís na resolução de exercícios acadêmicos e, acima de tudo, no desenvolvimento de um repertório de solução de problemas.

Avaliação dos resultados

Após concluir a aplicação das técnicas planejadas, os resultados obtidos são avaliados. Caso eles tenham sido atingidos de modo satisfatório, finaliza-se o atendimento clínico. Do contrário, a hipótese funcional é revista e uma nova intervenção, delineada.

No atendimento de Luís, ao final da intervenção terapêutica, o cliente mostrou-se capaz de iniciar uma conversa sobre *videogame* com um dos colegas de classe. Dias depois, durante o recreio, eles jogaram uma partida de futebol no *videogame* portátil de Luís. Quanto às atividades acadêmicas, o cliente conseguiu resolver algumas tarefas e despendeu menos tempo dormindo em sala de aula. Juntos, os resultados sugeriram que a intervenção foi bem-sucedida.

As quatro etapas descritas – avaliação inicial, planejamento da intervenção, intervenção e avaliação dos resultados – permeiam tanto uma análise molar como uma avaliação molecular da intervenção clínica.

No caso de Luís, por exemplo, a elaboração de uma hipótese funcional foi realizada não apenas para o caso de um modo geral, mas também para cada sessão conduzida. Ao longo do processo terapêutico, o psicólogo reavaliou o planejamento inicial e a seleção de técnicas, uma vez que a avaliação funcional se tornou cada vez mais complexa e abrangente. Dessa forma, o profissional pode atender à queixa inicial sem negligenciar as novas demandas que surgiram durante a evolução do tratamento.

→ A RELAÇÃO TERAPÊUTICA NO ACOMPANHAMENTO TERAPÊUTICO

Um aspecto fundamental do acompanhamento terapêutico é a qualidade da relação estabelecida com o cliente. Diferentemente do trabalho de gabinete (em que a relação se limita ao contexto do consultório), o AT participa de alguns momentos da vida do cliente – o que aumenta o risco de exposição, se comparado ao clínico de gabinete. Daí a importância de se construir uma relação sólida e de confiança, indispensável para se levar a cabo as intervenções propostas em ambiente natural.

Aliás, a própria relação terapêutica é muitas vezes um instrumento importante de mudança comportamental. Por exemplo, se um cliente apresenta dificuldade para estabelecer vínculos de confiança com as pessoas, o fato de alcançar esse objetivo com o AT já representa, por si só, uma intervenção bem-sucedida.

No entanto, justamente por participar ativamente da vida do cliente, o profissional pode vir a experimentar sentimentos intensos em relação ao interlocutor, como frustração e raiva. Algumas vezes, esses sentimentos custam a ser compreendidos, exigindo treino de auto-obervação e supervisão clínica com profissionais mais experientes. Identificar as contingências responsáveis por tais estados motivacionais diminui o risco de o profissional agir de modo impulsivo na sessão, já que ele pode intervir antecipadamente sobre as variáveis de controle.

Por fim, cabe lembrar: ainda que sentimentos não representem a causa do comportamento (na verdade, tratam-se de subprodutos das relações de controle em curso), reconhecer as contingências subjacentes a eles permite aprimorar a análise do caso e planejar intervenções de maior valor terapêutico no contato direto com o cliente.

→ NOTAS

1. Recentemente, tem-se adotado o termo *ambiente extraconsultório* para definir os locais onde o acompanhamento terapêutico atua. Para mais informações, ver Zamignani, Kovac e Vermes (2007).
2. Para a abordagem analítico-comportamental, *problema* não se refere a algo errado, mas sim a um conjunto de comportamentos que acarretam alto grau de sofrimento tanto para o indivíduo em questão quanto para seus familiares ou amigos. Assim, não existe comportamento mal-adaptado. Todo comportamento é funcional, isto é, produz uma consequência que o mantém ou altera a sua probabilidade de ocorrência. Ao menos nesse sentido, portanto, o comportamento sempre é adaptativo.
3. No original em inglês: "*If the very theory on which behavior therapy is based is correct, then the solution to a behavioral problem cannot rest in the specially arranged contingencies in the special environment of the clinic. The contingencies of the natural environment have to change*" (Holland, 1978, p. 166).

→ REFERÊNCIAS

Carrozzo, N. L. M. (1997). Introdução. In Equipe de acompanhantes terapêuticos do Hospitaldia A Casa, *Crise e cidade: Acompanhamento terapêutico*. São Paulo: Educ.

Guedes, M. L. (1993). Equívocos da terapia comportamental. *Temas em Psicologia, 2*, 81-85.

Guerrelhas, F. (2007). Quem é o acompanhante terapêutico: História e caracterização. In D. R. Zamignani, R. Kovac, & J. S. Vermes (Orgs.), *A clínica de portas abertas: Experiências e fundamentação do acompanhamento terapêu-*

tico e da prática clínica em ambiente extraconsultório (pp. 33-43). São Paulo: Paradigma/ESETec.

Holland, J. G. (1978). Behaviorism: Part of the problem or part of the solution. *Journal of the Experimental Analysis of Behavior, 11*, 163-174.

Porto, M., & Sereno, D. (1991). Sobre o acompanhamento terapêutico. In Equipe de acompanhantes terapêuticos do Hospital-dia A Casa, *A rua como espaço clínico: Acompanhamento terapêutico* (pp. 23-30). São Paulo: Escuta.

Schneeroff, S., & Edelstein, S. (2004). *Manual didáctico sobre acompañamiento terapéutico: Introducción a técnicas y estrategias de abordaje clínico*. Buenos Aires: Akadia.

Skinner, B. F. (2005). *Questões recentes na análise comportamental*. São Paulo: Papirus. (Trabalho original publicado em 1989)

Zamignani, D. R. (1997). O trabalho de acompanhamento terapêutico: A prática de um analista do comportamento. *Revista Biociências, 3*(1), 77-90.

Zamignani, D. R., Kovac, R., & Vermes, J. S. (Orgs.). (2007). *A clínica de portas abertas: Experiências e fundamentação do acompanhamento terapêutico e da prática clínica em ambiente extraconsultório*. São Paulo: Paradigma.

Desenvolvimento de hábitos de estudo 31

Nicolau Kuckartz Pergher
Filipe Colombini
Ana Beatriz D. Chamati
Saulo de Andrade Figueiredo
Maria Isabel Pires de Camargo

ASSUNTOS DO CAPÍTULO

→ Comportamento de estudar como classe complexa de respostas.
→ Que contingências analisar quando ocorrem problemas de desempenho escolar.
→ As diversas formas de intervenção.
→ O atendimento extraconsultório para desenvolver hábitos de estudo: objetivos, rotinas e procedimentos.

→ HÁBITOS DE ESTUDO

São comuns os casos clínicos em que crianças e adolescentes apresentam dificuldades para alcançar rendimento escolar satisfatório. Frequentemente, são observados hábitos de estudo inadequados e dificuldade em atingir notas mínimas nas avaliações escolares (Hübner e Marinotti, 2000; Pergher e Velasco, 2007; Regra, 2004). Segundo Regra (2004), há uma dificuldade em inserir uma criança ou um adolescente em um processo de aquisição de hábitos de estudo adequados, pois outros hábitos inadequados foram previamente aprendidos.

Do ponto de vista da análise do comportamento, "estudar" é um verbo que resume inúmeros comportamentos, tais como organizar material, sentar-se e folhear um material acadêmico, fazer lição, ler um texto, responder perguntas, etc. (Hübner e Marinotti, 2000; Regra, 2004). Assim, uma pessoa que apresenta hábitos de estudo adequados é aquela que emite diversos comportamentos que compõem a classe de comportamentos mais geral denominada "estudar" e, geralmente, alcança o desempenho acadêmico exigido pela instituição de ensino.

Quando se diz que o indivíduo apresenta hábitos de estudo inadequados, refere-se tipicamente à não ocorrência de muitos dos comportamentos que compõem a classe de "estudar" e à ocorrência de comportamentos que evitam e/ou procrastinam a realização de atividades acadêmicas. A procrastinação pode ocorrer devido a dificuldades com a tarefa a ser realizada e/ou porque o indivíduo engaja-se em atividades mais interessantes durante o período livre (Pergher e Velasco, 2007). Alguns comportamentos que funcionam para evitar o contato com o material pedagógico e/ou para procrastinar a realização das tarefas escolares são: olhar dispersivo (olhar em outras direções: pessoas, teto, TV, etc.), movimento dispersivo (ir ao banheiro, levantar da cadeira/local do estudo, pegar objetos desnecessários), verbalizações dispersivas (cantar, falar sozinho, falar sobre outros assuntos) (cf. Hamblin, Hathaway e Wodarski, 1971; Jabur, 1973).

Cabe ressaltar que as dificuldades escolares possuem múltiplas causas e podem ser determinadas por limitações orgânicas, história de vida particular ou condições socioculturais que dificultam o desenvolvimento de hábitos de estudo. Neste trabalho, abordaremos os casos de crianças e adolescentes com desenvolvimento típico de classe média e média-alta, ou seja, crianças e adolescentes que não apresentam transtornos globais do desenvolvimento,[1] que frequentam escolas particulares e que estão apresentando notas abaixo da média exigida. As análises e intervenções descritas a seguir podem aplicar-se a outros clientes, tais como alunos de classe baixa, estudantes de escolas públicas. Porém, aspectos adicionais das instituições escolares e da cultura na qual estão inseridos precisariam ser levados em consideração na explicação do baixo desempenho escolar.

> As dificuldades escolares possuem múltiplas causas e podem ser determinadas por limitações orgânicas, história de vida particular ou condições socioculturais que dificultam o desenvolvimento de hábitos de estudo.

→ ONDE ESTÁ O PROBLEMA?

De acordo com Matos (1993) e Hübner e Marinotti (2000), as dificuldades de estudo são iniciadas e mantidas por contingências de ensino e podem estar relacionadas às condições antecedentes, às próprias respostas emitidas pelos alunos e às condições consequentes do comportamento de estudar.

Hübner e Marinotti (2000) apontaram possíveis falhas a respeito de cada uma dessas condições:

Condições antecedentes: falha no controle de estímulos do ambiente de estudo, tornando os estímulos discriminativos para o comportamento de estudar difusos, tais como: ambiente de estudos inexistente, mal-iluminado, com variados estímulos visuais, auditivos e sociais (cf. Hall, Connie, Cranston e Tucker, 1970; Jabur, 1973); horários não estabelecidos para estudo e para a rotina de vida; caderno e livros desorganizados, incompletos e não atraentes.

Respostas de estudar: muitas vezes, as respostas favoráveis ao estudo com qualidade não foram modeladas (cf. Rodrigues, 2005; Hübner, 1998). É comum, também, a escola eximir-se do ensino das respostas envolvidas no estudar, simplesmente esperando que o aluno "desperte" para esses comportamentos.

Condições consequentes: um dos maiores problemas é a apresentação de consequências aversivas e retiradas de reforçadores positivos, reduzindo a probabilidade de ocorrência do comportamento de estudar. Tais consequências, na maioria das vezes, são manejadas pela escola e pela família (cf. Cia, Pamplin e Williams, 2008; Hübner, 1999; Regra, 1997).

Pergher e Velasco (2007) também descrevem "agravantes" que frequentemente estão presentes entre jovens de classe média e média-alta. Em relação às condições antecedentes, os autores revelam que é comum os adolescentes terem uma agenda preenchida com diversas atividades extracurriculares concorrentes ao estudo (geralmente mais prazerosas, como, por exemplo, curso de inglês, natação, academia, tênis, dança, entre outros) e que reduzem objetivamente o tempo disponível para estudar. Tais atividades proporcionam um sentimento imediato de felicidade e realização, entre outros sentimentos relacionados ao reforçamento positivo. As atividades extracurriculares, por vezes, acabam por concorrer com as atividades de estudo, as quais, muitas vezes, já foram pareadas com momentos de dificuldades e estão relacionadas a sentimentos produzidos por contingências de reforçamento negativo e punição (raiva, ódio, alívio, angústia, medo, ansiedade, entre outros).

Os autores comentam a respeito do acesso à internet, que pode ocupar o tempo livre e servir de ferramenta para entrar em contato com eventos que ocorrem no mundo todo e auxiliar na formação de redes de contatos sociais. Navegação *online* e outras tecnologias (tais como: *videogames*, celulares, aparelhos de música) concorrem com a realização das tarefas escolares, muitas vezes realizadas em materiais pedagógicos obsoletos. Os jovens, então, escolhem as ferramentas eletrônicas, visto que novas tecnologias surgem constantemente e que a utilização desses recursos é valorizada na sociedade globalizada. Além da apologia exercida pela comunidade verbal, muitas das atividades realizadas com o uso das tecnologias disponíveis proporcionam reforçamento imediato, o que torna o engajamento nessas atividades muito mais provável do que o engajamento no estudo, cujos reforçadores tipicamente ocorrem com atraso.

Com relação às condições consequentes às respostas de estudar, muitos pais exigem desempenhos superiores, gerando nos filhos a sensação de não conseguirem satisfazer as suas expectativas. Outros pais também emitem verbalizações que indicam a incompetência dos filhos, rebaixando a autoestima e a autoconfiança e fazendo com que se forme o autoconceito de que não são aptos para as tarefas escolares. Outros, ainda, não manejam consequências reforçadoras para as respostas de "estudar", diminuindo a motivação dos alunos para tais tarefas. Em todos esses casos – muitas vezes agravados por notas baixas na escola e eventuais recriminações dos próprios professores –, diminui-se a probabilidade de que o indivíduo venha a estudar.

Nesse contexto, muitos pais realizam as atividades junto com o adolescente e/ou oferecem respostas prontas (Soares, Souza e Marinho, 2004; Zagury, 2002). Assim, podem gerar um comportamento de dependência, pois o adolescente pode estudar apenas na presença/com a ajuda dos pais, não generalizando tal comportamento para a escola (Scarpelli, Costa e Souza, 2006).

Há diversas direções em que os pais podem seguir em relação à recorrência dos filhos não emitirem comportamentos de estudo. Podem se afastar da vida acadêmica do filho, facilitando a ocorrência de comportamentos disruptivos (abuso de drogas, agressões); ditarem regras rígidas, restringindo momentos de lazer e obrigando a longos períodos de estudo, etc. Contudo, a adoção desse tipo de postura por parte dos pais pode gerar comportamentos de contracontrole, inclusive atacando a figura de autoridade que tenta impor as regras (Regra, 1997), o que apenas agrava o quadro, uma vez que tende a gerar repreensões adicionais por parte dos pais.

O manejo de contingências coercitivas realizado por pais e professores pode gerar diversos sentimentos nas crianças e adolescentes, tais como: raiva, sentimento de injustiça e formação de autoconceitos de que são "preguiçosos" e de que "não se interessam por nada".

Em meio a tantos sentimentos gerados e dificuldades encontradas por pais e professores na forma de lidar com as dificuldades escolares, muitos casos são encaminhados a psicólogos ou outros profissionais da área da saúde. Diversas intervenções são possíveis para os analistas do comportamento que lidam com clientes que apresentam dificuldades escolares: treinar agentes educativos e professores (Cortegoso e Botomé, 2002; Miller e Kelley, 1994; Ardoin; Martens e Wolfe, 1999); orientar pais e professores para promover consequências reforçadoras aos comportamentos de estudar (Scarpelli et al., 2006; Soares et al., 2004; Eilam, 2001; Hübner, 1999; Fehrmann, Keith e Reimers, 1987); contratar "tutores" – colegas de classe bem-sucedidos academicamente – para auxiliar os alunos com dificuldades (Cushing e Kennedy, 1997; Dineen, Clark e Risley, 1977; Slavin, 1980), além de intervenções extraconsultório realizadas por psicólogos (ATs) que se deslocam até a residência dos adolescentes/crianças para o desenvolvimento dos comportamentos pró-estudo (Pergher e Velasco, 2007), o que será detalhado a seguir.

→ **ATENDIMENTO EXTRACONSULTÓRIO PARA DESENVOLVIMENTO DE HÁBITOS DE ESTUDO (PRÓ-ESTUDO)**

O trabalho de desenvolvimento de hábitos de estudo realizado na casa das crianças e adolescentes é indicado quando o aluno apresenta notas baixas, queixas escolares e algumas outras condições importantes: quando as intervenções de consultório não são suficientes, dificuldade em contar com a participação de pais nas execuções de orientações e/ou quando não for possível manejar contingências dentro das escolas.

Os objetivos da intervenção vão desde objetivos amplos, como tirar boas notas, cumprir tarefas no prazo, diminuir as queixas da escola, até o desenvolvimento de comportamentos, tais como: lidar com limites e frustração, seguir regras e iniciar/completar o desenvolvimento de formação da responsabilidade (Regra, 1997, 2004; Matos, 1993). Além disso, um dos objetivos específicos é desenvolver comportamentos que compõem a classe de respostas envolvidas no "estudar", conforme descrito anteriormente.

Busca-se, também, ampliar os repertórios de hábitos de estudos que possam produzir consequências reforçadoras, tais como o reforço social dos pais e profissionais da instituição escolar (Marinotti, 1997; Ivatiuk, 2003), gerar a produção da própria sensação de sucesso, entendimento de conteúdo, compartilhamento de informações (Luna, 2003; Matos, 1993; Pereira, Marinotti e Luna, 2004; Pergher e Velasco, 2007), além de promover a "descontaminação" da situação de estudo, a qual foi pareada com estimulação aversiva no caso dos alunos com mau desempenho escolar (Pergher e Velasco, 2007; Regra, 2004).

A rotina das sessões é composta por quatro momentos distintos, os quais serão aprofundados a seguir:

a) preparação do ambiente e material de estudo;
b) revisão das prioridades do dia;
c) momento do estudo; e, finalizando,
d) o momento de lazer pós-estudo (Pergher e Velasco, 2007).

As intervenções realizadas em cada um desses momentos serão ilustradas a partir de recortes do acompanhamento realizado com um menino de 14 anos, cujos pais queixavam-se de que ele não estudava quando estava em casa e de que suas notas escolares estavam abaixo da média da escola. O menino será chamado, aqui, de "W". A cada sessão de atendimento desse cliente, o AT registrou o tempo total em que o adolescente permanecia na atividade pedagógica definida para aquela sessão e anotava comportamentos de esquiva observados ao longo desses quatro encontros: olhar para a TV, repetir as falas dos personagens de um filme, mexer no computador, descansar em sua cama.

> A rotina das sessões [de atendimento extraconsultório para desenvolvimento de hábitos de estudo] é composta por quatro momentos distintos: preparação do ambiente e material de estudo; revisão das prioridades do dia; momento do estudo. e o momento de lazer pós-estudo.

Preparação do ambiente e material de estudo

No caso de W., observou-se um ambiente (quarto de dormir) com uma série de estímulos visuais: TV, computador, *videogame*, jogos (tais como: pôquer, ação, memória, dominó), pôsteres na parede e revistas diversas. Foi notado que ele não possuía uma mesa ou local fixo para o estudo.

Os estímulos auditivos encontrados foram: som da TV, do *videogame*, do computador e de um aparelho de som que se encontrava embaixo da mesa do computador, além de barulho de carros, pois o quarto de W. ficava perto de uma rua movimentada. Os estímulos sociais percebidos foram: interrupções de uma assistente do lar e da mãe (em períodos em que ela se encontrava em casa). Observou-se que W. estudava em cima da cama ou em cima da mesa do computador (possuindo pouco espaço para a manipulação do material de estudo). Em um período de quatro sessões, o profissional não alterou o local de estudo. A partir da quinta sessão, optou-se por estabelecer um local fixo (considerado mais apropriado), o escritório da casa, pois o mesmo tinha boa iluminação, silêncio, mesa confortável para a manipulação dos materiais de estudo, pouco barulho e menos trânsito de pessoas.

O AT assim relatou para W.: "O escritório é bem legal! Que tal estudarmos lá? Estou te aguardando lá! Ok? Depois do estudo nós voltamos para seu quarto para fazer o que você quiser!" (sic). A partir dessa verbalização, percebe-se que outras condições foram descritas além da manipulação da condição antecedente, pois uma condição consequente (possivelmente reforçadora) foi descrita: "[...] Depois do estudo, nós voltamos para seu quarto para fazer o que você quiser!" (sic). Cabe ressaltar que tal intervenção será explicada posteriormente sob o título de "momento de lazer pós-estudo".

Em relação ao material de estudo, algumas vezes o cliente dizia que não sabia onde havia anotado as lições que deveriam ser feitas, o que pode ser considerado um comportamento de esquiva. Nessas ocasiões, o AT propunha atividades pedagógicas que ele mesmo levava consigo e, a partir disso, o cliente fazia um esforço adicional para encontrar suas anotações sobre as lições que deveriam ser feitas. O AT sempre elogiava o fato de anotar as lições e de tê-las encontrado, com o objetivo de aumentar a probabilidade de que o cliente passasse a investir mais na organização.

Estabelecimento de metas ou revisão de prioridades

Ao longo do processo, o AT estabeleceu com W. prioridades e atividades a serem executadas em cada sessão, ensinando o adolescente a emitir respostas de tomada de decisão, ou seja, conhecer/avaliar quais são as consequências para o comportamento de escolha emitido. Os critérios para selecionar a matéria a ser estudada podem ser: avaliação que está próxima, quantidade de páginas, dificuldade em cada matéria e nota que precisa ser obtida em determinada avaliação.

No caso de W., o AT perguntava qual matéria seria estudada, e, na maioria das vezes, W. relatava que não sabia como selecionar. No começo do acompanhamento (até o quarto encontro), o AT:

1. descrevia os critérios de seleção, na tentativa de torná-los discriminativos para a resposta de escolha do adolescente; ou
2. descrevia os critérios de seleção e selecionava por si mesmo a matéria para o cliente, servindo como um modelo de decisão, caso W. não emitisse nenhuma resposta ou falasse, ainda assim, que não sabia por onde começar.

Seguem-se as verbalizações, de acordo com os números relacionados acima:

a) "Olha, W., vendo aqui, em suas anotações, percebo que você vai ter uma prova de português amanhã, e essa lição de matemática deve ser feita até o final deste mês. Qual das matérias você acha melhor a gente estudar hoje?".
b) "Olha, W., vendo aqui, em suas anotações, percebo que você vai ter uma prova de português amanhã e uma lição de matemática que é só para o final do mês. Acho uma boa começarmos por português".

Momento de estudo

W. apresentou dificuldade inicial em se concentrar nos estudos. Contudo, suas esquivas também foram relacionadas com a dificuldade e ausência de repertórios básicos considerados pré-requisitos para o estudo; no caso, dificuldade em escrever o que tinha acabado de ler e de organizar suas ideias no caderno. Segundo Hübner e Marinotti (2000), tal habilidade está inserida em uma classe de respostas mais ampla que representa a habilidade em "estudar materiais escritos", havendo a necessidade da decomposição das habilidades e trabalho com tais pré-requisitos, tais como: grifar informações, identificar dúvidas, reler informações, etc.

Resolveu-se por intervir na implementação do comportamento de permanecer concentrado em alguma atividade qualquer, para depois focar em outros comportamentos requisitos, tais como: escrever alguma coisa, ler um determinado número de páginas, grifar frases relevantes, elaborar perguntas sobre um texto, entre outros.

Para aumentar as chances de o aluno ser positivamente reforçado, é necessário garantir que as tarefas sejam compatíveis com o que ele sabe e aumentar gradativamente a exigência (Pereira et al., 2004). Com W., decidiu-se começar com poucos comportamentos e resultados-alvo. À medida que os objetivos fossem cumpridos pelo adolescente, havia a possibilidade de se passar para uma etapa seguinte.

Em casos de esquiva frequente é comum o uso de materiais mais "chamativos" elaborados pelo AT, tais como: interpretação de texto da história do Naruto, *Dragon Ball*, entre outros, com os quais o cliente possa treinar as habilidades que envolvem o estudar. No caso de W., não foi necessária a utilização desse tipo de material, pois ele se prontificava a estudar o material da própria escola. Algumas outras intervenções foram realizadas no momento de estudo:

- **Parear o estudo com momentos agradáveis**: a utilização de humor, fazer comentários engraçados sobre os conteúdos estudados e propor desafios fáceis de serem resolvidos podem fazer com que a atividade acadêmica se torne menos aversiva e ansiogênica. Por exemplo: "Opa! Duvido que você saiba sobre essa fórmula sobre o calor e, falando nisso, tá calor, cara! Abre a janela aí!" (sic).
- **Prover sempre consequências apetitivas:** não implica, nesse caso, só prover tais consequências para o produto do comportamento (acerto do exercício), mas os passos que se deram para chegar à solução (anotação de fórmulas, grifos no texto, etc.) (Pereira et al., 2004). É essencial que o AT estabeleça uma relação agradável, divertida e confiável para que aumente seu valor como provedor de reforçadores para os comportamentos acadêmicos adequados dos adolescentes. A seguir, um exemplo de verbalização com possível função reforçadora: "Boa, W.! Nossa, você sacou que precisa anotar as fórmulas! *Show*! Acho que assim você vai conseguir resolver o exercício, hein!" (sic).
- **Evitar consequências aversivas**: o objetivo do AT é "descontaminar" o pareamento do estudo com a estimulação aversiva. A esse respeito, é essencial o conhecimento do repertório inicial do adolescente, ficar atento para mudanças sutis em seu comportamento na direção desejada e programar os próximos passos do procedimento (Luna, 2003; Pereira et al., 2004).
- **Fornecer modelos e instruções:** o AT pode demonstrar diretamente a execução de tarefas e pode oferecer dicas verbais (Pergher e Velasco, 2007; Regra, 2004). Exemplos de intervenções utilizadas com função de prover modelo e instruir foram: "W, empresta uma folha aí, vou anotar essa fórmula aqui ao lado desse exercício, vai facilitar quando for resolver" (sic) e "o que acha de anotar a fórmula aí do lado, pode te facilitar bem mais, em vez de ficar olhando toda hora no livro" (sic).
- **Modelagem:** é essencial que o AT utilize procedimentos de reforçamento diferencial por aproximações sucessivas para que o indivíduo alcance os comportamentos-alvo, destacando e valorizando cada comportamento básico que se aproxime dos comportamentos que compõem a classe de "estudar" (Capelari, 2002; Pergher e Velasco, 2007; Regra, 2004). Nesse caso, o AT pode se utilizar da atenção, por exemplo, para falar com o adolescente apenas quando ele estiver envolvido na atividade.
- **Descrição de relações contexto-comportamento-consequências:** o AT tem a função de ajudar o adolescente a identificar suas dificuldades, reações emocionais de sucesso e insucesso, podendo auxiliá-lo, ainda, a reconhecer quando está se esquivando (quais matérias, qual a reação em relação à matéria, etc.). Por exemplo: "Estou percebendo que, quando a matéria é português, você fica de cabeça baixa e quer parar" (sic).
- **Consequências artificiais:** sabe-se que algumas esquivas possuem uma longa história de reforçamento e são difíceis de serem bloqueadas. Assim, no intuito de tornar a atividade prazerosa e para que o adolescente não emita comportamentos de esquiva, o AT pode utilizar reforçadores arbitrários ou generalizados, como dinheiro, sistema de pontos, figurinhas, etc. Contudo, o objetivo é que isso seja transitório, para que consequências naturais sejam suficientes para a manutenção da emissão do comportamento de estudo (Luna, 2003; Matos, 1993; Pereira et al., 2004). No caso de W., avaliou-se que não seria necessário utilizar reforçadores arbitrários, pois a esquiva dele era

facilmente bloqueada, inclusive diminuindo consideravelmente após a mudança de ambiente de estudo, do quarto para o escritório. W. também se mostrou sensível aos elogios e à atenção social provida pelo AT, inclusive solicitando *feedback* sobre o seu desempenho ["Está legal? Fiz bem?" (sic)].

Momento de lazer pós-estudo

Finalizando os momentos de intervenção, passa-se à última etapa: lazer pós-estudo. Após o cumprimento das atividades, há um momento de lazer em que o adolescente escolhe uma atividade que ele mais gosta de fazer e o AT participa ativamente dela, demonstrando interesse nas atividades escolhidas (Pergher e Velasco, 2007; Regra, 2004).

Esse procedimento condiciona a oportunidade para o adolescente se engajar em um comportamento de que goste muito, e é muito provável que ocorra a emissão de um comportamento que tem baixa probabilidade de ocorrer (comportamentos pró-estudo). Entretanto, é importante enfatizar que a atividade só deve ser permitida caso se cumpram as tarefas previamente estabelecidas para aquela determinada sessão (Pergher e Velasco, 2007; Regra, 2004).

Em relação a W., tendo cumprido as tarefas acordadas anteriormente, o AT jogava pôquer com o adolescente, tarefa escolhida por ele, além de jogos que envolviam mais de uma pessoa (jogos de computador em rede, dominó, entre outros). Nesse caso, analisou-se que jogar com outra pessoa poderia ser reforçador para W., pois ele não tinha irmãos e amigos que frequentassem a sua casa.

Considerações finais

Os analistas do comportamento detêm amplo repertório de técnicas historicamente eficazes para ajudar as pessoas nas mais diferentes relações que geram sofrimento, além de respaldo teórico consistente para analisar diversos comportamentos. No que se refere a dificuldades relacionadas aos hábitos de estudo, o presente trabalho buscou apresentar uma visão geral de algumas das técnicas que podem ser utilizadas, ilustradas com breves vinhetas de atendimentos realizados com um adolescente de 14 anos.

> Os analistas do comportamento detêm amplo repertório de técnicas historicamente eficazes para ajudar as pessoas nas mais diferentes relações que geram sofrimento, além de respaldo teórico consistente para analisar diversos comportamentos.

As conquistas obtidas são visíveis, especialmente porque se lida com indivíduos que não costumam estudar quando estão em casa e que apresentam diversos comportamentos de esquiva em relação a atividades de cunho pedagógico. O estabelecimento de uma boa relação terapêutica, pautada por reforçamento positivo provido a pequenos passos alcançados pelo cliente, e a oferta de modelos a serem seguidos sobre como estudar têm se mostrado eficientes no desenvolvimento de hábitos de estudo consistentes, tais como o aumento no tempo de estudo, a aquisição de habilidades que compõem a classe de respostas de "estudar" e, possivelmente, a melhora do comportamento de autoconfiança e também do autoconceito relacionado às habilidades acadêmicas.

→ NOTA

1. Expressão proposta pela CID-10 (Classificação Estatística Internacional de Doenças), para referenciar crianças e adolescentes que apresentam alterações qualitativas nas interações sociais, na comunicação, repertório de interesses e atividades restrito, estereotipado e repetitivo (CID-10, 2005).

→ REFERÊNCIAS

Ardoin, S. P., Martens, B. K., & Wolfe, L. A. (1999). Using high probability instruction sequences with fading to increase student compliance during transitions. *Journal of Applied Behavior Analysis, 32*(3), 339-351.

Capelari, A. (2002). Modelagem do comportamento de estudar. In H. J. Guilhardi, M. B. B. P. Madi, P. P. Queiroz, & M. C. Scoz (Orgs.), *Sobre comportamento e cognição: Contribuições para a construção da teoria do comportamento* (pp. 30-33). Santo André: ESETec.

Cia, F., Pamplin, R. C. O., & Williams, L. C. A. (2008). O impacto do envolvimento parental no desempenho acadêmico de crianças escolares. *Psicologia em Estudo, 13*(2), 351-360.

Cortegoso, A. L., & Botomé, S. P. (2002). Comportamentos de agentes educativos como parte de contingências de ensino de comportamentos ao estudar. *Psicologia: ciência e profissão, 22*(1), 50-65.

Cushing, L. S., & Kennedy, C. H. (1997). Academic effects of providing peer support in general education classrooms on students without disabilities. *Journal of Applied Behavior Analysis, 30*(1), 139-151.

Dineen, J. P., Clark, H. B., & Risley, T. R. (1977). Peer tutoring among elementary students: educational benefits to the tutor. *Journal of Applied Behavior Analysis, 10*, 231-238.

Eilam, B. (2001). Primary strategies for promoting homework performance. *American Educational Research Journal, 38*(3), 691-725.

Fehrmann, P. G., Keith, T. Z., & Reimers, T. M. (1987). Home influence on school learning: direct and indirect effects of parental involvement on high school grades. *Journal of Educational Research, 80*(6), 330-337.

Guerrelhas, F. (2007). Quem é o acompanhante terapêutico: História e caracterização. In D. R. Zamignani, R. Kovac, & J. S. Vermes (Orgs.), *A Clínica de portas abertas: Experiências do acompanhamento terapêutico e da prática clínica em ambiente extraconsultório* (pp. 33-46). Santo André: ESETec.

Hall, R. V., Connie, C., Cranston, S. S., & Tucker, B. (1970). Teachers and parents as researchers using multiple baseline designs. *Journal of Applied Behavior* Analysis, *3*(4), 247-255.

Hamblin, R. L., Hathaway, C., & Wodarski, J. S. (1971). Group contingencies, peer tutoring and accelerating academic achievement. In E. E. Ramp, & B. L. Hopkins (Orgs.), *A new direction for education: Behavior analysis* (pp. 80-101). Lawrence: University of Kansas Press.

Hübner, M. M. C. (1998). *Analisando a relação professor-aluno: Do planejamento à sala de aula*. São Paulo: CLR Balieiros.

Hübner, M. M. C. (1999). Contingências e regras familiares que minimizam problemas de estudo: A família pró-saber. In R. R. Kerbauy, & R. C. Wielenska (Orgs.), *Sobre comportamento e cognição: Psicologia comportamental e cognitiva: Da reflexão teórica à diversidade na aplicação* (pp. 251-256). Santo André: Arbytes.

Hübner, M. M. C., & Marinotti, M. (2000). Crianças com dificuldades escolares. In E. F. M. de Silvares (Org.), *Estudos de caso em psicologia clínica comportamental infantil* (pp. 259-304). Campinas: Papirus.

Ivatiuk, A. L. (2003). Psicopedagogia comportamental como estratégia preventiva. In M. Z. Brandão, & F. C. de S. Conte (Orgs.), *Sobre comportamento e cognição: A história e os avanços, a seleção por consequências em ação* (pp. 443-446). Santo André: ESETec.

Jabur, M. A. (1973). Efeito do local de estudo no comportamento de estudar. *Modificação de Comportamento: pesquisa e aplicação, 1*(1), 19-31.

Luna, S. V. (2003). Contribuições de Skinner para a educação. In V. Placo (Org.), *Psicologia e educação: Revendo contribuições* (pp. 145-179). São Paulo: Educ.

Marinotti, M. (1997). Psicopedagogia comportamental. In R. A. Banaco (Org.), *Sobre comportamento e cognição: Aspectos teóricos, metodológicos e de formação em análise do comportamento e terapia cognitivista* (pp. 308-321). Santo André: Arbytes.

Matos, M. A. (1993). Análise de contingências no aprender e no ensinar. In E. S. Alencar (Org.), *Novas contribuições da psicologia aos processos de ensino e aprendizagem* (pp. 141-165). São Paulo: Cortez.

Miller, D. L., & Kelley, M. L. (1994). The use of goal setting and contingency contracting for improving children's homework performance. *Journal of Applied Behavior Analysis, 27*(1), 73-83.

Pereira, M. E. M., Marinotti, M., & Luna, S. V. (2004). O compromisso do professor com a aprendizagem do aluno: Contribuições da análise do comportamento. In M. M. C. Hübner, & M. Marinotti (Orgs.), *Análise do comportamento para a educação: Contribuições recentes* (pp. 11-32). Santo André: ESETec.

Pergher, N. K., & Velasco, S. M. (2007). Modalidade de acompanhamento terapêutico para desenvolvimento de comportamentos próestudo. In D. R. Zamignani, R. Kovac, & J. S. Vermes (Orgs.), *A clínica de portas abertas: Experiências do acompanhamento terapêutico e da prática clínica em ambiente extraconsultório* (pp. 285-306). Santo André: ESETec.

Regra, J. A. G. (1997). Habilidade desenvolvida em alunos de psicologia no atendimento de crianças com problemas de escolaridade e suas famílias. In M. A. Delitti (Org.), *Sobre comportamento e cognição: A prática da análise do comportamento e da terapia cognitivocomportamental* (pp. 234-256). Santo André: Arbytes.

Regra, J. A. G. (2004). Aprender a estudar. In M. M. C. Hübner, & M. Marinotti (Orgs.), *Análise do comportamento para a educação: Contribuições recentes* (pp. 225-242). Santo André: ESETec.

Rodrigues, M. E. (2005). Estudar: Como ensinar? In H. J. Guilhardi, & N. C. de Aguirre (Orgs.), *Sobre comportamento e cognição: Expondo a variabilidade* (pp. 416-427). Santo André: ESETec.

Scarpelli, P. B., Costa, C. E., & Souza, S. R. de. (2006). Treino de mães na interação com os filhos durante a realização da tarefa escolar. *Estudos de Psicologia, 23*(1), 55-65.

Slavin, R. E. (1980). Cooperative learning in teams: State of the art. *Educational Psychologist, 15*(2), 93-111.

Soares, M. R. Z., Souza, S. R., & Marinho, M. L. (2004). Envolvimento dos pais: Incentivo à habilidade de estudo em crianças. *Estudos de Psicologia, 21*(3), 253-260.

Zagury, T. (2002). *Escola sem conflito: Parceria com os pais*. Rio de Janeiro: Record.

# Algumas reflexões analítico-comportamentais na área da psicologia da saúde[1]

Antonio Bento A. Moraes
Gustavo Sattolo Rolim

32

ASSUNTOS DO CAPÍTULO

- Psicologia da Saúde.
- A importância da análise do comportamento para a área.
- Aspectos biológicos, psicológicos e sociais como fenômenos indissociáveis.
- Algumas variáveis fundamentais na Psicologia da Saúde.
- *Coping*.
- Proposições comportamentais em saúde.

Pelo menos desde 1910, preocupados com as dificuldades teórico-práticas sobre a compreensão do adoecer e do cuidar de enfermos ou das pessoas que permaneciam saudáveis, os psicólogos discutem as relações entre a psicologia e a formação do estudante em biociências (Enumo, 2003; Ribeiro, 2007). Porém, foi apenas no final de 1980 que a Psicologia da Saúde se constituiu como área formal de produção do conhecimento (Matarazzo, 1980).

Nas últimas décadas, observa-se um crescente interesse em estudos desta área relacionados à saúde geral dos indivíduos. Eles abrangem diversas perspectivas teóricas e têm contribuído para a formulação de programas de promoção, prevenção e intervenção em saúde e, ao mesmo tempo, propiciam a interação com outras áreas, como a medicina, a odontologia, a enfermagem, tanto no planejamento como na implementação de programas de atenção integral à saúde.

Diversas abordagens teóricas, como psicanálise, psicologia social, análise do comportamento, psicologia evolucionista, psicologia cognitiva, compõem o campo de intervenção e pesquisa da Psicologia da Saúde. Porém, essa área teve seu início a partir dos estudos do comportamento segundo os pressupostos do behaviorismo (Enumo, 2003; Sarafino, 2008).

Os trabalhos de pesquisa em Psicologia da Saúde têm demonstrado a importância da análise científica do comportamento para a prevenção e manutenção da saúde, tanto com o objetivo de desenvolver hábitos saudáveis

> Os trabalhos de pesquisa em psicologia da saúde têm demonstrado a importância da análise científica do comportamento para a prevenção e manutenção da saúde. Tanto com o objetivo de desenvolver hábitos saudáveis (como promoção do autocuidado, adesão aos tratamentos prescritos e a prática de exercícios físicos) como para fins de modificação de comportamentos de risco à saúde, tais como: tabagismo, alcoolismo, transtornos alimentares, sedentarismo, comportamento sexual de risco, violência entre outros.

(como promoção do autocuidado, adesão aos tratamentos prescritos e prática de exercícios físicos) quanto para fins de modificação de comportamentos de risco à saúde, tais como tabagismo, alcoolismo, transtornos alimentares, sedentarismo, comportamento sexual de risco, violência, entre outros (Jenkins, 2007).

A Psicologia da Saúde adota vários modelos de atuação, como as seguintes perspectivas: de *gênero* (que estuda os problemas de saúde específicos de homens e mulheres), de *curso de vida* (que procura compreender como as pessoas enfrentam os desafios à saúde e ao seu bem-estar ao longo de suas vidas, em diferentes etapas do desenvolvimento), *sociocultural* (que estuda como os comportamentos, valores e crenças pertinentes a um grupo de pessoas se desenvolvem ao longo dos anos e são transmitidos para as próximas gerações) e o modelo *biopsicossocial* (Straub, 2005).

Nas últimas três décadas, o desenvolvimento da pesquisa básica e aplicada em diversas áreas tem afirmado o valor da perspectiva biopsicossocial e demonstrado como processos biológicos, psicológicos e sociais atuam em conjunto e afetam resultados em saúde física (Suls e Rothman, 2004).

Os processos biológicos, psicológicos e sociais também são enfatizados pela abordagem analítico-comportamental. Nessa abordagem, esses processos constituem aspectos do comportamento e devem ser compreendidos como eventos indissociáveis. Consequentemente, a saúde é estudada em termos de comportamentos de saúde e comportamentos de doença, o que implica valorizar o responder dos indivíduos nas situações de saúde e doença. Considerar o envolvimento do comportamento no processo saúde-doença permite o planejamento de estratégias de promoção, prevenção e tratamento (Taylor, 2007; Straub, 2005).

> Os processos biológicos, psicológicos e sociais também são enfatizados pela abordagem analítico-comportamental. Nessa abordagem, esses processos constituem aspectos do comportamento e devem ser compreendidos como eventos indissociáveis.

As pesquisas e intervenções em saúde que focalizam as mudanças fisiológicas, diferenças individuais e fatores contextuais buscam compreender o processo saúde-doença enquanto um fenômeno dinâmico que envolve os comportamentos dos indivíduos e as práticas culturais de uma determinada comunidade (Nicassio, Meyerowitz e Kerns, 2004).

Uma das tarefas do psicólogo da saúde é a avaliação das interações entre as variáveis pessoais, características das doenças e dos contextos onde as pessoas vivem e trabalham. Essa avaliação tem como objetivo formular um diagnóstico e planejar uma estratégia de intervenção. Desse modo, a avaliação deve incorporar informações de natureza fisiológica, psicológica e sociológica, o que implica tipicamente um trabalho apoiado em uma perspectiva biopsicossocial da saúde e da doença (Engel, 1977; Belar e Deardoff, 2009).

Ribes (1990) afirma que, para se compreender a interação comportamento e saúde, deve-se

1. descrever o comportamento no continuum saúde-doença; e
2. identificar fatores biológicos, socioculturais e ambientais que influenciam a condição de saúde do indivíduo.

O mesmo autor também alerta que não basta conhecer o processo biológico e as condições socioeconômicas. Estes fatores devem ser analisados frente aos comportamentos observados e aqueles que devem ser ensinados às pessoas.

> A psicologia da saúde estuda o processo de adoecer ou manter-se saudável como resultado das ações das pessoas inseridas em diversos ambientes socioculturais.

Nesse sentido, a Psicologia da Saúde enquanto área do conhecimento estuda o processo de adoecer ou manter-se saudável como resultado das ações das pessoas inseridas em diversos ambientes socioculturais.

→ ALGUMAS VARIÁVEIS FUNDAMENTAIS EM PSICOLOGIA DA SAÚDE

Uma macroanálise sobre a importância do comportamento e de como o indivíduo adoece devido à exposição a ambientes não saudáveis foi realizada por Taylor, Repetti e Seeman (1997). Esses autores exploraram o papel de ambientes amplos no desencadeamento de doenças crônicas e agudas e discutiram como ambientes físicos e sociais podem afetar adversamente a saúde. Ambientes designados como *comunidade, trabalho, família* e *relações grupais* são propostos como condições que influenciam a saúde dos indivíduos, assim como possibilitam a aprendizagem de comportamentos de risco e podem ser preditores de ações de saúde "positivas" e "negativas" ao longo do ciclo vital.

Considerar um ambiente saudável ou não saudável envolve a identificação de fatores que ameaçam a integridade do indivíduo, desde a exposição a serviços de saúde precários ou à poluição até padrões de comportamento de adultos como tabagismo, alcoolismo e violência doméstica. Tais fatores podem ameaçar ou debilitar a capacidade do sujeito em desenvolver interações sociais satisfatórias.

A família é considerada o primeiro ambiente que influencia a saúde da criança quando a expõe a situações de cuidado, afeto e segurança. Por outro lado, a violência, a baixa qualidade de cuidados ou a exposição a modelos de comportamento relacionados ao consumo de álcool e cigarros são condições familiares que dificultam o desenvolvimento e a aprendizagem de comportamentos saudáveis. Assim, os comportamentos dos pais, parentes e amigos podem predispor a ocorrência de comportamentos de risco e de resultados "negativos" para a saúde das crianças ou dificultar a aquisição de

> A família é considerada o primeiro ambiente que influencia a saúde da criança quando a expõe a situações de cuidado, afeto e segurança. Por outro lado, a violência, a baixa qualidade de cuidados ou a exposição a modelos de comportamento relacionados ao consumo de álcool e cigarro são condições familiares que dificultam o desenvolvimento e a aprendizagem de comportamentos saudáveis.

comportamentos saudáveis promotores de desenvolvimento cognitivo e emocional (Taylor, Repetti e Seeman, 1997).

Os indivíduos podem adoecer ou permanecer saudáveis como efeito da exposição a eventos estressores e de suas habilidades para lidar com tais eventos. O modelo de estresse-enfrentamento representa um dos temas mais frequentemente abordados na pesquisa e intervenção em Psicologia da Saúde (Taylor, Repetti e Seeman, 1997; Lazarus e Folkman, 1984; Sarafino, 2007; Straub, 2005), uma vez que auxilia a compreensão da relação comportamento/doença e ambientes de risco.

Segundo o modelo de estresse/enfrentamento, os indivíduos respondem a eventos estressores com reações fisiológicas e/ou comportamentais. Dada a sua frequência e/ou intensidade, esses eventos podem ultrapassar a capacidade do indivíduo em resistir a essas demandas ambientais. Essa incapacidade de "adaptação", devido ao desgaste do sistema fisiológico e/ou psicológico, leva o indivíduo a uma condição de vulnerabilidade psicológica e/ou imunológica, e o organismo, assim, adoece (Selye, 1956). Nesse sentido, o estresse é um processo psicofisiológico de adaptação do indivíduo às exigências do ambiente. Quando os recursos comportamentais e fisiológicos se esgotam, ocorre a doença, as chamadas doenças da adaptação. O modelo de estresse postula também que o adoecimento está relacionado às estratégias que o indivíduo dispõe para lidar com as demandas ou condições estimuladoras do ambiente social e familiar. Essas estratégias têm sido designadas como padrões de enfrentamento ou *coping*.

Nessa perspectiva, *coping* é definido como um conjunto de esforços, cognitivos e comportamentais, utilizado pelos indivíduos com o objetivo de lidar com demandas específicas, internas ou externas, que sobrecarregam seus recursos pessoais (Lazarus e Folkman, 1984). Essa definição implica que as estratégias de *coping* são ações que podem ser aprendidas.

Para uma perspectiva analítico-comportamental, a compreensão da interação entre as respostas de enfrentamento e as variáveis designadas como estressoras implica definir operacionalmente as condições ambientais em que se encontra o indivíduo, as respostas que apresenta e os resultados destas em termos de qualidade de vida, redução de queixas de dor e diminuição geral de desconforto físico (Costa Jr., 2003). As condições ambientais amplamente identificadas representam condições de conflitos, pressões (no trabalho, na família), mudanças (de trabalho, de cidade, de parceiro, de condição financeira, de condições de saúde, etc.) e perdas. Por exemplo, um indivíduo que vive sob pressão no trabalho ou nos estudos pode deixar de frequentar o local estressante ou passar a responder de modo supersticioso/fantasioso sobre o seu "problema" (fuga/evitação). Outra forma de os indivíduos responderem a situações adversas seria abandonar o tratamento diante de informações sobre a precariedade de sua saúde (distanciamento) (Straub, 2005).

Esses comportamentos de fuga e distanciamento estão muitas vezes associados a respostas como comer, beber, jogar, etc., e essas podem se tornar hábitos de risco à saúde. Taylor, Repetti e Seeman (1997) associam estes padrões comportamentais a transtornos mentais. Comportamentos de esquiva ou fuga são produtos da interação do organismo e do ambiente, que, muitas vezes, representam padrões designados como depressão, ansiedade ou medo. A depressão seria um padrão comportamental que pode estar associado a uma história de punição ou extinção e que gera uma diminuição na frequência do comportamento positivamente reforçado e aumento do comportamento de esquiva ou fuga de eventos "indesejáveis". Em outras palavras, pessoas deprimidas tendem a se comportar muito mais para evitar ou fugir de algo que não querem do que para buscar consequências "desejadas".

> Comportamentos de fuga e distanciamento muitas vezes estão associados a respostas como comer, beber, jogar, etc., e essas podem se tornar hábitos de risco à saúde. ... Comportamentos de esquiva ou fuga são produtos da interação do organismo e do ambiente, que muitas vezes, representam padrões designados como depressão, ansiedade ou medo.

Ferster, em 1973, propôs que a diferença entre a normalidade e o estado "patológico" da depressão é mais quantitativa do que qualitativa. Por exemplo: de um modo geral, todas as pessoas naturalmente emitem comportamentos para evitar o "indesejável" e/ou conseguir o "desejável". As pessoas com diagnóstico de depressão, todavia, tendem a buscar muito mais o alívio do que o prazer (Beckert, 2002).

A partir de uma perspectiva analítico-comportamental, a depressão é um comportamento, e, como tal, deve-se investigar a "história de vida", os estímulos antecedentes e as consequências que este produz. A "depressão" é resultante da interação de uma pessoa com o seu mundo. Desse modo, sendo um comportamento, o controle da depressão está na identificação dos eventos ambientais que a desencadeiam e/ou a mantêm.

> A depressão é resultante da interação de uma pessoa com seu mundo. Desse modo, sendo um comportamento, o controle da depressão está na identificação dos eventos ambientais que a desencadeiam e/ou a mantêm.

→ PROPOSIÇÕES COMPORTAMENTAIS EM SAÚDE

Para uma visão analítico-comportamental do processo saúde-doença, é preciso identificar as respostas que ocorrem frente a eventos adversos e suas consequências, a fim de se analisar funcionalmente a relação entre ambientes ditos não saudáveis, respostas do organismo e as consequências (naturais ou arbitrárias) destas.

As manifestações de doença são ocorrências normais ao longo do ciclo vital e modulam o responder do organismo que se adapta aos eventos ambientais. Adoecer é um padrão de respostas que faz parte da vida. As condições biológicas são constitutivas do fenômeno comportamental; dessa forma, as experiências de saúde e doença mantêm e modulam o comportamento dos indivíduos.

Alguns estudos que avaliam a exposição de pessoas a situações estressantes/adversas, e de como estas situações *sensibilizam* os sujeitos a responderem de modo apropriado, demonstram que relações designadas como desamparo, depressão, ansiedade e comportamentos prejudiciais à saúde (como o uso de álcool e tabaco) relacionam-se às experiências vividas pelo sujeito em um dado contexto sociocultural (Straub, 2003). Saúde e doença são resultados comportamentais que alteram a sensibilidade do organismo a eventos aversivos (Kaplan, 1990).

Padrões comportamentais saudáveis são as habilidades do indivíduo para organizar o ambiente e se manter trabalhando por reforçadores distantes, mesmo diante de eventos "negativos" da vida. Experiências históricas com eventos aversivos em situações de doença determinam respostas futuras do indivíduo. Pessoas que se tornam "psicologicamente duras" funcionam como se sua história fosse também seu futuro, enquanto o indivíduo "saudável" reconhece e se comporta como se sua história fosse o que simplesmente é (Follette et al., 1993).

Um indivíduo "saudável" é aquele que faz o equilíbrio entre eventos reforçadores próximos ou remotos. A comunidade verbal precisa ajudar a criar contingências reforçadoras sociais intermediárias que estabeleçam e mantenham o trabalho que será seguido temporalmente por reforçadores mais distantes (Follette et al., 1993).

Michael (1982) mostrou que um estímulo discriminativo funciona para alterar a frequência momentânea de um tipo particular de resposta na presença daquele estímulo como efeito de uma história particular de reforçamento. Ele levanta a questão a respeito de se saber como um reforçador particular pode ter sua eficácia aumentada. Considerando esse aspecto, Michael sugeriu que a expressão *operações motivadoras* seja usada para descrever operações que produzam quaisquer mudanças no ambiente, que alterem a eficácia de um estímulo reforçador, o poder evocativo de um estímulo discriminativo e a frequência do comportamento.[2]

Segundo Dougher e Hackbert (2000), condições de saúde ou doença podem exercer função de operações motivadoras e, consequentemente, afetar determinados comportamentos de um indivíduo.

Resende (2006) discute a manutenção ou a modificação do comportamento de etilistas utilizando-se do conceito de operação motivadora. Este autor sugere que a pessoa que emite o comportamento de ingerir álcool é reforçada de forma imediata pela sensação agradável produzida pela substância, bem como pela facilitação de interações sociais possivelmente reforçadoras. A manutenção, ou não, desse comportamento se relaciona à história desse sujeito e às condições fisiológicas de dependência. A dependência física é um estado em que o corpo se ajustou ao uso repetido do álcool e necessita de seus efeitos para manter um padrão de funcionamento psicológico "normal". Os sintomas podem incluir o desenvolvimento de tolerância, excessivo gasto de tempo para obter, consumir ou recuperar-se do uso do álcool (o que pode levar à redução de atividades profissionais ou a conflitos conjugais). Para algumas pessoas, o abuso do álcool começa por uma história de beber para enfrentar eventos da vida ou demandas situacionais difíceis. Assim, o álcool pode ajudar algumas pessoas a enfrentar ambientes profissionais exigentes e competitivos.

Imagine uma pessoa tabagista que se sente bem com as consequências desse hábito, pelo prazer e relaxamento que este produz. Essa mesma pessoa pode ser exposta frequentemente a outros eventos, tais como: cheiro nas mãos, escurecimento dos dentes, perda do paladar, dificuldade respiratória, avisos de proibido fumar, custo dos cigarros, informações sobre a gravidade decorrente desse comportamento e programas e técnicas de cessação desse hábito, etc. Todavia, o indivíduo mudará seu comportamento apenas quando seu comportamento não mais for reforçado ou quando os punidores concorrentes se sobrepuserem aos reforçadores. Nesses casos, esses outros eventos poderão se tornar estímulos discriminativos para novos comportamentos, como procurar tratamentos de saúde, mudar o comportamento alimentar, ingerir medicamentos, esquivar-se de situações potencialmente estressoras, etc. Mudar um estilo de vida, geralmente, requer aprendizagem, apoio social e ajuda profissional.

> Na construção de uma avaliação funcional, o profissional deve levar em consideração possíveis contingências concorrentes. No caso de vícios como tabagismo é comum que esse comportamento produza consequências punidoras e reforçadoras, sendo que se a resposta continua a ser emitida é porque as contingências de reforçamento estão se sobrepondo sobre as contingências aversivas.

O assunto saúde e comportamento é importante e abrangente. Neste capítulo, abordamos, brevemente, algumas questões relevantes sobre as quais a análise do comportamento tem se debruçado no que se refere ao processo saúde-doença. Todavia, acreditamos que há muito a estudar, ainda, sobre condições adversas que afetam o comportamento das pessoas.

→ NOTAS

1. Agradecemos ao professor Dr. Isaias Pessotti pela revisão do manuscrito.
2. Para uma maior compreensão sobre operações motivadoras, ver o Capítulo 3.

→ REFERÊNCIAS

Beckert, M. E. (2002). Qualidade de vida: Prevenção à depressão. In M. Z. S. Brandão, F. C. S. Conte, & S. M. B. Mezzaroba (Orgs.), *Comportamento humano: Tudo (ou quase tudo) que você gostaria de saber para viver melhor* (pp. 39-62). Santo André: ESETec.

Belar, C. D., & Deardorff, W. W. (2009). *Clinical health psychology in medical settings: A practitioner's guidebook* (2. ed.). Washington: APA.

Cavalcante, S. N. (1997). Notas sobre o fenômeno depressão a partir de uma perspectiva analítico-comportamental. *Psicologia: ciência e profissão, 17,* 2-12.

Costa Jr., A. L. (2004). Psicologia da saúde e desenvolvimento humano: O estudo do enfrentamento em crianças com câncer. In M. A. Dessen, & Costa Jr., A. L. (Orgs.), *A ciência do desenvolvimento humano: Tendências atuais e perspectivas futuras* (pp. 171-189). Porto Alegre: Artmed.

Dougher, M. J., & Hackbert, L. (2000). Establishing operations, cognition, and emotion. *The Behavior Analyst, 23*(1), 11-24.

Engel, G. (1977). The need for new medical model: A challenge for biomedicine. *Science, 196,* 129-136.

Enumo, S. R. F. (2003). Pesquisa sobre psicologia & saúde: Uma proposta de análise. In Z. A. Trindade, & N. A. Andrade (Orgs.), *Psicologia e saúde: Campo de construção* (pp. 11-32). São Paulo: Casa do Psicólogo.

Follette, W. C., Bach, P. A., & Follette, V. M. (1993). A behavior-analytic view of psychological health. *The Behavior Analyst, 16,* 303-316.

Jenkins, C. D. (2007). *Construindo uma saúde melhor: Um guia para a mudança do comportamento.* Porto Alegre: Artmed. (Trabalho original publicado em 2003)

Kaplan, R. (1990). Behavior as the central outcome in health care. *American Psychologist, 45*(11), 1211-1220.

Lazarus, R. S., & Folkman S. (1984). Coping and adaptation. In W. D. Gentry (Org.), *Handbook of behavioral medicine* (pp. 282-325). New York: The Guilford Press.

Matarazzo, J. D. (1980). Behavioral health and behavioral medicine: Frontiers for a new health psychology. *American Psychologist, 35*(9), 807-817.

Michael, J. (1982). Distinguishing between discriminative and motivational functions of stimuli. *Journal of the Experimental Analysis of Behavior, 37*(1), 149-155.

Nicassio, P. M., Meyerowitz, B. E., & Kerns, R. D. (2004). The future of health psychology. *Health Psychology, 23*(2), 132-137.

Resende, G. L. O. (2006). Análise do comportamento de prontidão para mudança em alcoolistas. In R. R. Starling, & K. A. Carvalho (Orgs.), *Ciência do comportamento: Conhecer e avançar* (pp. 153-155). Santo André: ESETec.

Ribeiro, J. L. P. (2007). *Introdução à psicologia da saúde* (2. ed.). Portugal: Quarteto.

Ribes Iñesta, E. (1990). *Psicología y salud: Un análisis conceptual.* Barcelona: Martínez Roca.

Sarafino, E. P. (2008). *Health psychology.* New York: McGarw-Hill.

Selye, H. (1956). *Stress: A tensão da vida.* São Paulo: IBRASA.

Straub, R. O. (2005). *Psicologia da saúde.* Porto Alegre: Artmed. (Trabalho original publicado em 2002)

Suls, J., & Rothman, A. (2004). Evolution of the biopsychosocial model: Prospects and challenges for health psychology. *Health Psychology, 23*(2), 119-125.

Taylor, S. (2007). *Psicología de la salud.* México: McGraw-Hill.

Taylor, S. E., Repetti, E. L., & Seeman, T. (1997). Health psychology: What is an unhealthy environment and how does it get under the skin? *Annual Review of Psychology, 48,* 411-447.

Glossário*

Este glossário deve ser considerado como um guia para a compreensão de termos empregados ao longo desta obra e na literatura da área, bem como um material de apoio para o dia a dia do clínico. Contudo, não se deve entender que as definições aqui apresentadas são inquestionáveis e, portanto, inflexíveis; os termos estão aqui definidos a partir das preferências de definição dos organizadores; não significa que outras definições não sejam aceitas ou corretas. Outro ponto que vale ressalvar é que não se pretendeu, com este glossário, esgotar os termos da área, pois isso exigiria muito mais empenho de nossa parte; optou-se por apresentar apenas os termos que são mais frequentemente abordados na obra e que são mais comumente utilizados na prática clínica.

Por vezes, no final da definição de um termo, são apresentadas referências cruzadas entre definições. Assim, o leitor poderá encontrar o termo "ver" seguido de um termo em letras MAIÚSCULAS, que se refere a outras referências que podem ajudar na compreensão do termo em questão; "Cf." refere-se a uma referência, por vezes, contrastante e que vale comparar para melhor compreender o termo em questão.

Acompanhante terapêutico: profissional que trabalha em ambientes extra-consultório, no ambiente onde as contingências mantedoras dos comportamentos atuam. Pode ser o próprio clínico ou outra pessoa treinada para exercer essa função.

Alterador(a) da função de estímulo: trata-se de um estímulo antecedente que altera a função de estímulos em uma contingência, fazendo com que a probabilidade de ocorrência da resposta seja alterada. Este estímulo não deve ser confundido com um estímulo discriminativo (S^d), por não ter passado por uma história de reforçamento diferencial, tampouco trata-se de uma operação motivadora (OM), pois seus efeitos alteradores não são momentâneos, como nas OMs.

Ambiente natural: termo empregado para se referir àqueles contextos nos quais estamos inseridos no dia a dia e é geralmente utilizado para diferenciá-los do contexto clínico, que se propõe diferenciado.

Ambiente: parcela do universo que afeta/interfere no responder de um indivíduo (ver também comportamento); trata-se exclusivamente daquela parcela do universo que está em interação com a resposta, ou seja, exerce alguma função de estímulo em uma relação comportamental. Não deve ser confundido com *universo* ou *mundo circundante*, pois este último se refere a tudo que circunda o organismo, incluindo o que não tem relação com o responder.

Análise de contingências: ver AVALIAÇÃO FUNCIONAL.

Análise do comportamento: abordagem da psicologia que se baseia nos conhecimentos das

---

* As definições apontadas aqui têm como base os capítulos desta obra, o livro *Aprendizagem: Comportamento, Linguagem e Cognição*, de A. Charles Catania (1999), e outras obras de referência.

ciências do comportamento e nos pressupostos do Behaviorismo Radical.

Análise funcional: análise pela qual identificam-se as variáveis de controle de um dado comportamento. Implica, necessariamente, em (1) observar possíveis relações entre variáveis ambientais, internas ou externas (variável independente), e o comportamento do indivíduo (variável dependente); e (2) manipulação das variáveis independentes para testar a relação entre elas. Cf. AVALIAÇÃO FUNCIONAL.

Assertividade: ver COMPORTAMENTO SOCIALMENTE HABILIDOSO.

Atenção: responder diferencialmente sob controle de um estímulo ou de uma de suas dimensões. Ver DISCRIMINAÇÃO.

Audiência não punitiva: tipo específico de audiência (ver OUVINTE) exercida pelos clínicos – participantes da comunidade verbal especialmente treinados para tal –, a qual visa fornecer um contexto diferenciado no qual não há desaprovação ou punição a qualquer resposta emitida ou relatada pelo cliente em sessão. Em outras palavras, consiste em ouvir com atenção o relato do cliente, demonstrando compreensão e aceitação do que é dito. Através dela, espera-se um maior engajamento do cliente no processo de análise. Cf. ESCUTA TERAPÊUTICA.

Audiência: parte da contingência verbal. Ver OUVINTE.

Autorregra(s): antecedente(s) verbal(is) que especifica(m) contingências e que controla(m) a resposta verbal ou não verbal. As autorregras são formuladas pelo indivíduo a partir de sua história de interação com o meio. Ver REGRAS.

Autoconhecer: nome dado ao comportamento de um indivíduo de falar sobre o que faz e por que, comportamento esse que está diretamente relacionado com outros comportamentos, tais como observar e descrever seus comportamentos e as contingências que os controlam. Assim, é melhor falarmos de um gradiente de autoconhecer, pois este está diretamente relacionado com o grau de correspondência entre o que o indivíduo faz e por que e a capacidade deste indivíduo para descrever tais relações comportamentais. Dessa forma, dizemos que o indivíduo "tem maior autoconhecimento" quando for capaz de descrever melhor seus comportamentos e as contingências que os controlam. Cf. COMPORTAMENTO INCONSCIENTE.

Autoconhecimento: ver AUTOCONHECER.

Autocontrolar: capacidade do indivíduo de intervir sobre (manipular) as contingências que controlam um determinado comportamento seu, de modo que esse comportamento fique sob controle de reforçadores mais atrasados (distantes) em relação à resposta.

Autocontrole: ver AUTOCONTROLAR.

Avaliação funcional: Avaliação pela qual se estabelecem possíveis relações entre variáveis determinantes de um dado comportamento. Inclui a obtenção de dados, a seleção dos comportamentos-alvo, a operacionalização desses comportamentos, a escolha e aplicação das intervenções e a avaliação dessas, com eventual necessidade de reformular as avaliações e/ou as intervenções. Difere de uma *análise funcional* pela sua característica mais interpretativa e menos experimental, assim, frequentemente, diz-se que o clínico faz avaliação funcional em vez de análise funcional. Cf. ANÁLISE FUNCIONAL.

Behaviorismo Radical: Filosofia que subsidia a análise do comportamento e que tem como um de seus principais expoentes B. F. Skinner.

Bloqueio de esquiva: Constitui-se na reapresentação de um estímulo aversivo quando da emissão de uma resposta de esquiva ou do impedimento da emissão da resposta de esquiva, fazendo com que o indivíduo entre em contato com o estímulo aversivo em questão. Como procedimento clínico, trata-se de uma tentativa de promover enfrentamento em relação ao estímulo aversivo.

Bullying: agressão física e/ou verbal feita repetidamente e intencionalmente contra um ou mais colegas incapazes de se defender.

Cadeia comportamental: sequência de operantes discriminados mantidos por um reforçador final que fortalece toda a cadeia. Assim, cada operante se mantém por produzir como reforçador um estímulo que exercerá função de S^D para a resposta seguinte, sendo este S^D a condição necessária para que tal resposta seguinte possa ser reforçada. Pode ser utilizado como procedimento clínico, sendo possível de ser ensinado/instalado *para a frente* (da resposta mais distante do reforçador para a mais próxima) ou *de trás para frente* (da resposta mais próxima do reforçador para a mais distante).

Classe de estímulos: conjunto de eventos, antecedentes ou consequentes, que exercem a mesma função em uma relação comportamental.

Classe de respostas: população de respostas; conjunto de respostas que são evocadas por uma mesma classe de estímulos antecedentes e/ou produzem uma mesma classe de estímulos consequentes, ou seja, conjunto de respostas que são funcionalmente semelhantes.

Coleta de dados: momento em que o profissional busca elementos para compor sua hipótese sobre as variáveis determinantes do comportamento-alvo. No contexto clínico, pode acontecer por meio de entrevistas com o cliente ou responsável, ou por observação direta.

Comportamento: 1) interação, relação, fenômeno comportamental. Trata-se da relação entre as respostas de um indivíduo e as contingências que as influenciam (antecedentes e consequentes). Assim, ao se falar que o objeto de estudo da análise do comportamento é o comportamento, entende-se as relações entre organismo e ambiente, o que se dá em três níveis: filogenético, ontogenético e cultural; 2) por vezes, é possível encontrar a utilização do termo *comportamento* como sinônimo de resposta, principalmente em contexto aplicado (como a clínica). Desse modo, o leitor deverá estar atento para identificar a qual dessas definições o falante quis se referir.

Comportamento-alvo: padrão comportamental que deverá sofrer intervenção. No caso da clínica, é a relação comportamental responsável pelo sofrimento do cliente. Cf. COMPORTAMENTO-QUEIXA.

Comportamento-queixa: padrão comportamental descrito pelo cliente na clínica como o responsável pelo sofrimento e que se configura como ponto de partida do trabalho clínico. Pode diferir do *comportamento-alvo*, pois o cliente, por vezes, não é capaz de identificar as relações comportamentais responsáveis pelo sofrimento. Cf. COMPORTAMENTO-ALVO.

Comportamento aberto: ver RESPOSTAS ABERTAS.

Comportamento clinicamente relevante (CRB – *Clinical Relevant Behavior*): comportamentos do cliente aos quais o clínico deve estar atento durante uma sessão terapêutica. Podem ser divididos em CRB 1, CRB 2 e CRB 3. CRBs 1, comportamentos relacionados ao comportamento-alvo e que ocorrem no contexto clínico; CRBs 2, comportamentos relacionados à "melhora" do comportamento-alvo e que ocorrem no contexto clínico, ou seja, respostas alternativas aos CRBs 1; CRBs 3, comportamentos de interpretar e analisar o comportamento-alvo, emitidos pelo próprio cliente.

Comportamento de contracontrolar: operante em que a resposta emitida é reforçada pelo controle das contingências que controlam outro comportamento do próprio indivíduo. Geralmente, o comportamento de contracontrolar é evocado quando contingências aversivas estão em vigor.

Comportamento disruptivo: comportamento que compete com a emissão de comportamentos considerados socialmente adequados.

Comportamento emocional: ver EPISÓDIO EMOCIONAL.

Comportamento encoberto: ver RESPOSTAS ENCOBERTAS.

Comportamento governado por regras: ver COMPORTAMENTO GOVERNADO VERBALMENTE.

Comportamento governado verbalmente: processo em que a resposta é emitida sob controle de uma regra que descreve a contingência. Pode ser utilizado como procedimento, tendo entre suas qualidades três aspectos: economiza tempo na geração da resposta, evita possíveis danos da exposição direta às contingências e instala ou mantém respostas cujas consequências são atrasadas ou opostas às consequências imediatas. Cf. COMPORTAMENTO MODELADO POR CONTINGÊNCIAS.

Comportamento inconsciente: refere-se àqueles comportamentos que o indivíduo faz e que não sabe descrever o que faz e/ou por que faz. A princípio, todo comportamento é desse tipo, tornando-se consciente através de uma comunidade verbal que o torna discriminado. Ver AUTOCONHECER.

Comportamento modelado por contingências: processo em que a relação entre respostas e estímulos (antecedentes e consequentes) se estabelece através da exposição direta, ou seja, através da sensibilidade do organismo aos eventos ambientais, sem a necessidade de uma regra que descreva a contingência. Cf. COMPORTAMENTO GOVERNADO VERBALMENTE.

Comportamento operante: relação entre organismo e ambiente em que o indivíduo opera sobre o mundo mudando-o, e este, por sua vez, também o muda. Essa relação é observada através de classes de respostas que têm suas probabilidades de ocorrência alteradas de acordo com as consequências que produzem. Assim, diz-se que é uma relação com pelo menos duas características: 1) a resposta produz uma determinada consequência; 2) essa consequência, produzida pela reposta, altera a probabilidade futura de respostas dessa classe. Seu paradigma é R→C.

Comportamento operante discriminado: trata-se de um comportamento operante sob controle de estímulos antecedentes. Esse evento antecedente, que passa a evocar o operante, chamar-se-á *estímulo discriminativo* (S^D) e adquire esta função por ser a ocasião em que a resposta produzirá o reforçador. Assim, uma história em que, diante de determinada condição, a resposta produza a consequência reforçadora e, a seguir, em outra condição, a mesma resposta não produza a consequência reforçadora fará com que este operante torne-se discriminado, ou seja, fique sob controle da condição que historicamente foi relacionada com o reforçador. Seu paradigma é S^D: R →SR. Cf. DISCRIMINAÇÃO.

Comportamento reflexo: relação organismo-ambiente em que a resposta é eliciada por um estímulo antecedente, sendo essa relação inata, ou seja, o indivíduo nasce sensível àquele evento. Nestes casos, diz-se que um *estímulo incondicional* (ou *incondicionado*) elicia uma *resposta incondicional* (ou *incondicionada*), sendo que, neste tipo de relação, a resposta ocorre em aproximadamente 100% das vezes em que o estímulo incondicional é apresentado, o que faz com que se diga que a resposta é *eliciada* (produzida) pelo estímulo.

Seu paradigma é US→UR. Cf. COMPORTAMENTO RESPONDENTE.

Comportamento respondente: relação organismo-ambiente em que a resposta é eliciada por um estímulo antecedente, sendo essa relação aprendida/condicionada. Nesses casos, diz-se que um *estímulo condicional* (ou *condicionado*) elicia uma *resposta condicional* (ou *condicionada*), sendo que, neste tipo de relação, a resposta ocorre em aproximadamente 100% das vezes em que o estímulo condicional é apresentado, o que faz com que se diga que a resposta é *eliciada* (produzida) pelo estímulo. Seu paradigma é CS→CR. Cf. COMPORTAMENTO REFLEXO.

Comportamento social: refere-se àquelas respostas emitidas por duas ou mais pessoas entre si e em cooperação. Emprega-se o termo para aquelas contingências em que pelo menos um dos componentes da contingência envolva outro indivíduo; propriedades sociais. Cf. PRÁTICA CULTURAL.

Comportamento socialmente adequado: refere-se àquelas respostas que são esperadas/desejadas pelos grupos sociais dos quais o indivíduo participa.

Comportamento socialmente habilidoso: classe de comportamentos relacionados a situações sociais e que são socialmente aprovados. Exemplo de uma resposta socialmente habilidosa é expressar sua opinião publicamente e de modo "adequado", não sendo "submisso" nem "agressivo".

Comportamento supersticioso: tipo de relação operante em que a resposta é mantida por reforçamento acidental. Nesse caso, é comum que essa seja uma relação de contiguidade e não de contingência.

Comportamento verbal: Há pelo menos duas definições importantes de comportamento verbal: 1) comportamento operante em que as consequências são mediadas pelo ouvinte – nesses casos, a resposta produz a consequência indiretamente, através do ouvinte; 2) capacidade de responder relacionalmente a eventos arbitrários, ou seja, "agrupar" eventos relacionalmente – nesse caso, não há a necessidade de envolver um outro organismo que medeie as consequências. Em qualquer uma das definições apresentadas, trata-se de um comportamento operante, ou seja, é sensível às consequências. Ver COMPORTAMENTO OPERANTE.

Condicionamento: processo pelo qual se estabelece uma aprendizagem. O condicionamento pode ocorrer naturalmente ou de forma planejada. O primeiro, condicionamento natural, refere-se às relações estabelecidas no decorrer da vida de um indivíduo sem a intervenção intencional de um agente. O segundo, condicionamento planejado, é considerado um procedimento em que as relações são estabelecidas a partir de um planejamento por parte de um agente.

Condicionamento clássico: ver CONDICIONAMENTO RESPONDENTE.

Condicionamento operante: processo pelo qual se estabelece uma relação operante. Ver COMPORTAMENTO OPERANTE.

Condicionamento pavloviano: ver COMPORTAMENTO RESPONDENTE e CONDICIONAMENTO.

Condicionamento respondente: processo pelo qual se estabelece uma relação respondente. Ver COMPORTAMENTO RESPONDENTE.

Consequência: modificação no ambiente produzida pela emissão de uma determinada resposta e que altera a probabilidade futura de ocorrência de respostas dessa classe. Quando a alteração for *aumentar* a probabilidade futura de ocorrência de respostas da classe que a produziu, diz-se que a consequência é *reforçadora*. Por outro lado, se a alteração for *dimi-*

nuir a probabilidade futura de ocorrência de respostas da classe que a produziu, diz-se que a consequência é *punidora*.

Consequência artificial: o termo é impreciso, porém, poderá ser encontrado. Ver REFORÇADOR ARBITRÁRIO.

Contingência: relação de dependência entre eventos. Sua utilização na análise do comportamento é frequente e se refere aos eventos ambientais que afetam determinada resposta. Exemplo: analisar contingências é um dos termos empregados para se referir à identificação das variáveis das quais uma resposta é função.

Contingências de reforçamento: relação de dependência entre respostas de um indivíduo e mudanças ambientais que alteram o responder. São as condições nas quais uma resposta produz uma determinada consequência.

Contracontrole: ver COMPORTAMENTO DE CONTRACONTROLAR.

Contrato clínico: conjunto de regras estabelecidas e mantidas pelo clínico e seu cliente acordadas no início do processo. Deve conter explicações referentes ao sigilo, aos honorários e o modo de acertá-los, procedimentos quanto às faltas, reposições, etc. Ver Resolução do CFP n.º 010/05.

Contrato terapêutico: ver CONTRATO CLÍNICO.

Controle: relações entre eventos, em que um deles exerce função sobre o outro. Assim, diz-se que o comportamento é controlado devido a este sofrer influência de contingências, sejam elas históricas ou atuais. Não se deve confundir controle com manipulação intencional.

Controle aversivo: tipo de controle possível nas relações comportamentais em que há a presença de estímulos aversivos, podendo eles serem antecedentes ou consequentes à resposta. É frequente sua utilização para se referir às relações de reforçamento negativo (fuga e/ou esquiva) e punição positiva ou negativa.

Controle coercitivo: ver CONTROLE AVERSIVO.

Controle discriminativo: ver DISCRIMINAÇÃO ou COMPORTAMENTO OPERANTE DISCRIMINADO.

Controle por regras: ver COMPORTAMENTO GOVERNADO VERBALMENTE.

CRB: abreviatura de *Clinical Relevant Behavior*. Ver COMPORTAMENTO CLINICAMENTE RELEVANTE.

Déficit comportamental: padrão de comportamento que não é emitido na frequência, intensidade ou duração necessária para que haja reforçamento.

Delineamento de sujeito como seu próprio controle: refere-se ao delineamento em que cada sujeito funciona como seu próprio controle em procedimentos experimentais. Exemplos desse tipo de delineamento são reversões e linhas de base múltiplas. Esse tipo de delineamento visa respeitar o pressuposto de N=1 defendido pelo Behaviorismo Radical, sendo uma alternativa ao delineamento estatístico.

Delineamento de sujeito único: Ver DELINEAMENTO DE SUJEITO COMO SEU PRÓPRIO CONTROLE.

Dessensibilização sistemática: procedimento que consiste em apresentar um estímulo aversivo através de imaginação ou ao vivo em um contexto de relaxamento (geralmente induzido por técnicas de relaxamento), a fim de promover o enfraquecimento do comportamento respondente que traz sofrimento ao indivíduo, baseando-se no princípio de inibição recíproca. Ver EXPOSIÇÃO COM PREVENÇÃO DE RESPOSTAS (EPR).

Discriminação: processo ou procedimento pelo qual se estabelece um operante discriminado. Consiste na construção de uma história de reforçamento diante de um evento, a princípio neutro, que, ao final, se tornará discriminativo, e do não reforçamento (ou reforçamento de menor intensidade) diante de outros eventos. Assim, ao final do processo ou procedimento, o responder ocorrerá com maior probabilidade diante do estímulo discriminativo. Cf. COMPORTAMENTO OPERANTE DISCRIMINADO.

DRA: ver REFORÇAMENTO DIFERENCIAL DE RESPOSTA ALTERNATIVA.

DRI: ver REFORÇAMENTO DIFERENCIAL DE RESPOSTA INCOMPATÍVEL.

DRO: ver REFORÇAMENTO DIFERENCIAL DE OUTRAS RESPOSTAS.

Ecoico: operante verbal em que o estímulo antecedente e a resposta são vocais e a consequência é um reforçador generalizado; além disso, há, necessariamente, correspondência ponto a ponto entre o S^D e a resposta.

Economia de fichas: procedimento que consiste na liberação de reforçador arbitrário contingente à emissão de uma resposta, utilizado quando o reforçador natural não existe ou não é suficiente para mantê-la. Através desse procedimento, é possível formar cadeias comportamentais, e um de seus objetivos é instalar e manter comportamentos desejáveis. Outras características são a utilização de reforçamento positivo e a possibilidade de aplicação em grande escala.

Eliciar: produzir. É frequente o uso do termo para se referir à função que o estímulo exerce em relação à resposta nos comportamentos respondente ou reflexo. Seu uso, nesses casos, justifica-se por ter-se uma relação em que cerca de 100% das respostas ocorrem quando da apresentação do estímulo. Assim, diz-se que o estímulo *elicia* a resposta. Cf. EVOCAR.

Emoção: ver EPISÓDIO EMOCIONAL.

Encadeamento: ver CADEIA COMPORTAMENTAL.

Encoberto: ver RESPOSTA ENCOBERTA.

Encontros iniciais: conjunto formado pelas primeiras sessões, as quais se diferenciam das seguintes por enfatizarem a apresentação entre o profissional e o cliente, o estabelecimento do contrato terapêutico e a coleta de dados – que resultará na formulação do caso clínico.

Ensaio comportamental: ver *ROLE-PLAY*.

Entrevista clínica inicial: foca-se na queixa e dados a ela relacionados e identifica expectativas do cliente sobre o tratamento. As perguntas abertas do começo permitem algo que se aproxima de um operante livre. Ao deixar que o cliente fique à vontade para falar no começo da entrevista, o clínico terá uma amostra de comportamentos. Assim, pode observar o que o cliente verbaliza e faz, isto é, observa o conteúdo e a função das verbalizações do cliente.

Episódio emocional: interações que envolvem desempenhos operante e respondente. Relação entre eventos ambientais e todas as alterações em um conjunto amplo de diferentes classes de respostas. É composto de: aumento momentâneo na probabilidade de emissão de certas respostas, eliciação de respostas reflexas e alteração na efetividade de estímulos reforçadores.

Episódio verbal: termo empregado para se referir à interação verbal entre ouvinte e falante. Nessa interação, o ouvinte exerce função de estímulo discriminativo (S^D) na presença do qual verbalizações (respostas verbais do falante – R_v) ocorrem, levando o ouvinte a consequenciá-las. Assim, para se analisar um episódio verbal, é necessário olhar para o entrelaçamento entre as respostas do falante e do ouvinte.

Equivalência de estímulos: refere-se a funções que estímulos podem exercer em relações comportamentais, que, no caso, seriam as mesmas. Assim, diz-se que estímulos são equivalentes quando exercem a mesma função em uma relação comportamental.

Escuta terapêutica: trata-se de ver e ouvir o que o cliente está relatando, devendo considerar o conteúdo e a forma da narrativa (verbalizações vocais) e suas relações com os outros comportamentos emitidos por ele que não os vocais. Essa escuta é diferente daquela feita por outras pessoas, pois o clínico deve ter sua escuta direcionada para as relações que o cliente estabelece entre seus comportamentos e os eventos do universo – ou seja, aquilo que ele (cliente) estabelece como relações de contingência – e permanecer sob controle de seu referencial teórico, buscando identificar as possíveis relações funcionais em vigor. Cf. AUDIÊNCIA NÃO PUNITIVA.

Esquema de reforçamento contínuo: ver REFORÇAMENTO CONTÍNUO.

Esquema de reforçamento intermitente: ver REFORÇAMENTO INTERMITENTE.

Esquiva: termo atribuído para se referir a uma relação operante em que a resposta produz como consequência o adiamento ou evitação de um evento aversivo. Trata-se de um operante mantido sob reforçamento negativo. Ver REFORÇAMENTO NEGATIVO. Cf. FUGA.

Estados emocionais: ver EPISÓDIO EMOCIONAL.

Estimulação aversiva: ver EVENTO AVERSIVO.

Estímulo: qualquer parcela do universo que esteja envolvida em uma relação comportamental, ou seja, que exerça o papel de ambiente na interação com o organismo. Não se deve aplicar o termo a elementos do universo que não estejam relacionados com a resposta; a estes elementos, deve-se utilizar o termo *evento*. Cf. EVENTO.

Estímulo apetitivo: ver EVENTO APETITIVO.

Estímulo aversivo: ver EVENTO AVERSIVO.

Estímulo condicional ou estímulo condicionado (CS): evento que ocorre após processo de aprendizagem/condicionamento, a fim de exercer função de eliciar uma resposta condicional (ou condicionada) em uma relação respondente. Ver COMPORTAMENTO RESPONDENTE. Cf. ESTÍMULO INCONDICIONAL.

Estímulo discriminativo: é a ocasião em que, caso a resposta seja emitida, produzirá o reforçador, sendo que, na sua ausência, a resposta não produzirá o reforçador. Através de uma história de reforçamento diferencial, esse evento passa a exercer influência/controle sobre o operante, passando, assim, a ter função de estímulo discriminativo.

Estímulo especificador de contingência: ver REGRA.

Estímulo incondicional ou estímulo incondicionado (US): evento que exerce a função de eliciar uma resposta incondicional (ou incondicionada) em uma relação reflexa, ou seja, em que não houve a necessidade daquele indivíduo passar por uma história de aprendizagem. Ver COMPORTAMENTO REFLEXO. Cf. ESTÍMULO CONDICIONAL.

Estímulo neutro: o termo é conceitualmente problemático; todavia, é frequentemente utilizado. Melhor será utilizar o termo *evento neutro*, visto que só devemos qualificar um *evento* como *estímulo* quando ele exercer uma função em uma relação comportamental. Ver EVENTO NEUTRO.

Estímulo reforçador: ver REFORÇADOR.

Estímulo reforçador primário: ver REFORÇADOR PRIMÁRIO.

Esvanecimento: ver *FADING*.

Evento: qualquer coisa do universo que não esteja envolvida na relação comportamental. Seu emprego é desejável, em detrimento de *estímulo*, quando há pretensão de se referir a eventos que não têm função na relação comportamental em questão. Assim, o termo *estímulo* deve ser reservado para falar daquela parcela do universo que exerce função em uma relação comportamental, ou seja, exerce função de ambiente. Cf. ESTÍMULO.

Evento apetitivo: é o nome dado àquilo a que nascemos sensíveis por estar relacionado à sobrevivência da espécie e que tendemos a produzir. Este tipo de evento, geralmente, exerce função de reforçador positivo em relações operantes, por tornar respostas funcionalmente semelhantes a ela mais prováveis, ao produzi-lo. Cf. EVENTO AVERSIVO, REFORÇADOR, PUNIDOR.

Evento aversivo: é o nome dado àquilo a que nascemos sensíveis por estar relacionado à sobrevivência da espécie e que tendemos a eliminar. Esse tipo de evento, geralmente, exerce função de punidor positivo ou reforçador negativo em relações operantes; no primeiro caso, por tornar respostas funcionalmente semelhantes a ela menos prováveis, ao produzi-lo; no segundo caso, por tornar respostas funcionalmente semelhantes a ela mais prováveis, ao removê-lo. Cf. EVENTO APETITIVO, REFORÇADOR, PUNIDOR.

Evento neutro: termo empregado para se referir a um evento que, *a priori*, não tem função em relação ao comportamento em questão e que, posteriormente, adquirirá uma função em uma relação comportamental, tornando-se um estímulo.

Evento motivacional: ver OPERAÇÃO MOTIVADORA.

Evitação: ver ESQUIVA.

Evocar: termo frequentemente utilizado para descrever a função que um estímulo antecedente exerce sobre um operante. Nesses casos, o termo *evocar* é melhor, pois sugere que há um aumento da probabilidade da resposta ocorrer diante daquele estímulo; todavia, pode não ocorrer, a depender de outras condições; o termo *eliciar*, por sua vez, sugere uma probabilidade de 100% de ocorrência da resposta. Cf. ELICIAR.

Excesso comportamental: termo aplicado aos comportamentos que são emitidos em frequência, duração ou intensidade muito alta, trazendo sofrimento ao indivíduo que os emite e/ou sendo socialmente inadequados.

Exposição com prevenção de respostas (EPR): Procedimento que consiste de duas condições: exposição e prevenção de respostas. A exposição se trata de manter o cliente exposto ao estímulo condicionado (gerador de desconforto) até que a resposta "emocional" (condicionada) seja significativamente enfraquecida. A prevenção de respostas se refere à necessidade de garantir que a resposta de fuga/esquiva seja emitida, ou seja, bloqueio de fuga/esquiva durante a exposição ao estímulo aversivo. Assim, com esses procedimentos, espera-se que a relação respondente seja enfraquecida e, consequentemente, gere menos sofrimento e a possibilidade de ocorrência de novas respostas operantes, como as de enfrentamento. A EPR deve seguir uma hierarquização, começando pela exposição aos estímulos de menor intensidade aversiva e seguir, gradativamente, de acordo com o enfraquecimento destas respostas, passando para os estímulos de maior intensidade aversiva. Cf. DESSENSIBILIZAÇÃO SISTEMÁTICA.

Extinção operante: processo ou procedimento de enfraquecimento da relação entre resposta e consequência através da suspensão da liberação do reforçador contingente à emissão da resposta. Em geral, tal processo ou procedimento é feito pela suspensão do reforçador e, como resultado final, há a diminuição da frequência de respostas daquela classe operante.

Extinção respondente: processo ou procedimento de enfraquecimento de relações respondentes, em que um estímulo condicional deixa de eliciar respostas condicionais. Em geral, tal processo ou procedimento é feito pelo enfraquecimento da relação entre os estímulos condicional e incondicional.

Fading **ou esvanecimento:** processo ou procedimento em que há transferência de controle por estímulos. Assim, estímulos que não controlavam o responder passam a controlá-lo. Isso pode ocorrer através da substituição gradativa do estímulo (controlador) por um evento neutro, ou seja, gradualmente, insere-se o evento neutro e/ou retira-se o estímulo, até que este novo estímulo (antigo evento neutro) passe a controlar o responder.

Falante: indivíduo que participa de um *episódio verbal* e que interage com o *ouvinte*. Nesses casos, em geral, é o comportamento verbal do falante que está sendo foco da análise, sendo as respostas do ouvinte as contingências que participam do controle do responder do falante. Cf. OUVINTE, EPISÓDIO VERBAL.

FAP ou *Functional Analytic Therapy*: proposta de procedimentos clínicos focados na análise da relação entre cliente e analista ou relação terapêutica. Esse tipo de intervenção visa identificar *comportamentos clinicamente relevantes* e atuar na modificação dos mesmos através de contingências planejadas para intervir diretamente sobre a classe de comportamentos-alvo. Ver COMPORTAMENTO CLINICAMENTE RELEVANTE.

Filogênese: trata-se da história evolutiva daquelas características fisiológicas e anatômicas das espécies, as quais foram selecionadas na história de interação entre os nossos ancestrais e o ambiente. Assim, tratam-se daquelas características geneticamente transmitidas ao indivíduo e que participarão da multideterminação do comportamento.

Fuga: entendida como uma relação operante em que a resposta produz como consequência a retirada de um evento aversivo. Trata-se de um operante mantido sob reforçamento negativo, ou seja, esta classe de respostas é fortalecida pela retirada de um evento aversivo. Ver REFORÇAMENTO NEGATIVO. Cf. ESQUIVA.

Função alteradora de repertório: função do ambiente que produz uma mudança *duradoura* na probabilidade de ocorrência de uma ou mais respostas. Esse estímulo pode selecionar uma resposta no repertório do organismo ou tornar o organismo sensível a alguns aspectos do ambiente. Cf. FUNÇÃO EVOCATIVA.

Função evocativa: função do ambiente que produz uma mudança *imediata* e *temporária* na probabilidade de ocorrência de uma ou mais respostas. Cf. FUNÇÃO ALTERADORA.

Generalização: processo pelo qual o controle de um estímulo sobre uma classe de respostas é transferido a outros através da semelhança entre eles.

História ontogenética: ver ONTOGÊNESE.

História filogenética: ver FILOGÊNESE.

História cultural: ver PRÁTICAS CULTURAIS.

Imitação: ver MODELAÇÃO.

Inconsciência: ver COMPORTAMENTO INCONSCIENTE.

Intermitência do reforço: ver REFORÇAMENTO INTERMITENTE.

Intraverbal: trata-se de um operante verbal controlado por estímulo discriminativo verbal, que pode ser tanto vocal quanto escrito. Nessa relação, o estímulo verbal é a ocasião para que determinada resposta verbal particular seja emitida – sem correspondência ponto a ponto com o estímulo verbal que a evocou –, e essa resposta é mantida por um estímulo reforçador generalizado.

Inundação: trata-se de um procedimento em que há a exposição direta ao estímulo condicionado aversivo, gerador de alto grau de sofrimento/ansiedade. É semelhante à *exposição com prevenção de respostas,* porém, sem uma exposição gradual aos eventos aversivos (do menos aversivo para o mais aversivo). Trata-se de um procedimento mais utilizado no passado, sendo substituído por procedimentos menos aversivos, como a exposição com prevenção de respostas. Ver EXPOSIÇÃO COM PREVENÇÃO DE RESPOSTAS.

Latência: intervalo entre apresentação do estímulo e ocorrência da resposta.

Limiar: intensidade mínima do estímulo necessária para que a resposta seja eliciada.

Linhagem de respostas: ver CLASSE DE RESPOSTAS.

Magnitude de resposta: amplitude de uma resposta.

Mando: resposta verbal que especifica o reforçador e que é mantida por ele, e que é evocada por uma operação motivadora específica. A resposta verbal especifica o reforçador. Ex. sob controle da privação de água, dizer: "quero água".

Mando disfarçado: possui algumas características semelhantes às do mando, tais como: tratar-se de uma resposta verbal que é mantida por um reforçador específico e evocada por uma operação motivadora específica, mas que tem como característica diferenciadora sua resposta verbal, que, neste caso, não especifica o reforçador a ser produzido. O mando disfarçado guarda semelhança topográfica com o tato. Muitas vezes, a comunidade verbal considera mandos disfarçados como maneiras mais educadas, polidas ou delicadas de se fazer pedidos, e acaba reforçando-os. No entanto, por não especificar claramente o reforço, o mando disfarçado nem sempre é efetivo na produção de reforçadores; no médio e longo prazos a alta emissão de mandos disfarçados pode resultar em punições ou escassez de reforçadores. Cf. MANDO, TATO.

Modelação: processo ou procedimento em que a aprendizagem se dá através de um comportamento-modelo. Desse modo, o aprendiz observa um indivíduo emitindo a resposta e suas consequências e, a partir da observação desta relação, emite a sua resposta. Nesse tipo de aprendizagem, estão incluídos todos os comportamentos que ocorrem a partir da observação do comportamento-modelo, não se restringindo a imitar o modelo (fazer igual). Assim, o aprendiz pode fazer igual ou diferente do modelo, a depender dos resultados que o outro produziu no seu fazer. A relação entre a resposta do modelo e as consequências que aquela resposta (emitida pelo modelo) produziu exercerá função de estímulo antecedente para a resposta do aprendiz (que poderá ser igual ou diferente à do modelo), a qual será selecionada pelas suas próprias consequências.

Modelagem: processo ou procedimento em que respostas são reforçadas diferencialmente sob controle de critérios que mudam gradativamente, levando ao desenvolvimento de novos comportamentos. Enquanto procedimento, a modelagem é utilizada para ensinar comportamentos novos que não existem no repertório do indivíduo e deve obedecer algumas etapas: começar por uma resposta que já faz parte do repertório do indivíduo; definir comportamento-alvo; especificar a consequência que exercerá função de selecionador (reforçador); elaborar lista e hierarquizar as respostas, indo do comportamento existente no repertório do sujeito até aquele que se pretende ensinar; aplicar o reforçador contingente à resposta de acordo com a hierarquia das respostas; extinguir respostas que não estejam na direção do comportamento-alvo.

Modelo de seleção por consequências: modelo explicativo de causalidade do comportamento para o Behaviorismo Radical. Defende que o comportamento é histórico e multideterminado, ou seja, o comportamento resulta de variação e seleção em três níveis: filogenético, ontogenético e cultural, sendo esses entrelaçados.

Modificador do valor de outro estímulo: Ver ALTERADOR DA FUNÇÃO DE ESTÍMULO.

Ontogênese: um dos fatores determinantes do comportamento. Pode ser definido como história de vida de um indivíduo ou conjunto de experiências passadas por aquele indivíduo. Nível de variação e seleção responsável pelos repertórios comportamentais específicos de cada indivíduo.

Operação abolidora: qualquer evento ambiental que afeta um operante *momentaneamente* de duas maneiras: *diminuindo* a efetividade de um reforçador ou *aumentando* a efetividade de um punidor, e *diminuindo* a probabilidade de ocorrência de respostas que produzem aquela consequência. As operações abolidoras são consideradas um tipo de operação motivadora; além disso, podem receber diferentes qualificadores, tais como: incondicional *versus* condicional. Cf. OPERAÇÃO ESTABELECEDORA.

Operação estabelecedora: qualquer evento ambiental que afeta um operante *momentaneamente* de duas maneiras: *aumentando* a efetividade de um reforçador ou *diminuindo* a efetividade de um punidor, e *aumentando* a probabilidade de ocorrência de respostas que produzem aquela consequência. As operações estabelecedoras são consideradas um tipo de operação motivadora; além disso, podem receber diferentes qualificadores, tais como: incondicional *versus* condicional. Cf. OPERAÇÃO ABOLIDORA.

Operação motivadora: qualquer evento ambiental que afeta um operante *momentaneamente* de duas maneiras: alterando a efetividade dos estímulos consequentes (reforçadores ou punidores) e modificando a frequência da classe de respostas que produzem essas consequências. As operações motivadoras podem receber diferentes qualificadores, tais como: estabelecedoras *versus* abolidoras, incondicional *versus* condicional. Ver OPERAÇÃO ESTABELECEDORA, OPERAÇÃO ABOLIDORA. OPERAÇÃO MOTIVADORA CONDICIONAL, OPERAÇÃO MOTIVADORA INCONDICIONAL.

Operação motivadora condicional ou condicionada: trata-se do nome dado aos eventos ambientais que passaram a exercer função de operações motivadoras em uma relação comportamental e que dependeram de uma história de aprendizagem. Cf. OPERAÇÃO MOTIVADORA INCONDICIONAL.

Operação motivadora incondicional ou incondicionada: trata-se do nome dado aos eventos ambientais que exercem função de operações motivadoras em uma relação comportamental e que não dependeram de uma história de aprendizagem. Cf. OPERAÇÃO MOTIVADORA CONDICIONAL.

Operante: ver COMPORTAMENTO OPERANTE.

Operante discriminado: ver COMPORTAMENTO OPERANTE DISCRIMINADO.

Operante verbal: ver COMPORTAMENTO VERBAL.

Ouvinte: indivíduos da comunidade verbal que exercem função de estímulo discriminativo para diferentes respostas verbais de um falante. Estes ouvintes foram especialmente treinados para responder de maneiras específicas diante das verbalizações do falante, produzindo, assim, a consequência necessária para modelar a resposta verbal do falante.

Padrão comportamental: ver COMPORTAMENTO.

População de respostas: ver CLASSE DE RESPOSTAS.

Prática cultural: termo empregado para se referir a padrões de comportamentos entre indivíduos de um grupo e através de gerações. Nesses casos, tratam-se de contingências que exercem controle sobre o grupo, e não só sobre o indivíduo.

Privado: ver RESPOSTA ENCOBERTA.

Procedimento: forma de ensinar comportamentos novos a partir de recursos planejados. Quase todos os tipos de processo (comportamental), senão todos, podem ser planejados e utilizados como procedimentos de intervenção. Cf. PROCESSO.

Processo: forma de aprendizagem natural, ou seja, que ocorre a partir de interações entre organismo e ambiente e que independe de um planejamento. Cf. PROCEDIMENTO.

Processo clínico: forma de interação profissional-cliente que ocorre em contexto de gabinete (ou *setting clínico*) em que o primeiro trabalha visando mudar as contingências que geram sofrimento ao segundo. Frequentemente, o clínico faz isso ensinando o cliente a lidar/manejar as contingências relacionadas aos seus comportamentos, prioritariamente àquelas contingências que lhe geram sofrimento. O processo clínico pode, também, ser visto como uma agência de controle desenvolvida para ensinar as pessoas a lidarem com as contingências que as demais agências de controle – tais como governo, educação, economia, religião, família, etc. – empregam e que, frequentemente, as trazem sofrimento por priorizarem o coletivo em detrimento do individual; neste sentido, o processo clínico ensinaria *contracontrole*. Ver CONTRACONTROLAR.

Psicoterapia: ver PROCESSO CLÍNICO.

Punição: processo ou procedimento em que respostas de uma determinada classe são emitidas e produzem consequências que tornam respostas desta classe menos prováveis de voltarem a ocorrer. À consequência que enfraquece a classe de respostas, tornando-a menos frequente, dá-se o nome de *punidor positivo* ou *punidor negativo*. Cf. PUNIDOR, REFORÇAMENTO.

Punição negativa: processo ou procedimento de punição em que a classe de respostas é enfraquecida pela *retirada* ou impedimento de acesso a um estímulo já existente no ambiente. Notar que o qualificador *negativo* se refere à *retirada* de um estímulo, e não a "ruim" Cf. PUNIÇÃO POSITIVA. Ver PUNIÇÃO.

Punição positiva: processo ou procedimento de punição em que a classe de respostas é enfraquecida pela apresentação de um estímulo. Notar que o qualificador *positivo* se refere à *apresentação* de um estímulo, e não a "bom". Cf. PUNIÇÃO NEGATIVA. Ver PUNIÇÃO.

Punidor ou estímulo punidor: mudança no ambiente gerada pela emissão de uma resposta do indivíduo e que *enfraquece* respostas funcionalmente equivalentes. Assim, dá-se o nome de punidor apenas àqueles eventos que são consequências produzidas por respostas de uma determinada classe de respostas e que resulte na *diminuição* de probabilidade de ocorrência de respostas daquela classe. Cf. PUNIÇÃO, EVENTO AVERSIVO.

Reações emocionais: respostas ocorridas em comportamentos emocionais. ver EPISÓDIO EMOCIONAL.

Reflexo: ver COMPORTAMENTO REFLEXO.

Reforçador ou estímulo reforçador: mudança no ambiente gerada pela emissão de uma resposta do indivíduo e que *fortalece* respostas funcionalmente equivalentes. Assim, dá-se o nome de reforçador apenas àqueles eventos que são consequências produzidas por respostas de uma determinada classe de respostas e que resulte no *aumento* de probabilidade de ocorrência de respostas daquela classe. Cf. REFORÇAMENTO, REFORÇO, EVENTO APETITIVO.

Reforçador arbitrário: ver REFORÇADOR EXTRÍNSECO.

Reforçador condicionado ou secundário: estímulos que, quando produzidos como consequência de uma resposta, tornam respostas dessa classe mais prováveis de ocorrerem, sendo que a sensibilidade a estes estímulos foi adquirida através da história ontogenética deste indivíduo, em que ele foi relacionado a determinado reforçador primário. Cf. REFORÇADOR PRIMÁRIO OU INCONDICIONADO, REFORÇADOR GENERALIZADO.

Reforçador extrínseco ou arbitrário: reforçador que possui relação arbitrária com a resposta que o produz, ou seja, a resposta naturalmente não produziria aquela consequência. Ex. comportar-se de modo socialmente aceito e ganhar fichas. Cf. REFORÇADOR INTRÍNSECO.

Reforçador(es) generalizado(s) ou reforçador(es) condicionado(s) generalizado(s): estímulo(s) que, quando produzido(s) como consequência de uma resposta, tornam respostas dessa classe mais prováveis de ocorrerem, sendo que a sensibilidade a este(s) estímulo(s) foi adquirida através da história ontogenética do indivíduo, em que ele foi relacionado a diferentes reforçadores primários. Cf. REFORÇADOR CONDICIONADO, REFORÇADOR INCONDICIONADO.

Reforçador incondicionado: ver REFORÇADOR PRIMÁRIO.

Reforçador intrínseco ou natural: reforçador que possui relação direta com a resposta, ou seja, ela naturalmente produz aquela consequência. Ex. tomar banho e produzir sensação de refresco. Cf. REFORÇADOR EXTRÍNSECO.

Reforçador natural: ver REFORÇADOR INTRÍNSECO.

Reforçador negativo: estímulo aversivo que, quando retirado/adiado como consequência de uma resposta, torna respostas dessa classe mais prováveis de ocorrerem. Assim, o termo *negativo* está relacionado com *retirada* de algo, e não enquanto valor do evento (ruim). Cf. REFORÇAMENTO NEGATIVO, REFORÇADOR POSITIVO.

Reforçador positivo: estímulo apetitivo que, quando produzido/apresentado como consequência de uma resposta, torna respostas dessa classe mais prováveis de ocorrerem. Assim, o termo *positivo* está relacionado com a *adição* de algo, e não enquanto valor do evento (bom). Cf. REFORÇAMENTO POSITIVO, REFORÇADOR NEGATIVO.

Reforçador primário ou incondicionado: estímulo apetitivo que, quando produzido/apresentado como consequência de uma resposta, torna respostas dessa classe mais prováveis de ocorrerem, sendo que a sensibilidade a estes estímulos é inata. Cf. REFORÇADOR CONDICIONADO OU SECUNDÁRIO.

Reforçador secundário: ver REFORÇADOR CONDICIONADO.

Reforçamento: processo ou procedimento em que respostas de uma determinada classe são emitidas e produzem consequências que tornam respostas desta classe mais prováveis de voltarem a ocorrer. A esta consequência que fortalece a classe de respostas, tornando-a mais frequente, dá-se o nome de *reforçador* ou *estímulo reforçador*. Cf. REFORÇADOR, REFORÇO, PUNIÇÃO.

Reforçamento atrasado: processo ou procedimento de reforçamento em que há um tempo considerável entre a emissão da resposta e a produção do reforçador. Em decorrência do atraso, pode ser mais difícil estabelecer a relação de contingência entre os eventos, podendo, por vezes, ser necessário utilizar-se de outros reforçadores. Cf. REFORÇAMENTO IMEDIATO.

Reforçamento contínuo ou CRF: relações de contingência em que a consequência segue a emissão da resposta em todas as suas ocasiões. Assim, tem-se uma relação em que a probabilidade de ocorrência da consequência é de 100% em relação à ocorrência da resposta. Cf. REFORÇAMENTO INTERMITENTE.

Reforçamento diferencial: processo ou procedimento em que algumas respostas são reforçadas e outras não, formando, assim, classes de resposta.

Reforçamento diferencial de resposta alternativa (DRA): procedimento que visa substituir uma resposta por uma nova. Nesses casos, opta-se por reforçar uma resposta diferente da comumente reforçada, utilizando-se do mesmo reforçador. Assim, espera-se que a nova resposta substitua funcionalmente a resposta anterior, pois ela deverá ficar sob o controle das mesmas contingências que a anterior. Cf. REFORÇAMENTO DIFERENCIAL DE RESPOSTA INCOMPATÍVEL, REFORÇAMENTO DIFERENCIAL DE OUTRAS RESPOSTAS.

Reforçamento diferencial de resposta incompatível (DRI): procedimento pelo qual a resposta a ser reforçada deve ser aquela que é fisicamente impossível de ser emitida concomitantemente às que se pretende extinguir. Cf. REFORÇAMENTO DIFERENCIAL DE RESPOSTA ALTERNATIVA, REFORÇAMENTO DIFERENCIAL DE OUTRAS RESPOSTAS.

Reforçamento diferencial de outras respostas (DRO): procedimento pelo qual deve-se reforçar qualquer resposta do indivíduo que não aquela que se pretende extinguir. Cf. REFORÇAMENTO DIFERENCIAL DE RESPOSTA ALTERNATIVA, REFORÇAMENTO DIFERENCIAL DE RESPOSTA INCOMPATÍVEL.

Reforçamento imediato: processo ou procedimento de reforçamento em que a resposta produz o reforçador imediatamente, ou seja, não há um atraso na liberação do reforçador. Esse tipo de reforçamento tende a controlar mais o comportamento, quando comparado ao reforçamento atrasado. Cf. REFORÇAMENTO ATRASADO.

Reforçamento intermitente: relações de contingência em que a consequência produzida pela resposta não ocorre em todas as ocasiões em que a resposta é emitida, apenas intermitentemente. Assim, tem-se uma relação em que a probabilidade de ocorrência da consequência não é de 100% em relação à ocorrência da resposta. Todavia, é importante lembrar que trata-se de uma relação de contingência, assim, a consequência continua atrelada à emissão da resposta. Cf. REFORÇAMENTO CONTÍNUO.

Reforçamento negativo: processo ou procedimento de reforçamento (fortalecimento de uma classe de respostas) em que as respostas da classe produzem como consequência a remoção ou evitação de um estímulo aversivo, o qual receberá o nome de *reforçador negativo*. Esse tipo de contingência de reforçamento pode ser categorizada como sendo *fuga* ou *esquiva*. Cf. REFORÇADOR NEGATIVO, REFORÇAMENTO POSITIVO.

Reforçamento positivo: processo ou procedimento de reforçamento (fortalecimento de uma classe de respostas) em que as respostas da classe produzem como consequência a apresentação de um estímulo apetitivo, o qual receberá o nome de *reforçador positivo*. Cf. REFORÇADOR POSITIVO, REFORÇAMENTO NEGATIVO.

Reforçamento social: processo ou procedimento de reforçamento (fortalecimento de uma classe de respostas) em que as respostas da classe produzem consequências que são sociais.

Reforço: operação em que uma resposta produz uma consequência que é reforçadora. O termo é empregado para se referir a um único episódio da relação resposta-consequência envolvida em um processo de reforçamento. Todavia, por vezes, é possível encontrar textos que se referem ao termo *reforço* como sinônimo de *reforçamento* ou de *reforçador*, o que pode ser visto como uma imprecisão no uso dos termos ou posicionamento diferente dos autores. Cf. REFORÇADOR, REFORÇAMENTO.

Reforço contínuo: ver REFORÇAMENTO CONTÍNUO.

Reforço intermitente: ver REFORÇAMENTO INTERMITENTE.

Reforço positivo: ver REFORÇAMENTO POSITIVO.

Reforço negativo: ver REFORÇAMENTO NEGATIVO.

Reforço social: ver REFORÇAMENTO SOCIAL.

Regra(s): antecedente verbal que especifica contingências e que controla a resposta verbal ou não verbal. A regra pode ser formulada por outra pessoa ou agência controladora. Cf. COMPORTAMENTO GOVERNADO VERBALMENTE.

Relação comportamental: ver COMPORTAMENTO.

Relação terapêutica: termo para se referir à relação existente entre o cliente e o clínico. É típica de um processo psicoterapêutico. Ver PROCESSO CLÍNICO.

Repertório social: conjunto de respostas que se relacionam com o desempenho do indivíduo em um contexto social. Ver COMPORTAMENTO SOCIALMENTE HABILIDOSO.

Repertório: termo empregado para se referir a respostas que já foram modeladas em algum momento da história do indivíduo.

Respondente: ver COMPORTAMENTO RESPONDENTE.

Resposta: refere-se àquela parcela do comportamento pela qual se inicia a análise. Essa parcela, juntamente com os estímulos antecedentes e consequentes que a afetam são os *comportamentos*. Resposta não se limita à ação pública de um indivíduo; pode também ser "ação" privada, como, por exemplo, um pensamento. Ver COMPORTAMENTO.

Resposta aberta: refere-se a respostas emitidas pelo indivíduo e que podem ser observadas por outras pessoas. Serve para distingui-las de respostas encobertas, que são aquelas que apenas a pessoa que as emite pode ter acesso. Cf. RESPOSTA ENCOBERTA.

Resposta condicional ou condicionada: resposta que ocorre em uma relação respondente e que é eliciada por um estímulo condicional. Ver COMPORTAMENTO RESPONDENTE.

Resposta encoberta: trata-se daquela resposta que é possível de ser observada apenas pelo próprio indivíduo, como pensamentos e respostas fisiológicas. O termo serve para diferenciá-la de respostas abertas. Cf. RESPOSTA ABERTA.

Resposta incondicional ou incondicionada: resposta que ocorre em uma relação reflexa e que é eliciada por um estímulo incondicional. Ver COMPORTAMENTO REFLEXO.

Resposta-alvo: refere-se à resposta relacionada ao comportamento que gera sofrimento e que deverá sofrer intervenção. Apesar da resposta-alvo ser apenas uma parcela do comportamento-alvo, por vezes, o termo *comportamento-alvo* ou *comportamento-problema* é empregado para se referir à resposta-alvo, assim como acontece frequentemente entre os termos resposta e comportamento. Ver COMPORTAMENTO-ALVO, RESPOSTA, COMPORTAMENTO.

Respostas emocionais: respostas envolvidas em comportamento emocional. Ver EPISÓDIO EMOCIONAL.

***Role-play* ou ensaio comportamental:** procedimento em que o profissional e seu cliente interpretam diferentes papéis, simulando situações cotidianas do cliente. O objetivo pode ser observar como o cliente se comporta em determinado contexto e/ou modelar um novo comportamento.

Supersticioso: ver COMPORTAMENTO SUPERSTICIOSO.

Supressão condicionada: fenômeno comportamental em que ocorre uma diminuição nas taxas de respostas operantes quando da apresentação de um evento aversivo condicionado ou pré-aversivo.

Tato: operante verbal em que a resposta emitida é correspondente a um objeto ou evento ocorrido (estímulo não verbal antecedente) e que é mantido por reforçador condicionado generalizado ou reforçadores não específicos.

Tato distorcido ou impuro: trata-se de operante verbal em que as respostas são verbais e com topografia de tato, mas que funcionalmente são diferentes (de tato). Os tatos distorcidos são emitidos mais sob controle dos reforçadores sociais generalizados do que de estímulos não verbais antecedentes. O falante emite a resposta verbal (relato sobre eventos ocorridos ou coisas) de maneira a produzir reforçadores positivos ou se esquivar de punições. Dito em outras palavras, os tatos distorcidos são relatos do que o ouvinte gostaria de ouvir, e não do que ocorreu na realidade. Cf. TATO, MANDO.

Técnica: trata-se de uma proposta de intervenção sistematizada que visa um determinado resultado. Entenda-se por sistematizada o fato de que há uma descrição precisa e padronizada de como fazê-la/aplicá-la; e possui demonstrações empíricas de sua efetividade em produzir aquela mudança.

Terapia: ver PROCESSO CLÍNICO.

Terapia implosiva: ver INUNDAÇÃO.

Timeout: remoção de uma oportunidade para responder, suspensão "temporária" da contingência.

Topografia: termo frequentemente empregado para se referir à forma de uma resposta.

Treino de habilidades sociais: procedimento para desenvolvimento de repertórios operantes necessários para a obtenção de reforçadores sociais. Ver COMPORTAMENTO SOCIALMENTE HABILIDOSO.

Treino discriminativo: ver DISCRIMINAÇÃO.

Tríplice contingência: termo empregado para se referir à unidade mínima de análise, que envolve as relações entre os estímulos antecedentes, a resposta e as consequências por ela produzida.

Variáveis motivadoras: ver OPERAÇÕES MOTIVADORAS.

Vínculo terapêutico: estabelecimento de uma relação de confiança entre o cliente e o clínico, sem a qual o processo clínico tem pouca chance de ter bons resultados.

Índice

A

Acompanhamento terapêutico, 269-274
    etapas, 272-274
        avaliação dos resultados, 273-274
        avaliação inicial, 272-273
        intervenção, 273
        planejamento da intervenção, 273
    intervenção analítico-
        -comportamental, 271-272
    na psicologia, 269-271
    relação terapêutica, 274
Adesão ao tratamento, 160-165
    papel da relação terapeuta-cliente, 160-165
Ansiedade, 44-47
    e interação entre operantes e respondentes, 44-47
Avaliação funcional, 105-108, 192-198, 232-237
    e psicofarmacologia, 192-198
    e recursos lúdicos na clínica infantil, 232-237
    etapas, 105-106
    elementos, 106-107
    elementos "suplementares" para planejar a intervenção, 107-108
Aversivo, controle *ver* Controle aversivo

B

Brincar como ferramenta de avaliação e intervenção, 238-248

C

Cliente-terapeuta, 160-165
    relação e adesão ao tratamento e à mudança, 160-165
Clínica infantil, 213-257
    avaliação funcional e recursos lúdicos, 232-237
        caracterização do controle por regras pré-estabelecido, 236
        déficit, excesso e/ou variabilidade comportamental, 233-234
        estímulos aversivos condicionados, 236-237
        história e condições atuais, 235-236
        sensibilidade a diferentes consequências, 234-235
    decorrer do trabalho, 218-220
    e o brincar, 238-248
        como estratégia de avaliação, 242-245
        como estratégia de intervenção, 245-247
            bloqueio de esquiva, 247
            esvanecimento, 246
            modelação, 246
            modelagem, 246-247
        e relação terapêutica favorável, 242
    encerramento do trabalho, 220-221
    entrevistas iniciais, 222-231
        aspectos formais, 224
        aspectos do conteúdo, 224-225
        com a criança, 230
        com os pais, 223-224
    participação da família, 250-257
        desafios e limites, 255-257
        objetivos, 251-255
            avaliação funcional, 253-255
            coleta de dados, 251-253
            mediação de conflitos e tomada de decisão, 255
    primeiras sessões, 216-218
    primeiro contato, 215-216
Comportamento, 18-30, 40-47, 64-76, 138-146, 171-176
    controlado por regras, 171-176
    operante, 24-30, 40-47, 64-76
        discriminado, 29-30
        e episódios emocionais nas interações com respondentes, 40-47
        verbal, 64-76, 138-146
            análise no contexto clínico, 138-146
            autoclítico, 72-73
            ecoico, 66-67
            intraverbal, 68, 69
            mando, 68-69
            mando disfarçado, 75-76
            tato, 70-72
            tato distorcido, 73-75
            textual, 67
            transcrição, 67-68
    respondente, 18-23
        e episódios emocionais nas interações com operantes, 40-47
Controle
    aversivo, 49-61
    por regras, 171-176
Crianças, clínica *ver* Clínica infantil

E

Emoções e sentimentos, trabalho com relatos, 178-184
    respostas emocionais, 179-184
        identificação das funções das, 181-184
            como comportamento respondente, 181-182
            como operações motivadoras, 183-184
            função discriminativa, 182-183
            função reforçadora, 182
        observação das, 179-181
Encontros iniciais, 110-146
    antes do início, 121-123
        contato, 123
        indicação, 122-123
    aparências físicas, 131
    apresentação do clínico, 114-115
    avaliação/intervenção, 134
    contrato, 111-113
    encontro entre clínico e cliente, 123-127
    escuta cautelosa, 138-146
    expectativas de clientes e clínicos, 131-132
    estrutura, 115-118
    pré-terapia (sala de espera), 128-131
Episódios emocionais, 40-47
    como interações entre operantes e respondentes, 40-47
    ansiedade, 44-47
    emoção e análise do comportamento, 42-44
Escuta cautelosa, 138-146
Esquiva, 50
Estímulos, 51
    apetitivos, 51
    aversivos, 51
Estudo, desenvolvimento de hábitos de, 276-283
    atendimento extraconsultório, 279-283
        estabelecimento de metas ou revisão de prioridades, 281

lazer pós-estudo, 283
momento de estudo, 281-283
preparação do ambiente e material, 281

F

Ferramentas de intervenção modelagem, 166-170
Fuga, 50

G

Grupos, análise do comportamento com, 258-267
   aprendizagem através de modelação, 262-263
   com casais, 265-266
   com famílias, 266-267
   modelação e ensaio comportamental para avaliação e intervenção, 263-265

I

Interações entre operantes e respondentes, 40-47
   e episódios emocionais, 40-47

L

Liberdade e implicações na clínica, 87-94
   análise do comportamento, 87-90
   liberdade do comportamento humano, 90-91
   outros significados de "liberdade", 91-94
      como autocontrole, 93-94
      como diminuição ou eliminação da coerção, 92-93
      como sentimento, 92

M

Modelagem como ferramenta de intervenção, 166-170
Modelo de causalidade
   seleção por consequências, 77-86
Mudança comportamental
   papel da relação terapeuta-cliente, 160-165

O

Operações motivadoras, 32-39
   história e evolução do conceito, 33-35
   definição, 35-36
   incondicionais e condicionais, 37-39

Operante, comportamento 64-76;
   ver também Comportamento operante
   verbal, 64-76
      autoclítico, 72-73
      descritivo, 72
      qualificador, 72-73
      quantificador, 73
      que funcionam como mandos, 73
      ecoico, 66-67
      intraverbal, 68, 69
      mando, 68-69
      mando disfarçado, 75-76
      tato, 70-72
      tato distorcido, 73-75
         extensão metafórica do tato, 70-71
         extensão metonímica, 71-72
      textual, 67
      transcrição, 67-68

P

Pesquisa, subsídios da prática da, 206-211
   análise do comportamento e mudanças na prática da psicologia experimental, 207-210
   controle estático *versus* controle experimental, 207-209
   do controle estatístico ao controle experimental, 209-210
   funções e limites da metodologia, 206-207
Psicofarmacologia e avaliação funcional, 192-198
   controle contextual encoberto e medicações, 197-198
   dopamina e sensibilidade ao reforçamento, 193-194, 195
   serotonina e sensibilidade a estímulos aversivos, 194, 196-197
Psicologia da saúde, 286-291
   proposições comportamentais, 290-291
   variáveis fundamentais, 288-290
Punição, 50
   negativa, 50
   positiva, 50

R

Reflexo, comportamento *ver* Comportamento respondente
Reforçamento, 50
   negativo, 50
   positivo, 50

Relação terapeuta-cliente e adesão ao tratamento e à mudança, 160-165
Relatos de emoções e sentimentos *ver* Emoções e sentimentos, trabalho com relatos
Respondente, comportamento *ver* Comportamento respondente

S

Seleção por consequências como modelo de causalidade, 77-86
   ênfase em unidades populacionais e históricas, 80-83
   multideterminação do comportamento humano, 83-85

T

Técnicas, 147-159
   intervenções predominantemente sobre comportamento operante, 151-157
      modificação da consequência, 154-156
      modificação da resposta, 156-157
      modificação do antecedente, 151-154
   intervenções predominantemente sobre comportamento respondente, 157-158
Terapeuta-cliente, relação e adesão ao tratamento e à mudança, 160-165
Transtornos psiquiátricos, 95-101
   multideterminação do comportamento, 97-98
   normalidade, 98-100
   problemas clínicos, 96-97
Tratamento psiquiátrico e clínica analítico-comportamental, 186-191
   evidências científicas, 186-188
   emoção expressa, 187
   eventos de vida estressantes, 187-188
   implicações clínicas, 188-189
   prevenção, 188-189
   reabilitação psiquiátrica, 189
   integração das práticas, 189-191

V

Valores pessoais e prática do psicólogo, 200-205
   etnia familiar, 203
   práticas educativas, 202-203
   religião, 203-204
   valores de vida, 204-205